Kommunalrecht

von

Dr. Martin Burgi

o. Professor an der Ludwig-Maximilians-Universität München

4. Auflage

Verlag C. H. Beck München 2012

www.beck.de

ISBN 978 3 406 63897 8

© 2012 Verlag C. H. Beck oHG
Wilhelmstraße 9, 80801 München
Druck: Nomos Verlagsgesellschaft
In den Lissen 12, 76547 Sinzheim

Satz: Thomas Schäfer, www.schaefer-buchsatz.de

Gedruckt auf säurefreiem, alterungsbeständigem Papier
(hergestellt aus chlorfrei gebleichtem Zellstoff)

Vorwort

Das Kommunalrecht gilt vielen Studierenden als schwer zugängliche Materie, dabei betrifft es die Lebensverhältnisse eines jeden einzelnen in kaum zu übertreffender Intensität. Für zahlreiche Probleme der anderen Gebiete des Öffentlichen Rechts einschließlich des Europarechts bilden die Gemeinden und Kreise den Schauplatz und damit für Studium und Ausbildung ein geeignetes Anschauungsfeld. Jenseits aller rechtsdogmatischen Feinheiten und (einbezogenen) landesrechtlichen Besonderheiten ist es aber auch Ziel dieses Buches, den Wert und die Kraft der kommunalen Selbstverwaltung sichtbar zu machen. Sie sind mir zum ersten Mal bewusst geworden als jugendlicher Zuhörer bei der jährlichen „Schwörrede", an deren Ende der Bürgermeister meiner Heimatstadt Ulm feierlich versichert, „Reichen und Armen ein gemeiner Mann zu sein in den gleichen, gemeinsamen und redlichen Dingen ohne allen Vorbehalt"; dies auf der Basis einer der ältesten Stadtverfassungen, dem „Großen Schwörbrief" der Stadt Ulm aus dem Jahre 1397. Mein Wechsel nach München im Oktober 2012 gibt mir nun die Gelegenheit, nach Baden-Württemberg und Nordrhein-Westfalen das dritte Bundesland auch „hautnah" rechtlich erfassen zu können.

Frau *Brigitta Knust* hat an meinem bis September 2012 geleiteten Bochumer Lehrstuhl auch die 4. Auflage mit bewundernswerter Sorgfalt und Schnelligkeit „geschrieben", wofür ich ihr wiederum sehr danken möchte. Als wertvoller Gesprächspartner fungierte Herr Wiss. Mit. *Robin Ricken*, ebenfalls an meinem bis September 2012 geleiteten Bochumer Lehrstuhl. Mit dieser Auflage ist das Lehrbuch auf dem Stand von Mai 2012. Hinweise auf Fehler und Ungenauigkeiten erreichen mich unter der e-Mail-Adresse martin.burgi@jura.uni-muenchen.de oder unter der Anschrift: Lehrstuhl für Öffentliches Recht, Wirtschaftsverwaltungsrecht, Umwelt- und Sozialrecht, Universität München, Ludwigstraße 28 (Rgb.), 80539 München.

Bochum, Pfingsten 2012   *Martin Burgi*

Inhaltsübersicht

Inhaltsverzeichnis

Abkürzungsverzeichnis

BGBl.	Bundesgesetzblatt
BGH	Bundesgerichtshof
BGHZ	Entscheidungen des Bundesgerichtshofes in Zivilsachen
BMF	Bundesministerium der Finanzen
BNatSchG	Bundesnaturschutzgesetz
BORA	Berufsordnung der Rechtsanwälte
BRAO	Bundesrechtsanwaltsordnung
BRRG	Beamtenrechtsrahmengesetz
BSHG	Bundessozialhilfegesetz
Bsp.	Beispiel
BT	Bundestag
BVerfG	Bundesverfassungsgericht
BVerfGE	Entscheidungen des BVerfG, Amtliche Sammlung
BVerfGG	Bundesverfassungsgerichtsgesetz
BVerwG	Bundesverwaltungsgericht
BVerwGE	Entscheidungen des BVerwG, Amtliche Sammlung
BW	Baden-Württemberg
BWGZ	Zeitschrift für die Städte und Gemeinden von Baden-Württemberg
BWVPr.	Verwaltungspraxis von Baden-Württemberg
bzw.	beziehungsweise
CuR	Contracting und Recht
DDR	Deutsche Demokratische Republik
ders.	derselbe
DfK	Deutsche Zeitschrift für Kommunalwissenschaften
DGO	Deutsche Gemeindeordnung
d. h.	das heißt
diff.	differenzierend
DJT	Deutscher Juristentag
dms	der moderne Staat – Zeitschrift für Public Policy, Recht und Managment
DÖV	Die Öffentliche Verwaltung
Drucks.	Drucksache
DV	Die Verwaltung
DVBl.	Deutsches Verwaltungsblatt
DVJJ	Deutsche Vereinigung für Jugendgerichte und Jugendgerichtshilfen
EG	Europäische Gemeinschaft
EGBGB	Einführungsgesetz zum Bürgerlichen Gesetzbuch
EGMR	Europäischer Gerichtshof für Menschenrechte
EGV	Vertrag über eine Europäische Gemeinschaft

endg.	endgültig
EnWG	Energiewirtschaftsgesetz
ESVGH	Entscheidungssammlung des Hessischen Verwaltungsgerichtshofs und des Verwaltungsgerichtshofs Baden-Württembergs
etc.	et cetera
EU	Europäische Union
EuGH	Europäischer Gerichtshof
EuR	Europarecht
EuZW	Europäische Zeitschrift für Wirtschaftsrecht
e. V.	eingetragener Verein
EWG	Europäische Wirtschaftsgemeinschaft
f.	folgende
ff.	fortfolgende
FFH	Flora-Fauna-Habitat
FG	Festgabe
FS	Festschrift
FStrG	Bundesfernstraßengesetz
G.	Gesetz
GBl.	Gesetzesblatt
gem.	gemäß
GewArch.	Gewerbearchiv
GewO	Gewerbeordnung
GG	Grundgesetz
ggf.	gegebenenfalls
GkZ	Gesetz über kommunale Zusammenarbeit
GmbH	Gesellschaft mit beschränkter Haftung
GO	Gemeindeordnung
GRUR	Gewerblicher Rechtsschutz und Urheberrecht
GS	Gedenkschrift
GV./GVBl./GVOBl.	Gesetz- und Verordnungsblatt
GVG	Gerichtsverfassungsgesetz
GWB	Gesetz gegen Wettbewerbsbeschränkungen
HdbKWP	Handbuch der kommunalen Wissenschaft und Praxis
HdbStR	Handbuch des Staatsrechts
HessGO	Hessische Gemeindeordnung
HessLV	Hessische Landesverfassung
HessSOG	Sicherheits- und Ordnungsgesetz des Landes Hessen
HessStGH	Hessischer Staatsgerichtshof
HessVGH	Hessischer Verwaltungsgerichtshof
HGrG	Haushaltsgrundsätzegesetz
Hrsg.	Herausgeber

Hs. .... Halbsatz

i. d. F. d. B. .... in der Fassung der Bekanntmachung
IHK .... Industrie- und Handelskammer
IR .... Infrastrukturrecht
i. S. d. .... im Sinne des
i. S. v. .... im Sinne von
IULA .... International Union of Local Authorities
i. V. m. .... in Verbindung mit
i. w. S. .... im weiteren Sinne

JA .... Juristische Ausbildung
JAG .... Juristisches Ausbildungsgesetz
JöR n. F. .... Jahrbuch des öffentlichen Rechts neue Folge
JuS .... Juristische Schulung
JustG .... Justizgesetz
JZ .... Juristenzeitung

Kap. .... Kapitel
KGRE .... Kongress der Gemeinden und Regionen Europas
KGSt. .... Kommunale Gemeinschaftsstelle für Verwaltungsver-
                            einfachung
KO .... Kommunalordnung
KOM .... Kommission der Europäischen Union
KommJur. .... Kommunaljurist
KPD .... Kommunistische Partei Deutschlands
KrO, KreisO .... Kreisordnung
KrW-/AbfG .... Kreislaufwirtschafts- und Abfallgesetz
KStZ .... Kommunale Steuerzeitschrift
KSVG .... Kommunalselbstverwaltungsgesetz (des Saarlandes)
KV .... Kassenärztliche Vereinigung
KWahlG .... Kommunalwahlgesetz

LAbfG .... Landesabfallgesetz
LBG .... Landesbeamtengesetz
LG .... Landgericht
LGO .... Landesgemeindeordnung
lit. .... Litera
LKV .... Landes- und Kommunalverwaltung
LOG .... Landesorganisationsgesetz
LSA .... Land Sachsen-Anhalt
LV .... Landesverfassung
LVerfG(G) .... Landesverfassungsgericht(-sgesetz)
LVerwG .... Landesverwaltungsgericht
LWG .... Landeswassergesetz

m. E.	meines Erachtens
MinBl.	Ministerialblatt
MV	Mecklenburg-Vorpommern
m. w. N.	mit weiteren Nachweisen
NdsBauO	Niedersächsische Bauordnung
NdsGefAG	Niedersächsisches Gefahren-Abwehr-Gesetz
NdsGO	Niedersächsische Gemeindeordnung
NdsKomVG	Niedersächsisches Kommunalverfassungsgesetz
NdsLV	Verfassung des Landes Niedersachsen
NdsSchG	Schulgesetz des Landes Niedersachsen
NdsSOG	Niedersächsisches Gesetz über die öffentliche Sicherheit und Ordnung
NdsVBl.	Niedersächsische Verwaltungsblätter
NJW	Neue Juristische Wochenschrift
NordÖR	Zeitschrift für Öffentliches Recht in Norddeutschland
Nr.	Nummer
NRW	Nordrhein-Westfalen
NSDAP	Nationalsozialistische Deutsche Arbeiterpartei
NS	Nationalsozialistisch(es)
NVwZ	Neue Zeitschrift für Verwaltungsrecht
NVwZ-RR	Neue Zeitschrift für Verwaltungsrecht – Rechtsprechungs-Report
NWVBl.	Nordrhein-Westfälische Verwaltungsblätter
NZBau	Neue Zeitschrift für Bau- und Vergaberecht
o. Ä.	oder Ähnlich
OBG	Ordnungsbehördengesetz
OLG	Oberlandesgericht
ÖPNV	öffentlicher Personennahverkehr
OVG	Oberverwaltungsgericht
OVGE	Oberverwaltungsgerichtsentscheidung
OWiG	Gesetz über Ordnungswidrigkeiten
PartG	Parteiengesetz
PBefG	Personenbeförderungsgesetz
POG	Polizeiorganisationsgesetz
PolG	Polizeigesetz
PreußGS	Gesetzessammlung für die königlich preußischen Staaten
PrGO	Preußische Gemeindeordnung
Rdnr.	Randnummer
RGZ	Reichsgerichtsentscheidung
Rh.-Pf.	Rheinland-Pfalz

Rs. .... Rechtssache
RVRG .... Gesetz über den Regionalverband Ruhr

S. .... Seite
SaarlKGA .... Gesetz über die kommunale Gemeinschaftsarbeit des
                            Saarlands
SaarlLV .... Landesverfassung des Saarlands
SaarlPolG .... Saarländisches Polizeigesetz
SächsGO .... Sächsische Gemeindeordnung
SächsJG .... Sächsisches Justizgesetz
SächsKomZG .... Sächsisches Gesetz über die kommunale Zusammen-
                              arbeit
SächsPolG .... Sächsisches Polizeigesetz
SächsVBl. .... Sächsische Verwaltungsblätter
SED .... Sozialistische Einheitspartei Deutschlands
Sept. .... September
SGB .... Sozialgesetzbuch
SH .... Schleswig-Holstein
Slg. .... Sammlung
SO .... Städteordnung
sog. .... so genannt(e)
SPD .... Sozialdemokratische Partei Deutschlands
StGB .... Strafgesetzbuch
StGH .... Staatsgerichtshof
StGHG .... Staatsgerichtshofgesetz
StrWG .... Straßen- und Wegegesetz
StVO .... Straßenverkehrsordnung
StVZO .... Straßenverkehrs-Zulassungs-Ordnung

ThürKO .... Thüringer Kreisordnung
ThürLV .... Landesverfassung des Freistaats Thüringen
ThürVerfGH .... Thüringer Verfassungsgerichtshof
ThürWG .... Thüringer Wahlgesetz

u. .... und
u. a. .... unter anderem
UN .... United Nations
UPR .... Zeitschrift für Umwelt und Planungsrecht
US .... United States
u. U. .... unter Umständen
UVP .... Umweltverträglichkeitsprüfung
UWG .... Gesetz gegen den unlauteren Wettbewerb

v. .... von
v. a. .... vor allem

VBlBW	Verwaltungsblätter für Baden-Württemberg
VerfBerlin	Verfassung von Berlin
VerfEntwurf	Verfassungsentwurf
VergabeVO	Vergabeverordnung
VerfGG	Verfassungsgerichtsgesetz
VerfGH	Verfassungsgerichtshof
VerfGHG	Gesetz über den Verfassungsgerichtshof
VerfHamburg	Verfassung der Freien und Hansestadt Hamburg
VerfMV	Verfassung des Landes Mecklenburg-Vorpommern
VerwArch.	Verwaltungsarchiv
VG	Verwaltungsgericht
VGH	Verwaltungsgerichtshof
VGHG	Verwaltungsgerichtshofgesetz
vgl.	vergleiche
VkU	Verband kommunaler Unternehmen
VR	Verwaltungsrundschau
VRE	Versammlung der Regionen Europas
VVDStRL	Veröffentlichungen der Vereinigung Deutscher Staatsrechtslehrer
VwGO	Verwaltungsgerichtsordnung
VwVfG	Verwaltungsverfahrensgesetz
VwVG	Verwaltungsvollstreckungsgesetz
WiVerw.	Wirtschaft und Verwaltung
WRV	Weimarer Reichsverfassung
WuW	Wirtschaft und Wettbewerb – Zeitschrift für deutsches und europäisches Wettbewerbsrecht
Z.	Zulässigkeit
ZaöRV	Zeitschrift für ausländisches öffentliches Recht und Völkerrecht
z. B.	zum Beispiel
ZG	Zeitschrift für Gesetzgebung
ZHR	Zeitschrift für das gesamte Handelsrecht und Wirtschaftsrecht
ZkF	Zeitschrift für Kommunalfinanzen
ZPO	Zivilprozessordnung
ZRP	Zeitschrift für Rechtspolitik
ZSE	Zeitschrift für Staats- und Europawissenschaften
z. T.	zum Teil
ZwVG	Zweckverbandsgesetz

Verzeichnis der Lehrbuchdarstellungen

I. Lehrbücher und aktuelle Gesamtdarstellungen mit bundesweitem Anspruch

Pagenkopf, Kommunalrecht, 2. Aufl., Band 1, 1975; Band 2, 1976; *Waechter,* Kommunalrecht, 3. Aufl. 1997; *Gern,* Deutsches Kommunalrecht, 3. Aufl. 2003; *Vogelgesang/Lübking/Ulbrich,* Kommunale Selbstverwaltung, 3. Aufl. 2005; *Henneke/Meyer* (Hrsg.), Kommunale Selbstverwaltung zwischen Bewahrung, Bewährung und Entwicklung, FG Schlebusch, 2006; *Seewald,* Kommunalrecht, in: Steiner (Hrsg.), Besonderes Verwaltungsrecht, 8. Aufl. 2006, 1; *Mann/Püttner* (Hrsg.), Handbuch der kommunalen Wissenschaft und Praxis (HdbKWP), 3. Aufl., Band 1, 2007, Band 2, 2011; *Frank/Langrehr* (Hrsg.), Die Gemeinde. FS Faber, 2007; *Geis,* Kommunalrecht, 2. Aufl. 2011; *Schmidt-Aßmann/Röhl,* Kommunalrecht, in: Schmidt-Aßmann/Schoch (Hrsg.) Besonderes Verwaltungsrecht, 14. Aufl. 2008, 1. Kapitel; *Tettinger/Erbguth/Mann,* Besonderes Verwaltungsrecht, 10. Aufl. 2009; *Erlenkämper,* in: ders./Zimmermann (Hrsg.), Rechtshandbuch für die kommunale Praxis, 2010, § 2; *Kluth,* Grundlagen der kommunalen Selbstverwaltung, in: Wolff/Bachof/Stober/Kluth, Verwaltungsrecht II, 7. Aufl. 2010, S. 682; *Schmidt,* Kommunalrecht, 2011.

II. Lehrbücher auf Landesebene (Auswahl)

Baden-Württemberg: *Püttner,* Kommunalrecht Baden-Württemberg, 3. Aufl. 2005; *Gern,* Kommunalrecht Baden-Württemberg, 9. Aufl. 2005; *Häußer/Nachbaur/Vögt,* Kommunalrecht BW, 2006; *Dols/Plate/Schulze,* Kommunalrecht Baden-Württemberg, 7. Aufl. 2012; *Müller,* Kommunalrecht in Baden-Württemberg, 2. Aufl. 2011.
Bayern: *Knemeyer,* Bayerisches Kommunalrecht, 12. Aufl. 2012; *Becker,* Kommunalrecht, in: Becker/Heckmann/Kempen/Manssen, Öffentliches Recht in Bayern, 2. Kap., 5. Aufl. 2011; *Lissack,* Bayerisches Kommunalrecht, 3. Aufl. 2009; *Weber/Köppert,* Kommunalrecht Bayern, 2009.
Brandenburg: *Nierhaus,* Kommunalrecht für Brandenburg, 2003; *Schwarz/Umbach* (Hrsg.), Kommunalrecht, 2004; *Sundermann/Miltkau,* Kommunalrecht Brandenburg, 2. Aufl. 2004.
Hessen: *Birkenfeld,* Kommunalrecht Hessen, 5. Aufl. 2011; *Borchmann/Breithaupt/Kaiser,* Kommunalrecht in Hessen, 3. Aufl. 2006.
Mecklenburg-Vorpommern: *Meyer,* Kommunalrecht, 2. Aufl. 2002.
Niedersachsen: *Ipsen,* Niedersächsisches Kommunalrecht, 4. Aufl. 2011.
Nordrhein-Westfalen: *Erichsen,* Kommunalrecht des Landes Nordrhein-Westfalen, 2. Aufl. 1997; *Buhren,* Allgemeines Kommunalrecht Nordrhein-Westfalen, 7. Aufl. 2004; *Zacharias,* Nordrhein-Westfälisches Kommunal-

recht, 2004; *Hofmann*, Praktische Fälle aus dem Kommunalrecht: Klausur-
aufgaben mit Lösungen und weiterführenden Hinweisen, 9. Aufl. 2011;
Hofmann/Theisen/Bätge, Komunalrecht in Nordrhein-Westfalen, 14. Aufl.
2010; *Niedzwicki*, Kommunalrecht in Nordrhein-Westfalen, 2. Aufl. 2008;
Bätge, Kommunalrecht Nordrhein-Westfalen, 2. Aufl. 2011; *Burgi*, Kom-
munalrecht, in: Dietlein/Burgi/Hellermann, Öffentliches Recht in Nord-
rhein-Westfalen, 4. Aufl. 2011, § 2, und *ders.*, in: Dietlein/Burgi/Heller-
mann, Klausurenbuch Öffentliches Recht in Nordrhein-Westfalen, 2009,
S. 99 ff.
Rheinland-Pfalz: *Gern/Stubenrauch*, Kommunalrecht Rheinland-Pfalz, 2006.
Saarland: *Wohlfahrt*, Kommunalrecht für das Saarland, 3. Aufl. 2003.
Sachsen: *Gern*, Sächsisches Kommunalrecht, 2. Aufl. 2000; *Jaeckel/Jaeckel*,
Kommunalrecht in Sachsen, 2. Aufl. 2003; *Hegele/Ewert*, Kommunalrecht
im Freistaat Sachsen, 3. Aufl. 2004.
Sachsen-Anhalt: *Franz*, Kommunalrecht Sachsen-Anhalt, 2004; *Kregel*,
Kommunalrecht Sachsen-Anhalt, 3. Aufl. 2005.
Schleswig-Holstein: *von Mutius*, Kommunalrecht, in: Schmalz/Ewer/von
Mutius/Schmidt-Jortzig (Hrsg.), Staats- und Verwaltungsrecht für Schles-
wig-Holstein, 2002, 219; *von Mutius/Rentsch*, Kommunalverfassungsrecht
Schleswig-Holstein, Bd. 1 und 2, 6. Aufl. 2003.
Thüringen: *Uckel/Hauth/Hoffmann*, Kommunalrecht in Thüringen (Lose-
blatt); *Wachsmuth u. a.*, Thüringer Kommunalrecht (Loseblatt).

1. Teil. Einführung und Grundlagen

§ 1. Kommunalrecht in Studium, Praxis und Wissenschaft

Dieses Lehrbuch behandelt das Recht des Kommunalwesens in al- 1
len **Flächenländern** der Bundesrepublik, nicht hingegen die Situation
in den Stadtstaaten Berlin, Hamburg und Bremen. **Berlin** ist gleichzeitig Bundesland und Stadt (Art. 1 VerfBerlin). Innerhalb der Stadt
besteht eine Binnengliederung in Bezirke, die viele Parallelen mit der
Binnenorganisation der Gemeinden in den anderen Bundesländern
aufweist. Die Stadt besitzt jedoch keine eigene Kommunalverfassung
und ihre Organe (Abgeordnetenhaus, Senat und Verwaltung) nehmen
ihre Aufgaben zugleich als Gemeinde, Gemeindeverband und Bundesland wahr.

(Art. 3 II VerfBerlin; vgl. *Deutelmoser,* Die Rechtsstellung der Bezirke in
den Stadtstaaten Berlin und Hamburg, 2000; *Musil/Kirchner,* Das Recht der
Berliner Verwaltung – unter Berücksichtigung kommunalrechtlicher Bezüge,
3. Aufl. 2012; *Remmert,* Zur Bedeutung der kommunalen Selbstverwaltungsgarantie des Art. 28 II 1 GG im Land und für das Land Berlin, LKV 2004,
341; *Alexandra Fock,* Die Berliner Verwaltungsorganisationsreform, 2004).

Die Stadt **Hamburg** ist ausschließlich Bundesland der Bundesre- 2
publik (Art. 1 VerfHamburg [d. h. in ihr wird zwischen staatlichen
und kommunalen Tätigkeiten überhaupt nicht unterschieden, Art. 4
VerfHamburg]; vgl. hierzu *Bull,* in: Hoffmann-Riem/Koch [Hrsg.],
Hamburgisches Staats- und Verwaltungsrecht, 3. Aufl. 2006, und
jüngst zur 5 %-Sperrklausel für die Wahl zu den Bezirksvertretungen
BVerfG, DVBl. 2008, 236).

Eine eigene kommunale Ebene kennt lediglich das Bundesland 3
Bremen, welches sich in die Gemeinden Bremen und Bremerhaven
untergliedert, die zusammen einen Gemeindeverband (vgl. allgemein
§ 20 Rdnr. 1 ff.) höherer Ordnung bilden. Eine Gemeindeordnung auf
einfachgesetzlicher Ebene gibt es ebenfalls nicht. Während in der
Stadt Bremen unterhalb der mit dem Bundesland identischen Organe
(Bürgerschaft und Senat) eine Binnengliederung in Stadt- und Ortsteile besteht, besitzt die Stadt Bremerhaven auf der Grundlage eigener

Verfassungsbestimmungen mit der Stadtverordnetenversammlung und dem Magistrat Organe, die mit denen der Gemeinden in den Flächenbundesländern vergleichbar sind (zur Situation in Bremen vgl. *Thieme*, DÖV 1993, 361; *Dierksen/Freitag*, NordÖR 2000, 51).

I. Kommunen im Spiegel der Kommunalwissenschaften

4   Jeder einzelne Bewohner der Bundesrepublik Deutschland hat buchstäblich von der Wiege (im typischerweise städtischen Krankenhaus) bis zur Bahre (auf dem typischerweise städtischen Friedhof) zumindest mit seiner Wohnortgemeinde zu tun. Zahlreiche **Vorgänge des täglichen Lebens** werden von den Kommunen gestaltet (Bebaubarkeit des Gebietes, Entsorgung von Abfall und Abwasser, Gestaltung der Energiewende, Schulträgerschaft oder kulturelles Angebot). Das, was aus der Perspektive des Staatsorganisationsrechts, der Grundrechte und auch des Allgemeinen Verwaltungsrechts schlicht als „Staat" tituliert worden ist, stellt sich bei näherer Betrachtung und im Alltag der Bevölkerung als politisches Gestalten und Handeln von Kommunen dar.

Damit könnte man es bewenden lassen, wenn es sich bei den Kommunen schlicht um Behörden auf der untersten Stufe des Staates handeln würde. Da sie aber Elemente des Staats- und Verwaltungsaufbaus mit eigener und überdies verfassungsrechtlich durch **Art. 28 II GG** geschützter Rechtspersönlichkeit sind und sich nach Binnenorganisation und Aufgabenkreis grundlegend von allen übrigen staatlichen Stellen unterscheiden, verdienen sie rechtlich wie wissenschaftlich eine gesonderte Behandlung.

1. Bestand

5   Der Begriff „Kommune" ist ein Oberbegriff für die **Gemeinden** (vgl. § 5) und die **Gemeindeverbände** (§ 20). Die wichtigste Erscheinungsform eines Gemeindeverbandes ist der Kreis, teilweise auch Landkreis genannt. Der in der Alltagssprache vielfach verwendete Begriff „Stadt" bezeichnet lediglich eine bestimmte, durch ihre Größe gekennzeichnete Kategorie von Gemeinde. Nach Angaben des Statistischen Bundesamtes gibt es in Deutschland (Stand 3/2010) 11.516 Gemeinden. Zwischen ihnen bestehen nach Einwohnerzahl, Haushaltvolumen, Beschäftigtenzahl und politischer Bedeutung selbstverständlich erhebliche Unterschiede.

Eine größere deutsche Stadt kann es in mehrfacher Hinsicht mit den größe-   6
ren Industrieunternehmen aufnehmen. So hat etwa die Stadt Bochum 365.462
(31.03.2012) Einwohner, ein Haushaltsvolumen in Höhe von 1,05 Mrd.
Euro bei einer Beschäftigtenzahl von 6.188 (Ansatz im Haushaltsplan 2012). In
München leben 1.415.092 Einwohner, bei einem Haushaltsvolumen gemessen
an den Ausgaben in Höhe von 4,96 Mrd. € (Ansatz Haushaltsjahr 2012) und
einer Beschäftigungszahl von 31.173 Personen. Fast alle Gemeinden in
Deutschland sind, wiederum in unterschiedlichem Ausmaß, auch Arbeitgeber
für Juristen. Überdies besteht auf der Seite der vom kommunalen Handeln
Betroffenen (Wirtschaft, Einzelpersonen etc.) ein erheblicher diesbezüglicher
Beratungsbedarf.

Keine Kommunen, sondern privatrechtlich organisierte Interessen-   7
vertreter der Kommunen sind die im politischen Leben sehr wirk-
mächtigen sog. **kommunalen Spitzenverbände:** Der Deutsche
Städte- und Gemeindebund, in dem vor allem die kleineren und mittleren Städte zusammengeschlossen sind (www.dstgb.de; *Landsberg*,
in: HdbKWP, Band 1, 2007, 963), der Deutsche Städtetag, ein Zusammenschluss der größeren Städte (www.staedtetag.de; *Articus*, in:
HdbKWP, Band 1, 2007, 937) und der Deutsche Landkreistag
(www.landkreistag.de; *Henneke*, in: HdbKWP, Band 1, 2007, 945),
jeweils mit Landesverbänden. Teilweise sind ihnen ausdrücklich Beteiligungsrechte bei der Landesgesetzgebung eingeräumt (z. B. § 129
GO Rh.-Pf.); in Rheinland-Pfalz gibt es mit dem „Kommunalen
Rat" (vgl. *Weinberg*, ZG 2004, 373) sogar ein spezifisches Beratungs-
gremium. Ein Indiz für die gesteigerte Bedeutung des Europarechts
auch in diesem Bereich (vgl. näher § 4) ist die Existenz des sog. Euro-
pabüros der deutschen kommunalen Selbstverwaltung in Brüssel.

2. Kommunalwissenschaften

Außer der Rechtswissenschaft befassen sich weitere wissenschaftli-   8
che Disziplinen mit dem Kommunalwesen. Deren Zugriff ist teilweise nur auf einzelne Aspekte (Stadtforschung, Verkehrswissen-
schaft, Stadtgeografie, Agrar- und Forstwirtschaft, Garten- und
Landschaftspflege, Medizin oder Ökologie), teilweise aber auch auf
den Gegenstand in seiner ganzen Breite gerichtet. So analysiert die
Politikwissenschaft die Stellung der Kommunen und die dort stattfindenden politischen Prozesse innerhalb des Gemeinwesens, sie fragt
nach den Möglichkeiten und Grenzen bürgerschaftlichen Engagements (vgl. § 10 Rdnr. 19) und erarbeitet Vorschläge für die Optimie-
rung der kommunalen Binnenorganisation (vgl. § 10 Rdnr. 13 ff.). Die

Verwaltungswissenschaft (Synonym: Verwaltungslehre) hat sich in den letzten Jahren vor allem mit der Modernisierung der Verwaltungsorganisation auf allen Ebenen des Staats und somit auch auf der Ebene der Kommunen (vgl. § 10 Rdnr. 9 ff.) befasst.

9   Der Jurist in der Praxis und erst recht in der Wissenschaft tut gut darin, die Erkenntnisse dieser Wissenschaften zur Kenntnis zu nehmen und daraus ggf. Schlüsse beim Umgang mit den rechtlichen Grundlagen zu ziehen. Dies bedeutet allerdings nicht, dass politik- bzw. verwaltungswissenschaftliche Erkenntnisse schlicht in den Prozess der Norminterpretation eingeschleust werden dürfen. Die Dogmatik besitzt selbstverständlich einen Bezug zur Lebenswirklichkeit, welche durch diese Wissenschaften analysiert wird, deren Steuerungserkenntnisse bedürfen aber der vorherigen **Verarbeitung.** Eine wichtige Erkenntnisquelle für den Stand der kommunalwissenschaftlichen Forschung bietet die „Deutsche Zeitschrift für Kommunalwissenschaften (DfK: früher Archiv für Kommunalwissenschaften [AfK]).

3. Kommunalrecht

10   Gegenstand des Kommunalrechts als rechtswissenschaftliche Disziplin und als in der Praxis gepflegtes Rechtsgebiet sind alle Rechtssätze, die sich mit der Rechtstellung der Kommunen innerhalb des Staates (Zweiter Teil und Fünfter Teil), der Organisation innerhalb der Kommunen (Dritter Teil) sowie der Aufgaben, Instrumente und Finanzen der Kommunen (Vierter Teil) beziehen. Das Kommunalrecht ist somit **Innen- wie Außenrecht.** Ein Teil seiner Rechtssätze bezieht sich auf den Innenbereich des Staates und ist somit Teil des Verwaltungsorganisationsrechts, ein anderer Teil betrifft das Staat-Bürger-Verhältnis auf der kommunalen Ebene und rechnet somit dem Außenrecht zu.

11   Neben dem Verfassungsrecht (vgl. §§ 6 und 7) und dem Europarecht (vgl. § 4) bestehen intensive **Verknüpfungen** mit dem Allgemeinen Verwaltungsrecht (Erlass von Satzungen, Handeln in Privatrechtsform etc.), mit dem Baurecht (Bauleitplanung als kommunale Aufgabe etc.), dem Polizei- und Ordnungsrecht (Kommunen als Träger der Ordnungsbehörde etc.) und dem Wirtschaftsverwaltungsrecht (Statthaftigkeit kommunaler Wirtschaftsbetätigung etc.), um nur die wichtigsten und dem Pflichtstoff zuzurechnenden Teilgebiete der öffentlich-rechtlichen Universitätsausbildung zu nennen. Bezüge beste-

hen aber auch zum Bürgerlichen Recht (Kommunen als Vertragspartner, Vertretungsregeln, Haftung von Kommunen) und zum Strafrecht
(Bürgermeister als „Amtsträger" etc.). Im Verwaltungsprozess bestehen verschiedene Besonderheiten wenn auf der Kläger- und, noch
wichtiger, auf der Beklagtenseite Kommunen auftreten.

Literatur: *Hesse* (Hrsg.), Kommunalwissenschaften in der Bundesrepublik
Deutschland, 1989; *Wollmann,* Kommunalpolitik: Politisches Handeln in den
Gemeinden, 1999; *Kost/Wehling* (Hrsg.), Kommunalpolitik in den deutschen
Ländern, 2. Aufl., 2010; *Schrader,* Die kommunalen Spitzenverbände und der
Schutz der kommunalen Selbstverwaltungsgarantie durch Verfahren und Verfahrensgestaltung, 2004; *Diemert,* Steuerung im kommunalen Spitzenverband,
VerwArch. 96 (2005), 399; *Bogumil/Holtkamp,* Kommunalpolitik und Kommunalverwaltung. Eine policyorientierte Einführung, 2006; *Spiegel,* Die Kommunalwissenschaften und ihre Pflege, in: HdbKWP, Band 1, 2007, 23; *Henneke,* Funktionen und Aufgaben der kommunalen Spitzenverbände im
europäisierten Bundesstaat, ebenda, 981; *Meyer,* Einfluss kommunaler Spitzenverbände auf die Politik, in: Schliesky/Ernst (Hrsg.), Recht und Politik.
Wissenschaftliches Symposium für Schmidt-Jortzig, 2007, 121. Als umfassen-
des Online-Angebot sei die bei C. H. Beck angebotene Datenbank „Beck-
Kommunalpraxis plus" genannt.

II. Normenbestand

1. Gesetzgebungskompetenz für das Kommunalrecht

Nach der Kompetenzverteilungsregel des Art. 70 I GG besitzt der   **12**
Bund für ein bestimmtes Gebiet nur dann die Gesetzgebungskompetenz, wenn sie ihm durch das Grundgesetz ausdrücklich verliehen
worden ist. Da sich weder in Art. 73 GG (ausschließliche Gesetzgebung) noch in Art. 74 GG (konkurrierende Gesetzgebung) eine Zuweisung an den Bund findet, fällt das Kommunalrecht in die **Gesetzgebungskompetenz der Länder.** Dies erklärt sich in der Sache
daraus, dass die Schaffung und Ausgestaltung eines Kommunalwesens die Binnenorganisation des jeweiligen Landes betrifft. Die Organisationsgewalt im Hinblick auf die Kommunen steht mithin dem
Landesgesetzgeber zu.

Der Bund konnte jahrzehntelang auf das Kommunalrecht zugreifen, wenn   **13**
die Voraussetzungen des **Art. 84 I GG a. F.** vorlagen. Diese Vorschrift betrifft
den wichtigen Bereich des Vollzugs von Bundesgesetzen durch die Länder
(und damit auch durch die Kommunen), beispielsweise den Vollzug des
BauGB oder der Grundsicherungsgesetze (v.a. Hartz IV) des Bundes. Auch

hierfür waren nach ausdrücklicher Bestimmung des Art. 84 I 1 GG grundsätzlich die Länder zuständig, „Bundesgesetze mit Zustimmung des Bundesrates" konnten aber ausnahmsweise „etwas anderes bestimmen". Solche Bestimmungen bezogen sich auf das „Verwaltungsverfahren" und auf die „Einrichtung der Behörden". Als „Einrichtung der Behörden" ist auch die Zuweisung von Aufgaben (Zuständigkeiten) an bestimmte Behörden innerhalb der Länder zu verstehen. Art. 84 I GG konnte danach dem Bund eine Gesetzgebungskompetenz verleihen für die Zuweisung von Aufgaben an Kommunen unmittelbar in einem Bundesgesetz (Beispiel: Bestimmung größerer Gemeinden und der Kreise zu Trägern der Sozialhilfe durch das SGB XII). Die Zuweisung von Aufgaben durch den Bund an die Kommunen stellt eine vor Art. 28 II GG rechtfertigungsbedürftige Aufgabenüberbürdung dar (vgl. § 6 Rdnr. 29 f.), die überdies erhebliche finanzielle Belastungen nach sich zieht. Deswegen ist die Aufgabenüberbürdung auch finanzverfassungsrechtlich problematisch (vgl. § 18 Rdnr. 5). Das Bundesverfassungsgericht legte Art. 84 I a. F. GG eng aus (vgl. zuletzt BVerfGE 88, 203 [339 f.]; näher *Burgi/Maier*, DÖV 2000, 579 [584]). Die Bestimmung der Gemeinde als Trägerin der Bauleitplanung wurde als verfassungsgemäß qualifiziert (BVerfGE 77, 288 [299 ff.]), die Auferlegung von Finanzierungspflichten zu Gunsten der freien Jugendhilfe hingegen als verfassungswidrig (BVerfGE 22, 180 [210]). Durch das Hartz IV-Urteil des BVerfG (NVwZ 2008, 183; vgl. aber § 6 Rdnr. 33 u. 45) wurde dieser Vorschrift die Rügefähigkeit im Verfahren der Kommunalverfassungsbeschwerde (vgl. § 9 Rdnr. 3) abgesprochen. Obwohl Art. 84 I a. F. GG mithin als eine eng auszulegende Ausnahmebestimmung anzusehen war, bildete er ein Einfallstor zugunsten des Bundes in den kommunalen Bereich und damit in den Bereich der Landes-Organisationsgewalt hinein.

14   Die am 1.9.2006 in Kraft getretene Föderalismusreform I (BGBl. I, 2034; allg. hierzu *Ipsen*, NJW 2006, 2801; aus kommunaler Sicht: *Söbbeke*, KomJur 2006, 402; *Wieland, Kluth, Burgi* in: Henneke [Hrsg.], Kommunen in der Föderalismusreform I u. II, 2008, 11, 20, 44) unterbindet diesen „Bundesdurchgriff", indem Art. 84 I GG in einem neuen Satz 4 erklärt: „Durch Bundesgesetz dürfen Gemeinden und Gemeindeverbände Aufgaben nicht übertragen werden". Entsprechendes gilt für den Bereich der Bundesauftragsverwaltung (Art. 85 I 2), während Art. 125 a I GG die Fortgeltung der bereits bestehenden Aufgabenübertragungstatbestände anordnet (vgl. zum Ganzen *Försterling*, Der Landkreis 2007, 56; *Henneke*, DVBl. 2007, 867; *Ingold*, DÖV 2010, 134, und dagegen *Meßmann*, DÖV 2010, 726). Die Übertragung neuer Aufgaben kann künftig mithin nur noch durch die Länder erfolgen, die dafür dann aber auch die Kosten zu tragen haben (sog. Konnexitätsprinzip auf Ebene der Landesverfassungen; vgl. § 18 Rdnr. 6).

Neuer Streit ist darüber entbrannt, ob auch die Erweiterung beste- **15**
hender Aufgaben (dies ist jedenfalls zu bejahen) oder sonstige finanziell relevante Veränderungen an bestehenden Aufgabengesetzen
künftig ausgeschlossen sind. Beispiel: Das Verbraucherinformations-
gesetz des Bundes sollte (u. a.) die Kommunen dazu verpflichten, In-
formationsbegehren von Verbrauchern im Zusammenhang z. B. mit
bestehenden Aufgaben der Lebensmittelüberwachung zu prüfen und
zu bescheiden. Darin hat der Bundespräsident einen Verstoß gegen
Art. 84 I 7 GG n. F. erblickt und seine Prüfungskompetenz in formeller Hinsicht (fehlende Gesetzgebungskompetenz) ausgeübt (vgl. zur
Interpretation des Art. 84 I 7 *Burgi*, DVBl. 2007, 70 [77 f.]; *Schoch*,
DVBl. 2007, 261; *Pieroth*, in: Butzer u. a. [Hrsg.], FS Schnapp, 2008,
213). Zu Recht, weil es sich um eine vom **Durchgriffsverbot** erfasste
Erweiterung einer bestehenden Aufgabe handelte. Permanent wird
über die Finanzierung der vom Bund vermehrt initiierten Maßnahmen zur verbesserten Kinderbetreuung außerhalb des Elternhauses
gestritten (vgl. *Knitter*, ZG 2009, 18; *Huber/Wollenschläger*, Verw-
Arch 100 {2009], 305), neuerdings auch über Maßnahmen im Zuge
der sog. Energiewende (dazu *Burger/Faber*, KommJur 2011, 161).
Die Föderalismusreform II (G. v. 29.7.2009 [BGBl. I, 2247]) – hat
keine Änderung des Art. 84 I 7 GG gebracht, wohl aber mehrere
auch für die Kommunen relevante Änderungen im Bereich der Finanzverfassung (dazu § 18 Rdnr. 5; als Gesamtüberblick über die
kommunalrelevanten Änderungen der Föderalismusreform *Henneke*,
Bundesstaat und komunale Selbstverwaltung nach den Föderalismus-
reformen, 2009). Auf der Grundlage des im Juli 2010 neu in das
Grundgesetz eingefügten Art. 91e GG ist die Organisationsstruktur
für die „Grundsicherung für Arbeitsplätze" („Hartz IV") neu akzen-
tuiert worden. Nach näherer Maßgabe des SGB II (vgl. v.a. §§ 6 f.,
46 f.; zur Gesetzgebungskompetenz *Henneke*, Der Landkreis 2012,
3) findet im Gebiet des jeweiligen Kreises bzw. der kreisfreien Gemeinde entweder eine explizit statthafte Mischverwaltung (aus Bundesagentur für Arbeit bzw. Kreis oder Stadt) in sog. Jobcentern statt
oder die betroffene Kommune nimmt jene Aufgaben als sog. Op-
tionskommune allein wahr (vgl. neben den Kommentierungen zu
Art. 91e GG *Zieglmeier*, KommJuR 2010, 441; *Worms*, Verwaltung
der Grundsicherung für Arbeitslose, 2012). Aktueller Streit besteht
darüber, ob der Bund gegenüber den Optionskommunen zur Finanz-
kontrolle (durch das Arbeitsministerium und/oder den Bundesrech-

nungshof) befugt ist (befürwortend *Mayen*, NVwZ 2011, 584; ablehnend *Henneke*, DÖV 2012, 165, 173 ff., u. *ders.*, NVwZ 2012, 399).

2. Kommunalgesetzgebung in den Bundesländern

16   Vor dem verfassungsrechtlichen Hintergrund des Art. 28 II GG
(§ 6) und der jeweiligen Landesverfassung (vgl. § 7) haben alle Bundesländer Gesetze für das Kommunalwesen erlassen. So gibt es jeweils
eine **Gemeindeordnung** (dieser Begriff wird im vorliegenden Buch
trotz teilweise unterschiedlicher landesrechtlicher Bezeichnungen
durchgehend verwendet), eine **Kreisordnung** (zu den Kreisen vgl.
§ 20), ein Gesetz über die kommunale Zusammenarbeit (vgl. § 19)
und ein Kommunalabgabengesetz (vgl. hierzu § 18) als jeweils zentrale
Kodifikation. Teilweise (so in Mecklenburg-Vorpommern, im Saarland, in Thüringen und seit 2008 in Brandenburg sowie seit 2011 in
Niedersachsen) sind Gemeinde- und Kreisordnung in einem einzigen
Gesetz zusammengefasst. Von unmittelbar gemeindeorganisations-
rechtlicher Bedeutung ist neben der jeweiligen Gemeinde- und der
Kreisordnung das jeweilige Kommunalwahlgesetz, weil auf der kommunalen Ebene (im Unterschied zu den anderen Verwaltungsebenen
in Bund und Land) gemäß Art. 28 I 2 GG direkt gewählte Vertretungskörperschaften (die Gemeinderäte) bestehen (vgl. § 11 Rdnr. 15).

17   Im Folgenden werden für die einzelnen Bundesländer die jeweilige
Gemeinde- bzw. Kreisordnung mit den in diesem Buch sodann
durchgehend verwendeten Abkürzungen dokumentiert:
- **Baden-Württemberg:** Gemeindeordnung (GO BW) v. 24.7.2000
(GBl. 582, ber. 698), zuletzt geändert durch VO v. 24.1.2012 (GBl.
65); Kreisordnung (KrO BW) v. 19.6.1987 (GBl. 289), zuletzt ge-
ändert durch VO v. 25.1.2012 (GBl. 65).
- **Bayern:** Gemeindeordnung (BayGO) v. 22.8.1998 (GVBl. 796),
zuletzt geändert durch G. v. 16.2.2012 (GVBl. 30); Kreisordnung
(BayKrO) v. 22.8.1998 (GVBl. 826), zuletzt geändert durch G.
v. 16.2.2012 (GVBl. 30).
- **Brandenburg:** Kommunalverfassung des Landes Brandenburg
(BbgKVerf) v. 9.1.2012 (GVBl. I Nr. 1, 1 ber. Nr. 7, 1), zuletzt geändert durch G v. 9.1.2012 (GVBl. I Nr. 1,1, ber. Nr. 7,1).
- **Hessen:** Gemeindeordnung (HessGO) v. 7.3.2005 (GVBl. I, 142),
zuletzt geändert durch G. v. 9.1.2012 (GVBl. I, 786); Kreisordnung
(HessKrO) v. 1.4.2005 (GVBl. I, 183), zuletzt geändert durch G.
v. 16.11.2004 (GVBl. I, 786).

– **Mecklenburg-Vorpommern:** Kommunalverfassung (KV MV)
  v. 13.7.2011 (GVOBl. 777).
– **Niedersachsen:** Niedersächsisches Kommunalverfassungsgesetz
  (NKomVG) v. 17.12.2010 (GVBl. 576), zuletzt geändert durch G.
  v. 3.4.2012 (GVBl. 46).
– **Nordrhein-Westfalen:** Gemeindeordnung (GO NRW)
  v. 14.7.1994 (GV 666), zuletzt geändert durch G. v. 13.12.2011
  (GV 685); Kreisordnung (KrO NRW) v. 14.7.1994 (GV 646), zu-
  letzt geändert durch G. v. 13.12.2011 (GV 685).
– **Rheinland-Pfalz:** Gemeindeordnung (GO Rh.-Pf.) v. 31.1.1994
  (GVBl. 153), zuletzt geändert durch G. v. 20.10.2010 (GVBl. 319);
  Kreisordnung (KrO Rh.-Pf.) v. 31.1.1994 (GVBl. 188), zuletzt ge-
  ändert durch G v. 20.10.2010 (GVBl. 319).
– **Saarland:** Kommunalselbstverwaltungsgesetz (KSVG) i. d. F.
  v. 27.6.1997 (ABl. 682), zuletzt geändert durch G. v. 11.2.2009
  (ABl. 1215).
– **Sachsen:** Gemeindeordnung (SächsGO) v. 18.3.2003 (GVBl. 55,
  159), zuletzt geändert durch G. v. 27.1.2012 (GVBl. 130); Kreis-
  ordnung (SächsKrO) v. 19.7.1993 (GVBl. 577), zuletzt geändert
  durch Gesetz v. 17.1.2012 (GVBl. 130).
– **Sachsen-Anhalt:** Gemeindeordnung (GO LSA) v. 10.8.2009
  GVBl. 383), zuletzt geändert durch G. 30.11.2011 (GVBl. 814);
  Kreisordnung (LKO LSA) v. 10.8.2009 (GVBl. 435), zuletzt geän-
  dert durch G. v. 20.1.2011 (GVBl. 14).
– **Schleswig-Holstein:** Gemeindeordnung (GO SH) v. 28.2.2003
  (GVOBl. 57), zuletzt geändert durch G. v. 22.3.2012 (GVOBl.
  371); Kreisordnung (KrO SH) v. 28.2.2003 (GVOBl. 94), zuletzt
  geändert durch G. v. 22.3.2012 (GVOBl. 371).
– **Thüringen:** Kommunalordnung (ThürKO) v. 28.1.2003 (GVBl.
  41), zuletzt geändert durch G. v. 21.12.2011 (GVBl. 531).

Literatur: *Lerche,* Strikte Auslegung von Kompetenznormen?, in: Geis/
Lorenz (Hrsg.), FS Maurer, 2001, 205; *Schoch/Wieland,* Kommunale Aufgabenträgerschaft nach dem Grundsicherungsgesetz, 2003, 53 ff., 89 ff. m. w. N.;
dies., Aufgabenzuständigkeit und Finanzierungsverantwortung verbesserter
Kinderbetreuung, 2004, 47 ff.; *Sommermann,* Kommunen und Föderalismusreform, in: Bittburger Gespräche, Jahrbuch 2005/I, 59; *Henneke,* Die Bedeutung der kommunalen Selbstverwaltung für Wachstum, Bildung und Zusam-
menhalt, Der Landkreis 2009, 552; *Meyer,* Aktuelle Entfaltungen kommunaler
Einflussmöglichkeiten im bundesdeutschen Verfassungsrecht, in: Schliesky/
Ernst/Schulz (Hrsg.), FS Schmidt-Jortzig, 2011, 113; vgl. ferner die Grundge-
setz-Kommentierungen zu Art. 84 und zu Art. 91e.

III. Zum Arbeiten mit diesem Buch

18   Den Inhalt dieses Buches bildet das Kommunalrecht in seiner ganzen Breite. Es versteht sich in erster Linie als Lehrbuch für Studie-
rende, die in allen Bundesländern mit dem Kommunalrecht als Teil
des Pflichtstoffs im ersten Staatsexamen konfrontiert sind. Daneben
richtet es sich auch an Referendare sowie zur Orientierung an Prak-
tiker und Wissenschaftler. Besonderer Wert wird auf die Überschnei-
dungen und **Verknüpfungen mit anderen Rechtsgebieten** gelegt,
zumal dort häufig Fälle gebildet werden können. Da der Einstieg in
Klausur und Praxis häufig über ein Rechtsschutzbegehren erfolgt,
werden spezifische Probleme der **Zulässigkeit** und **Begründetheit**
verwaltungsgerichtlicher **Klagen** unter einer eigenen Überschrift in
den jeweiligen Abschnitten thematisiert. So gesehen ist Kommunalrecht das gesamte Öffentliche Recht wie es sich auf der kommunalen
Ebene darstellt.

19   Die **verschiedenen Landesgesetze** werden in unterschiedlicher Intensität verarbeitet. Geht es um inhaltlich identische Bestimmungen,
dann werden die jeweiligen Paragraphen in einer Fußnote nachgewie-
sen. Hier sei der Rat gegeben, das „eigene" Gesetz einfach farblich
hervorzuheben. Bestehen hingegen inhaltliche Unterschiede, dann
werden diese unmittelbar im Haupttext sichtbar gemacht.

20   Das Buch ist in **Fünf Teile** untergliedert. Im **Ersten Teil** geht es um
die Grundlagen des Kommunalrechts, d. h. um den allgemeinen, für
alle Kommunen geltenden Rahmen. Im **Zweiten, Dritten** und **Vierten Teil** wird ausschließlich die Rechtslage der **Gemeinden** dargestellt. Dies erfolgt im Interesse der größeren Übersichtlichkeit und
lässt sich in dreifacher Weise begründen: Die Gemeinden bilden die
Basis für die übrigen kommunalen Träger, in den anderen Kommu-
nalgesetzen finden sich zahlreiche Verweisungen auf die Gemeindeordnungen (und nicht umgekehrt) und das Recht der Gemeinden
steht im Mittelpunkt von Studium und Examen. Dieser Aufbau ermöglicht es, in einem eigenen Teil **(Fünfter Teil)** gebündelt auf die
Besonderheiten und Abweichungen bei den anderen kommunalen
Trägern, insbesondere den Kreisen (§ 20) einzugehen.

21   Das Buch folgt durchgehend der **systematischen Methode,** d. h. es
zielt auf die Sichtbarmachung der Strukturen, bei Konzentration auf
das Wesentliche, verbunden mit der Anregung zum Nachdenken und

zur Vertiefung anhand des gelieferten Materials. Im Interesse der Transparenz wird vielfach mit **Aufzählungen** gearbeitet. Besonders examenswichtige Themen werden abschließend in einem **Prüfungsschema** zusammengefasst. In Kleindruck-Absätzen finden sich **Beispiele** und werden besonders intensive **Meinungsstreitigkeiten** dargestellt. Nicht erst am Ende der einzelnen Paragraphen-Abschnitte, sondern bereits am Ende der mit römischen Ziffern bezeichneten Abschnitte finden sich umfangreiche und aktuelle **Literaturhinweise**. Einbezogen sind Hinweise auf veröffentlichte Falllösungen in den Ausbildungszeitschriften.

§ 2. Der Verwaltungsorganisationstyp (kommunale) Selbstverwaltung

Neben der Selbstverwaltung in den Kommunen gibt es andere For- 1
men der Selbstverwaltung. Die Gemeinsamkeiten und Unterschiede sind ebenso wichtig wie die Gegenüberstellung zur Staatsverwaltung. Das Kommunalrecht knüpft als eine Materie des Besonderen Verwaltungsrechts insoweit an das Allgemeine Verwaltungsrecht, vor allem an das **Verwaltungsorganisationsrecht** an. Ferner bestehen Bezüge zu den allgemeinen Verfassungsbestimmungen (außerhalb der Garantie der kommunalen Selbstverwaltung in Art. 28 II GG). Die Abgrenzung von kommunaler Selbstverwaltung und Staatsverwaltung wird in der Falllösung insbesondere relevant, wenn es um die Bestimmung des richtigen Klagegegners oder um die Bestimmung der zuständigen Behörde geht.

I. Staatsverwaltung und Selbstverwaltung

1. Mittelbare Staatsverwaltung

Grundlegend ist die Unterscheidung zwischen Staat und Gesell- 2
schaft. Der **Staat** ist eine politische Entscheidungs- und Wirkeinheit, die als souveränes Rechtssubjekt gegenüber dem einzelnen Menschen und gegenüber anderen Staaten handeln kann und Gegenstand staatsrechtlicher Verfasstheit ist. Er ist abzugrenzen gegenüber der **Gesellschaft,** in der die einzelnen Menschen und ihre Vereinigungen (Vereine, Unternehmen etc.) versammelt sind. In der Gesellschaft werden

Grundrechte ausgeübt, deren Garant und zugleich Pflichtenadressat der Staat ist. Das Grundgesetz konstituiert den Staat und regelt seine Organisation, die Verfahren und die von ihm zu beachtenden materiellen Grundsätze.

3   Die Kommunen gehören zum Staat und bilden einen Teil von dessen Verwaltungsorganisation. Für diesen Teil der Verwaltungsorganisation gelten allerdings besondere Regeln (ausgehend von Art. 28 II GG), weil es sich nicht um irgendeine Untergliederung, sondern um einen Bereich mit Selbstverwaltung handelt. Man kann daher von „Staat light" sprechen. In Deutschland ist die Staatlichkeit zwischen dem Bund und den Ländern aufgeteilt, wobei die Kommunen **Teil der Verwaltungsorganisation auf Landesebene** sind. Sie bilden also keine eigenständige dritte Ebene. Dies kommt am deutlichsten in Art. 106 IX GG zum Ausdruck („als Einnahmen und Ausgaben der Länder … gelten auch die Einnahmen und Ausgaben der Gemeinden [Gemeindeverbände]").

4   Ebenso wie auf der Ebene des Bundes unterscheidet man auch auf Landesebene zwischen der unmittelbaren und der mittelbaren Staatsverwaltung. Zur **unmittelbaren Staatsverwaltung** gehören diejenigen Verwaltungseinheiten, die nicht selbst Verwaltungsträger sind (wie Bund, Länder und Kommunen; vgl. sogleich), sondern als Organe eines Verwaltungsträgers dessen Aufgaben erfüllen. Die unmittelbare Staatsverwaltung wird daher durch den Behördenapparat aus Ministerien, Mittelbehörden und Unterbehörden gebildet.

5   Die **mittelbare Staatsverwaltung** umfasst diejenigen Verwaltungseinheiten, die selbst Verwaltungsträger sind und daher einem Hauptverwaltungsträger (hier: dem jeweiligen Land) nur „mittelbar" zuzurechnen sind. Erscheinungsformen sind vor allem die Körperschaften, Anstalten und Stiftungen des öffentlichen Rechts. Die Kommunen sind Körperschaften des öffentlichen Rechts. Das bedeutet, sie sind durch staatlichen Hoheitsakt geschaffen, mitgliedschaftlich verfasst, dabei vom Wechsel der Mitglieder unabhängig und zu dem Zweck eingerichtet, bestimmte öffentliche Aufgaben mit hoheitlichen Verwaltungsmitteln und unter staatlicher Rechtsaufsicht zu erfüllen.

6   Ihre Existenz ist Ausdruck von Dezentralisation (= Vorhandensein mehrerer Verwaltungsträger) und zu unterscheiden von den Erscheinungsformen der „Dekonzentration" (= Aufteilung der Verwaltungsbefugnisse innerhalb eines Verwaltungsträgers, z. B. zwischen Bürgermeister und Rat innerhalb des Verwaltungsträgers Gemeinde). **Dezentralisation** dient der Entlastung der unmittelbaren Staatsver-

waltung, der Erzielung größerer Sach- und Bürgernähe, größerer Flexibilität und der Teilung der Gewalten in vertikaler Richtung. Nachteile können in einer u. a. geringeren Effizienz und in der Gefahr von Steuerungs- und Kontrollverlusten liegen. Jedenfalls ist die Entscheidung für die Schaffung von Kommunen eine Entscheidung zugunsten der Erweiterung der Entscheidungs- und Machtzentren innerhalb des Staates.

2. Begriff und Funktionen der Selbstverwaltung

Innerhalb der mittelbaren Staatsverwaltung ist weiter danach zu 7
differenzieren, ob der betreffende Verwaltungsträger mit Selbstverwaltungsbefugnissen ausgestattet ist oder nicht. „Selbstverwaltung" bezeichnet einen **Organisationstyp**, der sich durch verschiedene Merkmale vom Organisationstyp der Staatsverwaltung im engeren Sinne (unmittelbare Staatsverwaltung, mittelbare Staatsverwaltung ohne Selbstverwaltung) unterscheidet. Art. 28 II GG und die Vorschriften des Kommunalrechts in den verschiedenen Landesgesetzen knüpfen an diesen Begriff des Allgemeinen Verwaltungsrechts an.

Folgende Mindestvoraussetzungen müssen erfüllt sein: 8
– Erfüllung von **Verwaltungsaufgaben** (verstanden als Aufgaben, die der Staat, und nicht ein gesellschaftlicher Träger wahrnimmt);
– öffentlich-rechtliche Verwaltungsträgerschaft;
– unter **Mitwirkung der von der Aufgabenerfüllung Betroffenen**. Hierbei ist danach zu differenzieren, ob die Betroffenheit auf verschiedene Verwaltungsaufgaben innerhalb eines bestimmten Gebiets (dann: kommunale Selbstverwaltung) oder auf den Inhalt bestimmter Verwaltungsaufgaben bezogen ist. Im letzteren Fall spricht man von „**funktionaler Selbstverwaltung**". Hierher gehören die Kammern der Wirtschaft (IHK, Handwerkskammer) und der Freien Berufe, die soziale Selbstverwaltung (Krankenkassen, Unfall- und Rentenversicherungsträger etc.) und die Wasserverbände sowie Jagdgenossenschaften als sog. Realkörperschaften.
– **Eigenverantwortlichkeit** für Ob und/oder Wie der Aufgabenerfüllung (nach näherer Maßgabe des Art. 28 II GG bzw. der landesverfassungsrechtlichen Gewährleistungen; vgl. § 6 Rdnr. 31 ff.).

Die Funktionen, die sich mit dem Einsatz des Organisationstyps 9
Selbstverwaltung verbinden, sind zunächst identisch mit denen jeder Dezentralisation zugrunde liegenden Motiven (vgl. Rdnr. 6). **Spezifische Funktionen** der Selbstverwaltung verbinden sich mit den beiden

Merkmalen „Betroffenenmitwirkung" und „Eigenverantwortlichkeit". Durch die Mitwirkung der Betroffenen sollen deren Sach- und
Ortsnähe, Motivation und Einsatzbereitschaft mobilisiert und für
eine erfolgreiche Erfüllung von Verwaltungsaufgaben nutzbar gemacht werden. Dadurch kommt es zu einer Vernetzung von Staat
und Gesellschaft und zu einer Verbesserung der Mitwirkungsmöglichkeiten im Staat. Neben die Wahlen auf Bundes- und Landesebene
tritt die Teilnahme an den Kommunalwahlen, an den Plebisziten auf
kommunaler Ebene und vor allem am politischen Leben auf dieser
überschaubaren und in der Regel leichter zugänglicheren politischen
Ebene. Dieser Aspekt ist vor dem Hintergrund der aktuellen Debat-
ten um eine stärkere Aktivierung des bürgerschaftlichen Mitwir-
kungspotenzials (nicht nur aus Anlass von Großvorhaben wie „Stuttgart 21") von großer Bedeutung.

10   Jedes einzelne Gemeindemitglied, d. h. jeder Gemeindebewohner
und jede Gemeindebewohnerin, ist **Selbstverwaltungsbürger** und
kann unmittelbar mitbestimmen über die bauliche Gestaltung des eigenen Gebiets, über die Vorhaltung von kulturellen, sozialen oder
technischen Einrichtungen etc. In der kommunalen Selbstverwaltung
wird der einzelne vom Zuschauer der Bundes- und Landespolitik
zum Mitgestalter der Politik. Dies mündet in die Wahl einer eigenen
Volksvertretung, die gem. Art. 28 II 2 GG aus „allgemeinen, unmittelbaren, freien, gleichen und geheimen Wahlen hervorgegangen"
sein muss. Die Entscheidung des Grundgesetzes zugunsten der kommunalen Selbstverwaltung bildet also nicht (allein) eine Fortführung
historischer Traditionen, sondern beruht auf dem Vertrauen in ein
Konzept. Dieses ist dann unverändert schlüssig, wenn sich bei der
Erledigung der betroffenen Verwaltungsaufgaben der Mehrwert, welcher in der Mitwirkung der unmittelbar Betroffenen und in der größeren Eigenverantwortlichkeit liegt, realisieren kann. Das wiederum
ist der Fall, wenn diese Verwaltungsaufgaben tatsächlich auf das jeweilige Gemeindegebiet bezogen, also örtlicher Natur sind.

11   Wegen der besonderen Merkmale und Funktionen der (kommunalen)
Selbstverwaltung lehnen verschiedene Autoren (*Forsthoff,* Verwaltungsrecht I,
10. Aufl. 1973, 478 f.; vgl. auch *Hendler,* Selbstverwaltung als Ordnungsprin-
zip, 1986, 297 ff.; zuletzt *Kahl,* Die Staatsaufsicht, 2000, 443 ff.) die Zuordnung
der Selbstverwaltung zur „mittelbaren Staatsverwaltung" ab. In der Tat kann
nicht deutlich genug betont werden, dass der Selbstverwaltung eine andere ra-
tio zugrunde liegt als der Staatsverwaltung und dass in jeder Kommune ein eigenes Zentrum mit eigenem politischen Leben in einer Volksvertretung (sogar

mit Fraktionen in Fortführung der Parteiengliederung auf Bundes- und Landesebene) und vor allem mit zahlreichen Entscheidungsspielräumen existiert (BVerfGE 11, 266 [275 f.]; BVerfGE 79, 127 [149 f.]; BVerfGE 83, 37 [53]). Dennoch bleibt es dabei, dass die Kommunen in den Staat eingegliedert sind und kein demokratisches Eigenleben führen können. In ihnen ist ein Teil-Staatsvolk innerhalb eines bestimmten Gebiets erfasst. Infolge des Bezugs zu einem Gebiet (und nicht zu einer bestimmten Berufsgruppe oder gar einem „Stand") ist die Herausbildung zentrifugaler Kräfte ausgeschlossen.

12

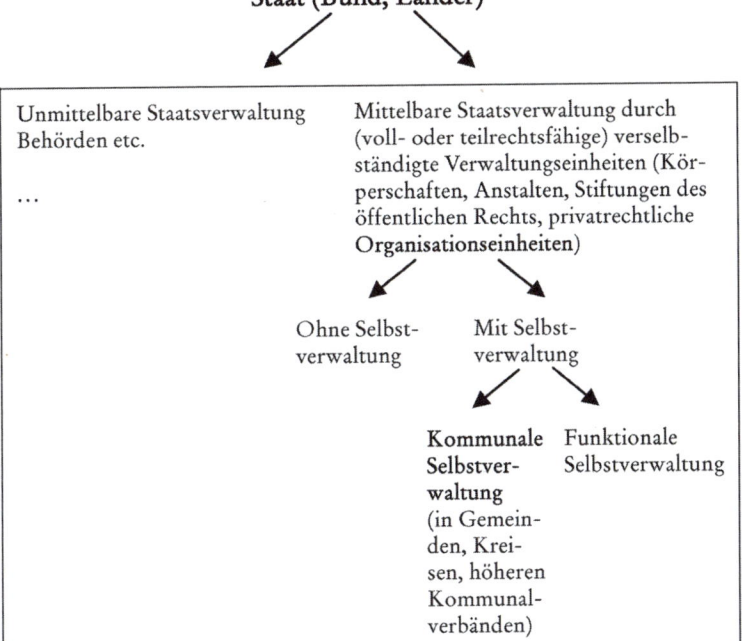

3. Bezüge zum allgemeinen Verfassungsrecht

Folgende Bezüge sind wichtig:

13

– **Demokratieprinzip** (Art. 20 I u. II 1 GG): Die kommunale Selbstverwaltung ist Ausdruck vertikaler Gewaltenteilung; es geht um den „Aufbau der Demokratie von unten" (z. B. Art. 11 IV Bay-Verf; Art. 3 II Verf MV). Die demokratische Legitimation des Staatshandelns, die gem. Art. 20 II 2 GG durch Wahlen und Ab-

stimmungen vermittelt wird, stellt die Parlamente in Bund und
Ländern und die dort verabschiedeten Gesetze in den Mittelpunkt.
Diese Gesetze sind auch auf der kommunalen Ebene bindend und
ihre Einhaltung wird von der Staatsaufsicht kontrolliert (§ 8
Rdnr. 26 ff.). Hinzu tritt die Legitimation durch das Teil-Staatsvolk
in den Kreisen und Gemeinden durch die Kommunalwahl gem.
Art. 28 I 2 GG. Diese Vorschrift dient der Stärkung der „Einheit-
lichkeit der demokratischen Legitimation durch das Volk im
Staatsaufbau" (BVerfGE 107, 59 [88]).

– Innerhalb der **horizontalen Gewaltenteilung** (Art. 20 II 2 GG)
rechnet die gesamte Tätigkeit in den Kommunen zur Exekutive.
Die dort gewählten Volksvertretungen (Gemeinderat bzw. Kreistag) sind keine Parlamente im eigentlichen Sinn, dort erlassene
Rechtsnormen (v. a. die Satzungen; vgl. § 15) sind Entscheidungs-
formen exekutivischer, nicht parlamentarischer Rechtsetzung
(ebenso wie etwa die von der Bundes- bzw. Landesregierung erlassenen Rechtsverordnungen).

– **Grundrechte:** Die Existenz politisch-wirtschaftlicher Zentren auf
lokaler Ebene eröffnet neue Räume für die Freiheitsausübung;
dies wusste man schon im Mittelalter („Stadtluft macht frei"). Dieses ist auf die Abwehrfunktion der Grundrechte bezogen. Da die
meisten kulturellen, sozialen und die Ver- und Entsorgungsein-
richtungen von den Kommunen getragen werden, können dort
auch Teilhabe- oder gar Leistungsrechte realisiert werden. Schließlich kann bei den Kommunalwahlen und den anderen demokratischen Mitwirkungsformen der sog. status activus der Grundrechte
verwirklicht werden. Die Kommunen selbst sind als Teil des Staates nicht Grundrechtsträger, sondern bei ihrem gesamten Handeln
an die Grundrechte gebunden (näher hierzu § 6 Rdnr. 4 ff., § 7
Rdnr. 3 ff.).

Literatur: *Blümel* bzw. *Grawert,* Gemeinden und Kreise vor den öffentlichen Aufgaben der Gegenwart, VVDStRL 36 (1978), 171 bzw. 277; *Schmidt-
Aßmann,* Zum staatsrechtlichen Prinzip der Selbstverwaltung, in: Selmer/v.
Münch (Hrsg.), GS Martens, 1987, 249; *Jestaedt,* Selbstverwaltung als „Ver-
bundbegriff", Die Verwaltung 35 (2002), 293; *Kluth,* Funktionale Selbstverwaltung, Die Verwaltung 35 (2002), 349; *Groß,* Selbstverwaltung angesichts
von Europäisierung und Ökonomisierung, DVBl. 2002, 1182; *Oebbecke*
bzw. *Burgi,* Selbstverwaltung angesichts von Europäisierung und Ökonomisierung, VVDStRL 62 (2003), 366 bzw. 405; *Ipsen,* Kommunale Selbstverwaltung zwischen Politik und Wirtschaftsparadigma, in: Schliesky/Ernst (Hrsg.),
Recht und Politik. Symposium Schmidt-Jortzig, 2007, 25; *Wißmann,* Verfas-

sungsrechtliche Vorgaben der Verwaltungsorganisation, in: Schmidt-Aßmann/
Hoffmann-Riem/Voßkuhle (Hrsg.), Grundlagen des Verwaltungsrechts I,
2. Aufl. 2012, § 15; *Krebs*, Verwaltungsorganisation, in: Isensee/Kirchhof
(Hrsg.), HdbStR, 3. Aufl. 2007, § 108; *Hendler*, Grundbegriffe der Selbstverwaltung, in: HdbKWP, Band 1, 3. Aufl. 2007, § 1; *Henneke*, Selbst-Verwaltung in Gemeinden und Kreisen als Pluralisierungsfaktor, in: Trute u. a.
(Hrsg.), Allgemeines Verwaltungsrecht – zur Tragfähigkeit eines Konzepts,
2008, 17; *Püttner*, Kommunale Selbstverwaltung, in: Isensee/Kirchhof
(Hrsg.), HdbStR VI, 3. Aufl. 2008, § 144; *Hendler*, Das Prinzip Selbstverwaltung, in: Isensee/Kirchhof (Hrsg.), HdbStR VI, 3. Aufl. 2008, § 143; *Burgi*,
Verwaltungsorganisationsrecht, in: Erichsen/Ehlers (Hrsg.), Allgemeines Verwaltungsrecht, 14. Aufl. 2010, § 8 Rdnr. 6 ff.

II. Standort der Kommunen innerhalb der Verwaltungsorganisation auf Landesebene

Innerhalb der Landesverwaltungsorganisation ist nach all dem zu **14**
unterscheiden zwischen den Behörden der unmittelbaren Staatsverwaltung und den Kommunen. Die Zuordnung der zahlreichen Verwaltungsaufgaben zu dem einen oder zu dem anderen Bereich sowie
innerhalb der beiden Bereiche ist nicht unabänderlich festgelegt, sondern immer wieder Gegenstand politischer Reformvorstöße. Da die
Kommunen hierdurch nicht in ihrem Gebietsbestand (wie bei Gebietsreformen; vgl. § 5 Rdnr. 14), sondern in ihrem Aufgabenbestand
(den Funktionen) betroffen sind, spricht man insoweit von **Funktionalreformen**. Gegenwärtig zielen Maßnahmen dieser Art v. a. auf die
Übertragung bisheriger Landesaufgaben auf die Kommunen, sei es
als „echte" Aufgabenträger, sei es als untere staatliche Verwaltungsbehörde i. S. v. Rdnr. 16 (sog. Kommunalisierung; vgl. *Burgi*, DV 42
[2009], 155; *Henkel*, Die Kommunalisierung von Staatsaufgaben,
2010; *Kremer*, VerwArch 102 [2011] 242, und aus politikwissen-
schaftlicher und internationaler Perspektive *Bogumil/Kuhlmann*
[Hrsg.] Kommunale Aufgabenwahrnehmung im Wandel, 2010). Um
entsprechende Aktivitäten, die in verschiedenen Bundesländern stattfinden bzw. diskutiert werden (seit 2004 in Baden-Württemberg,
Mecklenburg-Vorpommern, Niedersachsen, Nordrhein-Westfalen,
Sachsen, Sachsen-Anhalt, Schleswig-Holstein, Rheinland-Pfalz und
Thüringen), beurteilen zu können, sind die folgenden Grundkennt-
nisse für die Struktur der unmittelbaren Landesverwaltung wichtig.

Zunächst ist zwischen der **Oberstufe** (oberste Landesbehörden = **15**
Landesregierung, Ministerpräsident, Ministerien sowie obere Landes-

behörden, die einem Minister unmittelbar nachgeordnet und für einen bestimmten Aufgabenkreis örtlich für das gesamte Landesgebiet zuständig sind; z. B. Statistisches Landesamt, Landesdenkmalamt) und der Mittelstufe zu unterscheiden. Auf der **Mittelstufe** gibt es Sonderverwaltungsbehörden (Beispiel: Oberschulämter) und allgemeine Verwaltungsbehörden. In den meisten Bundesländern ist dies der Regierungspräsident (bzw. Bezirksregierung, Regierungspräsidium oder Regierung genannt). Dort werden zur Entlastung der Ministerien die Zuständigkeiten für die verschiedensten Verwaltungsaufgaben gebündelt. In einigen Ländern (Brandenburg, Mecklenburg-Vorpommern, Niedersachsen, im Saarland und in Schleswig-Holstein)[1] sind die Regierungspräsidien mittlerweile abgeschafft worden. Auf der **Unterstufe** tritt das Land als Verwaltungsträger wiederum mit unteren Sonderbehörden (Beispiele: Eichämter, Schulämter) und mit den unteren allgemeinen Verwaltungsbehörden in Erscheinung. Letztere sind bereits das Ergebnis einer Verzahnung mit dem kommunalen Bereich (vgl. sogleich). Die Einzelheiten sind in den einzelnen Landesverfassungen sowie in einigen Ländern in Landesorganisationsgesetzen geregelt bzw. ergeben sich aus verschiedenen, verstreuten gesetzlichen Regelungen, einschließlich Verordnungen und Verwaltungsanordnungen.[2]

16   Die unmittelbare Staatsverwaltung auf Landesebene ist auf der Unterstufe mit der Verwaltung bzw. auf kommunaler Ebene verzahnt (vgl. § 8 Rdnr. 25):

- Kommunen oder einzelne Organe der Kommunen (v. a. Bürgermeister bzw. Landrat; sog. Organleihe, vgl. § 8 Rdnr. 10) nehmen Aufgaben als **untere (staatliche) Verwaltungsbehörde** (ganz oder teilweise) wahr. Hierbei handelt es sich im Unterschied zu den eigentlichen kommunalen Aufgaben um übertragene Fremdaufgaben. Die Auferlegung ist ein Vorgang der unechten Kommunalisierung und relevant für die Frage nach der Reichweite des Gewährleistungsgehaltes von Art. 28 II GG (vgl. § 6 Rdnr. 29 f.).

---

1 In Thüringen nimmt ein „Landesverwaltungsamt" mit Zuständigkeit für das gesamte Land die ansonsten dem Regierungspräsidium zugewiesenen Aufgaben wahr; ähnliches ist in Sachsen-Anhalt 2004 vollzogen worden (vgl. *Leimbach/Borschel*, LKV 2004, 484). Rheinland-Pfalz hat die Bezirksregierungen durch zwei „Struktur- und Genehmigungsdirektionen" sowie eine „Aufsichts- und Dienstleistungsdirektion" (auf der Oberebene) abgelöst.
2 Landesorganisations- (bzw. -verwaltungs-)gesetze gibt es in Baden-Württemberg, Bayern, Brandenburg, Mecklenburg-Vorpommern, Nordrhein-Westfalen, dem Saarland, in Sachsen, in Sachsen-Anhalt und in Schleswig-Holstein.

Im Hinblick auf diese Aufgaben erfolgt somit eine Dezentralisation – jedenfalls in administrativer Hinsicht – durch die Überführung auf die Ebene der mittelbaren Staatsverwaltung bzw. durch eine organkompetenzielle Beteiligung der kommunalen Ebene.

– Die Kommunen unterstehen durchgehend, allerdings in unterschiedlichem Umfang, der **Aufsicht** durch staatliche Behörden (welche der unmittelbaren Staatsverwaltung zugehören; vgl. hierzu § 8 Rdnr. 26 ff.) oder – im landesrechtlichen Einzelfall – durch uneingeschränkt weisungsgebundene Kommunalbehörden (so z. B. die kreisangehörigen Gemeinden in Sachsen, die der Aufsicht durch die Landratsämter in ihrer Eigenschaft als Kreisbehörden unterstehen [§ 112 I u. II SächsGO]; vgl. dazu *Brüning/Vogelsang*, Die Kommunalaufsicht, 2. Aufl. 2009, Rdnr. 134 ff., sowie § 8 Rdnr. 33).

Literatur: *König*, Kodifikation des Landesorganisationsrechts, 2000; *Meyer*, Funktional- und Gebietsreformen in den Bundesländern, DVBl. 2007, 78; *Bull*, Kommunale Gebiets- und Funktionalreform – aktuelle Entwicklung und grundsätzliche Bedeutung, dms 2008, 285; *Mehde*, Verwaltungsstrukturreform als Element der Verwaltungsmodernisierung, in: Burgi/Palmen (Hrsg.), Symposium. Die Verwaltungsstrukturreform des Landes Nordrhein-Westfalen, 2008, 37; *Burgi*, Verwaltungsorganisationsrecht, in: Erichsen/Ehlers (Hrsg.), Allgemeines Verwaltungsrecht, 14. Aufl. 2010, § 9 Rdnr. 12 ff., § 10 Rdnr. 2 ff.; *Hesse/Ellwein*, Das Regierungssystem der Bundesrepublik Deutschland, 10. Aufl. 2012, 491 ff. Zu *einzelnen Bundesländern: Innenministerium BW* (Hrsg.), Das neue Verwaltungsstruktur-Reformgesetz des Landes Baden-Württemberg, 2004; *Schenk*, Verwaltungsorganisation, -aufgaben und -zuständigkeiten in Baden-Württemberg 2005, VBlBW 2006, 228; *Schaefer*, Die Verwaltungsorganisation und das System der verwaltungsbehördlichen Zuständigkeiten in Baden-Württemberg, VBlBW 2007, 447; *Peißl*, Verwaltung 21 – Die Verwaltungsreform bei den Regierungen, BayVBl. 2006, 205; *König*, Verwaltungsmodernisierung in Brandenburg, LKV 2005, 190; *Kremer*, Kommunalisierung als Element der Verwaltungsreform. Das Beispiel Hessen: Abkehr von der Magistratsverfassung und dem monistischen Aufgabenverständnis, VerwArch 102 (2011), 242; *Biermann*, Verwaltungsmodernisierung in Mecklenburg-Vorpommern, 2011; *Thörmer*, Schwerpunkte der niedersächsischen Staatsmodernisierung 1999/2000, NdsVBl. 2000, 187; *Bröring*, Verwaltungsreform in Niedersachsen: Die Kreise als Partner der Landesregierung, Der Landkreis 2004, 320; *Janssen*, Die Auflösung der staatlichen Organisationsstruktur durch die politischen Parteien. Eine verfassungsrechtliche Stellungnahme zur Abschaffung der Bezirksregierung in Niedersachsen, DV 43 (2010), 1; *Poeschel*, Guter Rat nicht nur für Niedersachsen und seine Verwaltungsreform? Verfassungspolitische Einordnung von neuen Modellen zur Verwaltungsorganisation der Region, NdsVBl. 2011, 33; *Burgi*, Verwaltungsorganisation und Verwaltungsmodernisierung in Nordrhein-Westfalen, NWVBl. 2001, 1; *Palmen/Schönenbroicher*, Die Verwaltungsstrukturreform in Nordrhein-Westfalen, NVwZ 2008, 1173; *Wallerath*, Steuerung des Wandels durch kommunale Gebiets- und Funktionalreformen. Zur aktuellen Kommunal- und Verwaltungsreform in Rheinland-Pfalz, DÖV 2011, 289; Sponer, Gesamtkonzept für eine Funktional- und Verwaltungsreform im Freistaat Sachsen, LKV 2006, 337; *Groneberg*, Die Verwaltungsreform 2008 im Freistaat Sachsen, Der Landkreis 2008, 589; *Höppner*, Verwaltungsreform in Sachsen-Anhalt, LKV 2001, 2; *Ruffert*, Verfassungsrechtlicher Rahmen für eine Gebiets- und Funktionalreform im Freistaat Thüringen, ThürVBl. 2006, 265; *König*, Verwaltungsreform in Thüringen zwischen den Legislaturperioden – Zwischenstand und Erwartungen, LKV 2010, 289.

§ 3. Geschichtliche Entwicklung

1   Das Kommunalwesen ist historisch gewachsen, getragen von dem Bestreben örtlichen Gemeinschaften Anerkennung und Selbstbestimmung zu gewähren. Eine exakte Geburtsstunde lässt sich nicht beziffern. Charakteristisch ist vielmehr die Wechselhaftigkeit der Entwicklungsgeschichte über Jahrhunderte. Dabei ist zu trennen zwischen der Geschichte kommunaler Gebilde, der Normengeschichte und der Geschichte der zugrunde liegenden politischen Ideen.

I. Entstehung des Kommunalwesens

2   Frühe Ansätze einer gemeindlichen Selbstbestimmung (von „Selbstverwaltung" in einem rechtlichen Sinne kann noch nicht gesprochen werden) waren bereits in germanischen dörflichen Siedlungsgemeinschaften zu finden. Zur Regelung des Zusammenlebens der sesshaft gewordenen Bauern sowie zur Abwehr von Feinden entwickelten sich dort Genossenschaften, deren Vollversammlungen über die wichtigsten Angelegenheiten entschieden. In den **Städten** hatte es bereits zur Römerzeit ein ausgeprägtes Selbstverwaltungssystem gegeben (Erste Römerstädte: Köln, Trier, Bingen), das allerdings mit dem Untergang des Römischen Reiches ein vorläufiges Ende fand. Erst in den mittelalterlichen Städten (gleichsam um die Burg herum) kam es erneut zu unterschiedlich stark ausgeprägten Formen der kommunalen Selbstverwaltung, wobei das Spektrum von wenigen unbedeutenden Privilegien bis hin zur umfassenden Selbstver-

waltung in den Hansestädten reichte. Überwiegend waren die Städte jedoch oligarchischer oder fürstlicher Herrschaft unterworfen, so dass sich eine einheitliche Struktur kommunaler Selbstverwaltung noch nicht herausbilden konnte.

Spätestens mit Ende des Dreißigjährigen Krieges, als sich zunehmend abso- **3** lutistische Herrschaftsstrukturen durchsetzten, verloren Städte und Dörfer die ihnen bis dahin eingeräumten Rechte wieder. Ihre Leitungsorgane wurden den Weisungen der Landesherren unterstellt. So wurde in Preußen unter *Friedrich Wilhelm I.* zwar das Gemeindeverfassungsrecht für jede einzelne Stadt geregelt, doch büßten die Städte jegliche Autonomie ein und wurden der staatlichen Gewalt unterstellt. *Friedrich II.* (der Große) gestand den Städten gewisse Freiheiten und Privilegien zu, nahm ihnen diese aber, sofern dies für seine Politik vorteilhaft war.

Erst mit **Beginn des 19. Jahrhunderts** führten umfassende Refor- **4** men zur Verwirklichung der Idee der modernen Selbstverwaltung auf kommunaler Ebene. Durch die Niederlage Preußens gegen Napoleon und den Einfluss der Französischen Revolution erhielten liberale Einflüsse größere Bedeutung. Unter diesem Eindruck wurde die **preußische Städteordnung vom 19.11.1808** (SO, PreußGS 8, 324) erlassen. Diese durch den preußischen Staatsminister *Freiherr vom und zum Stein* (dessen 250. Geburtstages im Jahre 2007 mit zahlreichen Veranstaltungen gedacht worden ist) veranlasste „Reform von oben" zielte auf eine größere Beteiligung der Bevölkerung an der öffentlichen Verwaltung ihrer Gemeinden, um die Distanz zwischen Bürger und Staat zu verringern und so letztlich den Staat zu stärken (Dezentralisation; vgl. § 2 Rdnr. 6).

Die politische Beteiligung der Bürger war allerdings auf die vermögenden **5** Bevölkerungsschichten beschränkt. Vom Stimmrecht ausgeschlossen waren gem. § 74 lit. d SO diejenigen Bürger, die ein gewisses Einkommen nicht erreichten. Dem lag der Gedanke zu Grunde, dass der Eigentümer in besonderer Weise an den Geschicken des Gemeinwesens interessiert sei, weil dieses auch den Bestand seines Eigentums sichere. Zudem wurde von Einkommen und Besitz auf Bildung und Erfahrung geschlossen.

Die Städte erhielten durch die Reformen das Recht, ihre Angele- **6** genheiten in eigener Verantwortung und in eigenem Namen zu erledigen (§ 108 SO). Faktisch bedeutete dies die Einführung der modernen **Selbstverwaltung,** auch wenn dieser Begriff noch nicht verwendet wurde. Zuständig für die Beschlussfassung war eine gewählte Stadtverordnetenversammlung. Daneben oblag die Ausführung der gefassten Beschlüsse dem Magistrat (§ 127 SO), einem Kollegialorgan, das von der Stadtverordnetenversammlung gewählt wurde (§ 152 SO). Letzterer führte auch die Geschäfte der laufenden Verwaltung (§ 174 SO). Nur das Polizeiwesen blieb dem Staat unterstellt, konnte aber dem Stadtmagistrat übertragen werden. Damit wurde erstmals die Unterscheidung zwischen eigenen Aufgaben und Aufgaben des übertragenen Wirkungskreises getroffen, wie sie bis heute existiert (vgl. § 8).

7   Die *Stein'*schen Reformen wurden zunächst durch dessen Nachfolger, *Karl August von Hardenberg,* weitergeführt. Wieder erstarkte reaktionäre Kräfte in Preußen bewirkten jedoch **1831** die **Revidierte Preußische Städteordnung,** die im Hinblick auf die Selbstverwaltungsrechte einen Rückschritt bedeutete.

8   Unter anderem wurde die Stellung des Magistrats gegenüber der Stadtverordnetenversammlung gestärkt, fortan war für Beschlüsse Übereinstimmung erforderlich. Des weiteren wurden die Einflussmöglichkeiten des Staates wieder deutlich ausgeweitet. Insbesondere bei Uneinigkeit zwischen Stadtverordnetenversammlung und Magistrat stand dem Staat das Entscheidungsrecht zu. Außerdem behielt er sich weitreichende Entscheidungsbefugnisse auf dem Gebiet der Gemeindefinanzen sowie ein Genehmigungsrecht für Statuten, die die Städteverwaltung betrafen, vor (vgl. *Engeli/Haus,* Quellen zum modernen Gemeindeverfassungsrecht in Deutschland, 1975, S. 180 ff.).

9   In der Zeit bis zur Märzrevolution im Jahre 1848 verbreiteten sich die Prinzipien der kommunalen Selbstverwaltung in weiten Teilen Deutschlands. Als Folge des aufkeimenden bürgerlichen Liberalismus in der Zeit des Vormärz enthielt die **Paulskirchenverfassung von 1849** in § 184 eine Regelung zu Gunsten der gemeindlichen Selbstverwaltung. Entgegen der Staats- und Kommunalpraxis wurden die darin verbürgten Rechte (demokratische Struktur, Verwaltung der eigenen Angelegenheiten unter Einschluss der Ortspolizei, Öffentlichkeit) als Grundrechte (statt als staatsorganisationsrechtliches Prinzip; vgl. noch § 6 Rdnr. 4 ff.) garantiert.

10   Noch unter dem Eindruck der Revolution wurde 1850 in **Preußen** eine **Gemeindeordnung** (PrGO) erlassen, deren Ziel ein einheitliches liberales Gemeinderecht für Stadt- und Landgemeinden war. In § 6 PrGO war ausdrücklich der Begriff „Selbstverwaltung" enthalten. Von demokratischen Strukturen heutiger Prägung war auch diese Kodifikation noch weit entfernt, da zwar den Bürgern das aktive und passive Wahlrecht zugestanden, gleichzeitig aber auch das preußische Dreiklassenwahlrecht eingeführt wurde, das das politische Gewicht eines jeden Bürgers von seinen finanziellen Verhältnissen ab-

hängig machte. Selbst dies stieß in den ländlichen Gebieten auf den Widerstand der Gutsbesitzer, die sich ihrer Privilegien beraubt sahen. Diese Kräfte setzten sich schließlich durch, so dass 1853 die Gemeindeordnung wieder aufgehoben wurde und damit der Versuch, ein einheitliches Gemeinderecht zu installieren, gescheitert war.

Stattdessen wurde **1853 die Städteordnung für die sechs östlichen** **11** **Provinzen** erlassen, die sich im wesentlichen an der Revidierten Städteordnung von 1831 orientierte. In ihren wesentlichen Grundzügen blieb diese Städteordnung bis 1933 erhalten, insbesondere enthielt auch die Reichsverfassung von 1871 keine Regelung betreffend die Selbstverwaltung.

Dem Magistrat kam danach eine wichtige Stellung als Verwaltungs- und **12** Vollzugsorgan mit weitgehenden Zustimmungsbefugnissen zu. Seine gleichzeitige Eingliederung in das System der Staatsverwaltung führte aber zu einer mittelbaren Staatsherrschaft in den Städten.

In den **Landgemeinden** galt hingegen nach 1853 weiterhin subsi- **13** diär das Preußische Allgemeine Landrecht vom 5.2.1794 sowie partikulares Gemeinderecht mit Dreiklassenwahlrecht unter dem starken Einfluss der Großgrundbesitzer. Im Grundsatz blieb es in den ländlichen Gegenden bei einer absolutistischen Verwaltungsform. Erst 1891 wurde diese mit der Landgemeindeordnung für die sieben östlichen Provinzen (LGO) abgelöst, die den Grundsatz der Einwohnergemeinde einführte und eine gewählte Gemeindevertretung als Willensbildungsorgan einsetzte.

Mit der fortschreitenden Entwicklung des Kommunalwesens im **14** 19. Jahrhundert setzte auch die theoretische **Auseinandersetzung** mit diesem Thema ein. So entwickelte *Georg Wilhelm Friedrich Hegel* (1770–1831) in seiner Korporationslehre die Idee, Individualinteressen und Partikularinteressen bestimmter Schichten durch das Zusammentreffen mit den Allgemeininteressen in der Korporation zu integrieren. *Rudolf von Gneist* (1816–1895) hielt eine Selbstregulierung auf Grund des individuellen Egoismus für unmöglich. Er entwarf nach dem Vorbild des englischen selfgovernment ein System bürgerlicher Ehrenämter, die durch Ernennung der staatlichen Obrigkeit besetzt werden sollten, um persönliche Eignung und Unabhängigkeit vom Wähler zu garantieren. *Otto von Gierke* (1841–1921) vertrat demgegenüber eine Genossenschaftslehre. Die Gemeinden als eine Form eines genossenschaftlichen Verbandes sah er als soziale Zusammenschlüsse und selbstständige Einheiten an, die eines rechtlich geschützten Wirkungsbereichs bedurften, um freiheitlich tätig sein zu können. Staatliche Kontrolle sollte nur im Wege einer Rechtsaufsicht stattfinden. Dies entspräche dem Bild einer „Selbstverwaltung von unten" (vgl. § 6 Rdnr. 6).

Literatur: *Heffter,* Die deutsche Selbstverwaltung im 19. Jahrhundert, 1950; *Schwab,* Die Selbstverwaltungsidee des Freiherrn vom Stein und ihre geistigen Grundlagen, 1971; *Engeli/Haus,* Quellen zum modernen Gemeindeverfassungsrecht in Deutschland, 1975; *Pohl,* Wurzeln und Anfänge der Selbstverwaltung, dargestellt am Beispiel der Städte, in: v. Mutius (Hrsg.), FG v. Unruh, 1983, 3 ff.; *Menger,* Entwicklung der Selbstverwaltung im Verfassungsstaat der Neuzeit, in: v. Mutius (Hrsg.), FG v. Unruh, 1983, 25; *Stolleis,* Geschichte des öffentlichen Rechts in Deutschland II, 1992; *Blickle,* Kommunalismus, Band 2, 2000, 71; *Thiel,* Gemeindliche Selbstverwaltung und kommunales Verfassungsrecht im neuzeitlichen Preußen, DV 35 (2002), 25; *Malowitz,* Zwischen Kaiserreich und Republik: Hugo Preuß und Otto v. Gierke, in: Lehnert/Müller (Hrsg.), Vom Untertanenverband zur Bürgergenossenschaft, 2003, 123; *Schefold,* Selbstverwaltungstheorien: Rudolf Gneist und Hugo Preuß, in: Lehnert/Müller (Hrsg.), Vom Untertanenverband zur Bürgergenossenschaft, 2003, 97; *v. Unruh,* Ursprung und Entwicklung der kommunalen Selbstverwaltung im frühkonstitutionellen Zeitalter, in: Püttner (Hrsg.), HdbKWP, Band 1, 2007, 57; *Hofmann,* Die Entwicklung der kommunalen Selbstverwaltung von 1848 bis 1918, in: HdbKWP, Band 1, 2007, 73; *Henneke/Ritgen,* Aktivierung bürgerschaftlicher Selbst-Verwaltung in Städten, Kreisen und Gemeinden, DVBl. 2007, 1253; *Neuhaus* (Hrsg.), Selbstverwaltung in der Geschichte Europas in Mittelalter und Neuzeit, Beiheft 29 zu „Der Staat", 2008; *Püttner,* 200 Jahre preußische Städteordnung, DÖV 2008, 973; *Frotscher/Pieroth,* Verfassungsgeschichte, 10. Aufl. 2011, S. 109 ff.; Selbstverwaltung in der Geschichte Europas in Mittelalter und Neuzeit; Beiheft 19 zu „Der Staat", 2010.

II. 1919–1945

1. Weimar

15   Die Weimarer Reichsverfassung vom 11.8.1919 (WRV) griff die Ideen von *Hugo Preuß* (1860–1925) auf, mit einem dezentralen Einheitsstaat, der sich in Selbstverwaltungskörperschaften gliedern sollte. Dementsprechend wurde den Gemeinden und Gemeindeverbänden in Art. 127 WRV das „Recht der Selbstverwaltung innerhalb der Schranken des Gesetzes" gewährt. Diese im **Grundrechtsteil** der Verfassung verortete Vorschrift wurde durch den Staatsgerichtshof für das Deutsche Reich (RGZ 126, Anhang S. 22) als eine institutio-

nelle Garantie der Selbstverwaltung qualifiziert; auch die Staatspraxis
blieb einem staatsorganisationsrechtlichen (nicht grundrechtlichem)
Denken verhaftet (vgl. noch § 6 Rdnr. 4 ff.). Inhaltlich war es dem Gesetzgeber damit versagt, den Aufgabenbereich der Kommunen so
einzuschränken, dass ihnen keine Befugnisse zur Regelung der eigenen Angelegenheiten mehr blieben. Subjektive Rechte wurden ihnen
nicht zuerkannt.

Mit der WRV wurde das Kommunalwesen **demokratischer**. Durch   16
Art. 17 II WRV wurde auch für Gemeindewahlen das allgemeine,
gleiche, unmittelbare und geheime Wahlrecht für alle reichsdeutschen
Männer und Frauen eingeführt und so das bislang geltende Dreiklassenwahlrecht ersetzt. Die Länder, denen die Zuständigkeit für das
Kommunalrecht zugewiesen war, nahmen vergleichbare Regelungen
in ihre Verfassungen auf.

Auf der Ebene des einfachen Rechts blieb die Vielzahl der Gemeindeord-   17
nungen bestehen. So dauerte in vielen Ländern die Unterscheidung zwischen
Stadt- und Landgemeinden fort. Ferner prägten sich die in § 10 Rdnr. 2 ff. vorgestellten unterschiedlichen Systeme der kommunalen Binnenorganisation
weiter aus.

Mit der Weltwirtschaftskrise im Jahre 1929 und der darauf folgen-   18
den Arbeitslosigkeit wurden die Kommunen durch die sie treffenden
Soziallasten bis an die **Grenzen ihrer Leistungsfähigkeit** und darüber hinaus belastet, so dass ein eigenverantwortliches Wirken immer
weniger möglich war. Die Einsetzung von über 600 Staatskommissa-
ren allein in Preußen zur Überwachung der Gemeindevertretungen
trug zudem zur Einengung der Selbstverwaltungsbefugnisse bei.

2. Nationalsozialismus

Die Krise der kommunalen Selbstverwaltung begünstigte nach der   19
Machtergreifung der Nationalsozialisten 1933 den Austausch der gewählten kommunalen Vertreter durch linientreue Mitglieder der
NSDAP. Am 22.5.1933 erfolgte die Gleichschaltung der kommunalen
Spitzenverbände durch deren Zusammenschluss im Deutschen Ge-
meindetag, an dessen Spitze ebenfalls ein Parteimitglied stand. Im Ja-
nuar 1935 wurde schließlich die **Deutsche Gemeindeordnung
(DGO)** erlassen, die eine Vereinheitlichung des Gemeinderechts voll-
zog, dabei allerdings die Selbstverwaltung weitgehend außer Kraft
setzte – trotz der Berufung auf das Werk des *Freiherrn von Stein* in
der Präambel. So bestimmte § 1 II 2 DGO zwar, dass die Gemeinden

sich selbst unter eigener Verantwortung verwalten sollten. Daran anschließend ordnete S. 3 jedoch sogleich die Bindung an die Gesetze
und die „Ziele der Staatsführung" an.

20   In der Binnenorganisation wurden dem **Bürgermeister** ausschließliche und umfassende Verwaltungsbefugnisse verliehen. Ihm wurde
ein **Gauleiter** an die Seite gestellt, durch dessen Mitwirkung die Verwirklichung der Parteivorstellungen sichergestellt werden sollte. Gemäß § 48 II DGO kam ihm etwa die Aufgabe zu, die Gemeinderäte
zu ernennen. Deren Wahl war nicht mehr vorgesehen, § 106 DGO
stellte überdies sicher, dass der Staat die Umsetzung der Parteivorga-
ben überwachen konnte. Die immer umfassenderen staatlichen Aufsichtsbefugnisse führten schließlich zum vollständigen Erliegen der
kommunalen Selbstverwaltungsbefugnisse. Den Gemeinden wurden
die demokratische Legitimation sowie jegliche Rechtssetzungsbefug-
nisse genommen, so dass sich fortan ihre Aufgaben auf das Exekutie-
ren der zentral aufgestellten Vorgaben beschränkten.

21   Die DGO enthielt allerdings neben den nationalsozialistisch geprägten Ele-
menten auch Bausteine modernen Gemeinderechts. § 67 DGO etwa gestattete
das Errichten von wirtschaftlichen Unternehmen durch die Gemeinde nur unter den Voraussetzungen, dass der öffentliche Zweck das Unternehmen recht-
fertigt, das Unternehmen nach Art und Umfang in einem angemessenen Verhältnis zu der Leistungsfähigkeit der Gemeinde und zum voraussichtlichen
Bedarf steht und dass der Zweck nicht besser und wirtschaftlicher durch einen
anderen erfüllt wird oder erfüllt werden kann. Diese Erfordernisse sind heute,
unter freilich veränderten wettbewerblichen Vorzeichen, aktueller denn je
(vgl. dazu § 17 Rdnr. 41 ff.).

Literatur: *Engeli/Haus,* Quellen zum modernen Gemeindeverfassungsrecht in Deutschland, 1975; *Stolleis,* Geschichte des öffentlichen Rechts in
Deutschland, III, 1999, 232; *Thiel,* Gemeindliche Selbstverwaltung und kommunales Verfassungsrecht im neuzeitlichen Preußen, DV 35 (2002), 25; *Me-
cking/Wirsching (Hrsg.),* Stadtverwaltung im Nationalsozialismus, 2005; *Rud-
loff,* Die kommunale Selbstverwaltung in der Weimarer Zeit, in: HdbKWP,
Band 1, 2007, 93; *Matzerath,* Die Zeit des Nationalsozialismus, in: HdbKWP,
Band 1, 2007, 119; *Seckelmann,* Die historische Entwicklung kommunaler
Aufgaben, dms 2008, 267.

III. Entwicklung seit 1945

1. Bundesrepublik bis zur Wiedervereinigung

Nach Kriegsende kam es zu immensen Flüchtlingsströmen aus den   22
östlichen Gebieten, die vormals zum Deutschen Reich gehört hatten.
Die Eingliederung der Vertriebenen bildete neben zahlreichen anderen kriegsbedingten Alltagsfragen die vordringliche Herausforderungen für die Kommunen. Die kommunale Verwaltung unterstand –
wie auch die Behörden der Länder – zunächst den **alliierten Sieger-
mächten**. Diese hielten die vorgefundenen kommunalen Einheiten
und Systeme der Binnenorganisation im Grundsatz aufrecht und be-
mühten sich, als politisch unbescholtene Persönlichkeiten Bürgermeister einzusetzen, die sodann den Alliierten gegenüber verantwortlich waren. Die DGO hatte zunächst weiter Gültigkeit und wurde
erst allmählich von neuen Gemeindeordnungen abgelöst.

In der amerikanischen Zone (Bayern, Württemberg-Baden, Hessen) wur-   23
den die Gemeindeordnungen durch die von der Militärregierung eingesetzten
Ministerien erlassen. Hingegen wurde in der britischen Zone (Nordrhein-
Westfalen, Niedersachsen, Schleswig-Holstein) die Gemeindeorganisation
nach englischem Vorbild gestaltet mit dem Gemeinderat als alleinigem Verwal-
tungsorgan und einem Hauptverwaltungsbeamten als Leiter der Bürokratie.
In der französischen Zone (Rheinland-Pfalz, Baden, Württemberg-Hohenzol-
lern) wurden zunächst Bürgermeister aus den Reihen des Rates nach französischem Vorbild gewählt, wenig später erließen die Länder jedoch eigene Gemeindeordnungen.

Sowohl in den neu geschaffenen Verfassungen der Länder (vgl. § 7)   24
als auch in Art. 28 II GG (vgl. § 6) wurde die kommunale **Selbstverwaltung garantiert**. Die prägnanteste Formulierung findet sich in
Art. 11 IV BayVerf.: „Die Selbstverwaltung der Gemeinden dient
dem Aufbau der Demokratie von unten nach oben". Die Durchsetzung des grundgesetzlich gewährleisteten Selbstverwaltungsrechts
vor dem BVerfG wurde den Kommunen 1951 durch § 91 BVerfGG
und 1969 mit Einführung der sog. **Kommunalverfassungsbeschwerde** in Art. 93 I Nr. 4 b GG ermöglicht (vgl. dazu § 9 Rdnr. 3 f.).

So gestärkt übernahmen die Gemeinden eine Vielzahl von Aufga-   25
ben, vor allem in den Bereichen des Wohnungs-(wieder-auf-)baus
und der Sozialleistungen, aber auch der sog. Daseinsvorsorge (vgl.
§ 17 Rdnr. 11 ff.) auf den Gebieten Energie, Verkehr und Entsorgung.

Daneben wurde intensiv an der Wiedererweckung des kulturellen Lebens gearbeitet. In den westlichen Bundesländern war somit das von den Alliierten auf der Potsdamer Konferenz 1945 gesteckte Ziel der Dezentralisation der politischen Strukturen und der Entwicklung der örtlichen Selbstverwaltung erreicht.

2. DDR

26 In der sowjetischen Besatzungszone fanden 1946 Gemeindewahlen statt, die allerdings nicht das von der Besatzungsmacht gewünschte Ergebnis für die SED, in der KPD und SPD zwangsvereinigt worden waren, erbrachten. Diese Erkenntnis führte dazu, dass die ersten freien Kommunalwahlen gleichzeitig auch die Letzten blieben. Zwar wurde im gleichen Jahr die Demokratische Gemeindeordnung (abgedruckt in *Engeli/Haus,* Quellen zum modernen Gemeindeverfassungsrecht in Deutschland, 1975, 729 ff.) erlassen, die eine Garantie der Selbstverwaltung der Gemeinden enthielt, faktisch aber wurde dieses Prinzip durch die **Vormachtstellung der SED** zunehmend in den Hintergrund gedrängt. 1957 wurde schließlich das **Prinzip des demokratischen Zentralismus** umgesetzt. Vergleichbar mit der Stellung der Kommunen unter dem NS-Regime wurden die Kommunen zu unteren Exekutivbehörden ohne eigenen Wirkungskreis und ohne Rechtsfähigkeit herabgestuft.

27 Erst kurz vor der Wiedervereinigung Deutschlands am 3.10.1990 wurde eine Selbstverwaltung der Kommunen nach dem Vorbild der Bundesrepublik und unter Beachtung der Europäischen Charta der kommunalen Selbstverwaltung (vgl. § 4 Rdnr. 3) wieder eingeführt, und zwar mit der am 17.5.1990 in Kraft getretenen Kommunalverfassung der DDR. Ihr kam nur Übergangscharakter zu bis zur Verabschiedung eigener Kommunalgesetze der entstehenden neuen Bundesländer.

3. Nach der Wiedervereinigung

28 Nach der Wiedervereinigung war es auch in den neuen Bundesländern Brandenburg, Mecklenburg-Vorpommern, Sachsen, Sachsen-Anhalt und Thüringen das erklärte Ziel, die Kommunen zur demokratischen Basis des aufzubauenden Rechtstaats zu machen. Die politische Beteiligung der Bevölkerung an den örtlichen Aufgaben sollte die Bindung der Bürger an den demokratischen Staat fördern. Zu diesem Zweck war allerdings zunächst eine Gebietsreform erforderlich, da sich die bestehenden Strukturen für eine moderne Verwaltung als zu klein erwiesen hatten. Bis 1994 waren in allen fünf neuen Bundesländern **Gemeinde- und Kreisordnungen** verabschiedet. Die Landesgesetzgeber orientierten sich dabei weniger an der Kommunalverfassung vom 17.5.1990 als vielmehr an den Vorbildern der jeweiligen westdeutschen Partnerländer.

Literatur: Zur Entwicklung der Selbstverwaltung in der Bundesrepublik von 1945–1989: *Groh*, Neuanfänge der kommunalen Selbstverwaltung nach 1945, in: HdbKWP, Band 1, 2007, 133; zur Entwicklung der Selbstverwaltung in der DDR: *Mampel*, Das System der örtlichen Volksvertretungen in der DDR, in: Püttner (Hrsg.), HdbKWP, Band 2, 1981, 515; *Heberlein*, Kommunale Deutschlandpolitik, NVwZ 1991, 531; *Bretzinger*, Die Kommunalverfassung der DDR, 1994; *Püttner/Rösler*, Gemeinden und Gemeindereform in der ehemaligen DDR, 1997. Zur Entwicklung der Selbstverwaltung in den neuen Bundesländern: Schmidt-Eichstaedt, Das Gesetz über die Selbstverwaltung der Gemeinden und Landkreise in der Deutschen Demokratischen Republik vom 17. Mai 1990, DVBl. 1990, 848; *Iwers*, Kommunale Selbstverwaltung, Europäische Union, Neue Bundesländer, DVBl. 1995, 558; *Knemeyer*, 10 Jahre kommunale Selbstverwaltung in den „neuen Ländern“, DÖV 2000, 496.

§ 4. Kommunen und Europarecht

Zwischen dem Kommunalrecht und dem Europarecht scheint von   1 vornherein ein Spannungsverhältnis zu bestehen: Hier das Recht des überschaubaren, geschlossenen lokalen Raumes, dort der weite Horizont offener Staatlichkeit in einem immer enger werdenden europäischen Verbund. Dies löst Sorgen um die Zukunft der kommunalen Selbstverwaltung in Europa aus und hat im Schrifttum der vergangenen Jahre teilweise zum Bau von Schutzbastionen oder zur Formulierung rechtspolitischer Forderungen geführt. Wichtig ist eine **differenzierende Herangehensweise,** zunächst anhand der verschiedenen Ebenen des Europarechts (I), sodann anhand der Gegenstände der Europäisierung (II) und schließlich mit Blick auf die Frage, ob es im EU- Recht Aussagen zugunsten der kommunalen Selbstverwaltung in den Mitgliedstaaten gibt (III). Während die zuletzt genannte Thematik eher in Falllösungen mit staats- bzw. europarechtlichem Schwerpunkt auftauchen wird, ist mit den zahlreichen Aspekten der Europäisierung des von den Kommunen zu beachtenden materiellen Rechts oder gar der kommunalen Organisation auch in verwaltungsrechtlichen Kontexten zu rechnen.

I. EU, Europarat, europäisches Ausland

2   Die bei weitem größte Bedeutung kommt dem Recht der Europäischen Union (auf der Grundlage des EU-Vertrages und – seit Inkrafttreten des Lissabonner Vertrages Ende 2009 – des AEU-Vertrages; dem sog. Primärrecht) zu. Dies liegt daran, dass das von den
europäischen Organen gesetzte sog. Sekundärrecht aus sich heraus
gilt, also nicht der Umsetzung durch ein Bundesgesetz gem. Art. 59
II GG bedarf (wie die Regelungen des Völkerrechts). Zahlreichen Bestimmungen des **Primärrechts der EU** (insbesondere den sog.
Grundfreiheiten des freien Waren- und Personenverkehrs) kommt
ebenso unmittelbare Wirkung zu wie den **Verordnungen** und den
Entscheidungen (vgl. Art. 288 AEU–Vertrag); unter bestimmten,
von der Rechtsprechung des EuGH entwickelten Voraussetzungen
kann sogar den **Richtlinien,** die grundsätzlich durch nationales Gesetz umzusetzen sind, unmittelbare Wirkung zukommen. Unabhängig davon besteht für alle Rechtsanwender (auch in den Kommunen)
die Verpflichtung, die Bestimmungen des nationalen Rechts gemein-
schaftskonform auszulegen. Infolge der ständigen Vergrößerung des
Kompetenzbereichs der EG (über die Bereiche der Wirtschaft hinaus
in die Umwelt- und Sozialpolitik hinein) werden von den hierdurch
ausgelösten Prozessen der Europäisierung auch die kommunalen
Aufgaben und die Kommunen als solche erfasst.

3   Des weiteren zu erwähnen ist die durch Gesetz vom 22.1.1987
(BGBl. II 1987, 65) sowie Bekanntmachung (BGBl. II 1988, 653) gemäß Art. 59 II GG umgesetzte „**Europäische Charta der kommunalen Selbstverwaltung**" des Europarates aus dem Jahre 1988. Die
Festlegungen in diesem multilateralen völkerrechtlichen Vertrag auf
der Ebene des Europarates binden die unterzeichnenden Mitgliedstaaten. Er schreibt das Prinzip der Selbstverwaltung als Organisa-
tionsprinzip fest und erkennt den europäischen Kommunalkörper-
schaften das Selbstverwaltungsrecht zu (Art. 2–5). Inhaltlich
entsprechen die Regelungen weitgehend dem Standard des Art. 28 II
GG, so dass sich für Bund und Länder (im Verhältnis zu den Kommunen) in Deutschland hieraus keine zusätzlich relevanten Verpflichtungen ergeben. Die Organe der EU wiederum sind nicht gebunden,
da diese nicht zu den Unterzeichnern gehört.

Lediglich der **politischen Interessenvertretung** in Europa dient die 1985 **4**
gegründete „Versammlung der Regionen Europas" (VRE) mit über 250 Regionen aus 35 Ländern der überörtlichen Ebene und der 1951 gegründete
„Rat der Gemeinden und Regionen Europas", der ebenfalls als Transmissions-
riemen zwischen den europäischen Institutionen und den Gebietskörperschaften in den einzelnen Staaten wirkt. Der „Kongress der Gemeinden und Regionen Europas" (KGRE) setzt sich aus je einer Kammer der regionalen und der
lokalen Gebietskörperschaften zusammen und bildet eine Plattform für
Kooperationen der Kommunen in den bisherigen Mitgliedstaaten mit Kommunen in den im Europarat aufgenommenen Mitgliedstaaten. Als älteste und
verbreitetste Organisation auf globaler Ebene ist schließlich der Internationale
Gemeindeverband (International Union of Local Authorities) zu nennen; die
IULA arbeitet an der Erarbeitung einer UN-Weltcharta über die kommunale
Selbstverwaltung mit.

Ein kurzer Blick auf die **Verfassungen anderer europäischer** **5**
Staaten zeigt, dass in nur wenigen Staaten (v. a. Österreich und Spanien) die kommunale Selbstverwaltung garantiert wird und den
Kommunen eine ähnlich zentrale Bedeutung wie in Deutschland
zuerkannt wird. Teilweise gibt es Bestrebungen, die Rechtsstellung
von Gemeinden zu stärken. Noch wesentlich bunter wird das Bild,
wenn man außereuropäische Länder in den Rechtsvergleich einbezieht, wie es in dem mittlerweile abgeschlossenen Forschungsprojekt
des „Forum of Federations" geschehen ist (vgl. zur ersten Orientierung das von *Blindenbacher/Pasma* hrsg. Booklet „Dialogues on local government and metropolitan regions in federal countries, 2007,
und nunmehr den 450 Seiten starken Band I. Local Government and
metropolitan regions in federal systems, 2009; zu Südostasien: *Pitschas* [Hrsg.], Dezentralisierung im Vergleich, 2008).

Literatur: *Knemeyer,* Die Europäische Charta der kommunalen Selbstverwaltung, DÖV 1988, 997; *ders.* (Hrsg.), Die Europäische Charta der kommunalen Selbstverwaltung, 1989; *ders.* (Hrsg.), Kommunale Selbstverwaltung in
Ost und West, 2003; *Schaffarzik,* Handbuch der Europäischen Charta der
kommunalen Selbstverwaltung, 2002; *ders.,* Der Schutz der kommunalen
Selbstverwaltung im europäischen Mehrebenensystem, in: HdbKWP Band 1,
2007, 269. Zur *Rechtsvergleichung: Erichsen/Hoppe/Leidinger* (Hrsg.), Kom-
munalverfassungen in Europa, 1988; *Martinez Soria,* Kommunale Selbstverwaltung im europäischen Vergleich, in: HdbKWP, Band 1, 2007, 1015; zu
Frankreich: *Bassot,* Die französischen Regionen in Europa, BayVBl. 1996,
385; *Schöndorf-Haubold,* Dezentralisierung und die verfassungsrechtliche Garantie territorialer Selbstverwaltung in Frankreich, DV 40 (2007), 513; *Kuhlmann,* Konvergenz lokaler Verwaltungsmodelle, DV 42 (2009), 589; zu Österreich: *Klug/Oberndorfer/Wolny* (Hrsg.), Das österreichische Gemeinderecht,

2007; zu Spanien: *Pielow,* Autonomia local in Spanien und kommunale Selbst-verwaltung in Deutschland, 1992; zu Schottland und Wales: *Grote,* Regional-autonomie für Schottland und Wales – das Vereinigte Königreich auf dem Weg zu einem föderalen Staat?, ZaöRV 1998, 109; ferner zu England: *Kuhlmann,* Kommunen zwischen Markt und Staat, DfK 2006, 5; *Wollmann,* Reformen in Kommunalpolitik und -verwaltung, 2008 (mit zusätzlichem Blick auf Schweden und Frankreich); zu Belgien: *Roller,* Die Mitwirkung der deutschen Länder und der belgischen Regionen an EG-Entscheidungen, AöR 123 (1998), 21; zu Griechenland: *Krippas/Gern,* Die kommunale Selbstverwaltung in Griechenland, DÖV 1991, 102; zu Polen: *Knemeyer,* Kommunale Selbst-verwaltung in Polen – 10 Jahre nach der „Transformation", in: Geis/Lorenz (Hrsg.), FS Maurer, 2001, 961; *Mehde,* Zwischen New Public Management und Democratic Renewal. Neuere Entwicklungen im britischen Kommunal-recht, VerwArch. 95 (2004), 257; *Gasser* (Begr.)/*Mentz,* Gemeindefreiheit in Europa, 3. Aufl. 2004; *Hoppenstedt,* Kommunale Selbstverwaltung in den USA, 2007; *Grütjen,* Lokale Selbstverwaltung im Spannungsfeld von afrikani-scher Tradition und europäischer Moderne, 2009; *Villagrin Abarzua,* Verfas-sungsrechtliche Grundlagen der Gemeindeverwaltung in Chile, 2010; *Meyer,* Gemeindeautonomie im Wandel (Schweiz), 2011.

II. Europäisierung

6   Der Begriff Europäisierung bezeichnet die Einwirkungen des euro-päischen Rechtsdenkens und Rechtshandelns auf die nationalstaatli-chen Rechtsordnungen. Dabei geht es nicht um zwei getrennte Räume (Unionsverwaltungsrecht einerseits, europäisiertes nationales Verwaltungsrecht andererseits), sondern man hat es mit der rechtli-chen Ordnung eines einheitlichen **europäischen Verwaltungsraums** zu tun. Die Kommunen in Deutschland sind Akteure innerhalb die-ses europäischen Verwaltungsraums, d. h. sie gestalten ihn mit. Ande-rerseits sind sie selbst und das sie betreffende Recht von Europäisie-rung betroffen, bilden also deren Gegenstände. Dabei ist zwischen der Europäisierung auf der Ebene des materiellen, von den Kommu-nen anzuwendenden Rechts, und der Europäisierung auf der Ebene der Organisation zu unterscheiden.

1. Die materiell-rechtliche Ebene

7   Ebenso wie die Verwaltungsbehörden des Bundes und der Länder sind auch die Kommunen an die immer zahlreicher werdenden und immer intensiver steuernden europarechtlichen Vorgaben gebunden. Die Spielräume für eigenverantwortliches politisches Handeln und

Entscheiden auf der kommunalen Ebene verringern sich dadurch. Aus europäischer Sicht sind die Kommunen **Verwaltungsstellen der Mitgliedstaaten** und als solche in den Vollzug des Unionsrechts eingeschaltet.

Dabei unterscheidet man den direkten Vollzug des Unionsrechts 8
(durch Behörden der EU) vom **indirekten Vollzug** (durch mitgliedstaatliche Behörden). Unmittelbar wirksame Vorschriften des Unionsrechts haben die Kommunen ohne weiteres anzuwenden; Vorschriften, die der Umsetzung durch Gesetze des Bundes oder der Länder bedürfen, sind unter Berücksichtigung ihres europarechtlichen Hintergrundes anzuwenden (gemeinschaftskonforme Auslegung). In dem seltenen Fall, in dem sich für ein und denselben Tatbestand aus einer unmittelbar wirksamen Norm des Unionsrechts eine andere Rechtsfolge ergibt als aus einer Norm des nationalen Rechts, ist Letztere unangewendet zu lassen (Grundsatz vom Anwendungsvorrang des Gemeinschaftsrechts).

Beispiele: Europäisierung der kommunalen Planungstätigkeit (Aufstellung von Bebauungsplänen, Verkehrsplanung etc.; vgl. *Erbguth,* DÖV 2005, 533) durch die UVP-Richtlinie Nr. 85/337/EWG (ABl. Nr. L 175, 40), erweitert durch die Pflicht zur strategischen Umweltprüfung von Plänen und Programmen (Richtlinie Nr. 2001/42/EG [ABl. Nr. L 197, 30]), und v. a. die Flora-Fauna-Habitat (FFH) – Richtlinie Nr. 92/43/EWG (ABl. Nr. L 206, 7, zuletzt geändert durch Richtlinie Nr. 2006/105/EG [ABl. Nr. L 363, 368]; vgl. etwa EuGH, EuZW 2010, 222 [Stadt Papenburg]); Europäisierung der kommunalen Wirtschaftstätigkeit (vgl. noch § 17 Rdnr. 15 ff., 26 ff.) durch das europäische Beihilferecht nach Art. Art. 107 f AEU-Vertrag und die europäischen Vergaberichtlinien; Europäisierung der kommunalen Vollzugstätigkeit im Ausländer- und Asylbereich durch die Freizügigkeitsgarantie der Art. 45 ff. AEU-Vertrag und die entsprechenden Verordnungen bzw. Richtlinien.

2. Europäisierung auf der Ebene der Organisation

Die Entscheidung darüber, dass es in einem Mitgliedstaat über- 9
haupt Kommunen geben soll, ist europarechtlich nicht determiniert. Das Primärrecht enthält keine Aussagen zugunsten oder zu ungunsten der Errichtung einer kommunalen Ebene (vgl. sogleich Rdnr. 12 ff.). Sekundärrechtsnormen (Verordnungen oder Richtlinien), die eine Schaffung oder Abschaffung von Kommunen zum Inhalt hätten, können nicht geschaffen werden, weil die EU für solche organisationsbezogenen Regelungen keine Kompetenz besitzt. Nach dem Grundsatz der begrenzten Einzelermächtigung können die EU-

Organe nur handeln, wenn es dafür in den europäischen Verträgen eine Kompetenzgrundlage gibt (Art. 5 I EU-Vertrag); eine solche fehlt für den Bereich der Verwaltungsorganisation auf mitgliedstaatlicher Ebene (sog. **Grundsatz der verfahrensmäßigen und organisatorischen Autonomie**). Auch das in der EU-Grundrechte-Charta (am 7.12.2000 in Nizza proklamiert; ABl. EG C 364/1) neu geschaffene „Recht auf eine gute Verwaltung" (Art. 41) zielt nicht auf das Ob, sondern auf das Wie der Erfüllung von Verwaltungsaufgaben (u. a.) durch Kommunen.

10   Dies schließt nicht aus, dass Teilbereiche der Binnenorganisation der Kommunen europarechtlichen Einflüssen ausgesetzt sind. Das wichtigste Beispiel hierfür ist die **Europäisierung des Kommunalwahlrechts** durch die mittlerweile in Art. 22 AEU-Vertrag (vgl. ferner Art. 40 der EU-Grundrechte-Charta) verankerte Einführung des Wahlrechts für EU-Ausländer als Teil der „Unionsbürgerschaft" (Art. 18 f. AEU-Vertrag). Hierauf ist im Abschnitt über die Kommunalwahlen (§ 10 Rdnr. 19 ff.) zurückzukommen. Wenn man zur Binnenorganisation auch das Personal, das bei den Kommunen beschäftigt ist, rechnet, so treten die Einwirkungen des Europarechts auf das Arbeitsrecht und auf das Beamtenrecht hinzu. Die Grundlage der diesbezüglichen Verordnungen und Richtlinien bilden die Vorschriften über die Freizügigkeit der Arbeitnehmer nach Art. 44 f. AEU-Vertrag. Lediglich in einem Kernbereich der „Beschäftigung in der öffentlichen Verwaltung" sind gem. Art. 45 IV AEU-Vertrag Regelungen möglich, die nicht an der Feizügigkeitsgarantie zu messen sind.

11   Darin liegt der Grund für das unverändert aufrecht erhaltene Erfordernis der deutschen Staatsangehörigkeit für Beamte (§ 7 I Nr. 1 Beamtenstatusgesetz), die mit bestimmten hervorgehobenen Positionen beschäftigt sind. Der unionschaftsrechtliche Begriff der „Beschäftigung in der öffentlichen Verwaltung" i. S. v. Art. 45 IV AEU-Vertrag umfasst nach der Rechtsprechung diejenigen Stellen, „die eine unmittelbare oder mittelbare Teilnahme an der Ausübung hoheitlicher Befugnisse und an der Wahrung solcher Aufgaben mit sich bringen, die auf die Wahrnehmung der allgemeinen Belange des Staates oder anderer öffentlicher Körperschaften gerichtet sind" (EuGH, Rs. 66/85, Slg. 1986, S. 2121; *Lawrie Blum*; EuGH, Rs. C-54/08 – Kommission/ Deutschland, EuZW 2011, 468 [Staatsangehörigkeit erforderlich für Notarberuf]). In Deutschland bedeutet dies, dass diejenigen Stellen, die durch den Einsatz des öffentlich-rechtlichen Instrumentariums (Erlass von Verwaltungsakten, von Verwaltungsverträgen) geprägt sind, von der Ausnahmebestimmung erfasst werden.

Literatur: *Ruffert*, Unions- und gemeinschaftsrechtliche Einwirkungen auf die kommunale Selbstverwaltung, in: HdbKWP Band 1, 2007, 1077; *Meyer*, Kommunen als Objekte und wehrlose Verwalter Europas?, NVwZ 2007, 20; *Schliesky*, Die Europäisierung der Amtshilfe, 2008; *ders.*, Die Umsetzung der EU-Dienstleistungsrichtlinie in der deutschen Verwaltung, Teil 1, 2008; *von Danwitz*, Europäisches Verwaltungsrecht, 2008; *Ehlers*, in: Erichsen/Ehlers, Allgemeines Verwaltungsrecht, 14. Aufl. 2010, § 3 Rdnr. 49 ff.; *Gabriel/Müller-Graff/Steger* (Hrsg.), Kommunale Aufgaben im Europäischen Binnenmarkt, 2010, sowie die nach III genannten Beiträge.

III. Rechtsstellung im Primärrecht

1. Deutsche Kommunen im Ausschuss der Regionen

Der Ausschuss der Regionen ist gem. Art. 300 I u. III AEU-Vertrag eine europäische Institution „mit beratender Aufgabe" und mithin kein Organ i. S. d. Art. 13 EU-Vertrag. Seine zentrale Aufgabe besteht darin, den Rat und die Kommission zu unterstützen. Er verfügt nicht über die Berechtigung zur Erhebung einer Nichtigkeitsklage nach Art. Art. 263 II AEU-Vertrag, wohl aber zur Durchsetzung seiner eigenen Rechte, dies nach Art. 263 III AEU-Vertrag. Als lediglich beratende Institution besitzt der Ausschuss keine Mitentscheidungsbefugnisse in den Rechtsetzungsverfahren der EG, erst recht handelt es sich nicht um ein Selbstverwaltungsorgan. Inhaltlich zielt die Beratungstätigkeit auf die Verwirklichung der Ziele „Bürgernähe" (vgl. Art. 1 II EU-Vertrag) und „Subsidiarität" (vgl. Art. 5 III EU-Vertrag). Ferner verfolgt er das Anliegen der Entwicklung regionaler Strukturen in den Mitgliedstaaten. Zur Erfüllung dieser Beratungsaufgaben stehen ihm Beteiligungsrechte (vgl. Art. 307 AEU-Vertrag) sowie die Möglichkeit zur Abgabe von Stellungnahmen und Initiativen zu. **12**

Der Ausschuss in seiner gegenwärtig durch Art. 300 ff. AEU-Vertrag festgelegten Struktur kann nach all dem nicht als Ausdruck eines „Europas der Regionen" angesehen werden. Die Zukunft dieser politischen Idee und damit die weitere Entwicklung (auch) des Ausschusses der Regionen hängt vielmehr vom Fortgang des Prozesses der Stärkung kommunaler Elemente in den einzelnen Mitgliedstaaten (vgl. Rdnr. 3 f., 6 ff.) ab. **13**

Die Mitglieder des Ausschusses werden auf Vorschlag des jeweiligen Mitgliedstaates durch einen mit „qualifizierter Mehrheit" zu fassenden Beschluss des Rates auf fünf Jahre ernannt (Art. 305 III AEUV). In Deutschland ist das **14**

Verfahren zur Benennung von Vorschlägen in § 14 des Gesetzes über die Zusammenarbeit von Bund und Ländern in Angelegenheiten der Europäischen Union (vom 12.3.1993 [BGBl. I, 313], zuletzt geändert durch G. v. 22.9.2009 [BGBl. I, 3031]) geregelt. In Art. 1 II des Abkommens über die Entsendung der Mitglieder und Stellvertreter im Ausschuss der Regionen in die Europäische Gemeinschaft (MinBl. NW 1993, 1550) ist vorgesehen, dass die kommunalen Spitzenverbände drei Personen (von 350 Mitgliedern; vgl. Art. 305 I AEUV) benennen können. Die anderen der Bundesrepublik zustehenden Sitze werden von Vertretern der Ebene der Bundesländer eingenommen.

2. Schutzgarantie der kommunalen Selbstverwaltung?

15   Im EG-Vertrag (d. h. bis Ende 2009) gab es keine explizite Aussage zugunsten der Existenz von Kommunen oder gar der Einräumung von Selbstverwaltungsbefugnissen an vorhandene Kommunen. Versuche, der zunehmenden Einschränkung der Eigenverantwortlichkeit infolge der Europäisierung des materiellen Rechts (vgl. Rdnr. 7 f.) durch die **interpretatorische Ableitung von Schutzgarantien** aus dem EG-Vertrag entgegenzuwirken, sind gescheitert.

16   Bis auf weiteres blieben die Kommunen auf die **Mitwirkung bei der innerstaatlichen Willensbildung** beschränkt. Diese geht der Mitwirkung des jeweiligen Mitgliedstaates an den Rechtsetzungsakten der EU (dem Sekundärrecht) voraus. In Deutschland bildet hierbei Art. 23 I 1 die äußerste Grenze des auf die EU an Kompetenzen Übertragbaren. Danach muss die Europäische Union, an deren weiterer Integration Deutschland mitwirkt, „demokratischen, ... föderativen Grundsätzen und dem Grundsatz der Subsidiarität" verpflichtet sein. Überdies gelten die Grenzen der Verfassungsänderung des Art. 79 II und III GG (vgl. Art. 23 I 3 GG).

17   In dem Ende 2009 in Kraft getretenen unterzeichneten **Lissabonner Vertrag** findet sich in Art. 4 II 1 EU-Vertrag n. F. die Verpflichtung zur Achtung der nationalen Identität der Mitgliedstaaten, die in deren grundlegender politischen und verfassungsrechtlichen Struktur „einschließlich der regionalen und kommunalen Selbstverwaltung zum Ausdruck kommt". Ferner wird im Rahmen der Bestimmungen über das „Subsidiaritätsprinzip" betont, dass die Union nur handeln dürfe, wenn ein Ziel nicht ausreichend von den Mitgliedstaaten einschließlich deren „regionaler oder lokaler Ebene" verwirklicht werden könne (in Art. 5 III EU-Vertrag n. F.).

Literatur: *Theissen*, Der Ausschuss der Regionen, 1996; *Henneke* (Hrsg.), Verantwortungsteilung zwischen Kommunen, Ländern, Bund und EU, 2001; *Würtenberger*, Auf dem Weg zu lokaler und regionaler Autonomie in Europa, in: Geis/Lorenz (Hrsg.), FS Maurer, 2001, 1053; *Hobe/Biehl/Schroeter*, Der Einfluß des Rechts der Europäischen Gemeinschaften auf die Struktur der kommunalen Selbstverwaltung, DÖV 2003, 803; *Schrader*, Die kommunalen Spitzenverbände und der Schutz der kommunalen Selbstverwaltungsgarantie durch Verfahren und Verfahrensgestaltung, 2004; *Calliess*, in: Kirchhof/Papier/Schäffer (Hrsg.), FS Merten, 2007, 305; *Nass*, Die deutschen Kommunen in der Europäischen Union, FS Faber, 57; *Schmidt-Eichstaedt*, Kommunale Selbstverwaltung in der EU, KommJur 2009, 249; *Burgi*, Europa und die Kommunen: Herausforderungen und Chancen, in: Schuster/Murawski (Hrsg.), Die regierbare Stadt, 2. Aufl. 2010, 22; *Häberle*, Kommunale Selbstverwaltung unter dem Stern des Gemeineuropäischen Verfassungsrechts, JöR n. F. 58 (2010), 301; *Burgi/Hölbling*, in: Streinz (Hrsg.), EUV/AEUV, 2. Aufl. 2011, Art. 300 ff.

2. Teil. Die Rechtsstellung der Gemeinden im Staat

In diesem sowie im Dritten und Vierten Teil konzentriert sich die Darstellung auf die Gemeinden, während die Rechtsfragen der anderen Kommunen geschlossen im Fünften Teil skizziert werden.

§ 5. Die Gemeinde als Institution

1   Was sind Gemeinden, welche Fähigkeiten besitzen sie, kann das Gebiet einer Gemeinde verändert werden und wie ist die interne Gliederung? Diese Fragen zielen auf die Institution „Gemeinde" im einfachen Recht. Sie können vor allem aus Anlass von Streitigkeiten über den Namen der Gemeinde und die Benennung von Gemeindestraßen Fallrelevanz besitzen. Auch aus Anlass von Gebietsreformen in einzelnen Bundesländern kann es immer wieder zu Rechtsstreitigkeiten kommen.

I. Gemeindebegriff und Gemeindekategorien

2   Im Abschnitt über das allgemeine Verwaltungsorganisationsrecht (§ 2 Rdnr. 2 ff.) wurde festgestellt, dass die GemeindenVerwaltungsträger, d. h. verselbständigte rechtsfähige Verwaltungseinheiten, und zwar mit Selbstverwaltung, d. h. unter Betroffenenmitwirkung und mit Eigenverantwortlichkeit, sind. Innerhalb der Verwaltungsträger mit Selbstverwaltung gehören die Gemeinden zur Gruppe der **Gebietskörperschaften** (vgl. z. B. §§ 1 IV GO BW; 1 II GO NRW). Als Körperschaften des öffentlichen Rechts sind sie mitgliedschaftlich strukturiert; Mitglieder sind alle Personen mit Wohnsitz in der Gemeinde. Sie verfügen über die Gebietshoheit, d. h. die Befugnis zur Erledigung bestimmter Verwaltungsaufgaben der örtlichen Ebene. Weitere Gebietskörperschaften sind die Kreise und andere Gemeindeverbände (vgl. § 20). Die Gemeindeordnungen betonen den Charakter der Gemeinde als „Grundlage des demokratischen Staatsaufbaus", durch die „das Wohl der Einwohner in freier Selbstverwal-

tung durch ihre von der Bürgerschaft gewählten Organe" gefördert wird (§ 1 I GO NRW).

Nach dieser Begriffsbestimmung und auch nach der verfassungs- **3** rechtlichen Anknüpfung in Art. 28 II GG ist von der Einheitsgemeinde auszugehen. Der Blick in die Wirklichkeit zeigt aber, dass es neben Weltstädten wie Berlin oder München zahlreiche größere und mittlere Städte sowie Kleinstädte und Dörfer gibt. Die Gemeindeordnungen tragen dem im Interesse einer erfolgreichen Aufgabenerledigung Rechnung. In allen Bundesländern gibt es daher verschiedene Gemeindekategorien. Die wichtigste Trennlinie verläuft zwischen den **kreisangehörigen Gemeinden,** die einem Kreis (vgl. § 20) eingegliedert sind und in deren Gebiet verschiedene Aufgaben auf Kreisebene erledigt werden, und den **kreisfreien Gemeinden.** Innerhalb der kreisangehörigen Gemeinden finden sich vielfach weitere, an die Gemeindegröße geknüpfte Differenzierungen.

Auf die Zugehörigkeit zu einer bestimmten Gemeindekategorie **4** kommt es an bei der Prüfung der Zuständigkeit für bestimmte Verwaltungsaufgaben, bei der Bestimmung der jeweils zuständigen staatlichen Aufsichtsbehörde (vgl. § 8 Rdnr. 33, 37) und teilweise bei der gemeindeinternen Gliederung (so sind in NRW z.B. die kreisfreien Städte in „Stadtbezirke", die kreisangehörigen Gemeinden in „Ortschaften" unterteilt; vgl. §§ 35, 39 GO NRW, und Rdnr. 17). Teilweise führt der Bürgermeister in Gemeinden ab einer bestimmten Größe die Bezeichnung „Oberbürgermeister" (vgl. z.B. § 42 IV GO BW; § 7 II Nr. 2 NdsKomVG).

So gibt es in **Baden-Württemberg** Stadtkreise, Große Kreisstädte und **5** sonstige kreisangehörige Gemeinden (§ 3 GO BW); in **Bayern** gibt es kreisfreie Gemeinden, Große Kreisstädte und kreisangehörige Gemeinden (Art. 5, 5 a BayGO); in **Brandenburg** finden sich kreisfreie Städte sowie kreisangehörige Städte und Gemeinden (§ 1 I 4 BbgKVerf); **Hessen** kennt kreisfreie Städte, kreisangehörige Städte mit Sonderstatus und sonstige kreisangehörige Städte (§ 2 II, III Gesetz über die Regierungspräsidien und Regierungsbezirke des Landes Hessen); **Mecklenburg-Vorpommern** unterscheidet seit 2006 zwischen kreisfreien Städten, großen kreisangehörigen Städten und kreisangehörigen Gemeinden und Städten (§ 7 KV MV); **Niedersachsen** kennt kreisfreie Städte und differenziert innerhalb der kreisangehörigen Gemeinden zwischen großen selbständigen Städten, selbständigen Gemeinden und allen übrigen Gemeinden (§§ 14 ff. NdsKomVG); in **Nordrhein-Westfalen** gibt es kreisfreie Städte und innerhalb der kreisangehörigen Gemeinden die Großen kreisangehörigen Städte, die Mittleren kreisangehörigen Städte und alle übrigen Gemeinden (§ 4 GO NRW); **Rheinland-Pfalz** unterscheidet zwischen kreisfreien

Städten, großen kreisangehörigen Städten und den übrigen Gemeinden (§§ 6 f.
GO Rh.-Pf.); im **Saarland** gibt es kreisfreie Städte, Mittelstädte, stadtver-
bandsangehörige Gemeinden, welche dem Regionalverband Saarbrücken angehören, sowie kreisangehörige Gemeinden, wobei diejenigen kreisangehörigen Städte, die Sitz der Landkreisverwaltung sind, die Bezeichnung
Kreisstadt führen (§ 4 KSVG); in **Sachsen** gibt es kreisfreie Städte, Große
Kreisstädte und die übrigen kreisangehörigen Städte und Gemeinden (§ 3
SächsGO); **Sachsen-Anhalt** kennt die kreisfreien Städte, kreisangehörige Ein-
heitsgemeinden und die kreisangehörigen Gemeinden, die einer Verwaltungsgemeinschaft oder einer Verbandsgemeinde angehören (§ 10 GO LSA). In den
jeweiligen Gemeindeordnungen sind die Voraussetzungen für die Zuordnung
zu einer der Gemeindekategorien festgelegt; **Schleswig-Holstein** unterscheidet zwischen kreisfreien und kreisangehörigen Städten (§ 61 II GO SH), während es auf Gemeindeebene amtsangehörige und amtsfreie Gemeinden gibt
(§§ 48 f. GO SH); in **Thüringen** gibt es kreisfreie Gemeinden und kreisfreie
Städte sowie kreisangehörige Gemeinden und darunter Große kreisangehörige
Städte (§ 6 ThürKO).

II. Rechtsstellung

6 Als Institution besitzen die Gemeinden eine Rechtsstellung mit
verschiedenen Ausprägungen. Wichtigste Ausprägung ist die **Rechtsfähigkeit,** d. h. die Fähigkeit, Träger von Rechten und Pflichten zu
sein. Diese folgt aus der Eigenschaft als juristische Person des öffentlichen Rechts (Gebietskörperschaft; vgl. Rdnr. 2). Qua Rechtsfähigkeit ist die Gemeinde im Öffentlichen Recht als Verwaltungsträgerin
anzusehen (Rdnr. 2). Im Privatrechtsverkehr ist sie insbesondere in
der Lage, Verträge abzuschließen (Beispiel: Anmietung eines Gebäu-
des für das Rathaus). Davon zu trennen ist die Frage, ob sie zur Verwendung privatrechtlicher Handlungsformen befugt ist und welchen
Bindungen sie beim privatrechtlichen Handeln unterworfen bleibt
(vgl. dazu § 17 Rdnr. 68 ff.).

7 Die Rechtsfähigkeit wird begrenzt durch die sog. **Verbandskompetenz,** welche nach Art. 28 II GG auf die „Angelegenheiten der örtlichen Gemeinschaft" beschränkt ist (vgl. § 6 Rdnr. 13 ff.). Die insoweit auftretenden Rechtsfragen sind wie folgt differenziert:
 – Verwaltungsakte außerhalb des eigenen Wirkenskreises sind wegen
   fehlender „Zuständigkeit" als rechtswidrig anzusehen (beachte
   aber §§ 44 II Nr. 3, III; 46 VwVfG),
 – Verwaltungsverträge sind anhand des Fehlerfolgenrechts des § 59
   VwVfG zu beurteilen,

– Privatrechtliche Handlungen sind nach der bislang herrschenden sog. Ultra-Vires-Lehre als nicht existent anzusehen.

Die Rechtsfähigkeit umfasst ferner die Fähigkeit, Träger von Ver- **8** mögensrechten zu sein (Eigentum, Erbfähigkeit). Das Handeln der Gemeinde kann die privatrechtliche **Haftung** nach allgemeinen deliktischen Grundsätzen (vgl. v. a. nach §§ 823 ff. BGB) und – im Rahmen öffentlich-rechtlicher Tätigkeit – nach den Grundsätzen der Amtshaftung (gem. § 839 BGB i. V. m. Art. 34 GG) sowie nach den weiteren im Staatshaftungsrecht anerkannten Anspruchsgrundlagen auslösen. Sowohl im Deliktsrecht als auch im Staatshaftungsrecht kommt eine Haftung der Gemeinden nur in Betracht, wenn ihnen das betreffende Handeln ihrer Organe (Bürgermeister bzw. Rat) zugerechnet werden kann. Dies beurteilt sich nach den jeweils einschlägigen Zuordnungsnormen (im Privatrecht: §§ 89, 31, 278, 831 BGB). Unter bestimmten Voraussetzungen kommt auch eine Haftung von Ratsmitgliedern und Bürgermeistern bzw. Beigeordnungen in Betracht (eingehend *Brüning*, Haftung der Gemeinderäte, Hauptverwaltungsbeamten und Beigeordneten, 2006; *ders.*, in: Butzer/Kaltenborn/Meyer [Hrsg.], FS Schnapp, 2008, 593).

Weitere Ausprägungen der gemeindlichen Rechtsstellung bestehen **9** in der

– **Handlungsfähigkeit** im Bereich der Abgabe von Willenserklärungen bzw. im Verwaltungsrecht (§ 12 I Nr. 3 VwVfG). Dabei kann die Gemeinde durch ihre Organe (Bürgermeister bzw. Rat; vgl. § 13 Rdnr. 27, 33 ff.) handeln. Während gemäß § 30 OWiG Geldbußen auch gegenüber der Gemeinde als Körperschaft festgesetzt werden können, kommt eine Strafbarkeit der Gemeinde nicht in Betracht, wohl aber von für sie handelnden Personen, vgl. hierbei § 14 StGB.

– **Parteifähigkeit** (vgl. § 50 ZPO) bzw. Beteiligtenfähigkeit (vgl. § 61 VwGO; im Verwaltungsverfahren „Beteiligungsfähigkeit" genannt; vgl. § 11 Nr. 1 Var. 2 VwVfG) sowie **Prozessfähigkeit** (vgl. §§ 51, 52 ZPO; 62 VwGO; zum zuständigen Organ für die Vertretung der Gemeinde in Prozessen vgl. § 13 Rdnr. 26).

– **Dienstherrenfähigkeit**, d. h. die Befugnis, Beamtenverhältnisse begründen zu können (nach Maßgabe des Beamtenstatusgesetzes i. V. m. dem jeweiligen Landesbeamtengesetz). Ob eine Pflicht hierzu besteht, ergibt sich aus dem sog. Funktionsvorbehalt des Art. 33 IV GG, wonach die „Ausübung hoheitsrechtlicher Befugnisse … als ständige Aufgabe in der Regel Angehörigen des öffentlichen Dienstes zu übertragen" ist. Bei den Gemeinden sind insbesondere im Bereich der Leistungserbringung in den Feldern der Infrastruktur (Nahverkehr, Entsorgung etc.) in großer Zahl auch Angestellte und Arbeiter beschäftigt.

10   Wichtig für die Identität und das Zusammengehörigkeitsgefühl der Gemeindeeinwohner ist der **Name** einer Gemeinde. Er ist daher Bestandteil des von Art. 28 II GG verfassungsrechtlich geschützten Selbstverwaltungsrechts. Im staatlichen Interesse liegt es freilich, Verwechslungen nach Möglichkeit auszuschließen und landesgeographische Aspekte berücksichtigt zu sehen. Daher enthalten die Gemeindeordnungen Vorschriften über die Namensbestimmung und die Namensänderung,[1] bei deren Auslegung und Anwendung das gemeindliche Selbstverwaltungsrecht zu beachten ist.

11   Dieses bildet auch die Grundlage für etwaige **Abwehransprüche** gegenüber der Anmaßung bzw. der Nichtbeachtung eines Gemeindenamens durch andere Hoheitsträger. Maßen sich hingegen Private einen Gemeindenamen an (etwa bei der Verwendung von Internet-Domains) oder respektieren sie einen Gemeindenamen nicht, so bietet § 12 BGB die Grundlage für gemeindliche Unterlassungs- und Beseitigungsansprüche. In den Gemeindeordnungen geregelt ist ferner die Führung von Dienstsiegeln, Wappen und Flaggen[2] und die Führung von „Bezeichnungen",[3] insbesondere der Bezeichnung „Stadt"; hiervon zu unterscheiden ist die Zuordnung zu einer der bei Rdnr. 3 ff. genannten Gemeindekategorien.

Beispiele: Versagung der Zustimmung zur Namensänderung durch den Staat (BVerfGE 59, 216 [228 f.]: zumindest Anhörung notwendig); Umbenennung eines Bahnhofs (BVerwGE 44, 351); Bezeichnung einer Autobahn-Anschlussstelle (HessVGH, DVBl. 1977, 49); Beseitigung der Möglichkeit, bei der Abstempelung von amtlichen Kennzeichen nach StVZO (nunmehr: § 10 III FZV) ein Stadtwappen auf die Plakette anzubringen (nicht verfassungswidrig nach BVerfG, NVwZ 2001, 317). In NRW sind seit Ende 2011 auch Be-

---

1 § 5 I GO BW; Art. 2 BayGO; § 8 I BbgKVerf; § 12 HessGO; § 8 I, II KV MV; § 19 NdsKomVG; § 13 I GO NRW; § 4 I GO Rh.-Pf.; § 2 I KSVG; § 5 I SächsGO; § 12 GO LSA; § 11 I GO SH; § 4 ThürKO.
2 § 6 GO BW; Art. 4 BayGO; § 10 BbgKVerf; § 14 HessGO; § 9 KV MV; § 22 NdsKomVG; § 14 GO NRW; § 5 GO Rh.-Pf.; § 3 KSVG; § 6 SächsGO; § 14 GO LSA; § 12 GO SH; § 7 ThürKO.
3 § 5 II, III GO BW; Art. 3 BayGO; § 9 II, III BbgKVerf; § 13 HessGO; § 8 III, IV KV MV; § 20 NdsKomVG; § 13 II GO NRW; § 4 II, III GO Rh.-Pf.; § 2 II–IV KSVG; § 5 II, III SächsGO; § 13 GO LSA; § 11 II, III GO SH; § 5 ThürKO.

zeichnungen, die auf geschichtliche Ereignisse (z. B. „Stadt des Westfälischen Friedens") oder Eigenschaften („Spargel-Stadt") hinweisen, möglich.

Ausfluss des gemeindlichen Selbstverwaltungsrechts (vgl. Art. 28 II **12** GG) ist neben der Benennung von Ortsteilen[4] auch die **Benennung der öffentlichen Straßen und Wege** in den Gemeinden.[5] Der hierbei eröffnete Entscheidungsspielraum der Gemeinden wird begrenzt durch das Ziel der Vermeidung von Verwechslungen, die Ordnungs-(Auffindbarkeit durch Rettungsdienste!) und Erschließungsfunktion sowie durch das von der Rechtsprechung anerkannte Recht auf fehlerfreie Ermessensentscheidung der Straßenanlieger (zuletzt fortentwickelt durch OVG NRW, DÖV 2008, 296). Für diese verbinden sich mit einer Umbenennung erhebliche Kosten. Die für eine Qualifizierung als Verwaltungsakt gem. § 35 VwVfG erforderliche Außenwirkung erlangt der entsprechende Beschuss des Rates ausnahmsweise nicht durch einen Vollzugsakt des Bürgermeisters (vgl. § 13 Rdnr. 16), sondern der Ratsbeschluss ist gleichsam self-executing. Gem. §§ 41, 43 VwVfG bedarf es freilich noch der Bekanntgabe durch den Bürgermeister. Der Anspruch auf ermessensfehlerfreie Berücksichtigung der Anliegerinteressen kann mit der Anfechtungsklage durchgesetzt werden.

Literatur: *Winkelmann,* Das Recht der öffentlich-rechtlichen Namen und Bezeichnungen, 1984; *Zilkens,* Klausuraufgabe: Namensänderung, NWVBl. 2001, 369; *Ehlers,* Die Lehre von der Teilrechtsfähigkeit juristischer Personen des öffentlichen Rechts und die Ultra-Vires-Doktrin des öffentlichen Rechts, 2000; *Ernst,* Städtenamen und Internet-Domains in der Praxis der Gerichte, VR 2003, 120; *Kleinevoss,* Der zivilrechtliche Namensschutz der Gemeinde, 2007; *Herber,* in: Kodal (Begr.), Straßenrecht, 7. Aufl. 2010, Kap. 12 Rdnr. 32 ff.

III. Gemeindegebiet

Als Gebietskörperschaft existiert eine Gemeinde nur durch das ihr **13** zugewiesene Gebiet – ohne Gebiet keine Gemeinde. Daher ist vorgesehen, dass grundsätzlich alle Grundflächen in Deutschland zu einer bestimmten Gemeinde gehören, d. h. je einer Gemeinde verwaltungs-

---

4 § 5 IV GO BW; Art. 2 II Nr. 2 BayGO; § 12 4 HessGO; § 19 III NdsKomVG; § 4 IV GO Rh.-Pf.; § 5 IV SächsGO; § 12 II 2 GO LSA; § 4 II ThürKO.
5 § 5 IV GO BW; Art. 52 I BayStrWG; § 51 I StrWG-MV; § 4 II 3 StrWG NRW; § 5 IV SächsGO; § 47 I StrWG SH.

mäßig (selbstverständlich nicht zivilrechtlich). Die sog. **gemeinde-freien Gebiete** bilden daher einen Sonderfall, als dessen wichtigstes Beispiel Truppenübungsplätze gelten können. Rechtlich wird das Gemeindegebiet interessant, wenn es im Einzelfall (etwa im Zuge der Ausdehnung eines Braunkohletageabbaus; Beispiel: Garzweiler in NRW) oder infolge einer Gebietsreform (zu unterscheiden von den Funktionalreformen; § 2 Rdnr. 14) zu Veränderungen kommen soll.

14   **Gebietsreformen** auf Gemeindeebene finden in periodischen Abständen statt (in den alten Bundesländern zuletzt bis Mitte der 1970er Jahre; dabei z. B. in NRW Reduzierung von 2334 auf 396 Gemeinden) oder aus Anlass historischer Umbrüche, wie in den neuen Bundesländern. Die politischen Ziele von Gebietsänderungen bestehen in der Verbesserung der Leistungsfähigkeit im Interesse der Einwohner und der zu erledigenden Aufgaben. Freilich entscheiden nicht allein Größe und Verwaltungskraft über den Erfolg der Aufgabenerledigung. Die Stärke kleinerer Einheiten kann in der größeren Sach- und Ortsnähe sowie in der erhöhten Partizipationsbereitschaft der Gemeindeeinwohner bestehen. Letztere wird insbesondere durch Gebietsänderungen herabgesetzt, die nicht die tatsächlichen (sich allerdings verändernden) Lebens- und Wirtschaftsbedingungen abbilden. Die lange Zeit vorherrschende Planungseuphorie ist in den letzten Jahren der Einsicht in die Bedeutung kulturell-landsmannschaftlicher Verbundenheit, gerade angesichts des Zusammenwachsens innerhalb der EU, gewichen. Gegenwärtig ist in mehreren Ländern v.a. die Kreisebene von Gebietsreformen erfasst, was aufgrund der spezifischen verfassungsrechtlichen Vorgaben in § 20 Rdnr. 11 thematisiert wird. Im Mittelpunkt stehen dabei die bundesweit beachteten Urteile des LVerfG MV v. 26.7.2007 (DVBl. 2007, 1102) und v. 26.2.2010 (DÖV 2010, 916).

15   In den Gemeindeordnungen sind z. T. ausführliche Regelungen über die Gebietszuordnung und die Statthaftigkeit von Gebietsänderungen enthalten.[6] Zu unterscheiden sind zunächst freiwillig, d. h. durch koordinationsrechtlichen (öffentlich-rechtlichen) Vertrag nach § 54 VwVfG und zwangsweise herbeigeführte Gebietsänderungen. Letztere müssen durch Gesetz erfolgen. Lediglich in Randbereichen bzw. begleitend können Regelungen durch Verwaltungsakt bzw.

---

6 § 8 GO BW; Art. 10 II, 11 BayGO; § 6 BbgKVerf; § 16 HessGO; §§ 11, 12 KV MV; §§ 24 ff. NdsKomVG; §§ 17 ff. GO NRW; §§ 10 ff. GO Rh.-Pf.; §§ 14 ff. KSVG; §§ 8 f. SächsGO; §§ 16 ff. GO LSA; §§ 14 ff. GO SH; § 9 ThürKO.

(koordinationsrechtlichen) Verwaltungsvertrag erfolgen. **In formeller Hinsicht** bedarf es der Anhörung der betroffenen Gemeinde(n) sowie einer nachvollziehbaren Begründung. Landesgesetze, durch die Gebietsänderungen angeordnet werden, sind ebenso an der **Verfassungsgarantie** des Art. 28 II GG bzw. den jeweiligen Vorschriften der Landesverfassung (§ 7 Rdnr. 9 ff.) zu messen wie die hierauf gestützten Verwaltungsmaßnahmen. Sie können nur im Interesse des Gemeinwohls und nach einer Abwägung aller berührten Belange durchgeführt werden. Dabei ist auch auf die Systemgerechtigkeit der getroffenen Maßnahmen zu achten. Diese Anforderungen sind in der Rechtsprechung der mit entsprechenden Verfassungsklagen befassten Landesverfassungsgerichte bzw. dem Bundesverfassungsgericht entwickelt worden (zum Rechtsschutz im Verhältnis Gemeinde – Staat vgl. § 9 Rdnr. 1 ff.). Allerdings respektieren die Gerichte den Prognose- und Entscheidungsspielraum der für eine erfolgversprechende Verwaltungsorganisation zuständigen Landespolitik.

Die Beurteilung von Gebietsänderungen hängt auch von deren **Intensität** ab. Dabei ist zu unterscheiden zwischen der Auflösung einer Gemeinde, dem Zusammenschluss von zwei oder mehreren Gemeinden zu einer neuen Gemeinde, der Eingemeindung der einen in das Gebiet der anderen Gemeinde sowie der Ausgliederung einzelner Teile einer Gemeinde in eine andere Gemeinde oder in eine neu entstehende Gemeinde. Die Einwohner und Bürger der betroffenen Gemeinde(n) genießen gegen Gebietsänderungen grundsätzlich keinen Schutz.

16

Beispiele: Auflösung einer Gemeinde (BayVGH, BayVBl. 1981, 399); Eingemeindung (VerfGH Rh.-Pf., DÖV 1970, 601); Gebietsänderungen infolge des Braunkohletagebaus (VerfGH Bbg, DVBl. 1996, 37 [Sänschwalde]; VerfGH NRW, DVBl. 1997, 1107 (Garzweiler II); SächsVerfGH, DVBl. 2000, 1445 (Heuersdorf); ausführlich zur Anhörungspflicht: BVerfGE 107, 1 (24 f.).

Literatur: *Hoppe,* Probleme des verfassungsrechtlichen Rechtsschutzes der kommunalen Selbstverwaltung, DVBl. 1995, 179; *Grupp,* Rechtsfragen der abschließenden Überprüfung prognostischer Entscheidungen bei der kommunalen Gebietsreform, in: Burmeister (Hrsg.), FS Stern, 1997, 1099; *Stüer/Landgraf,* Gebietsreform in den neuen Bundesländern – Bilanz und Ausblick, LKV 1998, 209 (zur Situation in den neuen Bundesländern); *Schmahl,* Die brandenburgische Gemeindegebietsreform auf dem verfassungsrechtlichen Prüfstand, DVBl. 2003, 1300, sowie zum gleichen Thema *Grünewald,* LKV 2006, 109; *Wallerath,* Selbstverwaltungsgarantie und Kreisgebietsreform, in: Butzer/Kaltenborn/Meyer (Hrsg.), FS Schnapp, 2008, 695; *ders.,* Struktur des Wandels durch kommunale Gebiets- und Funktionalreformen, DÖV 2011, 289; *Oebbecke*, Materielle Verfassungsmäßigkeit kommunaler Gebietsreformen, in: mehde u. a. (Hrsg.), FS Bull, 2011, 715; *Wieland*, Verfassungsgerichtliche Kontrolle von Gebietsreformen, ebenda, 923.

IV. Gemeindeinterne Gliederung

17   Im Interesse einer Verstärkung der Vorzüge, die sich bereits mit der Gemeindeebene als solcher verbinden (Sach- und Ortsnähe, Partizipation der Gemeindeeinwohner) ist in den Gemeindeordnungen obligatorisch oder fakultativ die Bildung von **Bezirken** bzw. **Ortschaften** (mit unterschiedlicher Terminologie in den einzelnen Ländern) vorgesehen. Ihre Bildung ist teilweise in Abhängigkeit von der Zugehörigkeit der Gemeinde zu einer bestimmten Gemeindekategorie ausgestaltet (z. B. sind in NRW die kreisfreien Städte in Stadtbezirke untergliedert, während es in den kreisangehörigen Gemeinden Gemeindebezirke [Ortschaften] geben kann).

18   Diese Verwaltungseinheiten sind Untergliederungen der jeweiligen Gemeinde, nicht etwa Verwaltungsträger. Ihnen stehen im Verhältnis zum Staat keine eigenen Rechtspositionen zu. Streitigkeiten zwischen ihnen und der jeweiligen Gemeinde sind Innenrechtsstreitigkeiten und im Wege eines sog. Kommunalverfassungsstreitverfahrens (vgl. § 14 Rdnr. 1 ff.) zu entscheiden. Gestritten wird vor allem über die Abgrenzung der Kompetenzen, d. h. über die Reichweite der diesen Untergliederungen eingeräumten Entscheidungs-, Vorschlags- und Mitwirkungsrechte, teilweise aber auch um ihren Fortbestand im Anschluss an eine Auflösungs- bzw. Zusammenlegungsentscheidung des Rates (vgl. VG Düsseldorf, NWVBl. 2009, 445). Die Binnenorganisation ist in der Grundstruktur der Gemeinde nachgebildet. Teilweise verfügen (Stadt-)Bezirke bzw. Ortschaften über eigene Organe (regelmäßig Beiräte bzw. Ausschüsse einerseits, Bezirks- bzw. Ortsvorsteher andererseits), teilweise besteht im jeweiligen (Stadt-)Bezirk bzw. der jeweiligen Ortschaft lediglich eine ausgelagerte Verwaltungsstelle der Gemeindeverwaltung.

19   So gibt es in **Baden-Württemberg:** Gemeindebezirke mit Bezirksbeirat, Bezirksvorsteher bzw. Ortschaften mit Ortschaftsrat und Ortsvorsteher (§§ 64 ff. GO BW; u. dazu die Kontroversen zwischen *Niemann*, VBlBW 2010, 183 einerseits, *Baron*, VBlBW 2010, 426 und *Gastgeb*, VBlBW 2010, 430, andererseits); in **Bayern:** die Stadtbezirke mit Bezirksverwaltungsstelle und Bezirksausschuss bzw. Ortschaften mit Ortsversammlungen, Ortsspre-

cher (Art. 60 f. BayGO); in **Brandenburg:** Ortsteile mit Ortsvorsteher und
Ortsbeirat (§§ 45 ff. BbgKVerf); in **Hessen:** Ortsbezirke mit Ortsbeirat und
Ortsvorsteher (§§ 81 f. HessGO); in **Mecklenburg-Vorpommern:** Ortsteil-
vertretungen in kreisfreien Städten bzw. in eingemeindeten Gebieten (§ 42
KV MV); in **Niedersachsen:** Stadtbezirke mit Stadtbezirksrat und Bezirksbürgermeister bzw. Ortschaften mit Ortsrat und Ortsbürgermeister bzw. Ortsvorsteher (§§ 90 ff. Nds.KomVG); in: **Nordrhein-Westfalen:** Stadtbezirke
mit Bezirksvertretung und Bezirksvorsteher bzw. Bezirksbürgermeister bzw.
Gemeindebezirke (Ortschaften) mit Bezirksausschuss oder Ortsvorsteher
(§§ 35 ff. GO NRW); in **Rheinland-Pfalz:** Ortsbezirke mit Ortsbeirat und
Ortsvorsteher (§§ 74 ff. GO Rh.-Pf.); im **Saarland:** Stadtbezirke bzw. Ge-
meindebezirke mit Ortsrat und Ortsvorsteher (§§ 70 ff. KSVG); in **Sachsen:**
Stadtbezirke mit Stadtbezirksbeirat bzw. Ortschaft mit Ortschaftsrat und
Ortsvorsteher (§§ 65 ff. SächsGO); in **Sachsen-Anhalt:** Ortschaftsrat und
Ortsbürgermeister (§§ 86 ff. GO LSA); in **Schleswig-Holstein:** Ortsteile mit
Ortsbeirat (§§ 47 a ff. GO SH); in **Thüringen:** Ortsteile mit Ortsteilrat und
Ortsteilbürgermeister bzw. Ortschaften mit Ortschaftsrat und Ortschaftsbür-
germeister (§§ 45 f. ThürKO).

Literatur: *Pabst,* Die Kompetenzverteilung zwischen Rat und Bezirksvertretung in kreisfreien Städten, NWVBl. 1998, 223; *Schwarz,* Systeme der
Ortschaftsverfassung und der Bezirksgliederung, in: HdbKWP, Band 1,
3. Aufl. 2007, § 27.

§ 6. Die Verfassungsgarantie des Art. 28 II GG

I. Überblick und Fallrelevanz

Gemäß Art. 28 II 1 GG muss den „Gemeinden" das Recht gewähr- 1
leistet sein, „alle Angelegenheiten der örtlichen Gemeinschaft im
Rahmen der Gesetze in eigener Verantwortung zu regeln". In
Art. 28 II 2 wird das Recht der Selbstverwaltung in modifizierter
Weise auch den „Gemeindeverbänden" eingeräumt (vgl. § 20
Rdnr. 1 ff.). Die Einwohner von Gemeinden bzw. Gemeindeverbänden können sich hierauf nicht berufen. Die Verfassungsgarantie des
Art. 28 II GG bildet eine der schwierigsten Grundgesetzbestimmun-
gen zwischen dem Staatsorganisationsrecht und dem Verwaltungs-
recht, zu der sich eine spezifische Dogmatik herausgebildet hat (kritisch zu deren methodischen Grundlagen *Bull,* DVBl. 2008, 1).

Gegenüber den in den Landesverfassungen enthaltenen Garantien 2
(vgl. § 7 Rdnr. 9 ff.), die zum Teil über den grundgesetzlichen Garan-
tiegehalt hinausgehen, bildet Art. 28 II GG eine **Mindestgarantie.**

Dadurch, dass das BVerfG durch seine jahrzehntelange Rechtsprechung die wichtigsten dogmatischen Strukturen entwickelt hat, fungiert er zugleich als Muster für die Rechtsentwicklung im Anwendungsbereich der Landesverfassungen und für die Rechtsprechung
der dortigen Verfassungsgerichte, was seine Bedeutung noch verstärkt. Die Fallrelevanz dieser Verfassungsgarantie ist erheblich, weil
sich aus ihr der politische Spielraum auf der kommunalen Ebene ab-
leitet, weil sie gesetzgeberischen und administrativen Maßnahmen
von Bund und Ländern die Maßstäbe liefert und weil sich die Kommunen vor dem BVerfG (vgl. Art. 93 I 1 Nr. 4 b GG; dazu § 9
Rdnr. 3 f.) und vor den Verwaltungsgerichten (vgl. § 9 Rdnr. 7 ff.) auf
sie berufen können.

3   Zunächst gilt es, die Rechtsnatur dieser Vorschrift zu bestimmen (II) und
sodann ihren Gewährleistungsbereich („alle Angelegenheiten der örtlichen
Gemeinschaft"; III). Danach können die verschiedenen Gewährleistungsgehalte und -gegenstände sowie die an der Verfassungsgarantie zu messenden
staatlichen Maßnahmen thematisiert werden (IV). Abschließend geht es um
die Schranken (V). Durchgehend sind zentrale politische Fragestellungen aufgeworfen: Bietet die Verfassungsgarantie Schutz gegen Privatisierungsbestre-
bungen? Welche Spielräume besitzen die Gemeinden angesichts weitreichen-
der bundes- und landesgesetzlicher Vorgaben? Wie weit reicht der Schutz des
Gemeindegebiets und der Schutz gegen den Entzug bzw. die Überbürdung
von Aufgaben und wie steht es schließlich um das Wie (Ausgestaltung der Organisation, Personaleinsatz, planerische Freiräume) der gemeindlichen Hand-
lungs- und Entscheidungskompetenz?

Literatur: *Blümel bzw. Grawert,* Gemeinden und Kreise vor den öffentli-
chen Aufgaben der Gegenwart, VVDStRL 36 (1978), 175 bzw. 277; *v. Mutius,*
Gutachten E zum 53. DJT, 1980; *Knemeyer,* Die verfassungsrechtliche Ge-
währleistung des Selbstverwaltungsrechts der Gemeinden und Landkreise, in:
v. Mutius (Hrsg.), FG v. Unruh, 1983, 209; *Maurer,* Verfassungsrechtliche
Grundlagen der kommunalen Selbstverwaltung, DVBl. 1995, 1037; *Ehlers,*
Die verfassungsrechtliche Garantie der kommunalen Selbstverwaltung,
DVBl. 2000, 1301; *Schmidt-Aßmann,* Die Garantie der kommunalen Selbst-
verwaltung, in: Badura/Dreier (Hrsg.), FS BVerfG II, 2001, 803; *Knemeyer/*
Wehr, Die Garantie der kommunalen Selbstverwaltung nach Art. 28 Abs. 2
GG in der Rechtsprechung des Bundesverfassungsgerichts, VerwArch. 92
(2001), 317; *Schoch,* Der verfassungsrechtliche Schutz der kommunalen Selbst-
verwaltung, Jura 2001, 121; *ders.,* Stand der Dogmatik, in: FS Schlebusch,
2006, 11; *Magen,* Die Garantie kommunaler Selbstverwaltung, JuS 2006, 404;
Tettinger, Die Verfassungsgarantie der kommunalen Selbstverwaltung, in:
HdbKWP, Band 1, 3. Aufl. 2007, § 11; *Henneke,* Gewährleistung der kommunalen Selbstverwaltung im Grundgesetz, in: Deutscher Landkreistag (Hrsg.),
Deutscher Landkreistag 2008/2009. Fakten – Daten – Hintergründe, 25; *Pütt-*

ner, Kommunale Selbstverwaltung, in: Isensee/Kirchhof (Hrsg.), HdbStR VI, 3. Aufl. 2008, § 144; *Suerbaum,* Die Wirkmächtigkeit der grundgesetzlichen Bestimmungen zum Schutz der kommunalen Selbstverwaltung, in: Dreier (Hrsg.), Macht und Ohnmacht des Grundgesetzes, 2009, 75, sowie die Erläuterungen zu Art. 28 Abs. 2 GG in den Grundgesetz-Kommentaren. Die hier zitierten Beiträge beziehen sich auf die Abschnitte II–VI des § 6.

Falllösungen: *Grawert,* NWVBl. 1997, 235; *Halbig,* JuS 1999, 468; *Helbig,* NWVBl. 1999; *Bausback/Poplatz,* JA 2004, 897.

II. Rechtsnatur

1. Staatsorganisationsrechtliche Gewährleistung, kein Grundrecht

Von der Beurteilung der Rechtsnatur der Verfassungsgarantie hän- **4** gen Ob und Umfang des Bestehens subjektiver Rechte und vor allem die Rechtfertigungsprüfung staatlicher Maßnahmen zu Lasten der Gemeinden ab. Dabei ist insbesondere wichtig, ob die von den Grundrechten her bekannte Prüfungsreihenfolge (Schutzbereich, Eingriff, Rechtfertigung einschließlich Verhältnismäßigkeitsprüfung) Anwendung finden kann. Dies ist nach herrschender und zutreffender Auffassung nicht der Fall, weil die Verfassungsgarantie des Art. 28 II GG zwar die einzelnen Gemeinden auch individuell schützt, also eine subjektive Rechtsstellung vermittelt (vgl. näher Rdnr. 20 ff.), insgesamt aber eine **institutionelle Garantie** und kein Grundrecht ist. Institutionelle Garantien sind darauf angelegt, vom Gesetzgeber ausgestaltet und konkretisiert zu werden, wobei ihm freilich durch die Verfassungsgarantie Grenzen gezogen sind. Dies knüpft an die in der Weimarer Zeit von *Carl Schmitt* entwickelte Lehre von den institutionellen Garantien an. Zwar gibt es auch innerhalb des Grundrechtskataloges institutionelle Garantien (etwa die Garantie der Privatschulen in Art. 7 IV GG) sowie die auf privatrechtliche Einrichtungen bezogenen Institutsgarantien (v. a. zu Gunsten des Eigentums in Art. 14 I GG), jedoch wirken diese gleichsam unterstützend im Hinblick auf ein Abwehrrecht im Staat-Bürger-Verhältnis. Die institutionelle Garantie des Art. 28 II GG ist dagegen von vornherein auf die Verteilung von Kompetenzen innerhalb des Staates im weiteren Sinne (Bund, Länder, Kommunen) gerichtet.

Die Rechtsnatur als institutionelle Garantie ohne grundrechtlichen **5** Bezug ergibt sich zum einen aus der historischen Anknüpfung an Art. 127 WRV, der zwar innerhalb des Grundrechtsteils angeordnet, aber einhellig als institutionelle Garantie verstanden worden war. Noch wichtiger sind die systematischen **Gründe**: Art. 28 II GG befindet sich innerhalb der Verfassungsbestimmungen über den „Bund und die Länder" (Überschrift des II. Teils des GG) und zur Durchsetzung des eingeräumten subjektiven Rechts ist nicht die Verfassungsbeschwerde nach Art. 93 I Nr. 4 a GG, sondern eine eigene sog. Kommunalverfassungsbeschwerde (in Art. 93 I Nr. 4 b GG) geschaffen worden. Schließlich ist die Existenz jeder einzelnen Gemeinde nicht absolut gesichert (vgl. unten Rdnr. 22 ff.), vielmehr können einzelne Gemeinden (aber nicht „die" Gemeinde als solche) beseitigt werden. Dies wäre bei einer Deutung als Grundrecht kaum vorstellbar.

6   Das BVerfG hat immer wieder betont, dass es sich bei Art. 28 II GG um eine „Garantie der Einrichtung ..., die der gesetzlichen Ausgestaltung und Formung bedarf", handle (BVerfGE 1, 167 [174]; BVerfGE 76, 107 [119]; BVerfGE 79, 127 [143]). Immer wieder unternommene Vorstöße zugunsten einer Interpretation der Verfassungsgarantie im Sinne der „Selbstverwaltung von unten" (als „ursprüngliche Freiheit der sich selbst verwaltenden Bürger" [*Hufen*, Die Zukunft der kommunalen Selbstverwaltung, in: Geis/Lorenz (Hrsg.), FS Maurer, 2001, 1176 ff.; vgl. auch *Maurer*, Verfassungsrechtliche Grundlagen der kommunalen Selbstverwaltung, DVBl. 1995, 1037]) sind nicht erfolgreich gewesen. Sie leiden darunter, dass sie ein richtiges Anliegen, nämlich die Stärkung der kommunalen Selbstverwaltung gegenüber staatlichen Übergriffen, mit Hilfe einer schlüssigen, aber mit dem geltenden Verfassungsrecht unvereinbaren Konzeption verwirklichen wollen. Es führt kein Weg daran vorbei, dass Art. 28 II GG nichts an der allgemein zur „Selbstverwaltung" ermittelten Zuordnung zur mittelbaren Staatsverwaltung (vgl. § 2 Rdnr. 7) ändert. Er konstituiert die Gemeinden als ein „Stück Staat" (BVerfGE 73, 118 [191]) und nicht als eine Fortsetzung der Trias Individuum – Familie – Verein.

7   Da es sich mithin um eine staatsorganisationsrechtliche Gewährleistung handelt, darf der Staat nicht (nur) als Eingreifer gesehen werden, sondern eben auch als derjenige, der die Rechtsstellung der Kommunen als Teil des Staatsganzen gestaltet. Sowohl bei der Rechtsgestaltung als auch bei Eingriffsmaßnahmen muss der Staat aber berücksichtigen, dass es sich um einen spezifischen Teil handelt, der durch die beiden zentralen Merkmale jeder Selbstverwaltung, Betroffenenmitwirkung und Eigenverantwortlichkeit (vgl. § 2 Rdnr. 8) gekennzeichnet und verfassungsrechtlich garantiert ist. Art. 28 II GG bildet somit die Basis der Entwicklung spezifischer Strukturen auf der kommunalen Ebene und verpflichtet zur **Rechtfertigung al-**

ler staatlichen Maßnahmen, die den jeweils bestehenden Rechtszustand zu Lasten der Kommunen verändern.

Demzufolge konnte sich auch das in den 1970er Jahren teilweise vertretene 8
sog. funktionale Selbstverwaltungsverständnis (*Roters*, Kommunale Mitwir-
kungen an höherstufigen Entscheidungsprozessen, 1975), das den Kommunen
an Stelle der Befugnis zur eigenverantwortlichen Entscheidung eine Befugnis
zur Mitwirkung an Entscheidungen auf der Bundes- bzw. Landesebene ein-
räumen wollte, nicht durchsetzen; richtigerweise treten Mitwirkungsrechte
an die Seite von Entscheidungsrechten. Auch die Überlegungen von *Burmeister* (Verfassungstheoretische Neukonzeption der kommunalen Selbstverwaltung, 1977), in den Gemeinden lediglich staatliche Vollzugsinstanzen ohne
eigene Kompetenz- bzw. Funktionsgarantie zu sehen, sind verfassungstheore-
tischer, nicht verfassungsrechtlicher Natur.

2. Verpflichtungsadressaten und Schutzrichtungen

a) **Verpflichtungsadressaten.** **Verpflichtungsadressaten** sind zu- 9
nächst die **Länder** („muss das Recht gewährleistet sein"), dann aber
auch der **Bund** selbst. Die Verpflichtung erstreckt sich auf Gesetze
und Verordnungen ebenso wie auf Maßnahmen der Exekutive und
Gerichtsentscheidungen. Ferner sind die jeweils **anderen Kommunen** Verpflichtungsadressaten. Dies wird vor allem dann relevant,
wenn eine Gemeinde auf dem Gebiet einer anderen Gemeinde wirtschaftlich tätig werden will (Beispiel: Ausdehnung einer kommunalen
Energieversorgung auf das Gebiet der Nachbargemeinde) und bei
Planungsentscheidungen, die die planerische Entwicklung von Nachbargemeinden hemmen können (Beispiel: Industriegebiet direkt an
der Gemeindegrenze). Das sog. kommunale Abstimmungsgebot des
§ 2 II BauGB hat hierin eine verfassungsrechtliche Basis.

Die Verfassungsgarantie des Art. 28 II GG schützt die Kommunen 10
überdies **gegen sich selbst.** Maßnahmen, die auf eine Aushöhlung
oder gar Abschaffung der Selbstverwaltung innerhalb einer Kommune hinausliefen (also den sog. Kernbereich beeinträchtigten; vgl.
noch Rdnr. 36 ff.), wären daher verfassungswidrig (Beispiel: Privatisierung der gesamten gemeindlichen Leistungsverwaltung; entgegen
dem insoweit jedenfalls nicht eindeutigen Urteil des BVerwG
[DVBl. 2009, 1382 m. Anm. *Ehlers*; sehr kritisch auch *Winkler*, JZ
2009, 1169; *Schoch*, DVBl. 2009, 1533] ist der Kernbereich definitiv
nicht beeinträchtigt bei der Privatisierung eines einzigen Weihnachtsmarktes; näher zu diesem Urteil vgl. § 17 Rdnr. 85). Darüber hinaus
besteht keine Pflicht der Gemeinden, von den ihnen eröffneten Spiel-

räumen auch tatsächlich Gebrauch zu machen; die Übertragung einzelner freiwilliger Aufgaben auf eine Verwaltungsgemeinschaft berührt die Selbstverwaltungsgarantie nicht (BVerwG, DÖV 2007,
752). Nicht als Verpflichtungsadressaten kommen **Private** in Betracht, d.h. Art. 28 II GG entfaltet (ebenso wenig wie die Grundrechte) keine unmittelbare Drittwirkung.

11   **b) Schutzrichtungen.** Von der Bestimmung der Verpflichtungsadressaten ist die Ermittlung der Schutzrichtung der Verfassungsgarantie zu unterscheiden. Deren Ermittlung bereitet immer dann Schwierigkeiten, wenn durch eine gesetzgeberische Maßnahme des Bundes
oder eines Landes die Entscheidungs- und Handlungsspielräume im
Verhältnis der Kommunen untereinander bzw. im Verhältnis zwischen den Kommunen und der Privatwirtschaft verändert werden.
Dabei gilt Folgendes:
- Im Verhältnis **zwischen kreisangehörigen Gemeinden** und den
  Kreisen bzw. anderen **Gemeindeverbänden** entfaltet Art. 28 II
  GG Schutzwirkungen zugunsten der Gemeinden. Konkret ist
  ihm ein sog. Aufgabenverteilungsprinzip zugunsten der unteren
  kommunalen Ebene zu entnehmen. Dieses Prinzip wirkt innerhalb
  der Rechtfertigungsprüfung von gesetzgeberischen Maßnahmen,
  die die Kompetenzverteilung zwischen Gemeinden und Gemeindeverbänden verändern sollen (vgl. noch Rdnr. 42).
- Gesetzgeberische oder administrative Maßnahmen, die die Aufgabenverteilung zu Lasten der Kommunen und zugunsten der
  Privatwirtschaft verändern (Beispiel: Abbau kommunaler Monopolstellungen in der Energie- oder der Wasserversorgung; Ver-
  schärfung der Anforderungen an die Statthaftigkeit kommunaler
  Wirtschaftsbetätigung [vgl. noch § 17 Rdnr. 8 ff., 37 ff.]) sind nur
  insoweit an Art. 28 II GG zu messen, als durch den Staat eine Ver-
  schlechterung der gegenwärtigen Rechtsstellung der Kommunen
  bewirkt wird; ein materiellrechtliches Aufgabenverteilungsprinzip
  (ähnlich wie im Verhältnis zu den Gemeindeverbänden) greift insoweit nicht.

12   Im Hinblick auf die kommunale Wirtschaftsbetätigung (vgl. § 17 Rdnr. 3 ff.)
ist bisweilen versucht worden, der Selbstverwaltungsgarantie Aussagen legitimierenden oder gar privilegierenden Charakters zu entnehmen (vgl. *Wieland/
Hellermann*, DVBl. 1996, 401 [407 ff.]; *Hellermann*, Örtliche Daseinsvorsorge
und gemeindliche Selbstverwaltung, 2000, 153 ff., 182 ff., 204 ff.; *Pagenkopf*,
GewArch. 2000, 177). Dies würde eine Differenzierung zwischen der Wirt-

schaftsbetätigung und den übrigen kommunalen Aktivitäten voraussetzen, für die es in der Verfassung keine Anhaltspunkte gibt. Vielmehr ist zu betonen, dass die Kommunen auch bei einer wirtschaftlichen Betätigung alle Bindungen der Verfassung (Grundrechte, Demokratieprinzip etc.), eben als Teile des Staates, zu beachten haben. Insbesondere vermittelt Art. 28 II GG keine Befugnis zu Grundrechtseingriffen (vgl. VerfGH Rh.-Pf., DVBl. 2000, 992; *Löwer,* Der Staat als Wirtschaftssubjekt und Auftraggeber, VVDStRL 60 [2001], 416; *Ehlers,* Gutachten E zum 64. DJT [2002]).

Literatur: *v. Mutius,* Öffentliche Aufgabenerfüllung – Traditionelles, funktionales oder neues Selbstverwaltungsverständnis, in: ders. (Hrsg.), FG v. Unruh, 227; *Waechter,* Einrichtungsgarantien als dogmatische Fossilien, DV 29 (1996), 47; *Kenntner,* Zehn Jahre nach „Rastede", DÖV 1998, 701; *Hufen,* Die Zukunft der kommunalen Selbstverwaltungspflicht, in: Geis/Lorenz (Hrsg.), FS Maurer, 2001, 1177; *Tomerius/Breitkreuz,* Selbstverwaltungsrecht und Selbstverwaltungspflicht, DVBl. 2003, 426; *Mager,* Einrichtungsgarantien, 2003; *Waechter,* Verfassungsrechtlicher Schutz der gemeindlichen Selbstverwaltung gegen Eingriffe durch Gesetz, AöR 135 (2010), 327 (345 ff.).

III. Gewährleistungsbereich: Örtliche Aufgaben

Indem Art. 28 II 1 GG die Verfassungsgarantie (zugunsten der Ge-   13
währleistungsträger „Gemeinden") auf „alle Angelegenheiten der örtlichen Gemeinschaft" bezieht, begründet er die gemeindliche Kompetenz und legt zugleich deren Grenzen fest. Alle Aufgaben, die nicht von der nachfolgenden Begriffsbestimmung der „örtlichen Angelegenheiten" erfasst werden, sind aus der Sicht des Art. 28 II GG staatliche Aufgaben. Werden solche Aufgaben den Gemeinden zugewiesen, dann hat man es mit der Wahrnehmung von Fremdaufgaben zu tun (vgl. näher § 8 Rdnr. 12 ff., 19 ff.). Für ein Tätigwerden außerhalb der sog. Verbandskompetenz fehlt der Gemeinde die erforderliche Rechtsfähigkeit (vgl. § 5 Rdnr. 6 ff.).

1. Reichweite der Verbandskompetenz

Wie das BVerfG mehrfach festgestellt hat, sind Angelegenheiten   14
der örtlichen Gemeinschaft „diejenigen Bedürfnisse und Interessen, die in der örtlichen Gemeinschaft wurzeln oder auf sie einen spezifischen Bezug haben, die also den Gemeindeeinwohnern gerade als solchen gemeinsam sind, indem sie das Zusammenleben und -wohnen der Menschen in der (politischen) Gemeinde betreffen" (BVerfGE 79, 127 [151 f.]; BVerfGE 83, 37 [50 f.]). Damit wird einer-

seits an das betroffene **Gebiet,** andererseits an die dort wohnenden und somit sachlich betroffenen **Selbstverwaltungsbürger** angeknüpft. Dies ermöglicht die Berücksichtigung eines Wandels in den sozialen, wirtschaftlichen oder technischen Rahmenbedingungen und zugleich die Berücksichtigung des historisch anerkannten Bestandes. Auch eine Orientierung an der jeweiligen Gemeindegröße ist möglich. Wie das BVerfG ausdrücklich bekräftigt hat, kommt es allerdings auf die Verwaltungskraft der jeweiligen Gemeinde nicht an. Dies bedeutet, dass der Staat einer Gemeinde namentlich eine unzulängliche Finanzausstattung (für die er u. U. mitverantwortlich ist) nicht vorwerfen kann, sofern die betreffende Aufgabe von einer idealtypischen Gemeinde dieser Größe und Verwaltungskraft geleistet werden könnte.

15   Örtliche Aufgaben werden entweder autonom durch die Gemeinden wahrgenommen oder aber der Gesetzgeber weist sie explizit (als **Pflichtaufgaben**) den Gemeinden zu. Hierbei handelt es sich zugleich um einen Eingriff in die Selbstverwaltungsgarantie (vgl. noch Rdnr. 28 ff.). Bei der damit einhergehenden Definition der betreffenden Aufgabe als örtliche Aufgabe kommt dem Gesetzgeber ein Typisierungs- und Einschätzungsspielraum zu. Das BVerfG beschränkt sich diesbezüglich auf eine Vertretbarkeitskontrolle. Bei der Bestimmung des Vorliegens einer örtlichen Aufgabe sind zwei Problemkreise zu unterscheiden:

16   **a) Angelegenheiten mit auch (Gemengelage) oder überwiegendem überörtlichem Gepräge.** In diesen Fällen ist von einer „örtlichen Angelegenheit" i. S. d. Art. 28 II 1 GG in dem Umfang auszugehen, in dem die Begriffsbestimmung erfüllt ist. Dies bedeutet, dass größere Aufgaben in **Teilaufgaben** zu zerlegen sind (Beispiel: Innerhalb der Gesundheitsversorgung ist die Finanzierung der bundesweiten Krankenversicherung keine örtliche Aufgabe, wohl aber der Betrieb eines Krankenhauses). Dabei ist auch der stete Wandel in den sozialen, wirtschaftlichen, technischen oder ökonomischen Rahmenbedingungen zu berücksichtigen (grundlegend jüngst *Schliesky,* in: ders. [Hrsg.], Selbstverwaltung im Staat der Informationsgesellschaft, 2010, 67). So werden gegenwärtig etwa in der Energieversorgung nach dem Ausstieg aus der „überörtlichen" Atomkraftnutzung nun verstärkt dezentrale Formen der Energieerzeugung (beispielsweise in kommunalen Windparks) forciert (vgl. *Longo,* Neue örtliche Energieversorgung als kommunale Aufgabe, 2010). Ferner kann nach der

Intensität des gemeindlichen Zugriffs zu unterscheiden sein. Das Spektrum reicht von einer bloßen sog. Befassungskompetenz bis hin zur Kompetenz für die vollständige Erledigung der betreffenden Aufgabe.

Beispiele: Ablehnende Äußerung zu einer bevorstehenden oder auch nur (wegen der negativen Auswirkungen auf eigene Planungen) befürchteten Raketenstationierung (BVerwGE 87, 228; BVerwG, NVwZ 1991, 684) statthaft, nicht aber deren Verhinderung oder die Erklärung des Gemeindegebiets zu atomwaffen- bzw. gentechnikfreier Zone (insbesondere keine Kompetenz zur allgemeinen Außenpolitik; BVerwG, NVwZ 1991, 685; weiterführend *Schmidt-Jortzig*, DÖV 1989, 142; *Meßerschmidt*, DV 23 [1990], 425; *Heberlein*, DÖV 1991, 916). Ebenso ausgeschlossen ist ein globales Engagement in der Entwicklungshilfe, möglich dagegen das Eingehen von Städtepartnerschaften, auch mit Entwicklungsländern (BVerwG, NVwZ 1989, 469, sowie *Beyerlin*, Rechtsprobleme der lokalen grenzüberschreitenden Zusammenarbeit, 1988; *von Schwanenflügel*, Entwicklungszusammenarbeit als Aufgabe der Gemeinden und Kreise, 1993). Möglich ist m. E. schließlich auch das Verbot der Aufstellung von Grabsteinen mit Ausgangsmaterialien, die unter Einsatz schlimmster Formen der Kinderarbeit (i. S. d. den Normen der Internationalen Arbeitsorganisation, ILO) hergestellt worden sind, in einer Satzung über die öffentliche Einrichtung „Friedhof" (so im Ergebnis auch BayVerfGH, GewArch 2012, 160; *Lorenzmeier*, BayVBl. 2011, 485, gegen BayVGH, BayVBl. 2009, 367; BVerwG, BayVBl. 2011, 510; vgl. auch zum Erfordernis einer gesetzlichen Grundlage für den Eingriff in das Grabmal nach Art. 12 I GG der Steinmetze § 15 Rdnr. 40).

b) Kommunale Alleingänge. Gemeindliche Aktivitäten, mit denen 17 an einen bestimmten Tatbestand andere Rechtsfolgen geknüpft werden, als sie durch Bundes- oder Landesrecht bestimmt sind, sind problematisch. Die Rechtsprechung hat aus verschiedenen Anlässen entweder bereits das Vorliegen einer örtlichen Angelegenheit verneint und/oder eine **Sperrwirkung** des jeweils einschlägigen Bundesgesetzes angenommen. Dies hätte angesichts der Breite des bundes- bzw. landespolitischen Zugriffs auf kommunalrelevante Materien eine weitgehende Zurückdrängung des kommunalpolitischen Entscheidungsspielraums und damit auch des bürgerschaftlichen Engagements zur Folge.

Beispiele: Unstatthaftigkeit des Verbots der Alkohol- und Tabakwerbung in Werbeverträgen über die Nutzung gemeindeeigener Wege und Flächen (VGH BW, GewArch. 1993, 19); keine Statthaftigkeit allgemeiner Warnungen vor Jugendsekten (vgl. *Kästner*, NVwZ 1992, 9; *Dietlein/Heyers*, NWVBl. 2000, 77; anders bei konkreter Gefährdung von Jugendlichen bzw. aus Anlass von Projekten in der Gemeinde; BayVGH, NVwZ 1995, 502; BayVerfGH, NVwZ

1998, 391); OVG NRW, NWVBl. 2006, 32: Kritische Äußerungen über für verfassungsfeindlich eingeschätzte Aktivitäten im Gemeindegebiet. Negativ beurteilt wurde auch die Zahlung einer sog. Aufwendungsbeihilfe aus Anlass der Geburt des dritten Kindes in einer Gemeinde wegen abschließender Regelung des Familienlastenausgleichs durch den Bund (OVG NRW, NVwZ 1995, 718; *Suerbaum/Brüning*, JuS 2001, 992), das flächendeckende Verbot von Einwegverpackungen (BayVGH, DVBl. 1992, 717; BVerwG, NJW 1993, 411; *Papier*, VerwArch. 84 [1993], 417), die Statuierung einer Pflicht zur Verwendung von Mehrwegverpackungen in Sondernutzungssatzungen (BVerwG, DVBl. 1997, 1118, sowie *Sendler*, UPR 1997, 354; anders BayVGH, BayVBl. 1994, 20), ferner in den Benutzungsordnungen öffentlicher Einrichtungen oder in Marktsatzungen (OVG SH, NVwZ 1996, 1034) sowie die Erhebung einer Verpackungssteuer als „örtliche Verbrauchssteuer" i. S. d. Art. 105 II a GG (BVerfG, DVBl. 1998, 705; anders noch BVerwG, DVBl. 1995, 58; vgl. noch § 18 Rdnr. 11).

18   M. E. (ausführlicher VerwArch. 90 [1999], 70) beruhen diese Judikate zu einem erheblichen Teil auf der Missachtung bzw. einer Fehlinterpretation der Verfassungsgarantie des Art. 28 II 1 GG. Da die Kommunen eben als eigene politische Entscheidungszentren und nicht nur als Teile der Staatsorganisation konstituiert sind, ist auch bei Vorhandensein thematisch einschlägiger Landes- oder Bundesgesetze ausschließlich von der oben (Rdnr. 14) referierten Begriffsbestimmung der örtlichen Aufgaben auszugehen. Danach sind insbesondere akzessorische Alleingänge, die sich im Zusammenhang mit einer gegebenen Verbandskompetenz (z. B. im Zusammenhang mit der Benutzung eigener öffentlicher Einrichtungen oder bei der eigenen Beschaffungstätigkeit) vollziehen, Teil der verfassungsrechtlich geschützten Rechtsstellung. In solchen Fällen ist durch Interpretation zu ermitteln, ob ein ggf. vorhandenes Landesgesetz tatbestandlich tatsächlich ein kommunales Tätigwerden ausschließt. Sind Bundesgesetze einschlägig, so dürfte deren Interpretation (im Lichte des Art. 28 II 1 GG) regelmäßig ergeben, dass sie die Erledigung der örtlichen Aufgaben unberührt lassen. Wendet man diese Grundsätze an, dann sind lediglich nicht akzessorische kommunale Alleingänge ohne irgendeinen Bezug zur örtlichen Gemeinschaft (allgemeine Verbots- und Warnkampagnen) ausgeschlossen. Inhaltliche Grenzen können sich ergeben, wenn sich mit der jeweiligen gemeindlichen Aktivität ein Grundrechtseingriff verbindet (vgl. dazu § 15 Rdnr. 36 ff.).

2. Wichtige Aufgabenfelder

19   Die nun folgende Aufzählung soll ohne Anspruch auf Vollständigkeit einen Eindruck davon vermitteln, wie unterschiedlich die Aufgabenfelder sind, in denen – neben Trägern aus Bund und Land sowie selbstverständlich der Privatwirtschaft – die Kommunen agieren:
- **Eigenverwaltung** (Organisation, Personal, Haushalt und Finanzen [vgl. noch § 18]);

– **Sicherheit und Ordnung,** wobei der Schwerpunkt hier auf der
Erfüllung von Fremdaufgaben in Vollzug des staatlichen Polizei-
und Ordnungsrechts liegt. Als örtliche Aufgabe hat sich hier die
sog. kommunale Kriminalprävention herausgebildet (vgl. *Heinz,*
DVJJ-Journal 1997, 61; weitere Nachweise über Juris) einschließ-
lich der Mitarbeit in sog. Sicherheits- bzw. Ordnungspartnerschaf-
ten (mit Betroffenen, der staatlichen Polizei und gewerblichen
Sicherheitsdiensten) auf kommunaler Ebene (vgl. *Probst,* Die Kri-
minalprävention 2000, 22; verschiedene Beiträge in *Stober/Olschok*
[Hrsg.], Handbuch des Sicherheitsgewerberechts, 2004; *Lange,* in:
Hendler/Ibler/Soria [Hrsg.], FS Götz, 2005, 437; *Finger,* Die offenen Szenen der Städte, 2006; *Knemeyer,* Sicherheitsgestaltung vor
Ort, DVBl. 2007, 785).
– **Städtebauliche Planung** auf der Grundlage des BauGB (v. a. § 2
I 1 BauGB; vgl. *Brohm,* Öffentliches Baurecht, 4. Aufl. 2003, § 19
Rdnr. 1–18), und künftig vermehrt zur Gestaltung des demogra-
phischen Wandels (dazu *Kersten,* DV 40 [2007], 309; *Brosius-Gersdorf,* VerwArch. 98 [2007], 317; *Bednarz,* Demographischer Wandel und kommunale Selbstverwaltung, 2010) bzw. als Instrument
der Klimapolitik (*Battis u. a.,* Gesetz zur Förderung des Klima-
schutzes in Kraft getreten, NVwZ 2011, 897).
– **Denkmalschutz** (vgl. hierzu *Werres,* DÖV 2005, 18);
– **Umweltschutz,** soweit über den Vollzug staatlich gesetzter Vorgaben hinausgehend (vgl. *Lübbe-Wolff/Wegener,* Umweltschutz
durch kommunales Satzungsrecht, 3. Aufl. 2002; *Folz,* Die Fein-
staubrichtlinie[n] und das kommunale Selbstverwaltungsrecht, in:
FS Faber, 2007, 107; *Glaser,* DV 41 [2008], 483); *Böhm,* in: dies./
Schmehl (Hrsg.), Verfassung – Verwaltung – Umwelt, 2010, 47.
– Schaffung und Unterhaltung von Einrichtungen der **Infrastruktur**
in den Bereichen Wasserversorgung und Abwasserbeseitigung
(*Burgi,* in: Hendler u. a. [Hrsg.], Umweltschutz, Wirtschaft und
kommunale Selbstverwaltung, 16. Trierer Kolloquium zum Um-
welt- und Technikrecht 2000, 2001, 101; *Weiß,* Kommunale Wasserversorgung – Ungewissheit über zukünftige (ordnungspolitische) Strukturen, in: Hösch (Hrsg.), Zeit und Ungewissheit im
Recht, 2011, 472), Energieversorgung (teilweise; vgl.; *Hellermann,*
Örtliche Daseinsvorsorge und gemeindliche Selbstverwaltung,
2000; *Pielow,* Grundstrukturen öffentlicher Versorgung, 2001;
Longo, Neue örtliche Energieversorgung als kommunale Aufgabe,
2010; *Britz,* in: Schneider/Theobald [Hrsg.], Handbuch zum Recht

der Energiewirtschaft, 3. Aufl. 2013 i. E., § 4; einschließlich Fern-
wasserversorgung (BVerwG, NVwZ 2005, 958), im ÖPNV (vgl.
Jarass, DVBl. 2006, 1; *Alscher,* Rechtliche Möglichkeiten einer in-
tegrierten kommunalen Verkehrsplanung, 2011; *Füßer,* DVBl.
2011, 20; *Lenz,* VBlBW 2012, 126; *Kleemeyer/Mietzsch,* in:
HdbKWP II, 629); bei den Gemeindestraßen und teilweise auch
im Bereich der Telekommunikation (dort künftig zur Sicherung einer leistungsfähigen Breitbandversorgung; vgl. auch bei § 17
Rdnr. 1 ff., 68 ff.);
– **Soziales,** von der Sozialhilfe gem. § 96 BSHG (seit 2005: § 3 SGB
XII) bis hin zu sozialen Einrichtungen wie Kindergärten und -ta-
gesstätten (vgl. zu diesbezüglichen kompetenziellen Fragen VerfG
Bbg, DVBl. 2003, 938; *Schoch/Wieland,* Aufgabenzuständigkeit
und Finanzierungsverantwortung verbesserter Kinderbetreuung,
2004), Altenpflegeheimen, (teilweise) Krankenhäusern (*Rinken/
Kellmer,* DV 39 [2006], 1) etc. und seit den sog. Hartz IV-Refor-
men auf dem Gebiet der Arbeitsförderung i. w. S. (vgl. *Ruge/Vor-
holz,* DVBl. 2005, 403; *Welti,* KommJur 2006, 241, 281, und noch
bei Rdnr. 33); vgl. zum Ganzen ferner *Geis,* Öffentliche Förderung
sozialer Selbsthilfe, 1997, 115 ff.; *Henneke* (Hrsg.), Die Kommunen in der Sozialpolitik, 2003; *Muckel,* Sozialrecht, 2. Aufl. 2007,
§ 13 Rdnr. 9 ff.; *Burgi,* DVBl. 2007, 70. Nicht zuletzt zur Bekämp-
fung des vorhandenen Ärztemangels auf dem Lande werden die
Kommunen in den kommenden Jahren verstärkt in der Gesundheitsversorgung tätig werden (*Burgi u. a.,* in: Henneke [Hrsg.],
Kommunale Gesundheits- und Pflegekompetenzen, 2012, i. E.).
Keine örtliche Aufgabe ist hingegen die Unterbringung von Asyl-
bewerbern (BVerwG, NVwZ 1990, 1173; NVwZ 1994, 694);
– **Schulträgerschaft und Kultur bzw. Sport** (vgl. *Ossenbühl,*
SächsVBl. 1994, 145; *Scheytt,* Rechtsgrundlagen der kommunalen
Kulturarbeit, 1994, u. *ders.,* Kommunale Kulturpolitik, 2005; *Tet-
tinger,* NWVBl. 2005, 145; zu Weiterentwicklungen im Landes-
recht von Rheinland-Pfalz: *Barrot/Franke,* DÖV 2009, 993); zur
kommunalen Bildungspolitik vgl. die Beiträge in Henneke
(Hrsg.), Kommunale Bildungskompetenzen, 2011.
– **Wirtschaftsförderung** einschl. des Betriebs von Sparkassen (SächsVerfGH, DVBl. 2001, 293; *Faber,* Europarechtliche Grenzen
kommunaler Wirtschaftsförderung, 1992, sowie die Beiträge in
Band I [S. 5 ff.] der DfK 2005; *Mönkemöller,* Kommunales Stand-
ortmarketing, 2006; krit. *Treiber,* in: FS Faber, 2007, 281).

Literatur: *Brohm*, Die Selbstverwaltung der Gemeinden im Verwaltungs-
system der Bundesrepublik, DVBl. 1984, 293; *ders.*, Die Eigenständigkeit der
Gemeinden, DÖV 1986, 397; *von Komorowski*, Äußerungsrecht der kommunalen Volksvertretungen und gemeindliche Verbandskompetenz, Der Staat 37
(1998), 122; *Dieckmann*, Kommunale Selbstverwaltung, in: Schmidt-Aßmann
u. a. (Hrsg.), FG 50 Jahre BVerwG, 2003, 815, sowie die nach Aufgabenfeldern geordneten Beiträge in *Püttner* (Hrsg.), HdbKWP, Bände 4 und 5,
2. Aufl. 1983 bzw. 1984, und die Beiträge in DfK 2002/I zum Aufgabenwan-
del. Zu den in den verschiedenen Feldern jeweils berührten Fachbereichsge-
bieten vgl. *Erlenkämper/Zimmermann* (Hrsg.), Rechtshandbuch für die kommunale Praxis, 2010.

IV. Gewährleistungsgehalte und
Gewährleistungsgegenstände

Herkömmlich werden die folgenden Gewährleistungsgehalte un- 20
terschieden: Die Rechtssubjektsgarantie (1), die die Gemeinden als
Institutionen schützt (vgl. § 5), die Rechtsinstitutionsgarantie (2, bezogen auf die Selbstverwaltung; allgemein zu ihr vgl. § 3) und die
subjektive Rechtsstellungsgarantie. Die Letztere bildet gleichsam die
Klammer der beiden anderen Gehalte, weil sie zum Ausdruck bringt,
dass jeder einzelnen Gemeinde ein auf den Schutz der Institution und
den Schutz der Selbstverwaltung gerichtetes **subjektives Recht** vermittelt wird. Sowohl die sich aus den beiden erstgenannten Gewähr-
leistungsgehalten ergebenden objektiven Pflichten als auch dieses
subjektive Recht sind vom wichtigsten Verpflichtungsadressaten
(Rdnr. 9 f.), dem Staat(Bund und Länder), zu beachten. Bei einer Verletzung des subjektiven Rechts können Ansprüche auf Beseitigung,
Unterlassung, Aufhebung, aber u. U. auch Schutzgewähr, Teilhabe
und Leistung sowie verfahrensrechtliche Ansprüche (Anhörungs-
rechte) entstehen. Diese können wiederum gerichtlich durchgesetzt
werden (vgl. näher § 9 Rdnr. 1 ff.).

Hinsichtlich der beiden objektiven Gewährleistungsgehalte (jeweils 21
mit subjektiver Rechtsstellungsgarantie) **gibt es keine durchgehend
anerkannten dogmatischen Grundsätze**. Dies liegt daran, dass die
Leitlinien im Laufe von Jahrzehnten durch das BVerfG und teilweise
durch die Landesverfassungsgerichte sowie die Literatur entfaltet
worden sind. Es ist daher erforderlich, sich an den folgenden Differenzierungen zu orientieren:

1. Rechtssubjektsgarantie (mit subjektiver Rechtsstellungsgarantie)

22   Die Grundlage für die Anerkennung dieses Gewährleistungsgehalts bildet das Merkmal „die Gemeinden" in Art. 28 II 1 GG.

23   **a) Geschützte Gegenstände.** Geschützt ist die Gemeinde als Institution, d. h. als Körperschaft des öffentlichen Rechts mit Gebietshoheit und Namensrecht. Hinsichtlich der Einzelheiten kann auf die Darstellung in § 5 Rdnr. 6 ff. verwiesen werden.

24   **b) Rechtfertigungsbedürftige staatliche Maßnahmen.** Rechtfertigungsbedürftig ist sowohl die Beseitigung einer oder mehrerer einzelner Gemeinden als auch die (politisch gegenwärtig nicht vorstellbare) Beseitigung aller Gemeinden, d. h. der Institution „Gemeinde" als solcher. Es liegt auf der Hand, dass die Rechtfertigung entsprechender Maßnahmen unterschiedlich ausfallen wird, je nach dem welche Intensität die betreffende staatliche Maßnahme aufweist. Die Beseitigung einzelner Gemeinden erfolgt häufig im Zusammenhang mit **Gebietsreformen,** die ein Bündel staatlicher Maßnahmen mit unterschiedlicher Eingriffsintensität darstellen (vgl. bereits § 5 Rdnr. 14 ff.). Des Weiteren rechtfertigungsbedürftig ist schließlich die Anmaßung bzw. die Nichtbeachtung des Gemeindenamens (vgl. § 5 Rdnr. 10 ff.).

2. Rechtsinstitutionsgarantie (mit subjektiver Rechtsstellungsgarantie)

25   Hierdurch verfassungsrechtlich geschützt wird die Selbstverwaltung der Gemeinden, wobei zunächst an den im allgemeinen Verwaltungsrecht anerkannten Begriff der **Selbstverwaltung** (§ 2 Rdnr. 7 ff.) angeknüpft werden kann. Im Bereich des Art. 28 II 1 GG ist der Schutz einerseits gerichtet auf den Aufgabenbestand (a) und andererseits auf die Eigenverantwortlichkeit bei der Erfüllung der örtlichen Aufgaben (b).

26   **a) Schutz des Aufgabenbestandes gegenüber staatlichen Maßnahmen.** Daraus, dass „alle Angelegenheiten" des örtlichen Wirkungskreises in die verfassungsrechtliche Schutzgarantie einbezogen sind, folgt, dass die Entscheidung einer Gemeinde für oder gegen die Übernahme einer bestimmten örtlichen Aufgabe, d. h. die Entscheidung über das **Ob** der Aufgabenwahrnehmung und damit über den

eigenen Aufgabenbestand, anderslautenden staatlichen Vorstellungen
entgegengehalten werden kann.

aa) Prinzip der Allzuständigkeit. Nach ständiger Rechtsprechung 27
des BVerfG beinhaltet Art. 28 II 1 GG die Befugnis der Gemeinden,
„bislang unbesetzte Aufgaben in ihren Bereich an sich zu ziehen"
(BVerfGE 79, 127 [147]; vgl. auch BVerfGE 107, 1 [11 f.]). Dieser
„Grundsatz der Allzuständigkeit" wird als identitätsbestimmendes
Merkmal der Selbstverwaltung verstanden. Er bedeutet, dass die Gemeinden auf alle Aufgaben, die als „örtliche Angelegenheiten" im
oben (Rdnr. 14) umschriebenen Sinne zu verstehen sind, zugreifen
kann. Das beinhaltet ein Recht zur Spontaneität. Die denkbare Alternative hierzu, nämlich ein Katalog von enumerativ aufgezählten Aufgaben, entspräche daher nicht dem verfassungsrechtlichen Leitbild.

bb) Schutz gegen Aufgabenentzug. Die Schutzgarantie zuguns- 28
ten des Aufgabenbestandes ist zunächst dann beeinträchtigt, wenn
der Staat eine bestimmte örtliche Aufgabe entweder von vornherein
nicht den Gemeinden **zuweist** oder sie ihnen **entzieht.** Man spricht
dann von „Hochzonung" der betreffenden Aufgabe, weil diese von
den nach verfassungsrechtlicher Wertung grundsätzlich zuständigen
Gemeinden auf höherstufige Träger (Gemeindeverbände, Land oder
Bund) verlagert wird. Rechtfertigungsbedürftig ist auch der staatlich
veranlasste Aufgabenentzug zugunsten der Privatwirtschaft (vgl. aber
Rdnr. 11).

Beispiele: Übertragung der Hausmüllentsorgung auf Kreise und kreisfreie
Städte (BVerfGE 79, 127; Rastede); Übertragung der Sparkassenträgerschaft
von einer Stadt auf den Kreis (BbgVerfG, DVBl. 1994, 857); Verlagerung der
Wasserversorgung von der Orts- auf die Verbandsgemeinde (BVerwG, DVBl.
1984, 679); u. U. auch: Obsoletwerden einer gemeindlichen Aufgabenerledigung durch parallele Aufgabenübernahme durch den Staat wie beim Klär-
schlamm-Entschädigungsfonds (BVerfGE 110, 370).

cc) Schutz gegen Aufgabenüberbürdung. Die allgemein als 29
schwierig, ja krisenhaft empfundene gegenwärtige Situation der Gemeinden in Deutschland beruht nicht so sehr darauf, dass es in gro-
ßem Stil zum Entzug von Aufgaben käme. Vielmehr ist es die zunehmende Überbürdung von Aufgaben auf die Gemeinden, die deren
(insbesondere finanzielle) Überforderung bewirkt und die Spielräume
für eine selbstbestimmte Aufgabenwahl und deren eigenverantwortliche Wahrnehmung (vgl. Rdnr. 31 f.) einschränkt. Solche staatlichen

Maßnahmen können erstens darin bestehen, dasss eine Gemeinde, die bestimmte örtliche Aufgaben selbst nicht ergreifen möchte (die also von ihrer Allzuständigkeit keinen Gebrauch machen möchte), dennoch zu deren Wahrnehmung verpflichtet wird. Zweitens kommt es vor, dass Aufgaben, die von vornherein keinen örtlichen Charakter haben, als Fremdaufgaben den Gemeinden zugewiesen werden (vgl. bereits Rdnr. 13).

30   Hier hat sich zunehmend die Auffassung durchgesetzt, dass auch solche Maßnahmen vor der Rechtsinstitutionsgarantie gerechtfertigt werden müssen (im Anschluss an *Petz*, DÖV 1991, 320 [323 ff.]; *Hufen*, DÖV 1998, 276; nunmehr auch BVerfGE 83, 363 [383 f.]; BVerfGE 119, 331 [354] – Hartz IV; VerfGH NRW, DVBl. 1993, 197; OVG NRW, NWVBl. 2004, 103; a. A. *Rennert*, in: Umbach/Clemens, GG, Band I, 2002, Art. 28 Rdnr. 113; zurückhaltend *Remmert*, VerwArch. 94 [2003], 459 [468 ff.]; zur (mittlerweile dank der flächendeckenden Einführung von strikten Konnexitätsprinzipien in die Verfassungen der Länder nahezu nicht mehr möglichen) Rechtslage bei einer missbräuchlichen Wahl der im Text zuerst genannten Option trotz Überörtlichkeit vgl. *Schwarz*, NVwZ 1997, 237; OVG NRW, NWVBl. 2004, 103 [Durchführung des Asylbewerberleistungsgesetzes]). Besonders kostenträchtige Beispiele aus neuerer Zeit sind die Zuweisung der Aufgabe, für jedes Kind ab Vollendung des 3. Lebensjahres einen Kindergartenplatz vorzuhalten, durch § 24 I SGB VIII an die Kreise bzw. kreisfreien Städte (vgl. § 69 I SGB VIII i. V. m. dem jeweiligen Landesrecht) und das Bundesgesetz über eine bedarfsorientierte Grundsicherung im Alter und bei Erwerbsminderung (§ 3 i. V. m. §§ 41 ff. SGB XII; vgl. hierzu BayVGH, NVwZ 2004, 1382; *Schoch/Wieland*, Kommunale Aufgabenträgerschaft nach dem Grundsicherungsgesetz, 2003; *Schoch*, NVwZ 2004, 1273).

31   **b) Schutz der Eigenverantwortlichkeit gegenüber staatlichen Maßnahmen.** Die ausdrücklich im Verfassungstext genannte Befugnis zur „eigenverantwortlichen" Aufgabenwahrnehmung betrifft das **Wie.** Sie bezieht sich auf die örtlichen Aufgaben, nicht hingegen auf die den Gemeinden überdies übertragenen Fremdaufgaben. In den nachfolgend aufgezählten sog. Gemeindehoheiten werden besonders wichtige Teilausschnitte kommunaler Eigenverantwortlichkeit gebündelt. Damit verbindet sich aber keine Aussage über deren verfassungsrechtliche Wertigkeit.

32   Die in mittlerweile drei neueren Entscheidungen des BVerfG (BVerfGE 83, 363 [382]; BVerfGE 107, 1 [14]; BVerfGE 119, 331 [362]) beiläufig enthaltene Formulierung, wonach sich die Garantie der Eigenverantwortlichkeit „nicht nur bezüglich bestimmter Sachaufgaben, sondern für die gesamte Verwaltung" ergebe (dafür explizit auch ThürVerfGH, DVBl. 2005, 443 [447]), ist zu be-

grüßen (ebenso *Knemeyer/Wehr*, VerwArch. 92 [2001], 317 [336 f.]); *Burgi*,
DV 42 [2009], 155 [172]).

Folgende Bereiche der Eigenverantwortlichkeit bei der Aufgaben-   33
wahrnehmung (sog. Gemeindehoheiten) können unterschieden werden:

aa) Inhaltliche Bestimmung der Aufgabenerledigung. Die Befugnis zur **inhaltlichen Bestimmung** über das Wie der Aufgabenerledigung. Diese Befugnis ist durch die immer zahlreicher und vor allem intensiver werdenden materiell-rechtlichen Vorgaben in den
jeweils einschlägigen Bundes- und Landesgesetzen beeinträchtigt.
Dies gilt besonders für zwingende Vorgaben, während im Bereich
von Ermessensvorschriften oder im Bereich unbestimmter Rechtsbe-
griffe immerhin noch Gestaltungsspielräume eröffnet sind. Auch das
Europarecht trägt durch seine zahlreichen Vorgaben zur Verengung
der Eigenverantwortlichkeit bei (§ 4 Rdnr. 1 ff.). Auf der administrativen Ebene ist es die Staatsaufsicht über die Gemeinden, die einerseits
das notwendige Gegenstück (Korrelat) zur Eigenverantwortlichkeit
bildet (BVerfGE 6, 104 [118; BVerfGE 78, 331 [341]), andererseits
aber durch Verschärfungen oder übermäßige Inanspruchnahme seitens des Staates beeinträchtigend wirkt (vgl. näher § 8 Rdnr. 26 ff.).
Auch die zwangsweise Eingliederung in eine Verwaltungsgemeinschaft (vgl. § 20 Rdnr. 3 ff.) kann die Eigenverantwortlichkeit beeinträchtigen, weil bestimmte Handlungs- und Entscheidungsbefugnisse
verloren gehen (BVerfGE 107, 1 [11 ff.]).

bb) Organisationshoheit. Die **Organisationshoheit** umfasst die
Befugnis, den Aufbau und das Verfahren innerhalb der eigenen Verwaltungsorganisation sowie die Wahl der Organisationsrechtsform
zur Bewältigung der jeweiligen Aufgaben zu bestimmen. Wichtige
Beispiele betreffen die Organisation der Arbeit des Rates sowie die
Entscheidung zugunsten der privaten Rechtsform (AG, GmbH) bei
wirtschaftlichem Tätigwerden (vgl. näher § 17 Rdnr. 3 ff.). Während
die Bestimmung der gemeindlichen Organisation früher als Aufgabe
des Staates angesehen wurde, bildet sie unter dem Grundgesetz einen
Teil der Eigenverantwortlichkeitsgarantie.

Beispiele: Schaffung einer Amtsverfassung, d. h. Zuweisung der Vollzugstätigkeit weg von der Gemeinde an ein übergeordnetes, für mehrere Gemeinden
tätiges Amt (BVerfGE 52, 95 [116]; vom OVG MV, LKV 1994, 444, fälschlicherweise als Beeinträchtigung der der Rechtssubjektsgarantie unterfallenden
Gebietshoheit qualifiziert); Pflicht zur Bestellung einer(s) Gleichstellungs-

beauftragten für Gemeinden ab einer bestimmten Größe (BVerfGE 91, 228
[236 ff.]; NdsStGH, NVwZ 1997, 58; VerfGH NRW, NWVBl. 2002, 101,
und dazu *Mayer,* NVwZ 1995, 663); Gestaltung der Finanzbeziehungen zu einem Tochterunternehmen (BVerwG, NWVBl. 2007, 53). Allg. zur Organisationshoheit: *Schmidt-Jortzig,* Kommunale Organisationshoheit, 1979; *Frenz,*
VerwArch. 86 (1995), 378; *Burgi,* in: Ruffert (Hrsg.), Recht und Organisation,
2003, 55; *Schliesky,* Kommunale Organisationshoheit unter Reformdruck, DV
38 (2005), 339.

cc) Kooperationshoheit. Die **Kooperationshoheit,** die die Entscheidung über die Zusammenarbeit mit anderen kommunalen Trägern umfasst (§ 19) und beispielsweise durch die zwangsweise Ein-
bindung einer Gemeinde in eine Verwaltungsgemeinschaft, die
Zuweisung von Aufgaben an einen Zweckverband oder auch die frü-
here (vgl. nunmehr Art. 91e GG) Pflicht zur Aufgabenübertragung
auf und zur Mitwirkung in einer „Arbeitsgemeinschaft" beim Vollzug
des SGB II (Hartz IV; vgl. § 44 b SGB II, verfassungswidrig seit
BVerfGE 119, 331 [361 ff.]; dazu etwa *Meyer,* NVwZ 2008, 275; *Ko-
rioth,* DVBl. 2008, 812; *Ritgen,* NdsVBl. 2008, 185; *Waldhoff,* ZSE
2008, 57) beeinträchtigt bzw. im zuletzt genannten Fall sogar verletzt
wird. Angesichts der finanziellen Probleme vieler Gemeinden wird die
Ausübung dieses Hoheitsrechts immer wichtiger, umgekehrt wird darüber nachzudenken sein, ob eine fehlende Kooperationsbereitschaft
durch finanzielle Anreize befördert werden kann; dies müsste freilich
die nachfolgend (Rdnr. 34 ff.) dargestellten Schranken beachten.

dd) Personalhoheit. Die **Personalhoheit** schließlich umfasst die
Befugnis, Gemeindebedienstete auszuwählen, sie anzustellen, zu be-
fördern und zu entlassen und vor allem Festlegungen hinsichtlich ihres Zuständigkeitsbereichs zu treffen. Rechtfertigungsbedürftige
staatliche Maßnahmen bestehen in den allgemeinen beamtenrechtli-
chen Vorgaben und vor allem in Versuchen, den Gemeinden vorzu-
geben, welche Bediensteten im Bereich der örtlichen Aufgaben und
welche im Bereich der Fremdaufgaben eingesetzt werden sollen (näher *Wolff,* VerwArch 100 [2009] 280).

ee) Finanzhoheit. Die **Finanzhoheit,** die den Gemeinden eine eigenverantwortliche Einnahmen- und Ausgabenwirtschaft im Rahmen
eines geordneten Haushaltswesens garantiert. Dies ist untrennbar verknüpft mit der Frage, ob es ein Recht auf eine angemessene Finanzausstattung gibt. Beide Aspekte werden gesondert in § 18 behandelt.

ff) Wirtschaftsbetätigung. Die Befugnis zur Wahrnehmung von
Aufgaben durch **Wirtschaftsbetätigung** (dazu ausführlich § 17).

gg) Planungshoheit. Die **Planungshoheit** umfasst zum einen die Befugnis zur „Selbstgestaltung" (*Blümel*, Das Selbstgestaltungsrecht der Städte und Gemeinden, 1986). Sie äußert sich vor allem im Bereich des Städtebaurechts (vgl. bereits Rdnr. 19), darüber hinaus aber auch in allen anderen Bereichen, in denen langfristige konzeptionelle Vorstellungen in institutionalisierter Form verabschiedet werden. Rechtfertigungsbedürftige staatliche Maßnahmen in diesem Zusammenhang sind materiell-rechtliche Vorgaben sowie Genehmigungspflichten (für gemeindliche Pläne; vgl. z. B. § 10 II BauGB). Ebenso wichtig ist der durch die Planungshoheit vermittelte Schutz gegenüber staatlichen Planungsentscheidungen sowie Planungsentscheidungen anderer kommunaler Träger (z. B. Abfallentsorgungsanlagen, Autobahnen oder Bahnstrecken ebenso wie die Inanspruchnahme gemeindlicher Flächen für den Naturschutz) mit Auswirkungen auf das Gemeindegebiet.

Das BVerfG (zuletzt DVBl. 1999, 697 [698]) scheint in der planerischen Tätigkeit nicht eine Ausprägung der Eigenverantwortlichkeit, sondern eine eigene gemeindliche Aufgabe zu erblicken. Voraussetzung für einen Schutz gegenüber fremden Planungen ist jedenfalls entweder das Vorhandensein einer hinreichend konkreten gemeindlichen Planung oder aber, dass wesentliche Teile des eigenen Gemeindegebiets einer durchsetzbaren eigenen Planung entzogen werden. Dies wurde jüngst etwa angenommen für die Ausweisung eines „regionalen Grünzugs" in einem Gebietsentwicklungsplan im Umfang von 85 % des gesamten Gemeindegebiets (VerfGH NRW, NWVBl. 2002, 376; aber verneint für die Genehmigung eines Offshore-Windparks 30 km vor der Küste und Gemeindegrenze; HambOVG, NVwZ 2005, 347); vgl. ferner BVerfG, DVBl. 2001, 1415; BVerwG, NVwZ 2006, 1055 (Flughafen Schönefeld); BVerwG, NVwZ 2008, 1237; VerfGH NRW, DVBl. 2009, 1305 (NRW-Landesentwicklungsprogramm); OVG NRW, DVBl. 2009, 1385 (Bebauungsplan „E.ON-Kraftwerk" der Stadt Datteln – rechtskräftig mit dem Beschluss des BVerwG v. 16.3.2010 – 4 BN 66/09); VG Münster, NWVBl. 2008, 434 (435), sowie *Brohm*, in: Grupp/Ronellenfitsch (Hrsg.), FS Blümel, 1999, 79; *Oebbecke*, in: Erbguth/Oebbecke/Rengeling/Schulte (Hrsg.), FS Hoppe, 2000, 239; *Kirchberg/Boll/Schütz*, NVwZ 2002, 550; *Werner-Jensen*, Planungshoheit und kommunale Selbstverwaltung, 2006; *Schenke*, in: Gornig/Kramer/Volkmann (Hrsg.), FS Frotscher, 2007, 765; *von Schwanenflug*, NVwZ 2007, 1351.

hh) Satzungshoheit. Die **Satzungshoheit** (dazu ausführlich § 15).

Literatur: Vgl. die Kommentierungen zu Art. 28 II GG.

Falllösungen: *Ingerowski*, Jura 2009, 303; *Winkler*, JA 2010, 526.

V. Anforderungen an die Verpflichtungsadressaten

34   Hier ist in Erinnerung zu rufen, dass es sich um eine staatsorganisationsrechtliche Gewährleistung in Gestalt einer institutionellen Garantie, nicht um ein Grundrecht handelt (vgl. Rdnr. 4 ff.). Der Staat
als wichtigster Verpflichtungsadressat ist einerseits als Ausgestalter
tätig (etwa bei der Bestimmung zur öffentlichen Aufgabe oder bei
der Festlegung organisatorischer Rahmenbedingungen). Andererseits
greift er in eine subjektive Rechtsstellung der Kommunen ein, wenn
er den gegenwärtigen Rechtszustand zu deren Ungunsten verändert.
In beiden Fällen sind ihm **Schranken** gezogen. Dabei folgt aus der
subjektiven Rechtsstellungsgarantie, dass die Gemeinden die Einhaltung aller damit verbundenen Anforderungen verlangen können.

1. Gesetzesvorbehalt

35   In Art. 28 II 1 GG ist ausdrücklich festgelegt, dass alle staatlichen
Maßnahmen, d. h. sowohl die Ausgestaltung als auch der Eingriff,
immer **durch Gesetz** oder **auf Grund** eines Gesetzes erfolgen müssen. Entsprechende gesetzliche Bestimmungen müssen in dem verfassungsrechtlich vorgesehenen Verfahren verabschiedet worden sein
und auf einer Kompetenzgrundlage beruhen (zur Verteilung der
Gesetzgebungskompetenzen für das Kommunalrecht vgl. § 1
Rdnr. 12 ff.). Neben dem Parlamentsgesetz kommen Verordnungen
(unter Beachtung des Art. 80 GG) und Satzungen in Betracht. In Anwendung der sog. Wesentlichkeitstheorie sind grundlegende Maßnahmen durch Parlamentsgesetz zu treffen.

2. Kernbereichsschutz

36   Eine unüberwindbare, also auch nicht nach Abwägung übersteig-
bare Grenze, setzt zunächst der sog. Kernbereich der Selbstverwaltungsgarantie. Dieser Schutz wirkt nur in Extremsituationen des
staatlichen Zugriffs auf die Gemeinden. Schwierigkeiten bereitet die
Bestimmung des Kernbereichs. Nach ständiger Rechtsprechung ist
hierbei der geschichtlichen Entwicklung und den verschiedenen Erscheinungsformen der Selbstverwaltung Rechnung zu tragen. In der
Praxis wie in Fallbearbeitungen ist nur höchst ausnahmsweise von einer Beeinträchtigung des Kernbereichs auszugehen.

„Hiernach gehört zum Wesensgehalt der gemeindlichen Selbstver- 37
waltung kein gegenständlich bestimmter oder nach feststehenden
Merkmalen bestimmbarer Aufgabenkatalog, wohl aber die Befugnis,
sich aller Angelegenheiten der örtlichen Gemeinschaft, die nicht
durch Gesetz bereits anderen Trägern öffentlicher Verwaltung übertragen sind, ohne besonderen Kompetenztitel anzunehmen"
(BVerfGE 79, 127 [146]); an anderer Stelle heißt es, dass der Kernbereich Regelungen verbietet, „die eine eigenständige organisatorische
Gestaltungsfähigkeit der Kommunen im Ergebnis ersticken würden"
(BVerfGE 91, 228 [239]). Die erstgenannte Entscheidung zielt auf den
Aufgabenbestand, die zuletzt genannte auf die Eigenverantwortlichkeitsgarantie.

Mit Blick auf die einzelnen Gewährleistungsgehalte (Rdnr. 20 ff.) 38
sind lediglich die folgenden Elemente dem Kernbereich zuzurechnen:
– Im Bereich der **Rechtssubjektsgarantie** hat das BVerfG anerkannt, dass Bestands- und Gebietsänderungen von einzelnen Gemeinden aus „Gründen des öffentlichen Wohls" und nach „Anhörung" der betroffenen Gebietskörperschaften zulässig sind
  (BVerfGE 86, 90). Diese Anforderungen an die Beseitigung einzelner Gemeinden bzw. an Gebietsreformen (vgl. § 5 Rdnr. 14 ff.) sind
  somit Bestandteil des Randbereichs. Sind sie erfüllt, können die betreffenden Gemeinden also durchaus beseitigt werden. Hiergegen
  wäre die Beseitigung *aller* Gemeinden bzw. die Beseitigung der Institution „Gemeinde" als solcher als – verbotener – Eingriff in den
  Kernbereich anzusehen.
– Im Hinblick auf den **Aufgabenbestand** hat das BVerfG das Prinzip der gemeindlichen Allzuständigkeit (vgl. Rdnr. 27), d. h. das
  Recht des Zugriffs auf alle örtlichen Aufgaben ohne speziellen
  Kompetenztitel, als vom Kernbereichsschutz umfasst erklärt
  (BVerfGE 79, 127 [146 f.]; BVerfGE 107, 1 [11 f.]). Zurückhaltung
  ist demgegenüber hinsichtlich der Qualifizierung einzelner Aufgaben als Bestandteil des Kernbereichs geboten.
– Im Hinblick auf die **Eigenverantwortlichkeitsgarantie** hat das
  BVerfG in seiner Entscheidung zur Gleichstellungsbeauftragten
  (BVerfGE 91, 228 [239]) festgestellt, dass es dem Gesetzgeber verboten sei, Regelungen zu treffen, die eine eigenständige organisatorische Gestaltungsfähigkeit der Kommunen im Ergebnis „ersticken" bzw. beseitigen würden, wofür das Gericht einige Beispiele
  nennt. Daraus folgt, dass die Organisationshoheit (vgl. Rdnr. 33)
  nicht vollumfänglich und nicht in ihrer gegenwärtigen Ausprägung

(vgl. auch BVerfGE 107, 1 [14 f.]; BVerfGE 119, 331 [362 f.]), sondern eben nur in einem Kernbestand diesen absoluten verfassungsrechtlichen Schutz genießt. Gleiches dürfte für die übrigen „Gemeindehoheiten" (vgl. Rdnr. 33) gelten. So kann man etwa die
Befugnis zur Aufstellung von Bebauungsplänen als in den Kernbereich fallenden Bestandteil der Planungshoheit ansehen, nicht aber
die Befugnis zur Aufnahme bestimmter Einzelregelungen in einen
Bebauungsplan.

3. Randbereichsschutz

39   Im Alltag des staatlichen Zugriffs auf die Gemeinden ist die Frage,
ob es auch außerhalb des Kernbereichs einen verfassungsrechtlichen
Schutz gibt, von allergrößter Wichtigkeit. Sie ist zu bejahen, wobei
sich einige **spezifische**, d. h. nicht unmittelbar mit der Grundrechtsdogmatik vergleichbare **Grundsätze** herausgebildet haben. Insbesondere findet keine Verhältnismäßigkeitsprüfung im grundrechtlich-
rechtsstaatlichen Sinne statt. Es ist aber nichts dagegen einzuwenden,
sich im Prüfungsaufbau am Verhältnismäßigkeitsgrundsatz zu orientieren (öffentlicher Belang – Geeignetheit – Erforderlichkeit – Ange-
messenheit [Übermaßverbot]), solange man sich nur auf jeder Prü-
fungsstufe bewusst macht, dass die Rolle des Staates eine andere ist
als bei den Grundrechten und dass folglich auch die gerichtliche
Kontrolle zurückgedrängt ist.

40   Das BVerfG hatte in seiner früheren Rechtsprechung auch im Anwendungsbereich des Art. 28 II 1 GG mit dem Verhältnismäßigkeitsgrundsatz ar-
gumentiert (etwa BVerfG, DVBl. 1982, 27; vgl. auch BVerwG, DVBl. 1983,
1152). In der grundlegenden Rastede-Entscheidung (BVerfGE 79, 127) vermeidet es aber dessen Heranziehung und etabliert stattdessen eine spezifische
Prüfung. Das vielfach proklamierte Festhalten an der Verhältnismäßigkeitsprüfung (vgl. etwa *Vietmeier*, DVBl. 1992, 413 [418]; *Maurer*, DVBl. 1995,
1037 [1044]; *Ehlers*, DVBl. 2000, 1301 [1307]; *Wallerath*, in: Butzer/Kalten-
born/Meyer [Hrsg.], FS Schnapp, 2008, 695 [701 f.] m. w. N.; zuletzt *Waechter*, AöR 135 [2010], 227 [350 ff., 356 f.]) ist daher abzulehnen. Es suggeriert
eine Gleichwertigkeit mit den Grundrechten, die innerhalb der Staatsorganisation nicht bestehen kann, weil der Staat und die Gemeinden von vornherein in
einem anderen Verhältnis zueinander stehen als der einzelne und der Staat, der
in den „grundrechtlichen Schutzbereich" hineinschneidet. Es ist aber darauf
hinzuweisen, dass die **Verfassungsgerichte der Länder** teilweise eine Verhältnismäßigkeitsprüfung praktizieren (im Anwendungsbereich der jeweiligen
Landesverfassungsgarantie, vgl. § 7), so z. B. VerfGH NRW (NWVBl. 1997,
333; NWVBl. 2002, 376), VerfG LSA (LKV 2007, 125) und NdsStGH
(NdsVBl. 2008, 37).

a) Im Bereich der Rechtssubjektsgarantie. Die Abschaffung ein- 41
zelner Gemeinden, die Vornahme von Gebietsänderungen und weiterer Beeinträchtigungen ist bei Vorliegen der in § 5 Rdnr. 14 ff. genannten Voraussetzungen verfassungsrechtlich statthaft.

b) Im Hinblick auf den Aufgabenbestand. Im Mittelpunkt der 42
bisherigen verfassungsrechtlichen Auseinandersetzungen stehen
Maßnahmen des **Aufgabenentzugs.** Sie sind zu messen am „verfassungsrechtlichen Aufgabenverteilungsprinzip zugunsten der Gemeinden" (BVerfGE 79, 137 [150 f.]; BVerfGE 107, 1 [13]). Hierdurch wird
ein Regel-Ausnahmeverhältnis konstituiert, wonach der Gesetzgeber
örtliche Aufgaben den Gemeinden nur aus Gründen des Gemeininteresses entziehen darf, vor allem dann, wenn anders die ordnungsgemäße Aufgabenerfüllung nicht sicherzustellen wäre. Die Gemeinwohlbelange müssen von der jeweiligen Aufgabe her ermittelt
werden, während Ziele wie „Verwaltungsvereinfachung" oder „Zu-
ständigkeitskonzentration" nicht ausreichen. Insoweit stellt das
BVerfG mit wünschenswerter Deutlichkeit fest, dass das Grundgesetz
gerade eine dezentrale Aufgabenansiedlung zugrunde lege. Auch
Gründe der Wirtschaftlichkeit und Sparsamkeit der öffentlichen Verwaltung könnten eine Hochzonung erst rechtfertigen, wenn es anderenfalls zu einem unverhältnismäßigen Kostenanstieg käme. Stets sind
die sich mit der Selbstverwaltung allgemein verbindenden Vorzüge
(vgl. § 2 Rdnr. 8), insbesondere die größere Orts- und Sachnähe sowie
die politisch-demokratischen Aspekte, zu berücksichtigen.

Dieses Aufgabenverteilungsprinzip dürfte umgekehrt auch eingrei- 43
fen, wenn es um die **Überbürdung von Aufgaben** geht (vgl. dazu
Rdnr. 29 f.). Innerhalb der dabei erforderlichen Regel-Ausnahme-
Prüfung spielt der Aspekt der Finanzausstattung, d. h. die Übernahme der anfallenden Kosten, eine zentrale Rolle. Hierauf ist daher
in § 18 Rdnr. 5 zurückzukommen.

Auf die Beachtung des Aufgabenverteilungsprinzips haben die ein- 44
zelnen Gemeinden einen **Anspruch.** Es ist vom Gesetzgeber aber
auch dann zu beachten, wenn die Gemeinden selbst mit den entsprechenden Maßnahmen einverstanden sind. Die Gründe zur Durchbrechung des Regel-Ausnahme-Verhältnisses müssen vom Gesetzgeber
dargelegt werden. Die **gerichtliche Überprüfung** stellt mehr als nur
eine Willkürkontrolle, aber weniger als eine vollumfängliche Nach-
prüfung dar. Sie beschränkt sich auf die Frage, ob die intendierte Aufgabenzuordnung vertretbar ist.

Beispiel: Prüfung des Beitritts von Sparkassen zu einem landesweit ange-
ordneten Finanzverband trotz Freiwilligkeit des Beitritts der einzelnen Sparkasse (SächsVerfGH, DVBl. 2001, 293).

45   **c) Im Hinblick auf die Eigenverantwortlichkeit.** Beeinträchtigungen der kommunalen Eigenverantwortlichkeit jenseits des Kernbereichs sind grundsätzlich daraufhin zu überprüfen, ob den Gemeinden ein „hinreichender Spielraum" bei der Aufgabenwahrnehmung
verbleibt (BVerfGE 83, 363 [387]; BVerfGE 91, 228 [241]; BVerfGE
119, 331 [361 ff.]). Auch hier findet immerhin (im Vergleich zur bloßen Willkürkontrolle), aber eben auch nur (im Vergleich mit der
Grundrechtsprüfung), eine **Vertretbarkeitskontrolle** statt. Hinsichtlich der einzelnen Gemeindehoheiten haben sich folgende bereichs-
spezifische Ausprägungen entwickelt:
- Beschränkungen der **inhaltlichen Gestaltungsfreiheit** (des Wie)
  müssen durchgehend die Eigenverantwortlichkeitsgarantie beachten. Man kann hier von einem „Gebot kommunalspezifischer Ge-
  setzesgestaltung" (*Schmidt-Aßmann*, in: Franßen u. a. [Hrsg.], FS
  Sendler, 1991, 122 [133]) sprechen. Dies bedeutet, dass der aus
  dem Rechtsstaatprinzip folgende allgemeine Bestimmtheitsgrund-
  satz im Hinblick auf Gesetze, die örtliche Aufgaben betreffen, zurückhaltender zu interpretieren ist, soweit Spielräume bestehen
  (was beispielsweise in Anbetracht des landesgesetzlich vorgegebenen Kopftuchverbots für Erzieherinnen [auch] in kommunalen
  Kindergärten nicht der Fall ist; vgl. *Wittinger*, VBlBW 2006, 169,
  172 f.). Teilweise wird insoweit auch von einer „Pflicht zu gemein-
  defreundlichem Verhalten" gesprochen. Entsprechendes gilt bei
  der Ausübung der Staatsaufsicht (vgl. näher § 8 Rdnr. 26 ff.).
- Hinsichtlich der **Organisationshoheit** (vgl. m. w. N. Rdnr. 33;
  gleiches dürfte für die Personalhoheit gelten) gilt ausdrücklich
  nicht das Prinzip der Allzuständigkeit. Vielmehr hat das BVerfG
  in der Gleichstellungsbeauftragten-Entscheidung festgestellt, dass
  die Organisationshoheit von vornherein „nur relativ gewährleistet" ist (BVerfGE 91, 228 [240 f.]). Dies bedeutet, dass auch hier
  überwiegende Gemeinwohlgründe vorliegen müssen und ein hinreichender organisatorischer Spielraum bei der Wahrnehmung der
  einzelnen Aufgabenbereiche verbleiben muss; allerdings können
  die Gemeinwohlbelange hier (im Unterschied zum Aufgabenentzug; vgl. Rdnr. 28) auch im Ziel der Verwaltungsvereinfachung,
  der Wirtschaftlichkeit und Sparsamkeit der Verwaltung und insbe-

sondere der Sicherstellung einer „ordnungsgemäßen Aufgabenwahrnehmung" (BVerfGE 119, 331 [363]) liegen.
- Hinsichtlich der **Planungshoheit** (vgl. Rdnr. 33) ergibt sich gegenüber fremden, beeinträchtigenden Planungen aus Art. 28 II 1 GG
ein Recht auf Anhörung der betroffenen Gemeinde sowie ein
Recht auf fehlerfreie Abwägung zwischen den örtlichen und den
überörtlichen Belangen (BVerwGE 81, 95 [106]; BVerwGE 97,
203 [211 f.] = JZ 1995, 510 mit Anm. *Ossenbühl;* BVerfG, DVBl.
2001, 1415; ablehnend gegenüber der Festlegung von Flugrouten
BVerwG, DVBl. 2004, 382 [384]; *Quaas,* NVwZ 2003, 649; *Käm-
per,* in: Ziekow [Hrsg.], Bewertung von Fluglärm, 2003, 59; *Stüer,*
NvwZ 2004, 814).
- Werden **Kooperations-** und **Personalhoheit** durch einen Zwang
zur Kooperation beeinträchtigt (wie z. B. vor einigen Jahren mit
der Bundesagentur für Arbeit in den sog. Arge's beim Vollzug
der Hartz IV-Gesetze; vgl. Rdnr. 33), so bedarf dies eines „hinrei-
chend rechtfertigenden Grundes". An ihm fehlt es (so das
BVerfG), wenn die betreffende Kooperation gegen allgemeine
Kooperationsregeln verstößt (BVerfGE 119, 331 [363 ff.]). Im
Hartz IV-Fall waren dies die vom BVerfG weiterentwickelten
Grundsätze über die vertikale Kooperation (zwischen Bund und
Ländern; vgl. zu ihnen *Burgi,* in: Butzer/Kaltenborn/Meyer
[Hrsg.], FS Schnapp, 2008, 15), was drei Verfassungsrichter bestrit-
ten haben (BVerfGE 119, 331 [386 ff.]). Letzten Endes wurde den
Arge's zum Verhängnis (vgl. noch § 1 Rdnr. 15 u. § 20 Rdnr. 12),
dass das gleiche Gesetz in Gestalt der sog. Optionskommunen
eine zweite, die Eigenverantwortlichkeit weniger beeinträchtigende
Organisationsform bereitgestellt hatte.

Literatur: *Blümel,* Wesensgehalt und Schranken des kommunalen Selbstverwaltungsrechts, in: v. Mutius (Hrsg.), FG v. Unruh, 1983, 265; *Katz/Rit-
gen,* Bedeutung und Gewicht der kommunalen Selbstverwaltungsgarantie –
Ist das Recht auf Selbstverwaltung verfassungsrechtlich „wegwägbar"?,
DVBl. 2008, 1525; vgl. ferner die Hinweise zu I und IV.

VI. Übersicht: Prüfung eines Gesetzes am Maßstab des Art. 28 II GG (zugleich: Begründetheitsprüfung innerhalb einer Kommunalverfassungsbeschwerde nach Art. 93 I Nr. 4 b GG)

46

1. Gewährleistungsbereich
   a) Gemeinde oder Gemeindeverband?
   b) Angelegenheiten der örtlichen Gemeinschaft?
2. Verpflichtungsadressat und Schutzwirkung
3. Berührter Gehalt der staatsorganisationsrechtlichen Gewährleistung
   a) Rechtssubjektsgarantie: Schutz der Gemeinde als Institution oder
   b) Rechtsinstitutionsgarantie: Schutz der kommunalen Selbstverwaltung

Aufgabenbestand betroffen durch Entzug oder Überbürdung?	Eigenverantwortlichkeit betroffen (sog. Gemeindehoheiten)?

4. Verfassungsrechtliche Anforderungen an das Gesetz
   a) Gesetzesvorbehalt: Erfordernis der Vereinbarkeit mit den formellen Verfassungsbestimmungen (Gesetzgebungskompetenz und Gesetzgebungsverfahren)
   b) Kernbereichsschutz oder Randbereichsschutz?
   c) Rechtfertigung

Im Kernbereich: Keine Rechtfertigung möglich, da unantastbar	Im Randbereich (nur Vertretbarkeitskontrolle): aa) Rechtssubjektsgarantie: Anhörung und Gründe des Gemeinwohls? bb) Aufgabenentzug bzw. Aufgabenüberbürdung: Beachtung des Aufgabenverteilungsprinzips

§ 7. Weitere Verfassungsgarantien

1   Neben bzw. anstelle der Verfassungsgarantie des Art. 28 II GG können andere verfassungsrechtlich geschützte Rechtsstellungen betroffen sein. Dies gilt im Anwendungsbereich des **Grundgesetzes** vor allem dann, wenn es um die finanzielle Situation der Gemeinden geht. Daneben kommt es vor, dass Gemeinden sich auf die Grundrechte der Art. 1–19 GG berufen und versuchen, dies im Wege der Verfassungsbeschwerde nach Art. 93 I Nr. 4 a GG durchzusetzen. Da die meisten Beeinträchtigungen der gemeindlichen Selbstverwaltung von den Ländern ausgehen, sind überdies die **Landesverfassungen** in den Blick zu nehmen. Fallrelevanz kommt ihnen schon deswegen zu, weil es in den meisten Bundesländern nicht nur explizite Verbürgungen der kommunalen Selbstverwaltung gibt, sondern weil zu deren Durchsetzung jeweils eine spezifische Verfahrensart vor dem jeweiligen Landesverfassungsgericht zur Verfügung steht. Damit ist zugleich die Frage nach der Abgrenzung der landesverfassungsrechtlichen Gewährleistung gegenüber Art. 28 II GG und nach dem Verhältnis jener Verfahrensarten zur Kommunalverfassungsbeschwerde nach Art. 93 I Nr. 4 b GG aufgeworfen.

I. Im Grundgesetz

In unmittelbarer thematischer Nachbarschaft und daher zu Recht 2 als „Ergänzungsgarantie" (*Nierhaus,* in: Sachs [Hrsg.], GG, 6. Aufl. 2011, Art. 28 Rdnr. 74 f.) bezeichnet sind die finanzverfassungsrechtlichen Gewährleistungen zugunsten der Gemeinden. Neben Art. 28 II 3 GG finden sie sich in den Vorschriften über die **Finanzverfassung** nach Art. 104 a ff. GG und sind daher im Zusammenhang (§ 18 Rdnr. 3 ff.) darzustellen. Ohne praktische Relevanz ist die sog. Gewährleistungspflicht des Bundes nach **Art. 28 III GG.** Diese ist auf die notwendigen und erforderlichen Maßnahmen zur Verwirklichung einer verfassungsmäßigen Ordnung in den Ländern, die den Grundrechten und den Bestimmungen der Absätze 1 und 2 des Art. 28 GG entspricht, gerichtet; ein diesbezügliches subjektives Recht der Länder bzw. der Kommunen besteht nicht.

Immer wieder gibt es Situationen, in denen die Gemeinden versu- 3 chen, sich auf die Grundrechte zu berufen. Voraussetzung hierfür ist die **Grundrechtsfähigkeit,** die sich für juristische Personen (wozu die Gemeinden als Gebietskörperschaften, d. h. Körperschaften des öffentlichen Rechts zählen; vgl. § 5 Rdnr. 2) nach Art. 19 III GG beurteilt. Danach besteht eine Grundrechtsfähigkeit nur dann, wenn die Grundrechte „ihrem Wesen nach" auf die betreffende juristische Person anwendbar sind.

Beispiele: Eine Gemeinde beruft sich gegenüber der staatlichen Genehmigung einer Atomanlage auf das Eigentumsgrundrecht zugunsten einer land-

und forstwirtschaftlichen Nutzung der Gemeindeflächen (BVerfGE 61, 82 [Sasbach]); ein Bürgermeister versucht, seine Warnungen vor einer Jugendsekte mit dem Grundrecht auf Meinungsfreiheit zu legitimieren (BayVerfGH, NVwZ 1998, 391); zur Frage einer Berufung auf die Rechtsschutzgarantie des Art. 19 IV GG vgl. noch § 9 Rdnr. 14.

Die Frage nach der Grundrechtsfähigkeit juristischer Personen des öffentlichen Rechts stellt sich nicht nur im Hinblick auf die Gemeinden, sondern auch im Hinblick auf den Bund und die Länder sowie andere Verwaltungsträger. Das BVerfG lehnt sie in ständiger Rechtsprechung ab, weil **keine „grundrechtstypische Gefährdungslage"** bestehe und weil diese Träger selbst an die Grundrechte gebunden seien (gem. Art. 1 III GG), mithin nicht gleichzeitig durch sie geschützt werden könnten (sog. Konfusionsargument). Etwas anderes soll lediglich für die Verfahrensgrundrechte in Art. 101 und 103 GG gelten sowie dann, wenn die betreffende Organisationseinheit in einem grundrechtlich geschützten Lebensbereich tätig sei (wie namentlich die Universitäten und die Rundfunkanstalten). Die Gemeinden fallen richtigerweise nicht unter diese Ausnahme, da sie durchgehend Aufgaben des Staates (i. w. S.) wahrnehmen. Bei ihrem Tätigwerden geht es nicht um die Entfaltung privater Initiative und um eigenverantwortliche Interessen, sondern stets um Kompetenzausübung (vgl. bereits § 3 Rdnr. 2 f.). Die Verneinung der Grundrechtsfähigkeit der Gemeinden liegt damit auf der gleichen argumentativen Linie wie die Qualifizierung des Art. 28 II 1 GG als „staatorganisationsrechtliche Gewährleistung" (vgl. § 6 Rdnr. 4 ff.) und die Ablehnung einer Schutzrichtung dieser Vorschrift gegenüber Privaten (vgl. § 6 Rdnr. 11 f.). Interessanterweise hat ihnen auch der EGMR (NvwZ 2011, 479) das Recht abgesprochen, eine „Individualbeschwerde" nach Art. 34 EMRK zu erheben.

4   Dies ist in Anknüpfung an die allgemeine Rechtsprechung zu Art. 19 III GG (BVerfGE 23, 12 [24]; BVerfGE 45, 63 [78]) wiederholt entschieden worden (BVerfGE 61, 82; BVerfG, DVBl. 2001, 63; DVBl. 2007, 901: Dresdener Waldschlösschenbrücke; BVerfG, NVwZ 2007, 1420; DVBl. 2008, 593). Dem ist zu folgen, auch im Hinblick auf ein erwerbswirtschaftliches Tätigwerden (vgl. dazu § 17 Rdnr. 68 ff.) sowie dann, wenn die Gemeinde in den Formen des Privatrechts handelt (teilweise anders *Ronellenfitsch*, JuS 1983, 594; *Broß*, VerwArch. 77 [1986], 65 [65 ff.]). Auch die von einer Gemeinde getragene Anstalt des öffentlichen Rechts (Sparkasse) kann sich daher ebenso wenig auf die Grundrechte berufen (BVerfGE 75, 192 [195 ff.]) wie eine Eigengesellschaft (BVerfGE 75, 192 [200]; zum Begriff vgl. § 17 Rdnr. 79) und ein von der Gemeinde beherrschtes gemischtwirtschaftliches Unternehmen (so die Kammerentscheidung zu den Hamburgischen Elektrizitätswerken: BVerfG, NJW 1990, 1783; zuletzt BVerfG, NVwZ 2009, 1282). Das bedeutet nicht, dass namentlich das Eigentum der Gemeinden vollkommen schutzlos wäre. Neben der von Art. 28 II 1 GG als Teil der Selbstverwaltungsgarantie geschützten Planungshoheit (vgl. § 6 Rdnr. 33) können sich die Gemeinden gegenüber staatlichen Planungsentscheidungen auch auf das bürgerlich-rechtliche Eigentum berufen, welches sodann in der planerischen Abwägung zu berücksichtigen ist (vgl. etwa BVerwGE 90, 96 [101]; BVerwGE 97, 143 [151]; *Stühler*, JuS 1999, 234). Das in Art. 3 I GG enthaltene Willkürverbot gilt zu ihren Gunsten als Ausprägung des Rechtsstaatsprinzips (BVerfG, NVwZ 2005, 82). Nach Auffassung des BayVerfGH soll den Gemeinden in Bayern eine Berufung auf das Eigentumsgrundrecht der BV möglich sein (BayVGHE 29, 105; 37, 101; anders BayVerfGH, NVwZ-RR 2001, 489; zum Ganzen vgl. *Jachmann*, BayVBl. 1998, 129).

Literatur: *Bethge*, Grundrechtsschutz von kommunalem Eigentum?, NVwZ 1985, 402; *Zimmermann*, Der grundrechtliche Schutzanspruch juristischer Personen des öffentlichen Rechts, 1993; *Englisch*, Die verfassungsrechtliche Gewährleistung kommunalen Eigentums, 1994; *Tettinger*, Die Verfassungsgarantie der kommunalen Selbstverwaltung, in: HdbKWP, Band 1, 3. Aufl. 2007, § 11 Rdnr. 70 ff.; *Ipsen*, Die Entwicklung der Kommunalverfassung in Deutschland, in: HdbKWP, Band 1, 3. Aufl. 2007, § 24 Rdnr. 24 ff.

II. In den Landesverfassungen

In den Verfassungen aller Flächenländer ist ebenfalls jeweils eine 5 Garantie der kommunalen Selbstverwaltung enthalten. Teilweise finden sich überdies Vorschriften zum Schutz der kommunalen Finanzausstattung, die sachlich über die Gewährleistungen auf Bundesebene hinausgehen (vgl. zu ihnen § 18 Rdnr. 5 f.). Wichtig ist es, die jeweiligen Verpflichtungsadressaten und die Verfahren des verfassungsprozessualen Rechtsschutzes auseinander zu halten. Erläuterungsbedürftig ist ferner das Verhältnis zwischen der jeweiligen landesverfassungsrechtlichen Garantie und Art. 28 II GG.

1. Bedeutung und Verhältnis zu Art. 28 II GG

Hinsichtlich der Verpflichtungsadressaten ist von Folgendem aus- 6 zugehen: Der **Bund** und seine Trabanten sind ausschließlich an Art. 28 II GG gebunden; die sich hieraus ergebenden subjektiven Rechte sind mit der Kommunalverfassungsbeschwerde nach Art. 93 I Nr. 4 b GG durchzusetzen. Die **Länder** und ihre Trabanten (einschließlich die anderen Kommunen) sind sowohl an Art. 28 II GG als auch an die jeweilige landesverfassungsrechtliche Garantie gebunden. Hinsichtlich des verfassungsgerichtlichen Rechtsschutzes ist Art. 93 I Nr. 4 b Hs. 2 GG maßgeblich, wonach die Kommunalverfassungsbeschwerde vor dem BVerfG dann ausgeschlossen ist, wenn ein Verfahren vor dem jeweiligen Landesverfassungsgericht zur Verfügung steht (sog. Subsidiaritätsklausel). Dies führt zu folgender Differenzierung:

- In **Ländern mit eigenem Rechtsschutzverfahren** vor dem Landesverfassungsgericht (vgl. § 9 Rdnr. 6 f.): Rechtsschutz nur vor dem Landesverfassungsgericht, dessen Maßstab ausschließlich die jeweilige landesverfassungsrechtliche Garantie ist. Art. 28 II GG und die hierzu entwickelten dogmatischen Grundsätze wirken als Muster bei der Interpretation der landesverfassungsrechtlichen Gewährleistung (vgl. bereits § 6 Rdnr. 2).
- In **Ländern ohne eigenen** bzw. mit unvollständigem verfassungsgerichtlichen **Rechtsschutz** (gemäß Art. 76 Verf. BW ist die Kommunalverfassungsbeschwerde z.B. nur gegen förmliche Gesetze eröffnet; vgl. [zu Sachsen-Anhalt] BVerfGE 107, 1 [8 ff.]) ist das BVerfG zuständig. Sein Prüfungsmaßstab ist dann aber ausschließlich Art. 28 II GG, nicht die jeweilige landesverfassungsrechtliche Garantie.

7   Keine Probleme ergeben sich, wenn (wie im Regelfall) die jeweilige landesverfassungsrechtliche Gewährleistung mit Art. 28 II GG **übereinstimmt**. Bleibt die landesverfassungsrechtliche Gewährleistung im Umfang hinter der des Art. 28 II GG **zurück**, dann ist sie im Wege bundesverfassungskonformer Auslegung entsprechend „aufzufüllen" (vgl. BbgVerfGH, DVBl. 1994, 857; dies kann etwa notwendig sein im Hinblick auf die teilweise weniger ausgeprägte Rechtsstellung der Kreise). Der Anwendung der allgemeinen Kollisionsvorschriften der Art. 31, 142 GG bedarf es insoweit nicht. Da Art. 28 II GG als Mindestgarantie anzusehen ist (vgl. bereits § 6 Rdnr. 2), ist es unschädlich, ja wünschenswert, wenn eine landesverfassungsrechtliche Selbstverwaltungsgarantie im Gewährleistungsumfang über Art. 28 II GG **hinausgeht**. So finden sich teilweise Aussagen zum Erfordernis der Wahl bestimmter Gemeindeorgane (z.B. in Art. 72 I 2 Verf. BW; Art. 95 ThürVerf.) oder geht der Gewährleistungsbereich über die „Angelegenheiten der örtlichen Gemeinschaft" hinaus, indem die Gemeinden „in ihrem Gebiet" zu „alleinigen Träger(n) der öffentlichen Verwaltung" erklärt werden (so z.B. Art. 137 I HessVerf., Art. 78 II Verf. NRW).

Warum teilweise dafür plädiert wird, die jeweilige landesverfassungsrechtli- **8**
che Bestimmung im Hinblick auf den enger gefassten Gewährleistungsbereich
des Art. 28 II GG einschränkend auszulegen (etwa von *Gern*, Deutsches
Kommunalrecht, Rdnr. 90), ist nicht nachvollziehbar. Namentlich in der Erklärung zu Trägern aller öffentlicher Aufgaben auf der gemeindlichen Ebene
liegt die Entscheidung zugunsten des monistischen Modells der Aufgabenverteilung (vgl. dazu ausführlich § 8 Rdnr. 4 f., 19 ff.) bereits auf der landesverfassungsrechtlichen Ebene (ausführlich *Erichsen*, Kommunalrecht NW, 364 ff.;
Tettinger, in: Präsident des VerfGH NRW [Hrsg.], FS VerfGH NRW, 2002,
461 [464]), durch die freilich nicht der Gewährleistungsbereich des Art. 28 II
GG erweitert werden kann.

2. Überblick

Die zu den nachfolgenden Randnummern gegebenen Hinweise
sollen der ersten Orientierung dienen. Zusätzlich sei auf die im Vorspann zusammengestellten Lehrbücher zum Kommunalrecht auf
Landesebene verwiesen.

In **Baden-Württemberg** wird das Selbstverwaltungsrecht der Gemeinden **9**
durch Art. 71 VerfBW gewährleistet (vgl. zuletzt VGH BW, DÖV 2005,
433). Danach sind die Gemeinden in ihrem Gebiet grundsätzlich Träger aller
öffentlichen Aufgaben, sofern nicht bestimmte Aufgaben im öffentlichen Interesse durch Gesetz anderen Stellen übertragen sind; vgl. StGH BW, ESVGH
28, 1 (Abfallbeseitigung); StGH BW, DÖV 1976, 595 (Gemeindeverwaltungsverband); *Sixt*, Die Gemeinde als Basis der Demokratie, BWGZ 1994, 505.

Gem. Art. 11 BayVerf. steht den Gemeinden in **Bayern** das Recht zu, ihre **10**
eigenen Angelegenheiten selbst zu ordnen und zu verwalten. In Ergänzung
dazu listet Art. 83 BayVerf. in einer nicht abschließenden Aufzählung zahlreiche Einzelaufgaben für die Gemeinden auf. In den Aufgabenbereich der Gemeinden fallen danach die Verwaltung des Gemeindevermögens und der Gemein-
debetriebe, der örtliche Verkehr nebst Straßen- und Wegebau, die Versorgung
der Bevölkerung mit Wasser, Licht, Gas und elektrischer Kraft, Einrichtungen
zur Sicherung der Ernährung, Ortsplanung, Wohnungsbau und Wohnungs-
aufsicht, örtliche Polizei, Feuerschutz, örtliche Kulturpflege, Volks- und Be-
rufsschulwesen und Erwachsenenbildung, Vormundschaftswesen und Wohl-
fahrtspflege, örtliches Gesundheitswesen, Ehe- und Mütterarbeit sowie
Säuglingspflege, Schulhygiene und körperliche Ertüchtigung der Jugend, öffentliche Bäder, Totenbestattung sowie die Erhaltung ortsgeschichtlicher
Denkmäler und Bauten. Die Zuständigkeit auf diesen Gebieten sowie die Art
und Weise der Aufgabenerfüllung unterliegen allerdings dem Gesetzesvorbehalt des Art. 11 II 2 BayVerf.; vgl. BayVerfGH, BayVBl. 1986, 298 (Sparkassen); BayVerfGH, BayVBl. 1989, 237 (Zweitwohnungsteuersatzung); Bay-
VerfGH, BayVBl. 2000, 79 (Neugliederung der Gemeinden); *Meder*, Die
Verfassung des Freistaates Bayern, 4. Aufl. 1992, Art. 11 Rdnr. 3–13 bzw.
Art. 83 Rdnr. 1–12; *Hien*, Die gerichtliche Interpretation der kommunalen

Selbstverwaltung, BayVBl. 1993, 33; *Nawiasky/Schweiger/Knöpfle* (Hrsg.), Die Verfassung des Freistaates Bayern, Stand 14. Lief., Juli 2008, Art. 11 bzw. 83; *Lissack,* Das kommunale Selbstverwaltungsrecht nach bayerischem Verfassungs- und Verfassungsprozessrecht, 2000, 25 ff.; *Wolff,* in: Lindner/Möstl/ Wolff (Hrsg.), Verfassung des Freistaates Bayern, 2009, Art. 11 bzw. 83.

11   Das Land **Brandenburg** gewährleistet die kommunale Selbstverwaltung über Art. 97 BbgVerf. Darin wird den Gemeinden das Recht zur Erfüllung aller Aufgaben der örtlichen Gemeinschaft übertragen. Dies gilt jedoch nur, sofern die Aufgaben nicht nach der Verfassung oder kraft Gesetzes anderen Stellen obliegen; vgl. BbgVerfGH, LKV 2002, 573 (Mindesteinwohnerzahl); BbgVerfGH, LKV 2002, 516 (Flächennutzungsplanung); *Borchmann,* Gemeinden – Ämter – Landkreise – Die neue kommunale Organisation in Brandenburg, VR 1993, 130; *Nierhaus,* Die Gemeindeordnung des Landes Brandenburg, LKV 1995, 5; *Buchheister,* Die Rechtsprechung des Verfassungsgerichts des Landes Brandenburg zur kommunalen Selbstverwaltung, LKV 2000, 325; *Schmahl,* Die brandenburgische Gemeindegebietsreform auf dem verfassungsrechtlichen Prüfstand, DVBl. 2003, 1300.

12   In **Hessen** ist die kommunale Selbstverwaltungsgarantie in Art. 137 HessVerf. verortet. Danach sind die Gemeinden in ihrem Gebiet unter eigener Verantwortung die ausschließlichen Träger der gesamten örtlichen öffentlichen Verwaltung und daher grundsätzlich befugt, jede öffentliche Aufgabe wahrzunehmen. Dies gilt jedoch nur, soweit nicht ausdrücklich durch Gesetz einer anderen Stelle Aufgaben im dringenden öffentlichen Interesse übertragen wurden; vgl. HessStGH, ESVGH 23, 147 (152; Neugliederung der Landkreise); zur Vereinbarkeit der Stärkung der kommunalen Zusammenarbeit in der Rhein-Main-Region mit Art. 137 HessVerf. vgl. HessStGH, DVBl. 2004, 1022: zum Aufgabenverteilungsprinzip im Verhältnis zwischen Gemeinden und Kreisen vgl. HessVGH, IR 2007, 21.

13   In **Mecklenburg-Vorpommern** garantiert Art. 72 Verf MV die kommunale Selbstverwaltung. Über das bloße Recht hinaus wird im Rahmen der Leistungsfähigkeit der Gemeinden sogar eine Pflicht statuiert, in ihrem Gebiet alle Angelegenheiten der örtlichen Gemeinschaft in eigener Verantwortung zu regeln. Eine Beschränkung erfährt die umfassende Aufgabenzuweisung durch einen Gesetzesvorbehalt; vgl. *Thiele,* in: Thiele/Pirsch/Wedemeyer (Hrsg.), Die Verfassung des Landes Mecklenburg-Vorpommern, 1995, Art. 72 Rdnr. 1–6; *v. Mutius,* Gemeinden und Landkreise in der Landesverfassung Mecklenburg-Vorpommerns, LKV 1996, 177.

14   **Niedersachsen** hat in Art. 57 NdsVerf. die kommunale Selbstverwaltungsgarantie festgeschrieben. Danach sind die Gemeinden in ihrem Gebiet die ausschließlichen Träger aller öffentlichen Aufgaben. Auch hier besteht ein ausdrücklicher Gesetzesvorbehalt; vgl. NdsStGH, NVwZ 1997, 58 (Frauenbeauftragte); NdsStGH, NdsVBl. 2008, 37 (abgestufter Schutz gegen einen Aufgabenentzug auch im übertragenen Wirkungskreis); *Schwarze,* Kommunale Selbstverwaltung und Frauenbeauftragte, NdsVBl. 1995, 121; *Stein,* NdsVBl. 2012, 7 (Verhältnis zwischen Samtgemeinde und Mitgliedsgemeinde).

Art. 78 der Verfassung **Nordrhein-Westfalen** erklärt die Gemeinden zu den 15
alleinigen Trägern der öffentlichen Verwaltung in ihrem Gebiet und überträgt
ihnen damit das Recht der umfassenden Aufgabenwahrnehmung. Es unter-
steht allerdings wiederum einem Gesetzesvorbehalt; vgl. VerfGH NRW,
NWVBl. 1997, 333 (Garzweiler II; u. jüngst NWVBl. 2012, 103); VerfGH
NRW, NWVBl. 2002, 101 (Gleichstellungsbeauftragte); VerfGH NRW,
NWVBl. 2002, 376 (Gebietsentwicklungsplan); VerfGH NRW, NWVBl.
2004, 141 (Krankenhausumlage); *Dietlein*, Kommunale Verfassungsbeschwerde vor dem Verfassungsgerichtshof, in: Der Präsident des Verfassungs-
gerichtshofs NRW (Hrsg.), FS VerfGH NRW, 2002, 117; *Tettinger*, Art. 78 LV
als sog. Aufgabenverteilungsprinzip in der Rechtsprechung des Verfassungs-
gerichtshofs, in: FS VerfGH NRW, 2002, 461; *Kment*, Die Kommunalverfassungsbeschwerde gegen Raumordnungspläne vor dem VerfGH NRW,
NWVBl. 2003, 455; *Dietlein*, in: ders./Burgi/Hellermann, Öffentliches Recht
in NRW, 4. Aufl. 2011, § 1 Rdnr. 172 ff., 242 ff.; *Schönenbroicher*, in: Heusch/
Schönenbroicher (Hrsg.), Landesverfassung NRW, 2010, Art. 78 Rdnr. 29 ff.;
Engels, VerwArch 102 (2011), 285; *Bertrams*, NWVBl. 2012, 81.

Gem. Art. 49 Verf des Landes **Rheinland-Pfalz** sind die Gemeinden in ih- 16
rem Gebiet unter eigener Verantwortung die ausschließlichen Träger der gesamten örtlichen öffentlichen Verwaltung und daher befugt, dort jede öffentliche Aufgabe wahrzunehmen bzw. dies zu unterlassen (vgl. VerfGH Rh.-Pf.,
NVwZ 2001, 912). Dies gilt jedoch nur, sofern nicht durch Gesetz eine Aufgabe im dringenden öffentlichen Interesse ausschließlich einer anderen Stelle
zugewiesen ist. Als Trägerinnen des Selbstverwaltungsrechts kommt den
Kommunen auch das aus dem Rechtsstaatsprinzip abgeleitete Rückwirkungs-
verbot zugute, jedenfalls soweit finanzielle Dispositionen der Vergangenheit
betroffen sind (VerfGH Rh.-Pf., DVBl. 2007, 1176).

Im **Saarland** sichert Art. 117 SaarlVerf das Recht der kommunalen Selbst- 17
verwaltung. Danach erfüllen die Gemeinden zur Förderung des Wohls ihrer
Einwohner alle öffentlichen Aufgaben der örtlichen Gemeinschaft. Durch Gesetz kann allerdings die Aufgabenwahrnehmung einer anderen Stelle zugewiesen werden, wenn dies im öffentlichen Interesse liegt; vgl. VerfGH Saarl.,
NVwZ-RR 1993, 424 (Ausgliederung eines Gemeindebezirks); VerfGH Saarl.,
NVwZ-RR 1995, 153 (Schulträgerschaft).

Das Land **Sachsen** hat das Recht der kommunalen Selbstverwaltung in 18
Art. 84 SächsVerf. niedergelegt. Danach sind die Gemeinden in ihrem Gebiet
die Träger der öffentlichen Aufgaben. Ein Gesetzesvorbehalt stellt sicher, dass
bestimmte Aufgaben im öffentlichen Interesse anderen Stellen übertragen
werden können; vgl. SächsVerfGH, DVBl. 2001, 293 (Sachsen-Finanzver-
band).

Art. 87 Verf des Landes **Sachsen-Anhalt** überträgt den Kommunen das 19
Recht und im Rahmen ihrer Leistungsfähigkeit auch die Pflicht, in ihrem Gebiet alle öffentlichen Aufgaben selbstständig wahrzunehmen (zur Auferlegung
neuer Pflichtaufgaben vgl. LVerfG LSA, DVBl. 2004, 434; LKV 2005, 218, u.
hierzu *Fruhner*, LKV 2005, 200). Ein Gesetzesvorbehalt ermöglicht allerdings
die Übertragung bestimmter Aufgaben an andere Stellen, sofern dies im öf-

fentlichen Interesse liegt; vgl. *Reich,* Verfassung des Landes Sachsen-Anhalt, 2. Aufl. 2004, Art. 87 Rdnr. 1 f.

20   In **Schleswig-Holstein** garantiert Art. 46 Verf. SH das kommunale Selbstverwaltungsrecht. Danach sind die Gemeinden in ihrem Gebiet berechtigt und im Rahmen ihrer Leistungsfähigkeit auch verpflichtet, alle öffentlichen Aufgaben in eigener Verantwortung zu erfüllen; vgl. BVerfGE 103, 332 (358 ff.; Landesnaturschutzgesetz); *Groth,* in: Caspar u. a. (Hrsg.), Verfassung des Landes Schleswig-Holstein, 2006, Art. 46 Rdnr. 1 ff.

21   Das Land **Thüringen** hat die kommunale Selbstverwaltungsgarantie in Art. 91 ThürVerf. aufgenommen. Den Gemeinden wird darin das Recht zugestanden, in eigener Verantwortung alle Angelegenheiten der örtlichen Gemeinschaft zu regeln. Das Recht ist allerdings einer Beschränkung durch Gesetzesvorbehalt unterworfen; vgl. ThürVerfGH, LKV 2000, 38 (Entlassung aus Verwaltungsgemeinschaft); ThürVerfGH, NVwZ-RR 1997, 639 (Eingemeindung); ThürVerfGH, DVBl. 2005, 443 (Kommunalisierung der Veterinär- und Lebensmittelüberwachung); *Hoppe,* in: Linck/Jutzi/Hopfe (Hrsg.), Die Verfassung des Freistaats Thüringen, 1994, Art. 91 Rdnr. 1–8; *Ruffert,* Verfassungsrechtlicher Rahmen für eine Gebiets- und Funktionalreform im Freistaat Thüringen, ThürVBl. 2006, 265; zum Verfahrensschutz in Thüringen und in den anderen neuen Bundesländern vgl. *Vetzberger,* Verfahrensschutz bei Eingriffen des Gesetzgebers in die kommunale Selbstverwaltung, LKV 2004, 433.

§ 8. System der gemeindlichen Aufgaben und Staatsaufsicht

I. Überblick und Relevanz

1. Normebenen

1   Der Aufgabenkreis einer jeden einzelnen Gemeinde ist in thematischer Hinsicht außerordentlich bunt. Neben den bereits illustrierten „Angelegenheiten der örtlichen Gemeinschaft" i. S. d. Art. 28 II GG (§ 6 Rdnr. 13 ff.) agieren die Gemeinden in zahlreichen weiteren Tätigkeitsbereichen. Wichtiger als die thematische Unterscheidung (Ordnungsaufgaben, Soziales, Kulturelles etc.) ist die **strukturell begründete Unterscheidung,** die sich an den in Art. 28 II GG fixierten beiden Polen, den Selbstverwaltungsaufgaben (= Aufgaben des eigenen Wirkungskreises) und den staatlichen Auftragsangelegenheiten (= Aufgaben im übertragenen Wirkungskreis oder Fremdaufgaben) orientiert.

Der juristische Umgang hiermit bereitet große Schwierigkeiten. **2**
Der Grund liegt darin, dass auch die für das Kommunalrecht in erster
Linie zuständigen **Landesgesetzgeber** (vgl. § 1 Rdnr. 12 ff.) Aussagen
über die Zuordnung von Aufgaben zu einer bestimmten Aufgaben-
kategorie getroffen haben. Dies gilt teilweise bereits für die Landesverfassungen (Überblick bei § 7 Rdnr. 9 ff.), vor allem aber für die
Gemeindeordnungen in den einzelnen Ländern, bisweilen ergänzt
durch Strukturreform- und Landesorganisationsgesetze, in denen es
um die Verzahnung mit der unteren Verwaltungsebene des jeweiligen
Bundeslandes geht (vgl. § 2 Rdnr. 14 ff.). Hinzu können Bestimmungen in einzelnen, den Vollzug einer bestimmten Sachmaterie regeln-
den Gesetzen treten.

So gibt es um die beiden soeben genannten Pole herum Kategorien **3**
wie „Pflichtaufgabe nach Weisung", „Pflichtaufgabe ohne Weisung",
„Organleihe", „Tätigwerden als untere staatliche Verwaltungsbehörde" o. Ä., überdies mit teilweise abweichender Terminologie. In
allen Fällen besteht eine Verzahnung mit der staatlichen Verwaltungsorganisation durch die sog. Staatsaufsicht über die Gemeinden (näher
IV).

Beispiele: In einer Reihe von Bundesländern ist die wichtige Erledigung der
Aufgaben zur Aufrechterhaltung der öffentlichen Sicherheit und Ordnung
den Gemeinden als „allgemeine Verwaltungsbehörden" übertragen (vgl. z. B.
§ 97 I, III NdsGefAG), während in anderen Ländern die Aufgaben der „örtlichen Ordnungsbehörden" den Gemeinden „als Pflichtaufgaben zur Erfüllung nach Weisung" zugewiesen sind (vgl. z. B. § 3 I OBG NRW). Noch
komplizierter können die Dinge auf der Kreisebene liegen, wenn der Landrat
(und nicht etwa der Landkreis) als „untere staatliche Verwaltungsbehörde"
(vgl. z. B. § 58 I KrO NRW) fungiert.

Die Existenz verschiedener Aufgabenkategorien und die landes- **4**
rechtliche Zersplitterung haben eine lange Tradition. Im Verlauf der
Entwicklung hat sich die Unterscheidung zwischen Ländern mit dualistischem Aufgabenmodell und Ländern mit monistischem (einheit-
lichem) Aufgabenmodell herausgebildet (Rdnr. 19 ff.). Das **dualistische Aufgabenmodell** hat bereits in § 2 III DGO 1935 (vgl. § 3
Rdnr. 19) zugrunde gelegen („den Gemeinden durch Gesetz staatliche Aufgaben zur Erfüllung nach Anweisung übertragen werden").
Das **monistische Aufgabenmodell** lässt sich konzeptionell zurück-
führen auf den im Jahre 1948 von einer Konferenz der Innenminister
der Länder und den kommunalen Spitzenverbänden erarbeiteten sog.
Weinheimer Entwurf (abgedruckt bei *Pagenkopf*, Kommunalrecht I,

2. Aufl. 1975, 168). Danach soll es in den Ländern einen einheitlichen
Begriff der Verwaltungsaufgaben auf kommunaler Ebene geben und
die Erfüllung aller Verwaltungsaufgaben im Gemeindegebiet grundsätzlich den Gemeinden zugewiesen sein. Dies zielt auf den Ausbau
von Dezentralisation und lokaler Demokratie.

5   Die Auseinandersetzung mit den verschiedenen Aufgabenkategorien und den sich hieraus ergebenden Rechtsfolgen muss je nach Zugehörigkeit zu einem der beiden Modelle erfolgen (II bzw. III). Beide
Modelle beziehen sich auf die beiden Pole Selbstverwaltungsangelegenheiten bzw. staatliche Auftragsangelegenheiten: Während im dualistischen Modell den Gemeinden grundsätzlich Aufgaben der einen
bzw. der anderen Kategorie zugewiesen sind, müssen im monistischen Modell zunächst einmal alle den Gemeinden zugewiesenen
Aufgaben als Selbstverwaltungsangelegenheiten in einem weiten
Sinne (vgl. näher Rdnr. 20 ff.) begriffen werden.

2. Selbstverwaltungsangelegenheiten und staatliche Auftragsan-
gelegenheiten

6   Die Zuordnung einer bestimmten gemeindlichen Aufgabe zu der
einen oder anderen Kategorie ist keineswegs akademischer Natur,
sondern sie erweist sich in zahlreichen wichtigen Situationen in Klausur und Praxis als relevant. Diese werden in der nachfolgenden Übersicht den beiden klassischen Prüfungsstationen, der Zulässigkeit (Z)
bzw. der Begründetheit (B), zugeordnet. Dabei bleibt die durch das
Grundgesetz vorgegebene Ausgangslage als solche, d. h. im Hinblick
auf den grundgesetzlichen und den bundes- bzw. landesverfassungs-
gerichtlichen Schutz (vgl. § 6 Rdnr. 13 ff. bzw. § 7 Rdnr. 2 ff., § 9
Rdnr. 2 ff.) unverändert. Der Umfang der Verfassungsgarantie des
Art. 28 II 1 GG kann weder durch die Landesverfassungen noch
durch die einfachen Landesgesetze erweitert werden. Veränderungen
und teilweise erhebliche Unterschiede ergeben sich aber im Hinblick
auf verschiedene einfachrechtliche Konsequenzen; weitere Konsequenzen bestehen im Hinblick auf die Befugnis zum Erlass von Satzungen bzw. Rechtsverordnungen (vgl. dazu § 15 Rdnr. 11 ff.) sowie
im Hinblick auf die Verteilung der Kosten für die Erledigung der betreffenden Aufgaben (vgl. dazu § 18 Rdnr. 5 f.).

**Übersicht: Rechtsfolgen bei Selbstverwaltungsangelegenheiten/   7
Staatlichen Auftragsangelegenheiten**

Selbstverwaltungsangelegenheiten	Staatliche Auftragsangelegenheiten
Problemkreis 1: Schutz der Gemeinde gegen den Staat (Staatsaufsicht, Verwaltungsakte bzw. Widerspruchsbescheide gegenüber privaten Dritten, z. B.: staatliche Behörde hebt nach Widerspruch eines Bürgers eine gemeindliche Anordnung auf):	**Problemkreis 1:** Schutz der Gemeinde gegen den Staat (Staatsaufsicht, Verwaltungsakte bzw. Widerspruchsbescheide gegenüber privaten Dritten, z. B.: staatliche Behörde hebt nach Widerspruch eines Bürgers eine gemeindliche Anordnung auf):
• Außenwirkung gegeben, daher Verwaltungsakt bei Vorliegen der übrigen Voraussetzungen (§ 35 VwVfG) zu bejahen (Z).	• Kein Verwaltungsakt wegen fehlender Außenwirkung (wenn Auftragsangelegenheit fälschlicherweise behauptet wird bzw. wenn Maßnahme primär an privaten Dritten adressiert ist, dann Verwaltungsakt; Z; vgl. näher § 9 Rdnr. 10 ff.).
• Klagebefugnis für Anfechtungsklage bzw. andere Klagearten gem. § 42 II VwGO (analog) zu bejahen, da rechtfertigungsbedürftiger staatlicher Eingriff in subjektive Position der Gemeinde (Selbstverwaltungsrecht).	• Klagebefugnis gem. § 42 II VwGO (analog): grundsätzlich zu verneinen (Z), außer wenn – fälschlicherweise Einordnung als Auftragsangelegenheit – infolge der Intensität der staatlichen Maßnahme zugleich die gemeindlichen Selbstverwaltungsaufgaben beeinträchtigt sind, – Personal- oder Organisationshoheit beeinträchtigt (folgt künftig u. U. bereits aus Art. 28 II GG; vgl. § 6 Rdnr. 45, jedenfalls aus der Rechtsstellung der Gemeinden im Landesrecht; vgl. *Gern*, Deutsches Kommunalrecht, Rdnr. 242; *Vietmeier*, DVBl. 1993, 192), – ausnahmsweise qua Fachgesetz über die Schutznormtheorie (vgl. § 9 Rdnr. 17).
• Aufsichtsmaßstab: Rechtsaufsicht (B; näher Rdnr. 32 f.)	• Aufsichtsmaßstab: Rechts- und Fach- bzw. Sonderaufsicht (B; vgl. näher Rdnr. 32 ff.)
Problemkreis 2: Schutz des Bürgers gegen die Gemeinde	**Problemkreis 2:** Schutz des Bürgers gegen die Gemeinde

Selbstverwaltungsangelegenheiten	Staatliche Auftragsangelegenheiten
• Gemeindliche Ausgangsbehörde grundsätzlich auch Widerspruchsbehörde gem. § 73 I 2 Nr. 3 VwGO i. V. m. jeweiligem AGVwGO bzw. JustG (Z).	• Bestimmung der zuständigen Widerspruchsbehörde grds. nach § 73 I 2 Nr. 1 VwGO (Z; beachte aber § 73 I 3 VwGO i. V. m. jeweiligem AGVwGO bzw. JustG; vgl. näher § 9 Rdnr. 19, 24).
• Gemeindeinterne Zuständigkeitsverteilung (Rat/Bürgermeister) nach allgemeinen Regeln der jeweiligen GO (grundsätzlich: Zuständigkeit des Rates [B; vgl. allg. § 12 Rdnr. 18 ff.]).	• Gemeindeinterne Zuständigkeitsverteilung: Spezielle Bestimmungen (in der Regel: Bürgermeister).

3. Sonderfall: Staatliche Auftragsangelegenheiten kraft Bundesrechts

8   Viele gemeindliche Aufgaben bestehen im Vollzug von Bundesrecht. Dabei sind die Gemeinden entweder (ausnahmsweise) bereits in dem betreffenden Bundesgesetz als Aufgabenträger bestimmt (vgl. z. B. § 3 II 1 SGB XII: Sozialhilfe; vgl. näher § 1 Rdnr. 13 ff.), oder aber das Land hat sie in einem Ausführungsgesetz zum Aufgabenträger bestimmt (vgl. z. B. für Bayern Art. 12 Gesetz zur Ausführung des Gesetzes über Personalausweise und das Paßgesetz. Bisweilen ist es auch möglich, dass Gemeinden auf ihren Antrag hin mit der Ausführung von Bundesrecht betraut werden können [vgl. z. B. für Baden-Württemberg § 2 Gesetz über Zuständigkeiten nach der Straßenverkehrs-Ordnung]). Hier ist wie folgt zu unterscheiden: Handelt es sich um eine Aufgabe, die die Länder bzw. die Gemeinden „als eigene Angelegenheit" i. S. d. **Art. 84 I GG** ausführen, so gelten grundsätzlich keine Besonderheiten im Vergleich mit dem Vollzug von Landesrecht. D. h., es ist dem jeweiligen Land überlassen (unter Beachtung des Art. 28 II GG und der jeweiligen landesverfassungsrechtlichen Selbstverwaltungsgarantie!), die betreffende Aufgabe als Selbstverwaltungs- oder als Auftragsangelegenheit auszugestalten.

9   In allen Ländern zwingend als Auftragsangelegenheit auszugestalten sind aber diejenigen Aufgaben, in denen gem. **Art. 84 V GG** ausnahmsweise im begleitenden Bundesgesetz „Einzelweisungen" vorgesehen sind. Hier müssen die Länder unabhängig davon, ob sie dem dualistischen oder dem monistischen Modell gefolgt sind, die

Durchsetzbarkeit dieser die Zweckmäßigkeit der Aufgabenerfüllung (und nicht nur die Rechtmäßigkeit; vgl. Rdnr. 16, 24) einschließenden Weisungen gewährleisten. Man kann daher von Auftragsangelegenheiten kraft Bundesrechts sprechen. Das Gleiche gilt durchgehend im Bereich der in Art. 85 GG geregelten Bundesauftragsverwaltung (vgl. **Art. 85 III 1, IV GG**). In Ländern mit monistischem Modell gibt es teilweise ausdrückliche Vorschriften für diese Konstellation (vgl. z. B. § 129 III GO BW; § 16 I LOG NRW).

Beispiele: § 40 BAföG; § 15 IV WPflG (Wehrpflichterfassung).

4. Sonderfall: Erledigung staatlicher Aufgaben durch ein kommunales Organ

Auf der unteren Ebene der Verwaltungsorganisation in den Län- 10
dern (vgl. § 2 Rdnr. 15) gibt es neben den Landesbehörden und den im Wege des dualistischen oder des monistischen Modells einbezogenen Gemeinden oder Kreisen (vgl. noch Rdnr. 12 bzw. 19) noch den Fall der sog. **Organleihe**. Hierbei wird ein einzelnes Organ der Gemeinde bzw. des Kreises als solches (z. B. der Bürgermeister oder der Landrat), d. h. ohne Rückbindung an die Gemeinde bzw. den Kreis, in die staatliche Verwaltungsorganisation eingegliedert. Dieses Organ wird dadurch zum „verlängerten Arm" (BVerwG, NVwZ-RR 1990, 44 [46]; ausführlich zu der akademischen Frage, ob das Organ oder der Organwalter [als Person] „entliehen" ist, *Erichsen*, Kommunalrecht NW, S. 148 f.) des Staates. Infolge der Inkorporierung in die Staatsorganisation entfalten die Maßnahmen des Staates (Aufsichtsmaßnahmen, Verwaltungsakte bzw. Widerspruchsbescheide gegenüber Dritten) im Verhältnis zu diesem Organ keine Außenwirkung und es ist auch keine Betroffenheit in Selbstverwaltungsrechten erkennbar, so dass die Stellung des Landes noch stärker ist als bei der Erfüllung von Auftragsangelegenheiten durch die Gemeinde. Neben der Fachaufsicht besteht die auf den jeweiligen Amtswalter bezogene sog. Dienstaufsicht (zumeist nach Maßgabe des jeweiligen Landesverwaltungs- bzw. -organisationsgesetzes).

Der Sonderfall der Organleihe ist auf der Ebene der Gemeinden 11
(im Hinblick auf das Organ „Bürgermeister") eher selten anzutreffen (vgl. aber z. B. §§ 9 IV OBG NRW, 16 II LOG NRW, 122 I GO NRW). Dagegen ist in zahlreichen Ländern eine **Organleihe des Landrates** bzw. eine Institutionsleihe des „Landratsamts" (in BW, Bayern, neuerdings Hessen, Rheinland-Pfalz), insbesondere bei den

Aufgaben der öffentlichen Sicherheit und Ordnung im weiteren Sinne („untere staatliche Verwaltungsbehörde"), vorgesehen (vgl. z. B. § 62 III PolG BW i. V. m. § 1 III KrO BW; § 132 BbgKVerf; § 85 I Nr. 3 HessSOG; § 2 I Nr. 2 POG NRW; § 75 II POG Rh.-Pf.; § 76 II Nr. 1 SaarlPolG; § 64 I Nr. 3 SächsPolG). In Ländern mit Organleihe muss jedes Tätigwerden des Landrates daraufhin beurteilt werden, ob er als Organ des Kreises in einer Selbstverwaltungsangelegenheit (Klagegegner: der Kreis bzw. gemäß § 78 I Nr. 2 VwGO der Landrat als „Behörde"), in einer Auftragsangelegenheit (Klagegegner: der Kreis bzw. gemäß § 78 I Nr. 2 VwGO der Landrat als „Behörde") oder etwa „selbst", d. h. im Rahmen der Organleihe agiert (Klagegegner: das Land [zutreffend jüngst OVG NRW, NWVBl. 2011, 269] bzw. gemäß § 78 I Nr. 2 VwGO der Landrat als „Behörde"; näher zur Struktur der Kreisverwaltungen vgl. § 20 Rdnr. 18 ff.). Im letztgenannten Fall haftet denn auch für Amtspflichtverletzungen nicht der Kreis, sondern das Land.

Literatur: *Dehmel,* Übertragener Wirkungskreis, Auftragsangelegenheiten und Pflichtaufgaben nach Weisung, 1970; *von Unruh,* Wodurch unterscheiden sich kommunale von staatlichen Angelegenheiten?, DÖV 1977, 467; *Vietmeier,* Die staatlichen Aufgaben der Kommunen und ihrer Organe, 1992; *ders.,* Die Rechtsnatur der Pflichtaufgaben zur Erfüllung nach Weisung in Nordrhein-Westfalen, DVBl. 1992, 413; *ders.,* Die Rechtsstellung der Kommunen im übertragenen Wirkungskreis, DVBl. 1993, 190; *Haftmann,* Die pflichtigen Selbstverwaltungsaufgaben der Gemeinden in Niedersachsen, 2004; *Oldiges,* Die Gemeinde im übertragenen Wirkungskreis, in: Stern/ Grupp (Hrsg.), GS Burmeister, 2005, 249; *Falk,* Die kommunalen Aufgaben unter dem Grundgesetz, 2006; *Saipa,* Der übertragene Wirkungskreis: Die Macht der Kommunen, in: FS Faber,117; *Burgi,* Kommunalisierung als gestaltungsbedürftiger Wandel von Staatlichkeit und von Selbstverwaltung, DV 42 (2009), 155; *Klaes,* Die kommunale Auftragsverwaltung – eine zweifelhafte Alternative zur Organleihe des Landrats?, DVBl. 2009, 1298; *Schaffarzik,* Die Standesämter und ihre weisungsfreien Weisungsaufgaben: Eine contradictio in adiecto?, DÖV 2009, 899; *Henkel,* Die Kommunalisierung von Staatsaufgaben, 2010.

II. Länder mit dualistischem System

12	Der folgende Abschnitt ist relevant für Leser aus Bayern (Art. 6, 8 BayGO), Niedersachsen (§ 6 I NdsKomVG), Rheinland-Pfalz (§ 2 II GO Rh.-Pf.), dem Saarland (§ 6 KSVG), Sachsen-Anhalt (§ 5 I GO LSA) und aus Thüringen (§ 3 ThürKO). In diesen Ländern liegt der einfachgesetzlichen Ausgestaltung das dualistische Modell zugrunde. Teilweise ist es bereits auf der Ebene der jeweiligen Landesverfassung eingeführt, wenn die nähere Interpretation der diesbezüglichen Bestimmungen dies ergibt (zum Landesverfassungsrecht vgl. § 7 Rdnr. 9 ff.).

1. Selbstverwaltungsangelegenheiten: Freiwillige Aufgaben und Pflichtaufgaben ohne Weisung

Innerhalb der Selbstverwaltungsangelegenheiten, d. h. den Aufgaben des eigenen Wirkungskreises der Gemeinden, sind zu unterscheiden die freiwilligen Aufgaben und die pflichtigen Aufgaben. **Freiwillige Aufgaben** werden von den Gemeinden nach frei gebildeter politischer Einschätzung übernommen, auf der rechtlichen Grundlage der verfassungsrechtlichen Selbstverwaltungsgarantie des Art. 28 II GG (sog. Aufgabenfindungsrecht; vgl. § 6 Rdnr. 27). Angesichts der finanziellen Situation der meisten Gemeinden und der zahlreichen gesetzlichen Vorgaben ist der Kreis dieser freiwilligen Aufgaben sehr klein geworden. Sie finden sich vor allem im sozialen, sportlichen und kulturellen Bereich; nicht pflichtig ist aber z. B. auch eine ökonomisch so bedeutsame Aufgabe wie der Betrieb von Sparkassen (vgl. noch § 17 Rdnr. 56, 76). 13

Der größere Teil der Selbstverwaltungsaufgaben beruht auf einer gesetzlichen Vorgabe über das „Ob". Die Gemeinden sind insoweit gebunden, handeln aber eigenverantwortlich in Bezug auf das „Wie" der Aufgabenerledigung (Ausfüllung von Entscheidungsspielräumen, Bestimmung über Personal und Organisation etc.). Beispiele für **Pflichtaufgaben ohne Weisung** bilden die Aufstellung von Bauleitplänen (vgl. § 2 I BauGB), die Schulträgerschaft (vgl. z. B. Art. 26 II 2 BayEUG; § 102 NdsSchG) oder die Aufgaben der Abwasserbeseitigung (vgl. z. B. §§ 52 I LWG Rh.-Pf.; 58 I ThürWG). 14

Sowohl bei den freiwilligen Aufgaben als auch bei den Pflichtaufgaben ohne Weisung handelt es sich um „Angelegenheiten der örtlichen Gemeinschaft" i. S. d. **Art. 28 II GG** (§ 6 Rdnr. 14). Die Bestimmung von Aufgaben zu Pflichtaufgaben stellt daher einen rechtfertigungsbedürftigen Eingriff in die Selbstverwaltungsgarantie dar (§ 6 Rdnr. 25 ff.). Auf der Ebene des einfachen Rechts werden die in der Übersicht zu Rdnr. 7 bezeichneten Rechtsfolgen ausgelöst: Außenwirkung staatlicher Maßnahmen, Klagebefugnis der Gemeinden, Beschränkung der Staatsaufsicht auf eine Rechtsaufsicht. Ein 15 ausführlicher Überblick über die Aufgabenfelder mit Selbstverwaltungsangelegenheiten einschließlich Nachweisen findet sich im Abschnitt über Art. 28 II GG (§ 6 Rdnr. 19).

2. Staatliche Auftragsangelegenheiten und Verzahnung mit der Staatsverwaltung

16   Diese Aufgaben bilden im dualistischen Modell den fremden Wirkungskreis. Sie sind den Gemeinden nicht als „eigene" Aufgaben, sondern lediglich zur Erledigung zugewiesen. Teilweise sprechen die Landesgesetze von „übertragenen Angelegenheiten" (Art. 8 BayGO) bzw. von „Angelegenheiten des übertragenen Wirkungskreises" (§ 6 NdsKomVG; § 5 GO LSA; § 3 I ThürKO). Aus der Perspektive der Selbstverwaltungsgarantie des **Art. 28 II GG** handelt es sich um nicht erfasste Fremdaufgaben. Ihre Auferlegung ist ein rechtfertigungsbedürftiger Eingriff (sog. Aufgabenüberbürdung; vgl. § 6 Rdnr. 29 f.). Welche Aufgaben als Auftragsangelegenheiten wahrzunehmen sind, ergibt sich in allen Ländern aus einer Vielzahl weit verstreuter Fachgesetze.

Beispiele: In Fachgesetzen aller Länder mit dualistischem Modell sind insbesondere die Aufgaben der Gefahrenabwehr (vgl. aber zur „Gemeinde als Sicherheitsbehörde im eigenen Wirkungskreis" in Bayern *Koehl*, BayVBl. 2004, 330) nach dem Polizei- bzw. Ordnungsrecht, die Tätigkeiten der Bauaufsicht, im Straßenverkehr und in weiten Bereichen des Umweltschutzes Auftragsangelegenheiten. Beachte im Baurecht: Die Aufstellung von Bebauungsplänen ist eine Selbstverwaltungsangelegenheit (vgl. § 2 I BauGB), während die Tätigkeit als Bauaufsichtsbehörde nach den Landesbauordnungen (Erteilung von Baugenehmigungen, Abbruchsverfügungen etc.) eine Auftragsangelegenheit ist (vgl. z. B. §§ 63 I 1 u. 65 II NdsBauO).

Die Einordnung als staatliche Auftragsangelegenheit zieht die in der Übersicht (Rdnr. 7) skizzierten **Rechtsfolgen** nach sich: Keine Außenwirkung staatlicher Maßnahmen, grundsätzlich keine Klagebefugnis der Gemeinden und Eingreifen von Fachaufsicht (vgl. Art. 109 II BayGO; § 170 I NdsKomVG; in Rh.-Pf. durch jeweiliges Fachgesetz; ähnlich § 127 II KSVG; § 133 III GO LSA; § 117 II ThürKO). Gemeindeintern ist regelmäßig der Bürgermeister zuständig, wobei teilweise (mit zunehmender Tendenz) abgestufte Mitwirkungsmöglichkeiten der Vertretungskörperschaft (Rat) vorgesehen sind (vgl. noch § 13 Rdnr. 12 ff.). Als zentrale Maßnahme der Ausübung von Fachaufsicht ist das Instrument der **Weisung** zur Steuerung der

Zweckmäßigkeit der gemeindlichen Aufgabenwahrnehmung im Sinne landespolitischer Vorstellungen vorgesehen. Die Voraussetzungen für ihren Erlass und der Umfang der Weisungsbefugnis sind in der jeweiligen Gemeindeordnung geregelt (vgl. noch Rdnr. 35).

Die Verzahnung der kommunalen Ebene mit der unteren Ebene **17** der Verwaltungsorganisation des Landes erfolgt im dualistischen Modell unmittelbar durch die Auferlegung der staatlichen Auf-tragsangelegenheiten. Im Zuge von sog. **Funktionalreformen** (= Neuordnung der Aufgaben und Zuständigkeiten innerhalb eines Landes) werden immer wieder zusätzlich Aufgaben, die bislang von staatlichen Sonderbehörden (z. B. Veterinäramt, Schulamt etc.) wahrgenommen worden sind, auf die Kommunen übertragen (vgl. bereits § 2 Rdnr. 14).

Hierbei handelt es sich um eine „unechte" Kommunalisierung (nach *Woll-* **18** *mann*, LKV 1997, 105 f.; ihm folgend *Burgi*, DV 42 [2009], 155 [163 f.]), weil nicht etwa die betreffenden Aufgaben zu Selbstverwaltungsaufgaben gemacht, sondern die Gemeinden zu (funktional betrachtet) staatlichen Aufgabenträgern werden (weiter differenzierend nun *Henkel*, Die Kommunalisierung von Staatsaufgaben, 2010, der zwischen [teilweise realisierten] „bürgerschaftlich-partizipatorischen Kommunalisierungen" und „Integrationskommunalisierungen" unterscheidet; *Kremer*, VerwArch 102 [2011], 242 f.). Ob und Wie (in inhaltlicher Hinsicht) der Aufgabenerledigung sind staatlich determiniert; der Unterschied gegenüber einer Fortsetzung der Aufgabenerledigung durch staatliche Sonderbehörden reduziert sich auf die größere Eigenverantwortlichkeit im Hinblick auf die Organisation, das Personal und den Umgang mit den finanziellen Ressourcen.

Literatur: Die im Vorspann zusammengestellten Lehrbücher bzw. Kommentare zum jeweiligen Landesrecht.

III. Länder mit monistischem System

Dieser Abschnitt betrifft die Länder Baden-Württemberg (Art. 75 **19** II Verf.; § 2 I, III GO BW), Brandenburg (§ 2 I, III 1, IV 2 u. 3 BbgKVerf), Hessen (§ 4 I HessGO), Mecklenburg-Vorpommern (§ 3 I KV MV [strittig]), Nordrhein-Westfalen (Art. 78 II Verf.; § 3 II GO NRW), Sachsen (§ 2 III SächsGO) und Schleswig-Holstein (§ 3 GO SH). Teilweise ergibt sich die monistische Aufgabenzuordnung unmittelbar aus der Landesverfassung (vgl. zu den Verfassungen § 7 Rdnr. 9 ff.), mit der Konsequenz, dass der durch diese eröffnete Schutz und ggf. der Weg zum Landesverfassungsgericht eröffnet ist.

Wenn das monistische System primär auf der Ebene des einfachen Landesrechts statuiert wird und die Verfassung entweder keine eindeutigen Aussagen trifft oder Spielräume lässt, ist auch in solchen Ländern die ausnahmsweise Auferlegung von Auftragsangelegenheiten (dann nach den oben, Rdnr. 16, dargelegten Grundsätzen) möglich (in Brandenburg ist dies in § 2 III 2, IV 4 BbgKVerf ausdrücklich vorgesehen, in Hessen ermöglicht § 4 II 2 u. III HessGO die Zuweisung weiterer Auftragsangelegenheiten; krit. dazu *Lange*, DÖV 2007, 820 [823 f.], und *Kremer*, VerwArch 102 [2011], 242).

1. Selbstverwaltungsangelegenheiten: Freiwillige Aufgaben und Pflichtaufgaben ohne Weisung

20   Diese beiden Aufgabenkategorien sind inhaltlich und terminologisch identisch mit den bereits im dualistischen System (Rdnr. 12 ff.) vorgestellten beiden Kategorien von Selbstverwaltungsangelegenheiten. Daher kann auch auf die dort (Rdnr. 14) genannten Beispiele verwiesen werden. Beide Kategorien bezeichnen Selbstverwaltungsangelegenheiten i. S. d. **Art. 28 II GG** und die Zuordnung zu ihnen löst die in der obigen Übersicht in der linken Spalte (Rdnr. 7) zusammengestellten Rechtsfolgen aus.

2. Zuordnung der Pflichtaufgaben nach Weisung und Verzahnung mit der Staatsverwaltung

21   Neben den freiwilligen Aufgaben und den Pflichtaufgaben ohne Weisung gibt es in den Ländern mit monistischem System Pflichtaufgaben, bei deren Erledigung die Gemeinde auch hinsichtlich des Wie staatlichen Weisungen unterworfen ist; teilweise heißen sie auch schlicht „Weisungsaufgaben". Thematisch handelt es sich weitgehend um die gleichen Aufgaben, die im dualistischen Modell als „Auftragsangelegenheiten" konstituiert sind. Sie entstammen vor allem den Aufgabenfeldern der Gefahrenabwehr, der Bauaufsicht und des Umweltschutzes (vgl. Rdnr. 16). Im Unterschied zum dualistischen System folgt die staatliche Weisungsbefugnis nicht aus dem Charakter als staatliche Aufgabe, sondern muss in jedem Einzelfall auf eine **gesetzliche Grundlage** zurückgeführt werden können. Ohne ein Gesetz, das überdies nähere Voraussetzungen statuiert, ist im monistischen Modell keine Weisung möglich. Dadurch sind die Spielräume kommunalen Handelns von vornherein größer.

Streit besteht über die **Zuordnung** der Pflichtaufgaben nach Wei- 22
sung zu den beiden Polen Selbstverwaltungsangelegenheiten bzw.
Auftragsangelegenheiten. Hier erweist sich das monistische System
als komplizierter. Fest steht, dass es sich bei den Pflichtaufgaben
nach Weisung nicht um „Angelegenheiten der örtlichen Gemeinschaft", mithin nicht um Selbstverwaltungsangelegenheiten i. S. d.
Art. 28 II 1 GG handelt; ihre Auferlegung ist ein rechtfertigungsbedürftiger Eingriff in das hierdurch eröffnete Selbstverwaltungsrecht
der Gemeinden. Die nachfolgend skizzierte Auseinandersetzung
kann sich also von vornherein nur auf die Ebene des Landesrechts
beziehen:

Nach klassischer Auffassung handelt es sich infolge der bestehenden Wei- 23
sungsrechte um Auftragsangelegenheiten (*Scheerbarth*, DVBl. 1953, 261;
Brohm, DÖV 1986, 397 [398]; *Schmitt-Kammler*, in: Burmeister u. a. (Hrsg.),
FS Stern, 1997, 763 ff. m. w. N.; *Vietmeier*, DVBl. 1992, 413 [420]). Demgegenüber setzt sich mehr und mehr (teilweise auch in der Rechtsprechung) die Auffassung durch, dass es sich um Selbstverwaltungsangelegenheiten handle, weil
es in der Konsequenz des monistischen Aufgabenverständnisses (nach dem
sog. Weinheimer Entwurf) liege, nur noch einen einheitlichen kommunalen
Aufgabenkreis anzunehmen (*Erichsen*, Kommunalrecht NW, 69 ff.; *Riotte/
Waldecker*, NWVBl. 1995, 401 ff.; zu Art. 78 II Verf. NRW: VerfGH NRW,
DVBl. 1985, 685 [687]; pauschal für Einordnung als „Selbstverwaltung" mit
der Konsequenz der Qualifizierung einer Weisung als Verwaltungsakt [mit
Außenwirkung]: OVG NRW, NWVBl. 1995, 300 [301]; von „Selbstverwaltungsangelegenheiten in abgeschwächter Form" spricht BbgVerfG, NVwZ-
RR 1997, 352). Eine vermittelnde Ansicht will die Pflichtaufgaben nach Weisung in einem Zwischenbereich ansiedeln und hält sie für „unechte, nur formelle Selbstverwaltungsangelegenheiten" (wohl auch *Schmidt-Aßmann/Röhl*,
in: Schmidt-Aßmann/Schoch [Hrsg.], Besonderes Verwaltungsrecht, 14. Aufl.
2008, 1. Kap. Rdnr. 39, der zu Recht auf die Notwendigkeit der Interpretation
jeder einzelnen landesgesetzlichen Bestimmung jenseits von Pauschalzuord-
nung hinweist; *Oldiges*, in: Stern/Grupp [Hrsg.], GS Burmeister, 2005, 265
[277 ff.]; *Maurer*, Allgemeines Verwaltungsrecht, 18. Aufl. 2011, § 23 Rdnr. 16).

M. E. müssen die einzelnen Normebenen strikt auseinander gehal- 24
ten werden. Im Sinne des Grundgesetzes und des gesamten Bundesrechts kann es sich bei diesen Aufgaben, deren Zuordnung eine
Kreation der jeweiligen Landesgesetzgebung bildet, nicht um Selbstverwaltungsaufgaben handeln. Selbstverständlich aber ist der bundes-
rechtliche Selbstverwaltungsbegriff kein exklusiver, zumal der Begriff
„Selbstverwaltung" sowieso nur Mindestanforderungen enthält (§ 2
Rdnr. 8). Diese **Mindestanforderungen** (v. a. Betroffenenmitwirkun-
gen und Eigenverantwortlichkeit) sind bei den Pflichtaufgaben nach

Weisung erfüllt: Mit der Zuweisung jener Pflichtaufgaben wird der gegenständliche Bereich kommunalen eigenverantwortlichen Agierens erweitert. Weisungen sind zwar möglich, aber nur unter bestimmten Voraussetzungen. Sie bilden die rechtfertigungsbedürftige Durchbrechung der Zuordnung zu einem einheitlichen kommunalen Aufgabenbereich. Da es sich jedoch nicht um Selbstverwaltungsangelegenheiten i. S. d. Art. 28 II GG handelt, können die **Rechtsfolgen** nicht ohne weiteres anhand der oben (Rdnr. 7) gelieferten Übersicht bestimmt werden. Vielmehr ist wie folgt zu differenzieren:

– Den Weisungen kommt **Außenwirkung** i. S. d. § 35 VwVfG zu, weswegen sie bei Vorliegen der übrigen Voraussetzungen Verwaltungsakte sind.

– Die **Klagebefugnis** gemäß § 42 II VwGO ist gegeben. Das geltend gemachte subjektive Recht ergibt sich aus der Landesverfassung und/oder dem jeweiligen einfachen Recht, nicht jedoch aus Art. 28 II GG. Daneben können die in der obigen Übersicht in der rechten Spalte genannten weiteren Ausnahmen die Klagebefugnis begründen (Rdnr. 7). Gemeindliche Klagen gegen Weisungen können nur erfolgreich sein, wenn dargelegt ist, dass das gesetzlich eingeräumte Weisungsrecht entweder gar nicht besteht oder überschritten worden ist.

– Zuständige **Widerspruchsbehörde** ist von Bundesrechts wegen nicht die Gemeinde als Ausgangsbehörde, da es sich im bundesrechtlichen Sinne nicht um Selbstverwaltungsangelegenheiten handelt (vgl. § 73 I 2 Nr. 3 VwGO). Die Länder sind aber gem. § 73 I 3 VwGO auch insoweit frei, die Zuständigkeit der Gemeinden als Ausgangsbehörde in ihren Ausführungsgesetzen zur VwGO vorzusehen.

– Hinsichtlich der **gemeindeinternen Zuständigkeit** enthalten die jeweiligen Landesgesetze spezifische Regelungen in den Vorschriften über die Zuständigkeitsverteilung zwischen Rat und Bürgermeister.

– In allen Ländern mit monistischem Modell ist den staatlichen Aufsichtsbehörden neben der Rechtsaufsicht eine auf die Zweckmäßigkeit ausgedehnte, vor allem per Weisung zu realisierende **Fachaufsicht** (§§ 118 II GO BW; 135 i. V. m. 4 HessGO; 78 IV KV MV; 111 II SächsGO; 17 I, 18 I, 15 II LVerwG SH) bzw. (lediglich terminologisch anders) **Sonderaufsicht** (§§ 121 I BbgKVerf; 119 II GO NRW) eröffnet.

Die **Verzahnung mit der Verwaltungsorganisation** auf der unte- 25
ren Ebene des Landes geschieht im monistischen System in der
Weise, dass diejenigen Aufgaben, die das Land nicht mit eigenen unteren Verwaltungsbehörden wahrnehmen will, als Pflichtaufgaben
nach Weisung ausgestaltet worden sind. Teilweise werden die Gemeinden explizit als „untere Verwaltungsbehörde" (z. B. § 15 I
Nr. 2, II LVerwG BW) oder als „Sonderordnungsbehörde" (z. B.
§§ 12, 3 OBG NRW) bezeichnet. Die Aufgabenübertragung von unteren Sonderbehörden des Landes auf die Kommunen kann ebenso
wie im dualistischen Modell als „Kommunalisierung" bezeichnet
werden, wobei infolge des sodann entstehenden Selbstverwaltungs-
charakters (auf Landesebene) im Unterschied zum dualistischen Modell von einer „echten Kommunalisierung" gesprochen werden kann.
Beide Varianten sind zu unterscheiden von der Organleihe (Rdnr. 10),
bei der nicht die Kommune als solche tätig wird, sondern ein einzelnes Organ (Bürgermeister oder Landrat) in die Verwaltungsorganisation des Landes einbezogen wird.

Literatur: Die im Vorspann zusammengestellten Lehrbücher zum jeweiligen Landesrecht sowie oben in Rdnr. 18.

IV. Staatsaufsicht

In der Praxis und in Klausuren rückt die Staatsaufsicht insbeson- 26
dere dann in den Mittelpunkt, wenn sich die Gemeinde gegen eine
Maßnahme der staatlichen Aufsichtsbehörde zur Wehr setzen will.
Dann geht es in der Zulässigkeitsprüfung um die Qualifizierung jener
Maßnahme als Verwaltungsakt und um die Klagebefugnis, während
in der Begründetheitsprüfung die Zuständigkeit der staatlichen Behörde und die Reichweite ihrer Aufsichtsbefugnisse in Frage stehen.
Die Ergebnisse hängen wiederum davon ab, ob die Gemeinde bei der
Erledigung einer Selbstverwaltungs- oder einer staatlichen Auftragsangelegenheit betroffen ist; im Einzelnen werden die Rechtsschutzmöglichkeiten der Gemeinde in § 9 Rdnr. 7 ff. behandelt. Abgesehen
von dieser **abwehrrechtlichen Perspektive** ist die Staatsaufsicht als
Steuerungsmittel mit langer historischer und neuer aktueller Bedeutung wichtig.

1. Begriff und Funktion

27   Die Staatsaufsicht über die Kommunen bildet einen Ausschnitt der Staatsaufsicht im engeren Sinne und zugleich einen Ausschnitt der Staatsaufsicht im weiteren Sinne. Staatsaufsicht **im engeren Sinne** betrifft Verwaltungsträger, d. h. rechtsfähige Träger mittelbarer Staatsverwaltung (vgl. § 2 Rdnr. 5). Neben den Kommunen sind etwa die Kammern oder die Universitäten Adressaten von Staatsaufsicht im engeren Sinne. Das Bestehen von Staatsaufsicht ist hier notwendiges Korrelat der Dezentralisierung und im Grundsatz demokratisch-rechtsstaatlich zwingend. Daher ist namentlich die Staatsaufsicht über die Kommunen in zahlreichen Landesverfassungen (vgl. z. B. Art. 83 IV 2 BayVerf; 78 IV Verf. NRW) geregelt. Man kann sagen, dass Selbstverwaltung (allg. § 2 Rdnr. 7 ff.) „nach ihrem inneren Sinn … eine Beteiligung des Staates im Wege der Kommunalaufsicht … in sich“ begreift (VerfGH NRW, OVGE 9, 74 [83]; ferner BVerfGE 78, 331 [341]). Die Staatsaufsicht soll – je nach Reichweite – die Gesetzmäßigkeit (Rechtsaufsicht) bzw. die Koordination innerhalb des Staatsganzen (Fachaufsicht) sowie die Förderung der Gemeinden bei ihrer Verwaltungstätigkeit sicherstellen. Auf privatrechtliches Handeln erstreckt sie sich nur nach ausdrücklicher Anordnung (z. B. explizit ausgeschlossen von § 127 II GO Rh.-Pf.) oder soweit es um diesbezügliche öffentlich-rechtliche Vorgaben geht.

28   Die Staatsaufsicht im engeren Sinne ist zu unterscheiden von der **Organ- bzw. Behördenaufsicht,** die innerhalb des einzelnen Verwaltungsträgers stattfindet und sich grundsätzlich aus dem jeweiligen hierarchischen Aufbau ergibt (z. B. innerhalb des dem Bürgermeister nachgeordneten Bereichs). Die Organ- bzw. Behördenaufsicht erstreckt sich auf den Aufbau, die innere Ordnung und die allgemeine Geschäftsführung sowie Personalangelegenheiten innerhalb dieser Binnenstruktur (vgl. § 13 Rdnr. 14). Der Bereich der **Staatsaufsicht im weiteren Sinne** wird komplettiert durch die sog. **Dienstaufsicht,** die die im Dienstrecht wurzelnden Befugnisse der Vorgesetzten (z. B. des Bürgermeisters) gegenüber den einzelnen Amtswaltern (den Bediensteten innerhalb der Gemeindeverwaltung) umfasst.

29   Neben der Staatsaufsicht (der Begriff wird fortan nur noch im soeben gekennzeichneten engeren Sinne und nur noch bezogen auf die Gemeinden verwendet) sind die Gemeinden weiteren Formen der **Verwaltungskontrolle** unterworfen. Diese wird ausgeübt vor allem durch die Landesparlamente, die Rechnungshöfe, die Gerichte und

durch die Öffentlichkeit. Im Unterschied zu diesen Erscheinungsformen von Kontrolle findet die Staatsaufsicht innerhalb der Exekutive statt, ist also Eigenkontrolle. Künftig dürften verstärkt Evaluationen (dazu *Mehde*, DV 44 [2011], 199) und Vergleichsstudien (eine Art Benchmarking) im Sinne von Art. 91d GG hinzutreten.

Als Instrument der **Eigenkontrolle** wird sie wiederum ergänzt **30** durch das verwaltungsinterne Rechtsbehelfsverfahren der §§ 79 f. VwVfG, das als Vorverfahren (Widerspruchsverfahren) der Erhebung von Anfechtungs- und Verpflichtungsklagen (der Bürger gegen die Gemeinde) gemäß § 68 I 1, II VwGO grundsätzlich vorgeschaltet ist. Schließlich kennen die Gemeindeordnungen in Gestalt des Widerspruchsrechts des Bürgermeisters gegen Beschlüsse des Rates eine Form der gemeindeinternen Kontrolle (vgl. hierzu § 13 Rdnr. 17). Die Bürger der Gemeinde haben keine klagbaren Rechte darauf, dass die Staatsaufsicht ausgeübt wird. Denn die Staatsaufsicht erfolgt ausschließlich **im öffentlichen Interesse.**

Weder um Kontrolle noch um Staatsaufsicht geht es bei zahlrei- **31** chen **anderen staatlichen Maßnahmen,** die die Gemeinde bei ihrem Tätigwerden betreffen können und gegen die sie u. U. ebenfalls (bei Selbstverwaltungs- wie bei staatlichen Auftragsangelegenheiten) vorgehen möchte. Entsprechende Maßnahmen sind (bei Vorliegen der allgemeinen Voraussetzungen des § 35 VwVfG) regelmäßig als Verwaltungsakte zu qualifizieren und können vor den Verwaltungsgerichten angefochten werden.

Beispiele: Die Gemeinde möchte sich gegen den Bau eines Flughafens oder einer Landesmesse auf ihrem Gebiet wehren; entsprechende Klagen gegen die staatlichen Genehmigungs- bzw. Planungsmaßnahmen werden vorwiegend auf die in Art. 28 II GG fundierte Planungshoheit gestützt (vgl. § 6 Rdnr. 33 m. w. N.). Es kommt auch vor, dass die Gemeinde nicht als der Staatsaufsicht unterworfene Verwaltungsträgerin, sondern als polizeipflichtige Verantwortliche für Störungen der öffentlichen Sicherheit im allgemeinen oder besonderen Gefahrenabwehrrecht in Streitigkeiten involviert wird. Ein Beispiel hierfür bildet die Anordnung der staatlichen Immissionsschutzbehörde gegenüber einer Gemeinde, in einer gemeindlichen öffentlichen Einrichtung (zu diesen § 16 Rdnr. 1 ff.) für die Einhaltung von Lärmgrenzwerten zu sorgen (BVerwG, NVwZ 2003, 346, und BayVGH, BayVBl. 2004, 470, betreffend eine gemeindlich betriebene Kirchturmuhr; weiterführend zum Problem der sog. Polizeipflichtigkeit von Hoheitsträgern vgl. *Schoch*, in: Schmidt-Aßmann/Schoch [Hrsg.], Besonderes Verwaltungsrecht, 14. Aufl. 2008, 2. Kap. Rdnr. 125 m. w. N.).

2. Maßstäbe und Zuständigkeiten

32   **a) Rechtsaufsicht.** Sie zielt auf die Einhaltung des formellen und
materiellen europäischen Rechts (vgl. § 4 Rdnr. 7 ff.), Bundes- und
Landesrechts. Teilweise wird sie als „Kommunalaufsicht" oder als
„allgemeine Aufsicht" bezeichnet. Ist der Gemeinde beim Erlass von
Verwaltungsakten Ermessen eröffnet (vgl. § 40 VwVfG), dann kann
die staatliche Aufsichtsbehörde nur die Einhaltung der allgemeinen
Ermessensgrenzen überprüfen; der Maßstab ist identisch mit dem
der Verwaltungsgerichte bei Ermessensentscheidungen gem. § 114
S. 1 VwGO. Rechtsaufsicht ist nach den Gemeindeordnungen aller
Länder eröffnet bei der Erledigung von **freiwilligen Aufgaben** und
bei **Pflichtaufgaben ohne Weisung** (= Selbstverwaltungsangelegenheiten sowohl im monistischen als auch im dualistischen Modell;
vgl. Rdnr. 13, 20).[1]

33   Die **Zuständigkeit** für den Erlass von Maßnahmen der Rechtsaufsicht ist gestaffelt nach Gemeindekategorien (vgl. zu ihnen § 5
Rdnr. 2 ff.). In kleineren Gemeinden (je nach Kategorie des Landesrechts) ist in vielen Bundesländern der Landrat im Wege der Organleihe (Rdnr. 10 f.) zuständige untere staatliche Aufsichtsbehörde (lediglich in Niedersachsen [vgl. § 171 II NdsKomVG] und in Sachsen
[vgl. § 112 I 1 SächsGO; kritisch *Sponer*, LKV 2003, 314; weiterführend *Lühmann*, Das Prinzip der kommunalisierten Kommunalaufsicht im Kommunalrecht der deutschen Länder, 2004, sowie bereits
§ 2 Rdnr. 16] fungiert der Landrat ausnahms- und systemwidriger-
weise nicht als vom Staat entliehenes Organ, sondern als Organ des
Kreises). Die größeren Gemeinden, insbesondere die Stadtkreise
bzw. kreisfreien Städte, haben es regelmäßig mit den Bezirksregierungen (Regierungspräsidien) bzw. dem jeweiligen „Landesverwaltungsamt" (vgl. z. B. § 134 I GO LSA) zu tun. Oberste Aufsichtsbehörde
ist das jeweilige Innenministerium des Landes. Die Einzelheiten sind
im Umfeld der Vorschriften über die Staatsaufsicht in der jeweiligen
Gemeindeordnung geregelt.

34   **b) Fachaufsicht.** Bei den Auftragsangelegenheiten (dualistisches
Modell) bzw. den Pflichtaufgaben nach Weisung (monistisches Modell) tritt zum Maßstab der Rechtmäßigkeit der Maßstab der **Zweck-**

---

1 § 118 I GO BW; Art. 109 I BayGO; § 109 BbgKVerf; § 135 HessGO; § 78 II KV MV;
§ 170 I 2 NdsKomVG; § 119 I GO NRW; § 117 S. 1 GO Rh.-Pf.; § 127 I 1 KSVG;
§ 111 I SächsGO; § 133 II GO LSA; § 120 S. 1 GO SH; § 117 I ThürKO.

mäßigkeit hinzu. Soll die betreffende Gemeinde so oder anders handeln, gibt es effizientere oder einfach nur politisch als opportuner einzuschätzende Lösungswege bei der Erledigung von Aufgaben? Die Fachaufsicht ermöglicht es der zuständigen staatlichen Behörde, die Gemeinden von vornherein in eine bestimmte Richtung zu lenken bzw. ihnen nachträglich den erwünschten Weg zu weisen. Dies geschieht mit Hilfe von Weisungen.

Weisungsbefugnisse bestehen grundsätzlich nur bei den Auftrags-   35
angelegenheiten (im dualistischen System; vgl. zu den jeweiligen Vorschriften Rdnr. 16 ff.) bzw. bei den Pflichtaufgaben nach Weisung (im monistischen System; vgl. zu den jeweiligen Vorschriften Rdnr. 21 ff.). Infolge des Fehlens entsprechender Befugnisse im Bereich der freiwilligen Aufgaben und der Pflichtaufgaben ohne Weisung entstehen hier sog. **weisungsfreie Räume.** Das bedeutet, dass die im Bereich der unmittelbaren Landesverwaltung und bei den Auftragsangelegenheiten bzw. den Pflichtaufgaben nach Weisung bestehende Möglichkeit zur Sicherung der reellen Willensübereinstimmung zwischen dem jeweiligen Landesminister bis hinunter zum einzelnen Gemeindebediensteten fehlt.

Darin liegt aber kein verfassungsrechtlich problematisches Defizit an demo-   36
kratischer Legitimation (konkret betroffen ist die sog. sachlich-inhaltliche Legitimation, die auf die Bindung der Verwaltung an die inhaltlichen Vorgaben des Parlaments zielt). Vielmehr ist das Fehlen von Fachaufsichtsbefugnissen in diesen beiden Aufgabenbereichen durch Art. 28 II GG legitimiert. Dieser konstituiert das Gemeindevolk als Teil-Staatsvolk und verschafft der Gemeindeverwaltung vermittels der Wahlen auf Gemeindeebene so viel an zusätzlicher demokratischer Legitimation, dass die im Vergleich mit der Ministerialverwaltung größere Weisungsungebundenheit kompensiert werden kann.

Zuständig für die Ausübung der Fachaufsicht sind durchgehend   37
Landesbehörden, die nach der jeweiligen Gemeindeordnung i. V. m. den jeweils zu vollziehenden Fachgesetzen zu bestimmen sind. Mit den für die Rechtsaufsicht zuständigen Behörden sind die Fachaufsichtsbehörden nur teilweise identisch.

c) Verknüpfung. Die Fachaufsichtsbehörden verfügen regelmäßig   38
nicht über repressive Instrumente, um gegenüber einer Gemeinde vorgehen zu können, die einer Weisung zuwiderhandelt. Sie müssen sich daher an die zuständige Rechtsaufsichtsbehörde wenden. Diese kann dann mit ihrem Instrumentarium (vgl. sogleich Rdnr. 40 ff.), z. B. per Beanstandung oder Ersatzvornahme, für die Durchsetzung

der Weisung sorgen. Da die Gemeinden im Bereich der Fachaufsicht zur Befolgung von Weisungen verpflichtet sind, ist die **Nichtbeachtung einer Weisung** zugleich als Rechtsverstoß zu qualifizieren, so dass die Voraussetzungen für ein rechtsaufsichtliches Tätigwerden erfüllt sind.

39   Gegenüber einer solchen rechtsaufsichtlichen Maßnahme ist Rechtsschutz eröffnet, d. h. es gelten die allgemein für die Rechtsaufsicht entwickelten Grundsätze (Rdnr. 32 f.; die Klagebefugnis besteht [vgl. Rdnr. 7 obiges Schema], weil zugleich die gemeindlichen Selbstverwaltungsaufgaben bzw. die Personal- oder Organisationshoheit beeinträchtigt sein können). Im Rahmen der Begründetheitsprüfung kann aber nicht (gleichsam durch die Hintertür) die vorausliegende fachaufsichtliche Weisung als solche angegriffen werden, sondern der Rechtsschutz ist nur darauf gerichtet, ob der Einsatz des fraglichen repressiven Rechtsaufsichtsinstruments zur Durchsetzung einer bestehenden Weisung rechtmäßig war.

3. Instrumente und Rechtmäßigkeitsvoraussetzungen

40   Zu unterscheiden sind die Instrumente der präventiven Aufsicht von den Instrumenten der repressiven Aufsicht. Die Instrumente der präventiven Aufsicht haben den Vorteil, dass durch sie Fehlentwicklungen von vornherein vermieden werden können, allerdings mit dem Nachteil, dass die gemeindliche Selbstverwaltung schon im Ansatz erstickt zu werden droht. Dem modernen Verständnis entspricht es, die Aufsicht weniger als punktuell-korrigierendes denn als handlungsbegleitend-steuerndes Instrument zu begreifen. Die „wichtigste Form" der Aufsicht ist die Beratung (BVerfGE 58, 177 [195]; weiterführend *Kahl,* Die Staatsaufsicht, 2000, S. 472 ff.; krit. *Leisner-Egensperger,* DÖV 2005, 761).

41   **a) Präventive Instrumente.** Zu unterscheiden sind bloße Anzeigebzw. Vorlagepflichten gegenüber der Aufsichtsbehörde von **Genehmigungsvorbehalten.** Sie finden sich mit abnehmender Tendenz insbesondere im Hinblick auf die wirtschaftliche Betätigung von Gemeinden (vgl. § 17 Rdnr. 3 ff.), beim Erlass von gemeindlichen Satzungen (vgl. § 15 Rdnr. 1 ff.) sowie in verschiedenen Fachgesetzen. Ein besonderes wichtiges Beispiel bildet die Pflicht zur Genehmigung von Bebauungsplänen (§ 10 II BauGB) bzw. Flächennutzungsplänen (vgl. § 6 BauGB). Teilweise sind der zuständigen Aufsichtsbehörde auch Zweckmäßigkeitsüberlegungen gestattet. Bei der Interpretation der entsprechenden Bestimmungen muss den Vorgaben der jeweili-

gen Landesverfassung (vgl. § 7 Rdnr. 9 ff.) Rechnung getragen werden. Ist in der Landesverfassung die Staatsaufsicht außerhalb von Weisungsaufgaben explizit auf die Rechtmäßigkeitsprüfung beschränkt (vgl. z. B. Art. 78 IV 1 Verf. NRW), müssen entsprechende landesgesetzliche Bestimmungen verfassungskonform reduziert werden.

Beispiele: Dem Schutz der Gemeinden gegen sich selbst gelten die in den meisten Ländern vorgesehenen Genehmigungspflichten bei der Veräußerung von Vermögensgegenständen bzw. von Grundstücken (§ 92 III GO BW; § 79 III BbgKVerf; § 57 III KV MV; § 125 III NdsKomVG; § 90 III SächsGO; § 90 III GO SH; § 67 III ThürKO; vgl. *Weiß*, Erwerb, Veräußerung und Verwaltung von Vermögensgegenständen, 1991; *Groth*, LKV 2002, 460).

b) Repressive Instrumente. Ob und Wie des Einsatzes von Auf- **42** sichtsinstrumenten sind gesetzlich festgelegt. Dabei ist davon auszugehen, dass der Einsatz von Aufsichtsmitteln trotz Vorliegens der tatbestandlichen Voraussetzungen kein Muss ist. Vielmehr liegt es im Ermessen der Aufsichtsbehörde, ob und mit welchem Aufsichtsinstrument eingeschritten wird.

Für die Annahme von Ermessen (Opportunitätsprinzip) spricht zunächst **43** der Wortlaut der einschlägigen Vorschriften, in denen überwiegend von „kann" die Rede ist. Vor allem aber spricht die verfassungsrechtliche Selbstverwaltungsgarantie des Art. 28 II GG und der Umstand, dass die Staatsaufsicht nicht nur gegen die Gemeinde gerichtet ist, sondern diese zugleich schützen und fördern soll, gegen eine Rechtspflicht (Legalitätsprinzip); ebenso *Andrick*, JA 1987, 547 (553); *Gern*, Deutsches Kommunalrecht, 3. Aufl. 2003, Rdnr. 804; *Vogelgesang/Lübking/Jahn*, Kommunale Selbstverwaltung, Rdnr. 614; *Brüning/Vogelsang*, Die Kommunalaufsicht, 2. Aufl. 2009, Rdnr. 148 ff.; a. A. *Waechter*, Kommunalrecht, Rdnr. 198.

Die **tatbestandlichen Voraussetzungen** für den Einsatz des jewei- **44** ligen Aufsichtsinstruments unterscheiden sich im Detail, sind aber gemeinsam dadurch gekennzeichnet, dass das gemeindliche Handeln rechtswidrig gewesen sein muss. Hängt somit die Rechtmäßigkeit der betreffenden aufsichtsbehördlichen Maßnahme von der Rechtswidrigkeit der fraglichen gemeindlichen Maßnahme ab, so ist innerhalb des Rechtsschutzes gegen die Aufsichtsmaßnahme inzident die Rechtmäßigkeit des nach außen gerichteten gemeindlichen Handelns zu überprüfen. Der Maßstab der Rechtmäßigkeit kann nahe an die Grenze zur Zweckmäßigkeit herangerückt sein, wenn es um die Beachtung eines konkretisierungsbedürftigen Tatbestandsmerkmals wie das der „Wirtschaftlichkeit und Sparsamkeit" (vgl. z. B. § 77 II GO BW; § 75 I 2 GO NRW) geht.

45   Hier ist ein aufsichtsbehördliches Eingreifen erst gerechtfertigt, wenn die von der Gemeinde gewählte Handlungsoption eindeutig unwirtschaftlich ist. Dies festzustellen bereitet angesichts der unterschiedlichen Auffassungen und nur schwer nachprüfbaren Einschätzungen insbesondere hinsichtlich des Einsatzes von personellen wie sächlichen Ressourcen erhebliche Schwierigkeiten.

46   Die Auswahl innerhalb der Aufsichtsinstrumente ist am **Übermaßverbot** zu orientieren, d. h. nach der Eingriffsintensität zu staffeln. Neben den sogleich genannten formalen Instrumenten spielen informelle Kontakte bis hin zur durchgehenden Kooperation eine immer wichtigere Rolle. Teilweise ist ausdrücklich vorgeschrieben, dass die gemeindeinterne Kontrolle (durch den Bürgermeister; vgl. § 13 Rdnr. 17 ff.) vorgeschaltet sein muss.

47   In allen Ländern vorgesehen sind die folgenden Aufsichtsinstrumente:
   – **Informationsrecht** vermittels Aktenvorlage, Berichterstattung bzw. Einsichtnahme.[2]
   – **Beanstandungsrecht bzw. Aufhebungsrecht** hinsichtlich rechtswidriger Beschlüsse, Anordnungen, Verträge etc. Teilweise ist vorgesehen, dass der Vollzug der beanstandeten Maßnahme bis zur endgültigen Klärung ausgesetzt ist. Die Beanstandung zielt auf die Korrektur durch die Gemeinde.[3]
   – Das **Anordnungs- bzw. Anweisungsrecht** ist im Unterschied zum Beanstandungsrecht dann einzusetzen, wenn die Gemeinde entgegen einer Rechtspflicht das gebotene Handeln unterlässt, z. B. eine Hauptschule nach dauerhafter Unterschreitung der Schülermindestzahl nicht schließt (OVG NRW, KommJur. 2004, 26) oder einen gem. § 1 III BauGB „erforderlichen" Bebauungsplan nicht erlässt (BVerwG, NVwZ 2004, 220).[4]
   – Die **Ersatzvornahme** besteht in der Durchführung der notwendigen Maßnahmen anstelle und auf Kosten der Gemeinde durch die

---

2 § 120 GO BW; Art. 111 BayGO; § 112 BbgKVerf; § 137 HessGO; § 80 KV MV; § 127 NdsKomVG; § 121 GO NRW; § 120 GO Rh.-Pf.; § 129 KSVG; § 113 SächsGO; § 135 GO LSA; § 122 GO SH; § 119 ThürKO.
3 § 121 GO BW; Art. 112 BayGO; § 113 BbgKVerf; § 138 HessGO; § 81 KV MV; § 173 NdsKomVG; § 122 GO NRW; § 121 GO Rh.-Pf.; § 130 KSVG; § 114 SächsGO; § 136 GO LSA; § 123 I GO SH; § 120 ThürKO.
4 § 122 GO BW; Art. 112 BayGO; § 115 BbgKVerf; § 139 HessGO; § 82 I KV MV; § 174 I NdsKomVG; § 123 I GO NRW; § 122 GO Rh.-Pf.; § 132 KSVG; § 115 SächsGO; § 137 GO LSA; §§ 123 II, 124 GO SH; § 120 I ThürKO.

staatliche Aufsichtsbehörde. Dies setzt voraus, dass die Gemeinde einer Beanstandung bzw. Anordnung nicht nachgekommen ist. Die Ersatzvornahme[5] hat eine Doppelnatur. Sie ist gegenüber der Gemeinde ein Verwaltungsakt mit dem Regelungsgehalt „Duldung" und enthält gleichzeitig den jeweils ersatzweise vorgenommen Akt (Verwaltungsakt, Vertragsabschluss etc.). Einer vorherigen Festsetzung ähnlich dem Vorgehen bei Zwangsmaßnahmen nach § 14 VwVG bedarf es nicht (OVG NRW, NWVBl. 2011, 104).

Beispiele: Die Ersatzvornahme kann gerichtet sein auf den Vertragsabschluss mit einem Dritten (OVG NW, NWVBl. 1989, 400) oder sogar auf den Erlass einer Satzung (BVerwG, DVBl. 1993, 208). Die jeweilige Rechtsgrundlage der Ersatzvornahme bildet sogleich die Grundlage für die Erhebung der Kosten gegenüber der Gemeinde (vgl. OVG NW, NVwZ 1989, 987); grundlegend zur Ersatzvornahme im Kommunalrecht *Schnapp*, Die Ersatzvornahme in der Kommunalaufsicht, 1969; ferner *Shirvani*, BayVBl. 2009, 137.

Teilweise gibt es daneben **weitere**, einschneidendere **Aufsichtsin-** **48** **strumente.** Zu nennen sind:
- Die Bestellung eines sog. Staatsbeauftragten,[6]
- die Möglichkeit der Auflösung des Gemeinderates,[7]
- das Selbsteintrittsrecht zugunsten der Aufsichtsbehörde,[8]
- die vorzeitige Beendigung der Amtszeit des Bürgermeisters[9]
- sowie weitere Maßnahmen wie die Anweisung des Bürgermeisters qua Organleihe (vgl. bereits Rdnr. 10 f.).

Literatur: *Humpert*, Genehmigungsvorbehalte im Kommunalverfassungsrecht, 1990; *Schrapper*, Kommunale Selbstverwaltungsgarantie und staatliches Genehmigungsrecht, 1992; *Schuppert*, Staatsaufsicht im Wandel, DÖV 1998, 831; *Kahl*, Die Staatsaufsicht, 2000; *Knemeyer*, Staatsaufsicht über Kommunen, JuS 2000, 521; *Ehlers*, Kommunalaufsicht und europäisches Gemeinschaftsrecht, DÖV 2001, 412; *Oebbecke*, Kommunalaufsicht – Nur Rechtsaufsicht oder mehr?, DÖV 2001, 406; *Groß*, Was bedeutet Fachaufsicht?, DVBl. 2002, 793; *Franz*, Die Staatsaufsicht über die Kommunen, JuS 2004,

---

5 § 123 GO BW; Art. 113 BayGO; § 116 BbgKVerf; § 140 HessGO; § 82 II KV MV; § 174 II NdsKomVG; § 123 II GO NRW; § 123 GO Rh.-Pf.; § 133 KSVG; § 116 SächsGO; § 138 GO LSA; § 125 GO SH; § 121 ThürKO.
6 § 124 GO BW; Art. 114 BayGO; § 117 BbgKVerf; § 141 HessGO; § 83 KV MV; § 175 NdsKomVG; § 124 GO NRW; § 124 GO Rh.-Pf.; § 134 KSVG; § 117 SächsGO; § 139 GO LSA; § 127 GO SH; § 122 ThürKO.
7 § 141 a HessGO; § 84 KV MV; § 125 GO NRW; § 125 GO Rh.-Pf.
8 § 114 BbgKVerf; § 141 b HessGO; § 145 V GO LSA.
9 § 128 GO BW; § 118 SächsGO; § 144 GO LSA.

937; *Schoch*, Die staatliche Rechtsaufsicht über Kommunen, Jura 2006, 188; *ders.*, Die staatliche Fachaufsicht über Kommunen, Jura 2006, 358; *Krebs*, in: Isensee/Kirchhof (Hrsg.), HdbStR V, 3. Aufl. 2007, § 108 Rdnr. 46 ff.; *Knemeyer*, Die Staatsaufsicht über die Gemeinden und Kreise (Kommunalaufsicht), in: HdbKWP, Band 1, 3. Aufl. 2007, § 12; *Brinktrine*, Maßnahmen der Kommunalaufsicht im Spiegel der verwaltungsgerichtlichen Rechtsprechung, DV 42 (2009), 565; *Buck*, Der Beauftragte als Mittel der Kommunalaufsicht, 2009; *Shirvani*, Neues Steuerungsmodell und Kommunalaufsicht, DVBl. 2009, 29; *Brüning/Vogelgesang*, Die Kommunalaufsicht, 2. Aufl. 2009;. *Burgi*, in: Erichsen/Ehlers (Hrsg.), Allgemeines Verwaltungsrecht, 14. Aufl. 2010, § 8 Rdnr. 39 ff. m. w. N. Zu den Einzelheiten ist wiederum auf die Lehrbücher des Landesrechts zu verweisen.

Falllösungen: *Schnapp/Rawert*, JuS 1986, 631; *Schnapp/Mühlhoff*, NWVBl. 2000, 271; *Reimer*, JuS 2005, 628; *Jochum*, JuS 2008, 1096.

§ 9. Rechtsschutz im Verhältnis zwischen Gemeinde und Staat

1   Rechtsprobleme der Selbstverwaltungsgarantien und des gemeindlichen Aufgabensystems bzw. der Staatsaufsicht werden häufig aus Anlass einer Klage der Gemeinde gegen den Staat (Bund oder Land) relevant. Die entsprechenden Gerichtsverfahren bilden das Forum für die Durchsetzung der in den §§ 6, 7 und 8 beschriebenen subjektiven Positionen der Gemeinden. In der Begründetheitsprüfung geht es dann darum, ob die angegriffene staatliche Maßnahme mit der bundes- oder landesverfassungsrechtlichen Selbstverwaltungsgarantie (Verfassungsprozess) vereinbar ist bzw. ob sie rechtswidrig ist und die klagende Gemeinde in ihren Rechten verletzt (Verwaltungsgerichtsprozess). Im folgenden Abschnitt sind die Möglichkeiten des Primärrechtsschutzes vor den Verfassungsgerichten (I) und vor den Verwaltungsgerichten (II) zusammengestellt (**Zulässigkeitsprüfung**). Abschließend wird die Ebene des **Sekundärrechtsschutzes** beleuchtet (III), d. h. die Durchsetzung von Amtshaftungsansprüchen im Verhältnis zwischen Gemeinde und Staat.

I. Verfassungsgerichtlicher Rechtsschutz

2   Während gegen Maßnahmen des **Bundes** ausschließlich Rechtsschutz vor dem BVerfG zu suchen ist (1), muss bei Maßnahmen der

Länder, Kreise etc. danach differenziert werden, ob im jeweiligen Landesrecht ein eigenes Rechtsschutzverfahren vor dem Landesverfassungsgericht vorgesehen ist oder nicht. In Ländern mit eigenem Rechtsschutzverfahren ist die Anrufung des BVerfG im Verfahren der sog. Kommunalverfassungsbeschwerde nach Art. 93 I Nr. 4 b Hs. 2 GG ausgeschlossen (sog. Subsidiaritätsklausel; vgl. bereits § 7 Rdnr. 6); hier ist Rechtsschutz vor dem jeweiligen Landesverfassungsgericht zu suchen (2). Das BVerfG hält bei Missachtung dieser Klausel durch eine anwaltlich vertretene Gemeinde sogar eine „Missbrauchsgebühr" für möglich (NVwZ 2004, 1349)! In Ländern ohne eigenen bzw. mit unvollständigem verfassungsgerichtlichen Rechtsschutz (vgl. § 7 Rdnr. 6) ist das BVerfG zuständig, so dass sich die Rechtslage nach den sogleich zu 1 dargestellten Grundsätzen beurteilt.

1. Vor dem BVerfG

Da die Gemeinden nicht grundrechtsfähig sind (vgl. § 7 Rdnr. 3), **3** können sie nicht gem. Art. 93 I Nr. 4 a GG Verfassungsbeschwerde zum BVerfG erheben. Durch Art. 93 I Nr. 4 b GG ist ihnen aber die Möglichkeit einer auf die „Verletzung des Rechts auf Selbstverwaltung nach Art. 28" gerichteten eigenen Form der „Verfassungsbeschwerde" (sog. Kommunalverfassungsbeschwerde) eröffnet. Systematisch richtiger, aber unüblicher, ist von einer Normenkontrolle mit gegenständlich begrenzter Antragsbefugnis zu sprechen. Die Zulässigkeit entsprechender Anträge ist zu beurteilen nach Art. 93 I Nr. 4 b GG i. V. m. §§ 13 Nr. 8 a, 91 ff. BVerfGG; unter den Voraussetzungen des § 32 BVerfGG ist eine einstweilige Anordnung möglich (vgl. BVerfGE 112, 216). Ein solcher Antrag kann sich nur richten gegen **„Gesetze"** (des Bundes wie der Länder [vgl. aber Rdnr. 6], d. h. nicht gegen Maßnahmen der Verwaltung). Gesetze in diesem Sinne sind Parlamentsgesetze, Verordnungen und Satzungen (Gesetze im materiellen Sinn).

Die Kommunalverfassungsbeschwerde ist begründet, wenn die Selbstverwaltungsgarantie des Art. 28 II GG (vgl. § 6 Rdnr. 46) durch das angegriffene Gesetz verletzt wird. Im Unterschied zur Grundrechts-Verfassungsbeschwerde des Art. 93 I Nr. 4 a GG wird nicht die Vereinbarkeit des angegriffenen Gesetzes mit sämtlichen Bestimmungen des Grundgesetzes geprüft **(Prüfungsmaßstab).** Die Prüfung erstreckt sich vielmehr jenseits des Art. 28 II GG nur auf solche Normen, die geeignet sind, „das verfassungsrechtliche Bild der

Selbstverwaltung mit zu bestimmen" (BVerfGE 1, 167 [183]; BVerfGE 56, 298 [310 f.]). Dies wird angenommen bei den Art. 3 I (Willkürverbot), 20 I (Demokratieprinzip) und den Gesetzgebungskompetenzvorschriften der Art. 70 ff. GG. Im Hartz IV-Urteil hat das BVerfG (§ 6 Rdnr. 33 u. 45) festgestellt, dass Art. 84 I GG a. F. (noch ohne das mit der Föderalismusreform I eingefügte sog. Durchgriffsverbot; vgl. § 1 Rdnr. 13 f.) nicht zum Kreis der rügefähigen Verfassungsnormen gehörte (BVerfGE 119, 331 [356 ff.]).

Zulässigkeit der Kommunalverfassungsbeschwerde

4   1. Antragsberechtigung: Gemeinde- oder Gemeindeverband?
    2. Antragsgegenstand: Gesetz im materiellen Sinne
    3. Antragsbefugnis: Behauptung einer Verletzung des Art. 28 II GG
    4. Frist: 1 Jahr (vgl. § 93 III BVerfGG).

2. Vor dem Landesverfassungsgericht

5   Gegenüber **Landesgesetzen** steht den Gemeinden in den meisten Ländern eine Rechtsschutzmöglichkeit vor dem jeweiligen Landesverfassungsgericht zur Verfügung, so dass wegen Art. 93 I Nr. 4 b Hs. 2 GG die Kommunalverfassungsbeschwerde vor dem BVerfG ausgeschlossen ist. Prüfungsmaßstab bildet dann die jeweilige landesverfassungsrechtliche Selbstverwaltungsgarantie (vgl. § 7 Rdnr. 9 ff.); u. U. treten weitere Maßstabsnormen des Landesverfassungsrechts hinzu. Bleibt die jeweilige Rechtsschutzgewährleistung in ihrem Umfang hinter dem des Bundesrechts zurück, so kann hinsichtlich des verbleibenden Teils die Kommunalverfassungsbeschwerde vor dem BVerfG erhoben werden.

6   In **Baden-Württemberg** kann gem. Art. 76 Verf. i. V. m. § 8 I Nr. 8 Staatsgerichtshofsgesetz gegen Gesetze im formellen Sinn der Staatsgerichtshof angerufen werden. **Bayern** kennt zum einen die auch den Kommunen zur Verfügung stehende Verfassungsbeschwerde gegen Verwaltungsmaßnahmen und Gerichtsentscheidungen gem. Art. 120 Verf. i. V. m. Art. 2 Nr. 6, 51 ff. VerfGHG und zum anderen die Popularklage nach Art. 98 Satz 4 Verf. i. V. m. Art. 2 Nr. 7, 55 VerfGHG, mit der u. a. Gemeinden Gesetze und Verordnungen für nichtig erklären lassen können. In **Brandenburg** besteht die Möglichkeit der kommunalen Verfassungsbeschwerde gem. Art. 100 Verf. i. V. m. §§ 12 Nr. 5, 51 VerfGG Bbg. In **Hessen** ist seit einigen Jahren die sog.

kommunale Grundrechtsklage gem. § 46 Staatsgerichtshofsgesetz (vgl. hierzu HessStGH, DVBl. 2004, 1022; *Schmidt-de Caluwe*, Die kommunale Grundrechtslage in Hessen, 1996) vorgesehen. In **Mecklenburg-Vorpommern** entscheidet gem. Art. 53 Nr. 8 Verf das Landesverfassungsgericht über Verfassungsbeschwerden von Gemeinden wegen Verletzung des Selbstverwaltungsrechts (i. V. m. §§ 11 Nr. 10, 51 ff. VerfGG), in **Niedersachsen** ergibt sich dies aus Art. 54 Nr. 5 Verf. i. V. m. § 8 Nr. 10 StGHG. In **Nordrhein-Westfalen** fehlt eine ausdrückliche Regelung in der Verfassung. Hier ergibt sich der Rechtsschutz (bei unmittelbarer Betroffenheit; vgl. VerfGH NRW, NWVBl. 2003, 93) auf der Grundlage des Art. 75 Nr. 4 Verf. aus §§ 12 Nr. 8, 52 VGHG. Die Gemeinden und Gemeindeverbände in **Rheinland-Pfalz** können die Verletzung ihres Selbstverwaltungsrechts gem. Art. 130 I, 135 Nr. 1 Verf. i. V. m. §§ 2 Nr. 1 a, 23 f. VerfGHG geltend machen. Das **Saarland** regelt die Verfassungsbeschwerdemöglichkeit in Art. 123 Verf. i. V. m. § 9 Nr. 13, 55 VerfGHG und in **Sachsen** bildet Art. 90 Verf. i. V. m. §§ 7 Nr. 8, 36 VerfGHG die einschlägige Rechtsgrundlage (vgl. dazu *Kaplonek*, LKV 2005, 526). In **Sachsen-Anhalt** entscheidet das Landesverfassungsgericht über Verfassungsbeschwerden von Gemeinden und Gemeindeverbänden gem. Art. 75 Nr. 7 Verf. i. V. m. § 2 Nr. 9 LVerfGG. **Schleswig**-Holstein hat seit 2008 ein Landesverfassungsgericht, welches gemäß Art. 44 II Nr. 4 Verf i. V. m. § 3 Nr. 4 LVerfGG auch für Verfassungsbeschwerden von Kommunen zuständig ist. In **Thüringen** bildet Art. 80 I Nr. 2 Verf. i. V. m. §§ 11 Nr. 2, 31 ff. VerfGHG die normative Basis (vgl. dazu jüngst ThürVerfGH, DVBl. 2005, 443; *Schrader*, VBlBW 2007, 81).

Literatur: *Hoppe*, Probleme des verfassungsgerichtlichen Rechtsschutzes der kommunalen Selbstverwaltung, DVBl. 1995, 179; *Gern*, Deutsches Kommunalrecht, Rdnr. 840 f.; *Rennert*, Die Klausur im Kommunalrecht, JuS 2008, 29 (31 f.); *Schmidt*, Die Kommunalverfassungsbeschwerde, JA 2008, 763; *Starke*, Grundfälle zur Kommunalverfassungsbeschwerde, JuS 2008, 319. Vgl. ferner die Kommentierungen zu Art. 93 I Nr. 4 b GG und die im Vorspann zusammengestellten Lehrbücher zum jeweiligen Landesrecht.

II. Verwaltungsgerichtlicher Rechtsschutz

Gegen Maßnahmen der staatlichen **Verwaltung** in Bund und Län- 7
dern ist der Rechtsweg zu den Verwaltungsgerichten eröffnet, weil es sich um „öffentlich-rechtliche Streitigkeiten" i. S. d. des § 40 I 1 VwGO handelt. Diese Streitigkeiten sind auch „nichtverfassungsrechtlicher Art", weil Art. 28 II GG zwar die Grundlage der geltend gemachten subjektiven Position der klagenden Gemeinde bildet (vgl. noch Rdnr. 13 ff.), diese aber nicht unmittelbar am Verfassungsleben beteiligt, sondern als Verwaltungsträger betroffen ist. In einigen Gemeindeordnungen wird ausdrücklich festgestellt, dass bestimmte

Maßnahmen im Verwaltungsstreitverfahren angegriffen werden können (z. B. § 119 BbgKVerf, § 125 GO BW, § 126 GO NRW). Diese
Aussagen sind angesichts des § 40 I 1 VwGO deklaratorischer Natur.
Im Folgenden (1 bis 3) werden diejenigen Voraussetzungen für die
Zulässigkeit einer verwaltungsgerichtlichen Klage thematisiert, bei
denen **Besonderheiten** gegenüber der sonst im Vordergrund stehenden Klage eines Bürgers gegen staatliche Verwaltungsmaßnahmen bestehen.

8   Keine Besonderheiten bestehen, wenn es nicht um staatliche Aufsichtsmaßnahmen einschließlich Weisungen geht, sondern sich die Gemeinde als Betroff-
fene einer Gebührenkürzung seitens der Widerspruchsbehörde in einem
Bescheid gegenüber einem Privaten (OVG NRW, DÖV 2005, 213), als Pla-
nungs- oder Einrichtungsträgerin (Beispiele: Beeinträchtigung eines gemeindlichen Seebades durch die wasserrechtliche Erlaubnis für eine Fischzucht
[OVG MV, NVwZ-RR 1996, 197], oder einer Wasserversorgungsanlage durch
den Bergbau) sowie als Adressatin polizeilicher Maßnahmen wehren will (vgl.
§ 8 Rdnr. 31, sowie die zahlreichen Beispiele bei *Kopp/Schenke*, VwGO,
18. Aufl. 2012, § 42 Rdnr. 138). Nicht möglich (keine Klagebefugnis gem.
§ 42 II VwGO) ist dagegen die Berufung auf Rechtspositionen der Gemeindeeinwohner (z. B.: Klage gegen eine Flughafenplanfeststellung wegen angeblich
fehlender Lärmschutzvorkehrungen zugunsten der Anwohner); die Gemeinde
kann nicht als Treuhänderin oder Sachwalterin auftreten.

9   Die **Beteiligtenfähigkeit** der Gemeinde ergibt sich aus § 61 Nr. 1
VwGO („juristische Personen") bzw. § 61 Nr. 3 i. V. m. dem jeweiligen Ausführungsgesetz zur VwGO (in NRW: JustG), die **Prozessfähigkeit** beurteilt sich nach § 62 III VwGO i. V. m. der jeweiligen Vorschrift der Gemeindeordnung, die die Vertretung der Gemeinde
(durch den Bürgermeister; vgl. § 13 Rdnr. 26) regelt.

1. Klageart

10   Beim Prüfungspunkt „Klageart" geht es zunächst darum, ob die
Klage auf Aufhebung (Anfechtungsklage gegen belastende Aufsichtsmaßnahmen) oder den Erlass eines Verwaltungsakts (Verpflichtungsklage, z. B. auf Genehmigung etc.) zielt (vgl. § 42 I VwGO). Problematisch ist die Qualifizierung der betreffenden staatlichen Maßnahme
als Verfügung, „die auf unmittelbare Rechtswirkung nach außen gerichtet ist" (§ 35 S. 1 VwVfG). Hier wirkt sich die bei § 8 Rdnr. 7 il-
lustrierte Differenzierung zwischen **Selbstverwaltungsangelegenheiten** und **staatlichen Auftragsangelegenheiten** aus. Ist die
Gemeinde bei der Erledigung einer Selbstverwaltungsaufgabe betrof-

fen, so ist die Außenwirkung gegeben, ist sie bei der Erledigung einer staatlichen Auftragsangelegenheit tätig, so fehlt es hieran grundsätzlich (Ausnahme: Auftragsangelegenheit wird fälschlicherweise behauptet). Bei der Erledigung einer **Pflichtaufgabe nach Weisung im monistischen System** ist aus den oben (§ 8 Rdnr. 7) dargestellten Gründen vom Vorliegen eines Verwaltungsakts auszugehen.

Ein Verwaltungsakt liegt immer, d. h. auch bei der Erledigung von staatli- **11** chen Auftragsangelegenheiten vor, wenn die Gemeinde durch eine Maßnahme betroffen ist, die **gegenüber einem Privaten** erlassen worden ist und sämtliche Merkmale des § 35 VwVfG erfüllt. Beispiel: Die Gemeinde verfügt als Ordnungsbehörde ein Verbot (Verwaltungsakt), wogegen ein Bürger Widerspruch erhebt. Die staatliche Widerspruchsbehörde gibt dem Widerspruch statt und hebt das ordnungsbehördliche Verbot auf. Hierdurch fühlt sich die Gemeinde beeinträchtigt. Obwohl das ordnungsbehördliche Tätigwerden in dem betreffenden Bundesland als staatliche Auftragsangelegenheit zu beurteilen ist, handelt es sich doch um einen Verwaltungsakt (einmal Verwaltungsakt, immer Verwaltungsakt); vgl. BVerwG, DVBl. 1994, 1194; BVerwG, NVwZ 2002, 1254; *Koehl*, BayVBl. 2003, 331.

Kann die streitgegenständliche staatliche Maßnahme **nicht als Ver-** **12** **waltungsakt** qualifiziert werden, kommt bei Vorliegen der allgemeinen Voraussetzungen immer noch die Erhebung einer allgemeinen Leistungsklage oder einer allgemeinen Feststellungsklage (§ 43 I VwGO) in Betracht. Das Ob der Rechtsschutzgewähr ist nicht vom Vorliegen eines Verwaltungsaktes abhängig!

2. Klagebefugnis

Die „Klagebefugnis" (§ 42 II VwGO [analog]) muss sowohl bei **13** Anfechtungs- und Verpflichtungsklagen als auch bei der allgemeinen Leistungsklage sowie bei der Feststellungsklage erfüllt sein. Sie besteht unabhängig davon, zu welchem Ergebnis man bei der Prüfung des Merkmals „Außenwirkung" in Bezug auf das Vorliegen eines Verwaltungsakts gelangt ist (Rdnr. 10 ff.). Demnach ist eine Klage nur zulässig, wenn die klagende Gemeinde geltend macht (d. h. behauptet; das tatsächliche Vorliegen gehört in die Begründetheitsprüfung) in ihren „Rechten verletzt zu sein". Als **behauptetes Recht** in diesem Sinne kommt die durch die Selbstverwaltungsgarantie des Art. 28 II GG bzw. der jeweiligen Landesverfassung, ggf. i. V. m. den einleitenden Bestimmungen der jeweiligen Gemeindeordnung eingeräumte subjektive Position in Betracht:

14 Wird die klagende Gemeinde bei der Erledigung von **Selbstverwaltungsangelegenheiten** im oben (§ 8 Rdnr. 13, 20) genannten
Sinne betroffen, dann kann sie sich ohne weiteres auf diese Rechte
berufen. Zwar handelt es sich infolge der fehlenden Grundrechtsqua-
lität (§ 7 Rdnr. 3) nicht um „Rechte" i. S. d. Art. 19 IV GG (sog.
Rechtsschutzgarantie). Das schließt es aber nach ganz h. A. nicht
aus, die Selbstverwaltungsgarantien als die Grundlage von „Rechten"
i. S. d. § 42 II VwGO anzusehen.

15 Dies geschieht dogmatisch entweder durch eine weite Interpretation des Begriffs „Rechte" oder durch die Annahme einer Erweiterung des Kreises der
klagbaren Rechte („soweit gesetzlich nichts anderes bestimmt ist") in § 42 II
VwGO (vgl. *Wahl,* in: Schoch/Schmidt-Aßmann/Pietzner, VwGO, Stand
September 2011, Vorbem. § 42 II Rdnr. 118 f.).

16 Komplizierter liegen die Dinge, wenn die Gemeinde bei der Wahrnehmung einer **staatlichen Auftragsangelegenheit** im § 8 Rdnr. 16 ff.
geschilderten Sinne betroffen ist. Hier ist die Klagebefugnis grundsätzlich zu verneinen, weil insoweit keine Selbstverwaltungsbefugnisse bestehen. **Ausnahmsweise** ist die Klagebefugnis zu bejahen,
wenn der Staat fälschlicherweise von einer Auftragsangelegenheit
ausgeht sowie dann, wenn infolge der Intensität der staatlichen Maßnahme zugleich die gemeindlichen Selbstverwaltungsaufgaben beeinträchtigt sind. Eine weitere Ausnahme besteht darin, dass die Gemeinde in ihrer Entscheidungsfreiheit über den Einsatz von Personal
bzw. die Gestaltung der Organisation bei der an sich staatlichen Angelegenheit beeinträchtigt wird (vgl. bereits § 8 Rdnr. 7); beeinträchtigt ein gegenüber Privaten erlassener Widerspruchsbescheid in Auftragsangelegenheiten die finanziellen Interessen der Gemeinde (z. B.
durch die Auferlegung der Kosten für die dem Wiederspruchsführer
gem. § 80 III 1 VwVfG entstandenen Aufwendungen), so ist ebenfalls
ausnahmsweise die Klagebefugnis gegeben.

17 Vgl. BVerwG, NVwZ 2002, 1254. Eine letzte, höchst seltene Ausnahme
vom grundsätzlichen Ausschluss der Klagebefugnis bei staatlichen Auftragsangelegenheiten ist dann anzunehmen, wenn die Interpretation der zugrunde
liegenden materiell-rechtlichen Vorschriften in Anwendung der sog. **Schutz-
normtheorie** ergibt, dass sie auch den Interessen der Gemeinde zu dienen bestimmt sind. Dies wird von der Rechtsprechung angenommen im Hinblick
auf § 45 I b 1 Nr. 5 StVO durch den die Straßenverkehrsbehörden ermächtigt
werden, Anordnungen zur Unterstützung einer „geordneten städtebaulichen
Entwicklung" zu treffen. Damit werde eine Förderung auch gemeindlicher
Verkehrskonzepte (z. B. Verkehrsberuhigung) ermöglicht und sogleich den

zum Selbstverwaltungsbereich gehörenden Planungs- und Entwicklungsbe-
langen einer Gemeinde gedient. Dies kann sich in den folgenden beiden Konstellationen auswirken: Hebt die staatliche Widerspruchsbehörde eine von der
Gemeinde als Straßenverkehrsbehörde erlassene Anordnung (Auftragsangelegenheit) auf Widerspruch eines privaten Verkehrsteilnehmers hin auf, dann
verfügt die Gemeinde ebenso über die Klagebefugnis (BVerwG, DVBl. 1994,
1194) wie gegenüber einer fachaufsichtlichen Weisung, die die staatliche höhere Straßenverkehrsbehörde ihr gegenüber erlässt [BVerwG, DVBl. 1995,
744]; vgl. zum Ganzen ferner VGH BW, DVBl. 1994, 248 mit Anm. *Steiner;
dens.*, NZV 1995, 209).

Bei den **Pflichtaufgaben nach Weisung** im monistischen System **18**
ergibt sich die Klagebefugnis zwar nicht aus Art. 28 II GG, da es
sich nicht um Selbstverwaltungsangelegenheiten im dortigen Sinne
handelt (ausführlich § 8 Rdnr. 21 ff.). Das geltend gemachte subjektive
„Recht" kann sich aber aus der Landesverfassung und/oder dem jeweiligen einfachen Recht ergeben. Ferner muss geltend gemacht
sein, dass die angegriffene staatliche Weisung entweder gar nicht auf
einem gesetzlich eingeräumten Weisungsrecht beruhe oder dass ein
solches Weisungsrecht überschritten worden sei.

3. Vorverfahren

Das gem. § 68 I 1 i. V. m. II VwGO vor der Erhebung einer An- **19**
fechtungs- bzw. Verpflichtungsklage nach Maßgabe des jeweilien
AG VwGO bzw. des § 110 JustG NRW durchzuführende Vorverfahren kann konkret bei einer Klage der Gemeinde gegen den Staat **entbehrlich** sein. Dies zum ersten dann, wenn ein Gesetz dies vorsieht
(§ 68 I 2 VwGO); entsprechende Bestimmungen finden sich etwa in
§ 119 BbgKVerf und in § 126 GO NRW. Zudem ist die Durchführung eines Vorverfahrens dann entbehrlich, wenn die Gemeinde
durch einen Widerspruchbescheid (im Verhältnis zu einem privaten
Widerspruchsführer) „erstmalig" betroffen ist (wie in dem bei
Rdnr. 11 skizzierten Beispielsfall; vgl. § 68 I 2 Nr. 2 VwGO).

Literatur: *Scholz*, Der Rechtsschutz der Gemeinden gegen fachaufsichtliche Weisungen, 2002; *Shirvani*, Rechtsschutz gegen die Ersatzvornahme im
bayerischen Kommunalrecht, BayVBl. 2009, 137, sowie die Kommentierungen zu den jeweils betroffenen Vorschriften der VwGO.

III. Amtshaftungsansprüche

20   Gem. § 839 BGB i. V. m. Art. 34 GG haften Bund, Länder und Kommunen anstelle ihrer Amtswalter (v. a. die jeweiligen Bediensteten) für deren Fehlverhalten. Schadensersatzansprüche nach dieser Rechtsgrundlage gehören zum Rechtsgebiet des Staatshaftungsrechts und treten vor allem auf im Staat-Bürger-Verhältnis. Auch die Gemeinden sind häufig Adressaten solcher Ansprüche, die die Bürger ihnen gegenüber durchzusetzen versuchen (vgl. dazu § 5 Rdnr. 8). Im hier interessierenden Verhältnis zwischen Gemeinde und Staat geht es nun um die Haftung für Schäden, die nicht bei Bürgern, sondern bei einem anderen Verwaltungsträger (entweder der Gemeinde oder, umgekehrt, Bund oder Land) entstanden sind. Der Amtshaftungsanspruch befindet sich systematisch auf der Ebene des sog. **Sekundärrechtsschutzes,** die zu unterscheiden ist von der Ebene des Primärrechtsschutzes. Dort geht es um die Durchsetzung von Abwehr-, Unterlassungs-, Folgebeseitigungs- (dazu im Verhältnis Gemeinde-Land BVerwG, NVwZ 2011, 138) oder Leistungsansprüchen auf grundrechtlicher oder einfachgesetzlicher Grundlage (v. a. per Anfechtungs- oder Verpflichtungsklage; vgl. soeben Rdnr. 7 ff.).

21   Die Voraussetzungen für einen Amtshaftungsanspruch lauten: Ausübung eines öffentlichen Amtes (1), Verletzung einer einem Dritten gegenüber obliegenden Amtspflicht (2), Verschulden (3) und Kausalität der Amtspflichtverletzung für den Schaden (4). Überdies dürfen keine der in § 839 I 2, II und III BGB vorgesehenen Haftungsbeschränkungen bzw. -ausschlüsse eingreifen. Geht es um die Haftung für Schäden bei anderen Verwaltungsträgern, ist das Merkmal des „**Dritten**" problematisch, weil zwar formal Staat und Gemeinde verschiedene Rechtsträger sind, sie bei unbefangener Betrachtung jedoch im Außenverhältnis zum Bürger gemeinsam an der Erledigung der betreffenden Verwaltungsaufgaben mitwirken.

22   Der weitaus wichtigste Fall besteht in der Geltendmachung von Amtshaftungsansprüchen der Gemeinden gegen den Staat. Die umgekehrte Konstellation, dass der **Staat** (Bund oder Land) eine **Gemeinde** für bei ihm entstandene Schäden haftbar machen will, ist aber auch denkbar. Hierfür gelten die sogleich zu 1 geschilderten allgemeinen Grundsätze. Ferner ist im Verhältnis zwischen Bund und Land neben dem Amtshaftungsrecht Art. 104 a V GG zu beachten, wonach Bund und Länder „im Verhältnis zueinander für eine ordnungsmäßige Verwaltung" haften. Zur Frage, ob Ansprüche für ein Fehlverhalten des Landes (wozu auch ein Fehlverhalten der den Ländern zuzurechnenden Gemeinden zählen kann) bereits vor Erlass des in Art. 104 a V 2 GG erwähnten Bundesgesetzes möglich sind, vgl. BVerwGE 96, 45; ausführlich *Maurer*, Allgemeines Verwaltungsrecht, 18. Aufl. 2011, § 26 Rdnr. 54 a).

1. Allgemeine Grundsätze des Staatshaftungsrechts

In der Rechtsprechung hat es sich eingebürgert, bei der Beurtei-   23
lung von Amtshaftungsansprüchen zwischen Verwaltungsträgern wie folgt zu differenzieren: Es genüge nicht, dass der jeweils geschädigte Verwaltungsträger in formaler Hinsicht „Dritter" i. S. d. Amtshaftungsrechts sei. Da sich das Amtshaftungsrecht am Staat-Bürger-Verhältnis orientiere und daher die Schadensersatzpflicht im **Außenverhältnis** im Auge habe, komme es auch insoweit darauf an, ob eine entsprechende Außenwirkung vorliege. An einem Außenverhältnis fehle es aber, wenn zwei Verwaltungsträger eine gemeinsame Aufgabe erfüllten und zu diesem Zweck zusammenwirkten. Denn dann stünden sie sich trotz rechtlicher Selbständigkeit nicht gegenüber, sondern seien durch ihre gemeinsame Aufgabe funktionell miteinander verbunden.

Konsequenz: Kein Amtshaftungsanspruch bei Zusammenwirken zur Erle-   24
digung einer gemeinsamen Aufgabe (BGHZ 85, 121 [126]; BGHZ 116, 312 [315]; BGHZ 148, 139 = DVBl. 2001, 1609 mit Anm. *Quantz; BGH,* NVwZ 2004, 127, betreffend das Zusammenwirken von staatlichem Finanzamt und hebeberechtigter [vgl. § 18 Rdnr. 3 f.] Gemeinde im Gewerbesteuerverfahren).

Ein Gegenüberstehen (mit der Konsequenz der Annahme eines   25
Außenverhältnisses und damit des Amtshaftungsanspruchs) besteht eindeutig in Fällen, in denen das schädigende Fehlverhalten des fremden Amtswalters **nicht in unmittelbarem Zusammenhang** der Erledigung öffentlicher Aufgaben steht.

Beispiele: Ein Polizeifahrzeug stößt mit einem Omnibus der Stadtwerke zusammen (BVerwG, Buchholz 232 Nr. 18 zu § 78 BBG); Bauschäden einer Gemeinde an ihrem Bürgerhaus, das die staatliche Baubehörde trotz fehlerhafter statischer Berechnung genehmigt hatte (BGHZ 39, 358; sog. Fiskalschäden).

2. Verletzung des kommunalen Selbstverwaltungsrechts

Kommt nun eine Haftung für Schäden in Betracht, die bei einer   26
Gemeinde im Zusammenhang mit der Erledigung ihrer Aufgaben (im eigenen oder im fremden Wirkungskreis; vgl. § 8 Rdnr. 13 ff., 20 ff.) entstehen, wenn der Staat ihr hierbei als Träger der Staatsauf-

sicht (§ 8 Rdnr. 26 ff.) gegenübertritt? Nach den allgemeinen Grundsätzen des Staatshaftungsrechts hat man es hier grundsätzlich mit einem gleichgerichteten Zusammenwirken bei der Erfüllung von Aufgaben gegenüber dem Bürger zu tun. Dies würde bedeuten, dass man das Vorliegen eines Außenverhältnisses und damit das Entstehen des Amtshaftungsanspruchs zugunsten der Gemeinde zu verneinen hätte.

27   An dieser Stelle ist ein Blick auf die Ebene des Primärrechtsschutzes geboten, d. h. auf das Bestehen von Abwehransprüchen gegenüber staatlichen Aufsichtsmaßnahmen. Diesbezüglich wurde soeben (Rdnr. 14, 18) dargelegt, dass die Gemeinden bei der Erledigung von **Selbstverwaltungsangelegenheiten** sowie von **Pflichtaufgaben nach Weisung** (im monistischen System) über subjektive Positionen verfügen und rechtswidrige staatliche Übergriffe abwehren können. Das wirkt sich auf die Beurteilung des Bestehens von Amtshaftungsansprüchen aus. Denn die Amtshaftungsansprüche bilden im Rechtsstaat die dem finanziellen Ausgleich gewidmete Fortsetzung des Primärrechtsschutzes für den Fall von dessen Scheitern. Subjektive Positionen der Gemeinden gegenüber dem Staat anzuerkennen, bedeutet daher *auch,* ihnen insofern den Zugang zum Sekundärrechtsschutz zu eröffnen. Kommt es mithin bei der Erledigung kommunaler Aufgaben zu einem Schaden infolge der Beeinträchtigung des Selbstverwaltungsrechts (d. h. bei der Erledigung von Selbstverwaltungsangelegenheiten und bei der Erledigung von Pflichtaufgaben ohne Weisung im monistischen Modell), dann ist (bei Vorliegen der übrigen Voraussetzungen) ein Amtshaftungsanspruch gegeben.

Beispiele: Schaden durch die zwischenzeitliche Einrichtung eines Feuerwehrstützpunktes gegen den Willen der Gemeinde, jedoch in Vollzug einer Anordnung der Kommunalaufsicht (NdsOVG, NdsVBl. 1997, 9); nutzlose Aufwendungen für eine Flächennutzungsplanung infolge deutlich sinkender Baulandpreise, während ein frühzeitigeres Inkrafttreten des Flächennutzungsplanes durch die Verweigerung der staatlichen Genehmigung vereitelt wurde (BVerwGE 34, 301). Nicht erfasst ist dagegen der finanzielle Schaden (Überschwemmung), den die Unachtsamkeit eines beim Land bediensteten Lehrers im Zeichensaal des gemeindlichen Schulträgers verursacht hat (BGHZ 60, 371), weil die Tätigkeit als Schulträger zwar eine Selbstverwaltungsangelegenheit ist, das Selbstverwaltungs*recht* durch das Fehlverhalten des Lehrers aber nicht verletzt worden ist; die Beeinträchtigung hat allein das bei der Erfüllung der Selbstverwaltungsangelegenheit eingesetzte Inventar erfasst.

28   Bei der Beurteilung von Amtshaftungsansprüchen der Gemeinde gegen den Staat ist große Sorgfalt geboten. Es empfiehlt sich, den je-

weiligen Fall **zunächst auf der Ebene des Primärrechtsschutzes** zu durchdenken und die Gewährung von Schadensersatz systematisch hiermit zu verknüpfen. In zahlreichen Fällen kann ein Amtshaftungsanspruch überdies gar nicht (mehr) entstehen, weil der Primärrechtsschutz gem. § 839 III BGB vorrangig ist: Diejenigen Schäden, die durch Widerspruch oder Klage vor dem Verwaltungsgericht hätten vermieden werden können, lassen sich nicht durch eine Amtshaftungsklage vor einem ordentlichen Gericht geltend machen (kein „Dulde und Liquidiere").

Ausgehend von diesen Grundsätzen, überzeugt das viel diskutierte (*Meyer,* NVwZ 2003, 818; *v. Mutius/Groth,* NJW 2003, 1278; *Elicker,* DÖV 2004, 875) Urteil des BGH v. 12.12.2002 (DVBl. 2003, 400) nicht. Der BGH hat einen Amtshaftungsanspruch zugunsten einer Gemeinde, die ein riskantes Kommunalleasinggeschäft zur Finanzierung einer Sporthalle unternommen hatte (vgl. § 17 Rdnr. 70) bejaht. Die angeblich missachtete Schutzpflicht der Aufsichtsbehörde wurde darin gesehen, dass diese (auf Antrag der Gemeinde!) die Leasing-Finanzierung genehmigt hatte (im Rahmen der präventiven Aufsicht; vgl. § 8 Rdnr. 41). Die Rechtsaufsicht bei der Erledigung der betreffenden gemeindlichen Selbstverwaltungsangelegenheit habe auch den Zweck, die Gemeinde in diesem Bereich vor vermeidbaren Schädigungen zu bewahren. Dabei wird übersehen, dass auf der Primärrechtsebene mangels Eingriffs kein Abwehrrecht der Gemeinde bestanden hätte und dass ihr als eigentlich Verantwortliche für das Leasinggeschäft jedenfalls ein Mitverschulden in erheblichem Umfang anzulasten war. Indem der BGH dies mit zivilistisch geprägten Überlegungen negiert, leistet sein Urteil letztlich einer Schwächung der kommunalen Eigenverantwortlichkeit Vorschub.

29

Literatur: *von Komorowski,* Amtshaftungsansprüche von Gemeinden gegen andere Verwaltungsträger, VerwArch. 93 (2002), 62; *Brinktrine,* Die Amts- und Staatshaftung der Rechts- und Fachaufsichtsbehörden für Maßnahmen der Kommunalaufsicht, DV 43 (2010), 273; *Maurer,* Allgemeines Verwaltungsrecht, 18. Aufl. 2011, § 26 Rdnr. 54 f.

Falllösung: *Pielow/Finger,* Jura 2005, 351.

3. Teil. Die Binnenorganisation der Gemeinden

Die Gemeinden sind Teil der kommunalen Verwaltungsebene und mit dem Recht zur Selbstverwaltung (vgl. § 2 Rdnr. 7 ff.) ausgestattet. Daraus folgt, dass sie zur Erledigung ihrer Aufgaben eine spezifische Organisationsstruktur benötigen. Ihre Binnenorganisation ist nicht nur wesentlich komplizierter, sondern sie unterscheidet sich systembedingt von der Binnenorganisation anderer Verwaltungsstellen. Die Regelungen über die Strukturen, Organe, Zuständigkeiten und das Verfahren innerhalb der Gemeinden sind zusammengefasst im sog. **Gemeindeverfassungsrecht.** Dieser Begriff ist freilich missverständlich, weil es nicht um verfassungsrechtliche Aussagen, sondern um die in der Gemeindeordnung enthaltenen Regelungen über die Binnenorganisation geht. Nach einem Überblick, der auch die gegenwärtigen Modernisierungsbestrebungen einbezieht (§ 10), werden zunächst die Selbstverwaltungsbürger (im kommunalrechtlichen Sinne: Bürger und Einwohner) und die Formen ihrer Beteiligung an der politischen Willensbildung (§ 11) und sodann die beiden zentralen Gemeindeorgane, der Gemeinderat (§ 12) und der Bürgermeister (§ 13), behandelt. Der letzte Abschnitt (§ 14) ist den Möglichkeiten des Rechtsschutzes zur Durchsetzung subjektiver Positionen innerhalb der verschiedenen Innenrechtsbeziehungen auf Gemeindeebene gewidmet.

§ 10. Systeme und Modernisierungsbestrebungen

1   Im Gemeindeverfassungsrecht aller Bundesländer ist festgelegt, welche Organe es gibt, wie sie zustande kommen bzw. zusammengesetzt sind und welche Zuständigkeiten sie, in Abgrenzung gegenüber den anderen Organen, besitzen. Diese Systeme haben sich nach Jahrzehnten der Divergenz in der jüngeren Vergangenheit bemerkenswert angenähert (I). Unabhängig von der jeweils gewählten Ausgestaltung ist die Erledigung von Verwaltungsaufgaben auf der kommunalen Ebene zudem einem erheblichen Modernisierungsdruck ausgesetzt, wodurch sich verschiedene Modernisierungskonzepte herausgebildet haben (II). Die Kenntnis der verschiedenen Systeme der Gemeinde-

verfassung und jener Modernisierungsbestrebungen erleichtert das Verständnis der gemeinderechtlichen Bestimmungen des jeweiligen Bundeslandes. Überdies wird deutlich, welch unmittelbarer Zusammenhang zwischen der gewählten Binnenorganisation und dem Erreichen bestimmter politischer Zielsetzungen besteht.

I. Strukturen der Binnenorganisation in den Ländern

Art. 28 I 2 GG schreibt vor, dass das „Volk" auch in den Kreisen 2
und Gemeinden eine „Vertretung" haben muss, die „aus allgemeinen, unmittelbaren, freien, gleichen und geheimen Wahlen hervorgegangen ist". Überdies muss die verfassungsmäßige Ordnung in den Ländern (und damit auch in den Gemeinden) gemäß Art. 28 I 1 GG den „Grundsätzen des republikanischen, demokratischen und sozialen Rechtsstaates im Sinne dieses Grundgesetzes entsprechen". Daraus ergibt sich, dass es eine vom Gemeindevolk gewählte Vertretung geben muss, die als **Repräsentativorgan** die wichtigsten Beschlüsse über die Verwaltung (einschließlich Rechtsetzung, v. a. durch Satzungen; vgl. § 15 Rdnr. 1 ff.) zu fassen hat. Die in Art. 28 I 4 GG vorgesehene Möglichkeit des Ersetzens der gewählten Körperschaft durch eine „Gemeindeversammlung" ist ohne praktische Bedeutung.

Danach steht fest, dass es in allen Ländern ein unmittelbar gewähl- 3
tes, kollegial organisiertes Vertretungsorgan geben muss, nämlich den **Gemeinderat.** Zur Vereinfachung der Darstellung wird im Folgenden einheitlich dieser Begriff verwendet, obwohl in einigen Gemeindeordnungen andere Bezeichnungen („Rat", „Gemeindevertretung" etc.; vgl. § 12 Rdnr. 1) verwendet werden. Hingegen ist es der Gestaltungsfreiheit des Landesgesetzgebers überlassen, ob er neben dem Gemeinderat ein weiteres zentrales Organ (den Bürgermeister) schaffen und dieses mit der Leitung der Gemeindeverwaltung oder auch zusätzlich mit einem Teil der politischen Führungsarbeit betrauen möchte.

Über Jahrzehnte hinweg wurden die folgenden vier Typen von **Gemeinde-** 4
verfassungen unterschieden:
- Die **Magistratsverfassung,** welche auf die Stein'sche Städteordnung von 1808 zurückgeht (vgl. § 3 Rdnr. 4) und lange Zeit in Preußen sowie nach 1945 in Hessen und in Schleswig-Holstein gegolten hat. Neben dem Gemeinderat trat der aus dem Bürgermeister als Vorsitzendem und einer bestimmten Zahl von hauptamtlichen und ehrenamtlichen Beigeordneten gebildete Magistrat als zweites Leitungsorgan.

- Die **Bürgermeisterverfassung** nach französischem Vorbild, die nach 1945 in Rheinland-Pfalz und im Saarland übernommen worden war. Die Verwaltungsleitung obliegt hier dem allerdings nicht vom Volk, sondern von der Gemeindevertretung gewählten Bürgermeister.
- Die **Süddeutsche Ratsverfassung**, die seit Jahrzehnten in Baden-Württemberg und in Bayern besteht, kennt neben dem Gemeinderat den ebenfalls unmittelbar vom Volk gewählten Bürgermeister, der zugleich als Vorsitzender des Gemeinderates fungiert. In diesem System besteht somit die stärkste Stellung des Bürgermeisters, weswegen die Bezeichnungen (Ratsverfassung einerseits, Bürgermeisterverfassung andererseits) missverständlich sind.
- Die **Norddeutsche Ratsverfassung**, welche auf Initiative der Britischen Besatzungsmacht in Nordrhein-Westfalen und in Niedersachsen beibehalten worden ist. Neben dem Gemeinderat mit dem von ihm gewählten Bürgermeister als Vorsitzenden gab es den Gemeindedirektor (Stadtdirektor bzw. Oberstadtdirektor), der sich im Laufe der Zeit kraft Zuweisung eigener Kompetenzen zu einem zweiten Gemeindeorgan entwickelt hatte.

5   In den 90er Jahren des 20. Jahrhunderts sind nicht nur die Gemeindeordnungen der neuen Bundesländer hinzugekommen, sondern es wurde auch in einer Vielzahl der alten Bundesländer das Gemeindeverfassungsrecht grundlegend verändert. Ziel der Reformen war die Stärkung der Bürgerbeteiligung und die Verbesserung der demokratischen Legitimation des Bürgermeisters. Seither besitzt die Unterscheidung der soeben genannten Typen keine Aussagekraft mehr, weil mittlerweile in allen Flächenländern der Bundesrepublik die **Direktwahl des Bürgermeisters** vorgesehen ist.

6   Die eigentlichen Unterschiede bestehen heute nicht mehr im gewählten System, sondern in zahlreichen **Einzelheiten**: Dauer der Wahlperiode des Bürgermeisters, Ungleichzeitigkeit oder Gleichzeitigkeit der Wahltermine von Bürgermeister und Gemeinderat, Möglichkeit zur Abwahl des Bürgermeisters durch den Gemeinderat, Kompetenzverteilung zwischen Bürgermeister und Gemeinderat, Existenz weiterer Institutionen wie Ausschüsse, Beigeordnete neben dem Bürgermeister bzw. als Koordinationsorgane zwischen Bürgermeister und Gemeinderat, Stimmrecht des Bürgermeisters im Gemeinderat. Darauf ist im Zusammenhang der Darstellung des Gemeinderats (§ 12) bzw. des Bürgermeisters (§ 13) einzugehen.

7   In **Baden-Württemberg** gibt es den Gemeinderat (§§ 24 ff. GO BW) und den Bürgermeister (§§ 42 ff. GO BW), welcher gemäß § 42 I 1 GO BW zugleich Vorsitzender des Gemeinderats ist (vgl. *von Rotberg/Rooks*, VBlBW 1993, 401). In **Bayern** agieren als Hauptorgane der Gemeinderat (Art. 30 ff. BayGO) und der erste Bürgermeister (Art. 34 BayGO), welcher zugleich den

Vorsitz im Gemeinderat führt (Art. 36 BayGO; vgl. *Knemeyer,* BayVBl. 1990, 589). In **Brandenburg** gibt es die Gemeindevertretung (§§ 27 ff. BbgKVerf) und den hauptamtlichen Bürgermeister (§§ 53 ff. BbgKVerf [in amtsangehörigen Gemeinden den ehrenamtlich tätigen Bürgermeister; § 51 BbgKVerf]), welcher nicht zugleich Vorsitzender der Gemeindevertretung ist (*Schumacher,* LKV 2003, 537). In **Hessen** ist das zweite Gemeindeorgan (neben der Gemeindevertretung; vgl. §§ 49 ff. HessGO) ebenfalls kollegial organisiert. Dieser sog. Gemeindevorstand (§§ 65 ff. HessGO) besteht aus dem Bürgermeister als Vorsitzendem, dem Ersten Beigeordneten und weiteren Beigeordneten, die alle nicht zugleich Gemeindevertreter sein dürfen. Vorsitzender des Gemeindevorstands ist der Bürgermeister (seit 1993 direkt gewählt; §§ 39 ff. HessGO), von dem der Vorsitzende der Gemeindevertretung (§ 57 HessGO) zu unterscheiden ist (vgl. näher *Birkenfeld-Pfeiffer/Gern,* Kommunalrecht Hessen, Rdnr. 370 ff.). **Mecklenburg-Vorpommern** kennt die Gemeindevertretung (§§ 22 ff. KV MV) mit einem aus ihrer Mitte gewählten Vorsitzenden einerseits, den Bürgermeister (§§ 37 ff. KV MV) andererseits (vgl. *Darsow,* LKV 1994, 417; *Schwartz,* NordÖR 2011, 421). Das **Niedersächsische Kommunalverfassungsgesetz** konstituiert den Rat (§§ 45 ff. NdsKomVG) mit einem Vorsitzenden und daneben den Bürgermeister (seit 1996 direkt gewählt; §§ 80 ff. NdsKomVG). Als Koordinationsorgan zwischen dem Rat und dem Bürgermeister gibt es den „Verwaltungsausschuss" (§§ 74 ff. NdsKomVG), der aus dem Bürgermeister, den Beigeordneten und weiteren Ratsmitgliedern besteht (vgl. *Ipsen,* Niedersächsisches Kommunalrecht, Rdnr. 207 ff., 344 ff., 409 ff.).

In **Nordrhein-Westfalen** wird seit 1994 der Bürgermeister ebenfalls (§§ 62 ff. GO NRW) direkt gewählt. Er tritt neben den Rat (§§ 40 ff. GO NRW), dessen Vorsitz er führt (§ 40 II 3 GO NRW); vgl. *Oebbecke,* in: Ehlers/Krebs (Hrsg.), Grundfragen des Verwaltungsrechts und des Kommunalrechts, 2000, 137 ff.; *Behrens, Ipsen u. Pixa,* in: Oebbecke u. a. (Hrsg.), Kommunalverwaltung in der Reform, 2004, 10 ff. Zu den Änderungen durch das GO-Reformgesetz 2007 vgl. *Köster,* NWVBl. 2008, 49 (Stärkung der Stellung des BM). In **Rheinland-Pfalz** gibt es neben dem Gemeinderat (§§ 29 ff. GO Rh.-Pf.) den Bürgermeister (§§ 47 ff. GO Rh.-Pf.), welcher auch den Vorsitz im Gemeinderat führt (§ 36 I 1 GO Rh.-Pf.). In Städten mit zwei oder mehr hauptamtlich Beigeordneten existiert zur Unterstützung des Bürgermeisters ein aus allen Beigeordneten und dem Bürgermeister gebildetes kollegiales Leitungsgremium (der Stadtvorstand; § 57 GO Rh.-Pf.). Im **Saarland** tritt neben den Gemeinderat (§§ 32 ff. KSVG) der Bürgermeister (§§ 54 ff. KSVG), welcher gemäß § 42 I KSVG auch den Vorsitz im Gemeinderat führt. Im Freistaat **Sachsen** ist neben dem Gemeinderat (§§ 27 ff. SächsGO) der Bürgermeister gemäß §§ 48 ff. SächsGO tätig. Ihm obliegt zugleich der Vorsitz des Gemeinderats gemäß § 51 I SächsGO (vgl. hierzu *Hegele/Sponer,* LKV 1993, 358). In **Sachsen-Anhalt** agieren Gemeinderat (§§ 36 ff. GO LSA) und Bürgermeister (§§ 57 ff. GO LSA), welcher zugleich Vorsitzender des Gemeinderates ist (§ 57 I 1 GO LSA; vgl. *Klang,* LKV 1996, 40). **Schleswig-Holstein** konstituiert neben der Gemeindevertretung (§§ 27 ff. GO SH) den ehrenamtlichen Bürger-

meister (§§ 48 ff. GO SH), in den amtsangehörigen Gemeinden, die nicht die
Geschäfte des Amtes führen oder deren Verwaltungsgeschäfte von einer anderen Gemeinde oder einem Amt geführt werden, während in den übrigen Gemeinden und in den Städten (§ 59 GO SH) ein hauptamtlicher Bürgermeister
gemäß §§ 60 ff. GO SH tätig ist. Den Vorsitz in der Gemeindevertretung führt
nicht kraft Amtes der Bürgermeister, sondern ein gewähltes Mitglied der Gemeindevertretung (§ 33 I 1 GO SH), außer im Falle der ehrenamtlich verwalteten Gemeinde; hier ist der Vorsitz einer Gemeindevertretung zugleich der
ehrenamtliche Bürgermeister (§ 48 I 2. Hs. GO SH). Im Freistaat **Thüringen**
sind als Hauptorgane der Gemeinderat (§§ 22 ff. ThürKO) und der Bürgermeister (§§ 28 ff. ThürKO), welcher gemäß § 23 I 2 ThürKO den Vorsitz im
Rat führt, vorgesehen (vgl. *Meyn*, LKV 1995, 265).

8   In der **politikwissenschaftlichen Analyse** sind die Auswirkungen
der Direktwahl des Bürgermeisters spannend. Sie bedeutet, in Abhängigkeit zur jeweiligen Gemeindegröße, in jedem Fall mehr politische Nähe zu den Gemeindebürgern und -einwohnern. Ein unmittelbar vom Volk gewählter Bürgermeister hat ein bedeutend größeres
politisches Gewicht, und zwar gegenüber den ebenfalls gewählten
Gemeinderäten. Er ist diesen gegenüber unabhängiger, d. h. nicht in
gleichem Maße auf die dortige Mehrheitsfraktion angewiesen. Dies
beinhaltet die Chance auf ein Weniger an Parteipolitik zugunsten
von mehr Sachpolitik (im Sinne des Bezogenseins auf die lokalen
Probleme). Freilich ist auch der direkt gewählte Bürgermeister über
die gesamte Wahlperiode hinweg auf Mehrheitsentscheidungen im
Gemeinderat angewiesen. Eine dauerhaft fehlende oder zumindest in-
stabile Rückendeckung wird die Führung der Gemeindegeschäfte erheblich erschweren und dem Wohl der Gemeindebürger und -ein-
wohner schaden. Letztlich hängt all das weniger von den rechtlichen
Rahmenbedingungen als von der politischen Konfiguration und vor
allem von den Charakteren und Fähigkeiten der jeweils handelnden
Beteiligten ab. Dabei hat sich die teilweise vor der Einführung der
Direktwahl geäußerte Befürchtung, es würden politische Luftikusse
statt Verwaltungsprofis gewählt (erwartungsgemäß) kaum einmal be-
wahrheitet. Die Gemeindebürger überlegen sich vor der Wahl, ob die
von ihnen gewählte Person die erforderlichen Fähigkeiten besitzt,
und sind regelmäßig auch zu deren Beurteilung in der Lage.

Literatur: *Bovenschulte/Buß*, Plebiszitäre Bürgermeisterverfassung, 1996;
Schefold/Neumann (Hrsg.), Entwicklungstendenzen der Kommunalverfassung in Deutschland, 1996; *Henneke* (Hrsg.), Aktuelle Entwicklungen der inneren Kommunalverfassung, 1996; *Knemeyer*, Die duale Rat-Bürgermeister-
Verfassung als Leitverfassung nach den Kommunalverfassungsreformen, JuS

1998, 193; *Schulenburg*, Direktwahl und kommunalpolitische Führung, 1999;
Bogumil, Im Spannungsfeld zwischen Parteienwettbewerb, Verhandlungs-
zwängen und Ökonomisierung – der Wandel kommunaler Entscheidungspro-
zesse am Beispiel Nordrhein-Westfalens, DfK 2001, 105; *Ipsen/Oebbecke*
(Hrsg.), Kommunalverfassung im Zeichen der Eingleisigkeit – eine erste Bilanz, 2002; *von Arnim*, Die politische Durchsetzung der Kommunalverfas-
sungsreform der 90er Jahre, DÖV 2002, 585; *Henneke*, Anforderungen an
eine Kommunalverfassung der Zukunft, Der Landkreis 2003, 762; *Ipsen* bzw.
Pixa, in: Oebbecke u. a. (Hrsg.), Kommunalverwaltung in der Reform, 2004,
19 bzw. 28; *Ipsen*, Die Entwicklung der Kommunalverfassung in Deutschland,
in: HdbKWP, Band 1, 2007, 565; *Mehde*, Aktuelle Entwicklungen im Kommunalrecht der Bundesländer, DVBl. 2010, 465.

II. Modernisierungsbestrebungen

Auf allen Ebenen des Staates (Bund, Länder und Kommunen) ist   9
seit mehreren Jahren eine außerordentliche Intensivierung von organisationsbezogenen Reformbemühungen zu beobachten. Dabei geht
es nicht mehr um einzelne, bereichsbezogene Veränderungen, sondern um Gesamtkonzepte, die auf den Verwaltungsaufbau, die Ver-
waltungsabläufe einschließlich der haushalts- und personalbezogenen
Aspekte zielen. Die Kommunen haben in diesem Prozess zweifellos
eine **Vorreiterrolle** eingenommen. Demzufolge ist es auch die kommunale Ebene, auf der zuerst zwar keine „Ermüdungserscheinung",
aber doch das Scheitern des einen oder anderen theoretischen und
zu wenig von den spezifischen Gegebenheiten vor Ort ausgehenden
Konzepts beobachtet werden kann.

Die **Gründe** der verstärkten Reformorientierung liegen auf der   10
Hand: Finanznot, Komplexität der eher zahlreicher werdenden Aufgaben und ein gewachsenes Bewusstsein von der Notwendigkeit einer neuen Aufgabenverteilung zwischen Staat (Kommune) und Gesellschaft (im Sinne einer aktivierenden, statt leistenden Kommune).
Neben die jahrzehntelang dominante, beinahe ausschließliche Maßgabe eines gesetzeskonformen Verwaltungsvollzugs sind Maßstäbe
wie Wirtschaftlichkeit und Effizienz getreten. Die Motivlage ist vergleichbar mit der, die auch hinter der Zunahme von Privatisierungs-
bestrebungen (vgl. § 17 Rdnr. 68 ff.) steht.

Da die Modernisierungsbestrebungen zum großen Teil nicht kommunalspe-   11
zifisch sind, fallen die meisten der aufgeworfenen Probleme eher in das Gebiet
des **allgemeinen Verwaltungsrechts**. Dort wird etwa zu klären sein, welcher
Rechtscharakter und welche Bindungswirkung den vermehrt innerhalb der

Verwaltung abgeschlossenen sog. Zielvereinbarungen (zwischen Verwaltungs-
spitze [Bürgermeister] und nachgeordneten Stellen) zukommt (vgl. *Wallerath,*
DÖV 1997, 57; *Hill,* NVwZ 2002, 1059; *Sensburg,* Der kommunale Verwal-
tungskontrakt, 2004). Im Gefolge der Weiterentwicklung zur Informationsgesellschaft und des vermehrten Einsatzes moderner Informationstechnik in allen Bereichen auch der Kommunalverwaltung verändert sich nicht nur das
Außenverhältnis zum Bürger, sondern auch die Organisationsstruktur. Die
technische Vernetzung innerhalb der Gemeindeverwaltung beeinflusst die Ab-
lauforganisation und es entsteht ein Bedarf an Vorkehrungen bei der Dokumentation und Zurechnung von Verwaltungsaktivitäten. Der Weg zum **elect-
ronic government** (virtuelles Rathaus) wird vielfach beschritten, mit großen
Chancen, aber auch mit erheblichen finanziellen Risiken (vgl. nur *Groß,*
DÖV 2001, 159; *Schliesky,* in: Meyer/Wallerath [Hrsg.], Gemeinden und
Kreise, 2004, 80; *ders.,* VerwArch 98 (2008), 313 ff. (339 ff.); *Nolte,* DÖV
2007, 941; *Ruge,* NdsVBl. 2008, 89; *Schulz/Hoffmann/Tallich,* DV 45 [2012],
207).

12   Um Modernisierungsbestrebungen auf der gemeindlichen Ebene
mehr Raum zu geben, haben einige Bundesländer sog. **Experimentierklauseln** in ihre Gemeindeordnung aufgenommen. Dadurch sollen für eine Übergangszeit bestimmte Abweichungen von den ansonsten zwingenden organisations- bzw. haushaltsrechtlichen
Vorschriften ermöglicht werden (vgl. Art. 117 a BayGO; § 133
HessGO; § 42a KV MV; § 129 GO NRW; § 131 SächsGO; §§ 133
IV, 146 GO LSA; § 135 a GO SH). Ob die Gemeinden dies als „Frei-
briefe" (*Brüning,* DÖV 1997, 278; vgl. ferner *Grzeszick,* DV 30
[1997], 545; *Beck/Schürmeier,* LKV 2004, 488) auffassen oder ob hierin eine interessante Option zur Erprobung von später u. a. landesweit vorgeschriebenen neuen Verwaltungsstrukturen liegt, muss die
Praxis erweisen. Dem durch Art. 28 II GG geprägten kommunalrechtlichen Blick entspricht es, auf Kraft und Vernunft der kommunalen Akteure, unter entsprechend kluger Begleitung durch die
Staatsaufsicht, zu setzen.

1. Verwaltungsmodernisierung

13   Die neuere Entwicklung auf der kommunalen Ebene wurde eingeleitet durch eine Untersuchung der sog. Kommunalen Gemeinschaftsstelle für Verwaltungsvereinfachung (KGSt) zum sog. Tilbur-
ger Modell, die durch eine Vielzahl weiterer Berichte fortentwickelt
wurde. Kernelement des sog. **Neuen Steuerungsmodells,** das an international diskutierte Leitbilder unter dem Schlagwort „New Public
Management" anknüpft, ist zum einen ein neues behördeninternes

Steuerungskonzept und zum zweiten eine Veränderung im Zusammenwirken von Gemeinderat und Verwaltungsmanagement (Bürgermeister, Rathaus und nachgeordnete Ämter).

Das Konzept darf nicht darauf hinaus laufen, dass die Gemeinde **14** als eine Art Wirtschaftsunternehmen und die vom Verwaltungshandeln Betroffenen ausschließlich als „Kunden" verstanden werden. Solche Begriffe (ähnliches gilt für die Bezeichnung „Konzern Stadt") können dazu beitragen, die Servicementalität der Beschäftigten zu wecken, es bleibt aber dabei, dass die Gemeinden primär eben Hoheitsträger sind und sich beispielsweise der Adressat eines Sozialhilfebescheids oder einer Ausweisungsverfügung kaum als Kunde empfindet, sondern zurecht erwartet, ausschließlich nach rechtsstaatlichen Maßstäben behandelt zu werden. Soweit dem Neuen Steuerungsmodell mithin ein **Denken in ökonomischen Kategorien** zugrunde liegt, muss dies mit den teilweise gegenläufigen, aber unentrinnbaren Bindungen des kommunalen Handelns in Einklang gebracht werden.

Innerhalb des dem Bürgermeister zugeordneten Bereichs des Verwaltungs- **15** managements ist das Neue Steuerungsmodell durch folgende Elemente gekennzeichnet: Verändertes Personal- und Fortbildungsmanagement, Maßnahmen der Leistungsmessung innerhalb von Behörden und im Vergleich von Behörden untereinander (sog. Benchmarking), zentraler Steuerungs- und Controllingbereich mit dem Ziel einer stärkeren Orientierung am Output (den Verwaltungsleistungen). Dazu gehört eine dezentrale Zusammenführung von Fach- und Ressourcenverantwortung anstelle der bisher praktizierten Verwaltung der Ressourcen (Haushaltmittel) durch die Kämmerei (vgl. die Berichte der KGSt Nr. 5/1993; 8/1994; 10/1995, sowie *Otting*, Neues Steuerungsmodell und rechtlicher Betätigungsspielraum der Kommunen, 1997; *v. Mutius*, in: Burmeister u. a. [Hrsg.], FS Stern, 1997, 685; *Mehde*, Neues Steuerungsmodell und Demokratieprinzip, 2000; *Bogumil/Ebinger/Holtkamp*, Verwaltung und Management 2011, 169; *Schuppert*, Verwaltungsorganisation als Steuerungsfaktor, in: Hoffmann-Riem/Schmidt-Aßmann/Voßkuhle [Hrsg.], Grundlagen des Verwaltungsrechts, Band 1, 2. Aufl. 2012, § 16 Rdnr. 117 ff.).

Ein Element des Neuen Steuerungsmodells weist einen besonderen **16** Problembezug zur kommunalen Selbstverwaltung auf, nämlich das Kernelement der **Entflechtung von Politik und Verwaltung.** Dieses zielt darauf, die Verantwortungssphären von Politik (Gemeinderat) und Verwaltung (Bürgermeister) als Auftraggeber-/Auftragnehmerbeziehung zu verstehen. Dabei soll das kollegiale Vertretungsorgan für die Grundsatzfragen (das „Was"), die Verwaltung als Exekutivorgan hingegen für den operativen Vollzug (das „Wie") zuständig sein.

Dies kann zu einer Reduzierung der Kompetenzen und Befugnisse des Gemeinderates zugunsten des Verwaltungsmanagements führen und erinnert teilweise an das Organisationsmodell der Aktiengesellschaft. In der Sache verbindet sich hiermit eine Monokratisierung der Gemeindeorganisation.

17   Hierbei ist Folgendes zu beachten: Das Verwaltungsmanagement dominiert bereits bisher bei der Auswahl der politischen Programme, weil es über die größeren personellen und technischen Ressourcen verfügt; vielfach segnen die Gemeinderäte nur ab, was von der Verwaltung geliefert wird. Zweitens ist die Entwicklung eindeutiger politischer Zielvorstellungen angesichts der Komplexität der meisten Politikbereiche sehr viel schwieriger als die Formulierung von Unternehmenszielen in einem Produktionsunternehmen (z. B.: Entwicklung eines ganzen Stadtteils im Vergleich zur Entwicklung eines Kfz-Zubehörteils). Drittens darf die Politikhaltigkeit auch des Umsetzungsprozesses nicht unterschätzt werden. Unter bestimmten politischen Bedingungen kann die Verkehrsberuhigung in einer einzelnen Gemeindestraße urplötzlich ein wichtiges Thema für den Gemeinderat werden, während es nach dem Modell ausschließlich dem Verwaltungsmanagement zuzuordnen wäre (diesbezügliche politikwissenschaftliche Analysen bei *Wollmann*, DV 32 [1999], 345; *Bogumil*, VerwArch. 93 [2002], 129). Eine breit angelegte empirisch fundierte Bilanz nach „Zehn Jahre(n) Neues Steuerungsmodell" zieht *ders.* in dem gleichnamigen Werk aus dem Jahre 2006; *Holtkamp*, DÖV 2008, 94; *ders.*, VerwArch 99 (2008), 259; mit den aufsichtsrechtlichen Konsequenzen befasst sich *Shirvani*, DVBl. 2009, 29.

18   Aus der **Sicht des Gemeindeverfassungsrechts** ist bei der Umsetzung solcher Modelle vor allem darauf zu achten, dass die in der Gemeindeordnung teilweise zwingend vorgegebene Zuständigkeitsverteilung (vgl. § 13 Rdnr. 12 ff.) zwischen Gemeinderat und Bürgermeister nicht missachtet wird. Unterhalb dieser Schwelle ist es aber möglich, etwa in konkretisierenden kommunalen Hauptsatzungen (vgl. § 15 Rdnr. 19), unbestimmte Tatbestandsmerkmale wie „Geschäfte der laufenden Verwaltung" (für die der Bürgermeister nach den meisten Gemeindeordnungen zuständig ist; vgl. § 13 Rdnr. 22 ff.) genauer zu fassen. Eine äußerste Grenze der Delegation von Entscheidungsbefugnissen an das Verwaltungsmanagement setzt immer der Umstand, dass es gerade der Gemeinderat als Repräsentativorgan ist, in dem die Betroffenen unmittelbar ihre politischen Ziele realisieren können. Jede Schwächung des Gemeinderats trägt so in der Tendenz eine Schwächung der Selbstverwaltung als Betroffenenmitwirkung (vgl. § 2 Rdnr. 8) in sich. Besteht eine Zuständigkeit des Bürgermeisters, so setzt die Tatsache, dass dieser direkt gewählt ist

und ebenfalls von der Gemeindeordnung bestimmte Zuständigkeitsbereiche zwingend zugewiesen bekommen hat, wiederum der Delegation an nachgeordnete Stellen innerhalb der Verwaltung Grenzen.

2. Bürgergesellschaft auf kommunaler Ebene

Neben den vor allem auf das Verwaltungsmanagement und die gemeindeinternen Abläufe zielenden Steuerungsmodellen ist seit einiger Zeit eine weitere Modernisierungsbewegung zu beobachten. Sie kommt gleichsam von unten, nämlich von der Ebene der Gemeindeeinwohner. Diese begreifen sich verstärkt als „Zivilgesellschaft" auf kommunaler Ebene und erbringen in teilweise bewundernswertem Ausmaß das von einer Enquete-Kommission des Bundestages beschriebene und geforderte „Bürgerschaftliche Engagement" (BT-Drucks. 14/8900 vom 3.6.2002). So gibt es Stadtentwicklungsprogramme und Konzepte im Rahmen der sog. Lokalen Agenda, einem auf die Konferenz von Rio zurückgehenden kommunalen Aktionsprogramm. Hierbei geht es klassischerweise um Partizipation und um verbesserte Akzeptanz von daraufhin getroffenen Verwaltungsentscheidungen; diese Anliegen liegen vor allem den Beteiligungsformen für Bürger und Einwohner zugrunde (vgl. sogleich § 11 Rdnr. 1 ff.). In neuerer Zeit tritt aber auch hier die Perspektive des „Outputs" hinzu, d. h. man erhofft sich von einer Stärkung des bürgerlichen Engagements mehr Effektivität und Effizienz bei der Verwirklichung des Gemeinwohls auf kommunaler Ebene. Die Zukunft bildet u. U. eine „triale Bürger-Gemeinderat-Bürgermeister-Verfassung" (*Knemeyer*, DVBl. 2000, 876).

19

Literatur: *Schulze-Fielitz*, Die kommunale Selbstverwaltung zwischen Diversifizierung und Einheit der Verwaltung, in: Henneke (Hrsg.), Organisation kommunaler Aufgabenerfüllung, 1998, 223; *Klie/Meysen*, Neues Steuerungsmodell und Bürgerschaftliches Engagement, DÖV 1998, 452; *Pünder*, Zur Verbindlichkeit der Kontrakte zwischen Politik und Verwaltung im Rahmen des neuen Steuerungsmodells, DÖV 1998, 63; *Oebbecke*, Verwaltungssteuerung im Spannungsfeld von Rat und Verwaltung, DÖV 1998, 853; *Graf Vitzthum/Kämmerer*, Bürgerbeteiligung vor Ort, 2000; *von Kodolitsch*, Miteinander oder Gegeneinander? Zum schwierigen Verhältnis von Rat und Verwaltung, AfK 2000, 199; *Ahlhaus*, Bürgerbeteiligung im „schlanken Staat", DÖV 2000, 64; *Wallerath* (Hrsg.), Verwaltungserneuerung, 2001; *Hill*, Partnerschaften und Netzwerke – Staatliches Handeln in der Bürgergesellschaft, BayVBl. 2002, 321; *Wollmann*, Die Bürgergemeinde, DfK 2002, 23; *Klages*, Freiwilliges bürgerschaftliches Engagement im kommunalen Raum, DVBl.

2002, 83; *Bogumil,* Bürgerkommune, in: Blanke u. a. (Hrsg.), Handbuch zur Verwaltungsreform, 3. Aufl. 2005, 128 (dieser Band enthält zahlreiche weitere interessante Beiträge zur Verwaltungsmodernisierung); *Pitschas,* Kommunale Selbstverwaltung und Mediation. Zur Notwendigkeit neutraler Streitschlichtung im Konflikt mit der lokalen Zivilgesellschaft, in: Eberle/Ibler/Lorenz (Hrsg.), FS Brohm, 2002, 709; *Schliesky,* Bürgerschaftliches Engagement in der repräsentativen Demokratie – rechtliche und gesellschaftliche Rahmenbedingungen auf der kommunalen Ebene, Der Landkreis 2004, 422; *Schwarting,* Effizienz in der Kommunalverwaltung, 2. Aufl. 2005; *Nolte,* Lokale Agenda 21 zwischen Wunsch und Wirklichkeit, 2006; *Rau,* Betriebswirtschaftslehre für Städte und Gemeinden, 2. Aufl. 2007; *Bogumil u. a.,* Zehn Jahre neues Steuerungsmodell: Eine Bilanz kommunaler Verwaltungsmodernisierung, 2007; *ders.,* Perspektiven kommunaler Verwaltungsmodernisierung: Praxiskonsequenzen aus dem Neuen Steuerungsmodell, 2007; *ders./Jann,* Verwaltung und Verwaltungswissenschaft in Deutchland, 2. Aufl. 2008; *Burgi,* Verwaltungsorganisationsrecht, in: Erichsen/Ehlers (Hrsg.), Allgemeines Verwaltungsrecht, 14. Aufl. 2010, § 10 Rdnr. 2 ff; *Schuster/Morawski* (Hrsg.), Die regierbare Stadt, 2. Aufl. 2010.

§ 11. Wahlen und andere Beteiligungsformen für Einwohner und Bürger

1   An die Eigenschaft, Einwohner oder Bürger zu sein, sind verschiedene Rechtsfolgen geknüpft (v. a.: Wahlrecht nur für Bürger, Zulassungsanspruch zu öffentlichen Einrichtungen auch für Einwohner). Die wichtigste Form der Beteiligung an der politischen Willensbildung auf Gemeindeebene bilden die Wahlen zum Gemeinderat bzw. die Wahl des Bürgermeisters (II), deren Rechtsfragen zumindest im Überblick skizziert werden sollen, obgleich sie in den Juristenausbildungsgesetzen zumeist aus dem Pflichtstoff herausgenommen sind (vgl. z. B. § 11 II Nr. 13 b JAG NRW). Wachsende Bedeutung in Praxis und Klausur kommt der Statthaftigkeit von Bürgerbegehren, gerichtet auf die Durchführung eines Bürgerentscheids, zu (III).

I. Einwohner und Bürger

2   Konnte im allgemein-verwaltungsrechtlichen Teil (§ 2 Rdnr. 10) der Kreis der auf Gemeindeebene mitwirkenden „Betroffenen" noch allgemein mit „Selbstverwaltungsbürger" umschrieben werden, so muss bei der Ermittlung konkreter Rechte und Pflichten innerhalb des

Kreises aller Gemeindebewohner (der Selbstverwaltungsbürger im obigen Sinne) differenziert werden: Während der Rechtsbegriff „Einwohner" die Gesamtheit aller Gemeindebewohner (Selbstverwaltungsbürger) umfasst, bildet die Gruppe der „Bürger" einen **Ausschnitt** hiervon. Mit Ausnahme der seit einiger Zeit zu den „Bürgern" gerechneten EU-Ausländer (vgl. Rdnr. 17) bilden die Bürger die Teilmenge der Staatsbürger (des Staatsvolkes i. S. v. Art. 20 II GG) auf Gemeindeebene. Der Bürgerstatus ist mithin ein staatsrechtlicher, der Status des Einwohners hingegen ist schlicht durch die Betroffenheit qua Wohnsitz gekennzeichnet. Diesen Status gibt es nur auf der kommunalen Ebene, auf der stärker als auf den Ebenen von Bund und Land Alltagsfragen des täglichen Wohnens und Arbeitens berührt sind.

1. Die Rechtsstellung des Einwohners

a) Begriff. „Einwohner" sind diejenigen Personen, die in der Gemeinde **wohnen**.[1] Entscheidend ist der tatsächliche Aufenthalt mit einer gewissen Stabilität. Auch Kinder, Jugendliche und Ausländer sind Einwohner. Wer über mehrere Wohnungen verfügt, in denen er sich hin und wieder aufhält, ist Einwohner in allen Gemeinden, in denen sich die Wohnungen befinden. Das jeweilige Landesmeldegesetz ist für die Qualifizierung als Einwohner nicht ausschlaggebend, liefert aber Indizien.

Beispiel: Ein Studierender, der den Erstwohnsitz im melderechtlichen Sinne in der Gemeinde seiner Eltern behalten hat, während er in seiner Studentenbude am Universitätssitz einen Zweitwohnsitz führt, ist Einwohner der Heimatgemeinde seiner Eltern wie der Gemeinde, in der sich die Universität befindet (vgl. BVerwG, NJW 1992, 1121; vgl. ferner VGH BW, VBlBW 2006, 388).

b) Rechte. In den Gemeindeordnungen sind (in unterschiedlichem Umfang) die folgenden Berechtigungen für Einwohner vorgesehen:
– Der **Zulassungsanspruch** zu öffentlichen Einrichtungen (ausführlich behandelt in § 16);

3

4

---

1 § 10 I GO BW; Art. 15 I BayGO („Gemeindeangehörige"); § 11 I BbgKVerf; § 8 I HessGO; § 13 I KV MV; § 28 I NdsKomVG; § 21 I GO NRW; § 13 I GO Rh.-Pf.; § 18 I KSVG; § 10 I SächsGO; § 20 I GO LSA; § 6 I GO SH; § 10 I 1 ThürKO.

- die Stellung als Adressat der **Unterrichtungspflicht** der Gemeinde über alle bedeutsamen Angelegenheiten;[2] hier handelt es sich um einen etwas abstrakten Vorläufer der heutigen Informationsfreiheitsgesetzgebung (vgl. stellv. Informationsfreiheitsgesetz des Bundes v. 5.9.2005, BGBl. I, 2722). Teilweise erfolgt die Unterrichtung in Fragestunden bzw. Anhörungen;
- die Stellung als Adressat von **Beratungstätigkeiten** der Gemeindeverwaltung, bis hin zur konkreten Hilfe bei der Stellung von Anträgen in Verwaltungsverfahren;[3]
- das **Beschwerderecht** (teilweise Petitionsrecht genannt, aber nicht zu verwechseln mit dem auf Art. 17 GG beruhenden Petitionsrecht).[4]

5   In einigen Bundesländern sind die verschiedenen Formen der Bürgerbeteiligung (Antrag, Versammlung [vgl. zu beiden Rdnr. 35], nicht hingegen Bürgerbegehren und Bürgerentscheid) auch auf Einwohner erstreckt worden.[5]

6   Ein Beteiligungsrecht in institutionalisierter Form ist in einigen Bundesländern für Kinder und Jugendliche vorgesehen.[6] § 41 a KV MV ermöglicht die Einrichtung eines Behindertenbeirats. In allen Bundesländern, wenn auch nur teilweise auf ausdrücklicher gesetzlicher Grundlage,[7] gibt es beratende Ausschüsse bzw. Beiräte, in denen die in der Gemeinde lebenden Ausländer ihre Anliegen bündeln und artikulieren können. Diese Ausländerbeiräte bzw. neuerdings z. T. „Integrationsräte" (vgl. z. B. § 27 I GO NRW) werden von den in der Gemeinde lebenden Ausländern gewählt (vgl. *Wagner,* Der Ausländerbeirat, 2000; *Troidl,* Kommunale Beiräte, BayVBl. 2004, 321; *Wellmann,* NWVBl. 2009, 470).

---

2 § 20 GO BW; § 13 S. 1 BbgKVerf; § 8 a HessGO (Bürgerversammlung, zu der gemäß Abs. 2 S. 3 auch Einwohner zugelassen werden können); § 16 KV MV; § 23 GO NRW; § 15 GO Rh.-Pf.; § 20 KSVG; § 11 SächsGO; § 27 GO LSA („Einwohnerversammlung"); § 16 a GO SH; § 15 ThürKO.
3 § 17 BbgKVerf; § 14 IV KV MV; § 37 NdsKomVG § 22 GO NRW; § 13 SächsGO; § 23 GO LSA; § 16 d GO SH; § 15 II ThürKO.
4 § 16 BbgKVerf; § 17 I KV MV: Möglichkeit der Einwohner zu Fragen, Vorschlägen, Anmerkungen; § 34 NdsKomVG; § 24 GO NRW; § 16 b GO Rh.-Pf.; § 12 SächsGO; § 16 e GO SH.
5 §§ 20 a, 20 b GO BW (Bürgerantrag gem. § 20 b nur in Ortschaften auf Einwohner ausgedehnt [Abs. 4]); §§ 13 f. BbgKVerf; § 8 a II 3 HessGO; § 18 KV MV; § 31 NdsKomVG; § 25 GO NRW; §§ 16, 17 GO Rh.-Pf.; § 21 KSVG; §§ 22, 23 SächsGO; §§ 24, 27 GO LSA; §§ 16 a f. GO SH.
6 § 41 a GO BW; §§ 4 c, 8 c HessGO; § 36 NdsKomVG; § 16c GO Rh.-Pf.; § 49 a KSVG; § 47 f GO SH.
7 § 19 BbgGO; § 27 GO NRW; § 56 GO Rh.-Pf.; § 50 KSVG; § 47 d GO SH: Möglichkeit von Beiräten für gesellschaftlich bedeutsame Gruppen.

c) Pflichten. Die Auferlegung von Mitwirkungspflichten ist einer- 7
seits eine Belastung, eröffnet aber andererseits ein gesteigertes Maß an
Einwirkungsmöglichkeiten auf die gemeindlichen Belange. Am wichtigsten sind
- die Pflicht zur Übernahme einer sog. **ehrenamtlichen Tätigkeit** in
  Bundesländern, in denen sie sich nicht nur an die Bürger, sondern
  auch an die Einwohner richtet (§ 38 II 3 NdsKomVG: Übertragung von Ehrenämtern an andere Personen als Bürger nur mit deren Einverständnis; § 28 I GO NRW; § 18 II GO Rh.-Pf.: Nur für
  vorübergehende ehrenamtliche Tätigkeit!); auf sie ist bei der
  Rechtsstellung der Bürger zurückzukommen (Rdnr. 8 ff.);
- die Pflicht zur **Tragung von Lasten**, worunter heute eigentlich
  nur noch die Pflicht zur Entrichtung von Abgaben (bei Erfüllung
  der im Kommunalabgabengesetz genannten Voraussetzungen) fällt
  (vgl. § 18 Rdnr. 9 ff.). In einigen wenigen Bundesländern[8] ist zugunsten der Gemeinden noch eine (durch Satzung zu realisierende)
  Befugnis zur Heranziehung zu Hand- und Spanndiensten enthalten (z. B. Zurverfügungstellen von Pferden, Waagen etc.). Als
  „herkömmliche allgemeine, für alle gleiche öffentliche Dienstleis-
  tungspflicht" ist sie mit Art. 12 II GG vereinbar.

2. Die Rechtsstellung des Bürgers

a) Begriff. Die Bürger bilden einen Ausschnitt der Einwohner- 8
schaft. Es handelt sich um diejenigen Einwohner, die nach den Vorschriften des jeweiligen Kommunalwahlgesetzes zu den Gemeindewahlen **wahlberechtigt** sind.[9] Bürger sind demnach alle Deutschen
i. S. d. Art. 116 GG bzw. die EU-Ausländer (vgl. näher Rdnr. 17 ff.),
unter der Voraussetzung, dass sie (je nach Landesrecht) zwischen 16
Tagen und sechs Monaten Wohnsitzinhaber (Hauptwohnsitz) in der
betreffenden Gemeinde sind und (je nach Landesrecht) das 16. bzw.
das 18. Lebensjahr vollendet haben.

b) Rechte. Den Bürgern stehen zusätzlich zu den Rechten, die sie 9
schon in ihrer Eigenschaft als Einwohner genießen (Rdnr. 4 ff.), die
folgenden Rechte zu:

---

8 § 10 V 1 GO BW; Art. 24 I Nr. 4 BayGO; § 22 HessGO („Persönliche Dienste" genannt).
9 § 14 I GO BW; Art. 17 BayGO; § 11 II BbgKVerf; § 8 II HessGO; § 13 II KV MV;
§ 28 II NdsKomVG; § 21 II GO NRW; § 14 I GO Rh.-Pf.; § 24 I KSVG; § 16 I Sächs-
GO; § 21 I GO LSA; § 6 II GO SH; § 10 II, III ThürKO.

– das aktive und passive **Wahlrecht** (vgl. II);
– die **plebiszitären Möglichkeiten**, v. a. im Zusammenhang mit dem Bürgerantrag, der Bürgerversammlung und dem auf die Durchführung eines Bürgerentscheids gerichteten Bürgerbegehren (vgl. III).

10   Die in einigen Gemeindeordnungen vorgesehene Verleihung der Ehrenbürgerwürde (vgl. z. B. § 22 I GO BW; § 34 I 1 GO NRW) knüpft demgegenüber nicht an die Rechtsstellung als Bürger an, sondern kann auch an Personen verliehen werden, die weder früher noch gegenwärtig Einwohner der Gemeinde waren/sind, sich aber in besonderer Weise um die Gemeinde verdient gemacht haben (beispielsweise der Leiter einer in der Gemeinde stattfindenden Kulturveranstaltung mit überörtlicher Ausstrahlungskraft; der Bundespräsident o. Ä.).

11   **c) Pflichten.** Die wichtigste gemeinderechtliche Pflicht der Bürger (in einigen Bundesländern teilweise auch der Einwohner; vgl. Rdnr. 7) besteht in der Mitwirkung bei der Erfüllung gemeindlicher Aufgaben in einem spezifischen nebenberuflichen öffentlich-rechtlichen Rechtsverhältnis, der sog. **ehrenamtlichen Tätigkeit.** Einige Gemeindeordnungen kennen überdies das sog. Ehrenamt, das eine durch seine Dauer und Intensität qualifizierte ehrenamtliche Tätigkeit darstellt. Wichtige Beispiele einer ehrenamtlichen Tätigkeit sind die des Schöffen bei Gericht (vgl. § 31 GVG), der Einsatz als Wahlhelfer und die Mitwirkung als sachverständiger Bürger (bzw. Einwohner) in Ausschüssen des Gemeinderats. Während die genannten ehrenamtlichen Tätigkeiten durch verpflichtende Bestellung veranlasst werden, gelangt man zu der ehrenamtlichen Tätigkeit als Mitglied des Gemeinderats oder einer Bezirks- bzw. Ortschaftsvertretung (vgl. § 5 Rdnr. 17 ff.) nur durch Wahl. Alle ehrenamtlich Tätigen sind als Amtsträger i. S. d. Amtshaftungsanspruchs nach Art. 34 GG i. V. m. § 839 BGB anzusehen.

12   Die Gemeindeordnungen enthalten zahlreiche Vorschriften, in denen die **Rechtsstellung** der ehrenamtlich Tätigen näher geregelt ist.[10] Demnach sind die ehrenamtlich Tätigen zu Verschwiegenheit und Treue verpflichtet, sie dürfen die Tätigkeit nur unter bestimmten Voraussetzungen ablehnen bzw. nachträglich aufgeben, es gibt Ausschließungsgründe bei bestimmten Angelegenheiten (Befangenheit) und es steht ihnen eine Entschädigung zu. Neben dem **Mitwirkungsverbot bei Befangenheit** ist das sog. **Vertretungsverbot** wichtig (vgl.

---

10 §§ 15 ff. GO BW; Art. 19 ff. BayGO; §§ 20 ff. BbgKVerf; §§ 21 ff. HessGO; § 19 II–IV KV MV; §§ 38 ff. NdsKomVG §§ 28 ff. GO NRW; §§ 24 II, 25 ff. KSVG; §§ 17 ff. SächsGO; §§ 28 ff. GO LSA; §§ 19 ff. GO SH; §§ 12 ff. ThürKO.

z. B. Art. 17 III GO BW; § 32 I 2 GO NRW). Es bedeutet, dass der Inhaber des betroffenen Ehrenamts Ansprüche anderer gegen die Gemeinde nicht geltend machen darf (z. B.: Ein im Gemeinderat sitzender Rechtsanwalt darf nicht Prozesse gegen die Gemeinde führen). Diese beiden Vorgaben (das Mitwirkungsverbot wegen Befangenheit und das Vertretungsverbot) werden in der Praxis fast ausschließlich bei einer Tätigkeit als Mitglied des Gemeinderats relevant, weswegen hierauf im Zusammenhang mit der Darstellung des Gemeinderats zurückzukommen ist (§ 12 Rdnr. 43 ff.).

Die Heranziehung von Bürgern bzw. Einwohnern zu einer ehren- **13** amtlichen Tätigkeit erscheint auf den ersten Blick altmodisch. Bei genauer Betrachtung entspricht sie aktuellen politischen Anliegen: Entbürokratisierung und Entlastung staatlicher bzw. kommunaler Träger und stärkerer Mobilisierung bürgerschaftlichen Engagements. Die entsprechenden Pflichten sind demnach grundsätzlich positiv zu beurteilen, jedenfalls so weit es nicht zu einer Entprofessionalisierung der Gemeindeverwaltung kommt.

Literatur: *Ruge,* Die allgemeinen kommunalrechtlichen Beratungs- und Betreuungspflichten, 2000; *Pünder,* Rechtswissenschaftliche Forschung im Wandel der Zeiten – Am Beispiel zweier Dissertationen zur Mitwirkung sachkundiger Bürger und Einwohner in gemeindlichen Ausschüssen, DVBl. 2002, 381; *Mann,* Die Rechtsstellung von Bürgern und Einwohnern, in: HdbKWP, Band 1, 2007, 353; *Bogumil,* Die Zukunft der ehrenamtlichen Kommunalverwaltung, DV 43 (2010), 151; *Groß,* in: Waechter (Hrsg.), FG Treiber, 2010, 447.

II. Wahlen auf Gemeindeebene

Die Wahlen auf Gemeindeebene, insbesondere die Wahl zum Ge- **14** meinderat und die Bürgermeisterwahl (§ 13 Rdnr. 43 ff., 49 ff.), sind in der jeweiligen Gemeindeordnung sowie in einer spezifischen Kodifikation, dem jeweiligen Kommunalwahlgesetz, geregelt.

1. Überblick

Die verfassungsrechtliche Basis der Kommunalwahlen bildet **15** Art. 28 I 2 GG. Danach muss „das Volk" auch in den „Kreisen und Gemeinden … eine Vertretung haben, die aus allgemeinen, unmittelbaren, freien, gleichen und geheimen Wahlen hervorgegangen ist." Damit wird an die für die Bundestagswahl in Art. 38 I 1 GG statuierten Wahlgrundsätze angeknüpft. Mit „Vertretung" ist nur der Gemeinderat bzw. der Kreistag gemeint. Ist in einem Bundesland die Direktwahl des Bürgermeisters bzw. Landrats vorgesehen, ist auch sie erfasst. Im Hinblick auf Wahlen auf den Ebenen der gemeindeinternen Gliederung (Ortschaftsrat etc.; vgl. § 5 Rdnr. 4 ff.) ist Entsprechendes in den Kommunalwahlgesetzen angeordnet. Teilweise finden sich auch Bestimmungen über die Kommunalwahlen in den Landesverfassungen (z. B. Art. 72 Verf. BW; Art. 138 HessVerf.; Art. 57 II NdsVerf.; Art. 50 Verf. Rh.-Pf.; Art. 121 SaarlVerf.; Art. 89 Verf. LSA; Art. 3 Verf. SH; Art. 95 ThürVerf.).

16   Die Wochen und Monate vor einer Kommunalwahl bieten eine einzigartige Gelegenheit der Mobilisierung der Bürger für die entsprechenden politischen Anliegen. In dieser Zeit werden die zentralen politischen Zielvorstellungen formuliert, die von den Gewählten in den Folgejahren umgesetzt werden sollen. Dennoch ist die Wahlbeteiligung seit längerem rückläufig (analysiert bei *Vetter*, DÖV 2008, 885). Während bei den Bürgermeisterwahlen selbstverständlich Einzelpersonen kandidieren, dominieren bei den Wahlen zum Gemeinderat Listen der Ortsgliederungen der bundesweit tätigen politischen **Parteien**. Mit erheblichen Unterschieden in den einzelnen Bundesländern und in Abhängigkeit von der Ausgestaltung des jeweiligen Wahlrechts (je stärker Elemente der Persönlichkeitswahl vorgesehen sind, desto eher besitzen auch nicht parteigebundene Kandidaten Erfolgsaussichten) gibt es aber auch sog. **kommunale Wählervereinigungen.** Hierbei handelt es sich um Zusammenschlüsse einzelner angesehener Personen aus der Gemeinde zur Verfolgung bestimmter kommunalpolitischer Anliegen. Diese sog. Rathausparteien haben einen Anspruch auf Gleichbehandlung gegenüber den landes- bzw. bundespolitisch aktiven Parteien (BVerfG, NVwZ 2008, 999: Steuerfreiheit von Zuwendungen; *von Arnim*, DVBl. 1999, 417; *Morlok/ Merten*, DÖV 2011, 125, diagnostizieren zutreffend eine immer stärkere Angleichung in den objektiven Umständen, weswegen den Wählervereinigungen auch die Pflichten von Parteien auferlegt werden müssten.).

2. Aktives und passives Wahlrecht

17   **Wahlberechtigt,** d. h. Inhaber des aktiven Wahlrechts, sind die Bürger der jeweiligen Gemeinde, d. h. alle Deutschen i. S. v. Art. 116 I GG sowie alle EU-Ausländer nach Vollendung eines jeweils festgelegten Lebensjahres (ab 16) und einer jeweils festgelegten Wohnsitzdauer (mit Unterschieden in den einzelnen Bundesländern; vgl. bereits Rdnr. 8). Die Bestimmungen über das passive Wahlrecht (die **Wählbarkeit**) knüpfen hieran an, sehen jedoch teilweise eine längere Dauer der Ansässigkeit im Gemeindegebiet und/oder ein höheres Lebensalter vor (zur Wählbarkeit von EU-Ausländern vgl. sogleich Rdnr. 19 ff.).

Keinen Ausschluss von der Wahlberechtigung (also keine sog. Ineligibilität, **18** welche verfassungswidrig wäre; BVerfGE 12, 73 [77]; BVerfGE 57, 43 [66]; *Beaucamp*, DVBl. 2009, 1006) statuieren die in den Kommunalwahlgesetzen enthaltenen Vorschriften über die **Inkompatibilität**, d. h. die Unvereinbarkeit von Amt und Mandat unter bestimmten Voraussetzungen (Basis: Art. 137 I GG). **Beispiele:** Ein bei der Staatsaufsicht tätiger Beamter kann nicht gleichzeitig Mitglied des Gemeinderats sein (OVG NRW, NWVBl. 2002, 464), ein Angestellter des eine Gemeinde in Schleswig-Holstein verwaltenden Amtes ebenfalls nicht (BVerwG, DVBl. 2003, 273). Daneben gibt es in den Kommunalwahlgesetzen Vorschriften, die an der Übernahme eines Mandats bei persönlichen Beziehungen (rechtswidrig ist aber die Unvereinbarkeit einer gleichzeitigen Mitgliedschaft früherer Ehegatten im Gemeinderat: BVerfGE 93, 373) bzw. bei wirtschaftlicher Abhängigkeit (z. B. gleichzeitige Mitgliedschaft von Handwerksmeister und Geselle in einem Gemeinderat) hindern.

Die in den Kommunalwahlgesetzen aller Bundesländer vorgese- **19** hene Wahlberechtigung für **EU-Ausländer** beruht auf einer Umsetzung der Richtlinie 94/80/EG des Rates vom 19.12.1994 (ABl. Nr. L 368, S. 38). Die Grundlage im Primärrecht der EU (vgl. allg. § 4 Rdnr. 10) bildet nunmehr Art. 20 II 2 lit. b) i. V. m. Art. 22 I AEU. Überdies ist das von der Staatsangehörigkeit unabhängige Kommunalwahlrecht innerhalb der EU durch Art. 40 der Charta der Grundrechte der EU (vgl. § 4 Rdnr. 10) abgesichert. Europarechtlich gesehen bildet das kommunale Ausländerwahlrecht einen wichtigen Bestandteil der im Jahre 1992 mit dem Vertrag von Maastricht eingeführten sog. Unionsbürgerschaft (Art. 20 ff. AEU).

Um verfassungsrechtliche Zweifel auszuschließen, wurde durch **20** Gesetz vom 21.12.1992 (BGBl. I, 2086) das Grundgesetz **um Art. 28 I 3** ergänzt. Danach sind „auch Personen, die die Staatsangehörigkeit eines Mitgliedstaates der Europäischen Gemeinschaft besitzen", nach Maßgabe von deren Recht „bei Wahlen in Kreisen und Gemeinden … wahlberechtigt und wählbar".

Zuvor hatte das BVerfG entschieden, dass ohne eine ausdrückliche Verfas- **21** sungsänderung die Einführung des kommunalen Ausländerwahlrechts in

Deutschland nicht möglich gewesen wäre (BVerfGE 83, 37; BVerfGE 83, 60; aus der Diskussion dieser Zeit und zu den wichtigsten Konsequenzen: *Engelken*, NVwZ 1995, 433; *Burkholz*, DÖV 1995, 816; *Hasselbach*, ZG 1997, 49; *Grube/Ulrich*, BayVBl. 1998, 746; *Pieroth/Schmülling*, DVBl. 1998, 365).

22   Nach dem Gesamtkonzept des Grundgesetzes für die **demokratische Legitimation** bildeten ausschließlich Deutsche das Volk i. S. v. Art. 20 II, 28 I 2 GG. Das bedeutet, dass für alle Gebietskörperschaften eine einheitliche demokratische Legitimationsgrundlage besteht, wodurch der besonderen Stellung der kommunalen Gebietskörperschaften im Aufbau des demokratischen Staates Rechnung getragen wird. Diese Auffassung stärkt zugleich den Stellenwert der kommunalen Selbstverwaltung. Die daraufhin erfolgte Verfassungsänderung ist fraglos auch mit Art. 79 III GG vereinbar. Eine Erweiterung auf Angehörige anderer Staaten ist demnach ausgeschlossen.

23   In den Kommunal- bzw. Kommunalwahlgesetzen aller Bundesländer sind die EU-Ausländer hinsichtlich der Wahlberechtigung einschließlich der Teilnahmeberechtigung bei Bürgerbegehren und -entscheiden den deutschen Staatsangehörigen grundsätzlich gleichgestellt. Dies ist verfassungsgemäß, weil Art. 28 I 3 GG entgegen seinem Wortlaut („Wahlen") im Zusammenspiel mit Art. 20 II GG so zu lesen ist, dass auch die „Abstimmungen" mitumfasst sind (str.; a. A. *Schröder*, in: Achterberg/Püttner/Würtenberger (Hrsg.), Besonderes Verwaltungsrecht, 2. Aufl. 2000, Rdnr. 55 m. w. N.). Ausnahmen gibt es in Bayern (Art. 39 I Nr. 1 BayGLKrWahlG) und Sachsen (§ 49 I 1 GO), wo EU-Ausländer nicht zum Bürgermeister gewählt werden können. Diese Bestimmungen können allerdings noch auf Art. 5 III der EG-Richtlinie zurückgeführt werden, die einen Ausschluss der Unionsbürger von bestimmten Ämtern für zulässig erklärt (vgl. auch BVerfG, NVwZ 1999, 293).

3. Wahlverfahren und Wahlgrundsätze

24   Das **Verfahren** im Vorfeld und bei der Durchführung der eigentlichen Wahl ist detailliert in den Kommunalwahlgesetzen der Länder geregelt. Die Vorschriften betreffen u. a. die Wahlorgane, die Einteilung in Wahl- und Stimmbezirke, die Aufstellung von Wählerverzeichnissen und die Einreichung von Wahlvorschlägen, die Anwesenheit im Wahllokal und den Vorgang der Auszählung. Zahlreiche dieser Einzelheiten bieten bei konkret bevorstehenden bzw. durchgeführten Wahlen immer wieder Anlass zu Rechtsstreitigkeiten.

Das Erfordernis eines Unterschriftenquorums bei der Einreichung von 25
Wahlvorschlägen ist grundsätzlich statthaft (BVerfGE 6, 121 [130]; BVerfGE
12, 10 [27]; VerfGH LSA, DÖV 2001, 556; ausführlich *Lege,* Unterschriften-
quoren zwischen Parteien, Staat und Selbstverwaltung, 1996).

Große Unterschiede bestehen in den einzelnen Ländern bei der 26
Festlegung und Ausgestaltung des jeweiligen **Wahlsystems.** Hier
sind innerhalb des durch Art. 28 I 2 GG abgesteckten Spielraums teilweise komplizierte Mischsysteme entstanden (BVerwG, NVwZ 2003,
157, mit der Formulierung einer Pflicht zur Folgerichtigkeit innerhalb des einmal gewählten Systems). Durchgehend wird dem Grundsatz nach das **Verhältniswahlsystem** praktiziert, bei dem die Sitzverteilung im Verhältnis der für die Wahlvorschläge abgegebenen
Stimmen erfolgt. In zahlreichen Bundesländern ist dies aber um personelle Elemente ergänzt worden, so etwa in Baden-Württemberg,
wo die Wahlberechtigten Bewerber aus anderen Wahlvorschlägen
auf ihre „Favoritenliste" übertragen können (sog. Panaschieren).

Das System der Mehrheitswahl, bei dem Bewerber direkt gegeneinander 27
kandidieren und derjenige mit der höchsten Stimmenzahl den Sitz erringt, ist
nur unter engen Voraussetzungen, insbesondere wenn eine oder gar keine
Liste eingereicht worden ist, vorgesehen. Bei der Berechnung finden in den
verschiedenen Ländern sowohl das *d'Hondtsche* Verfahren als auch das Verfahren *Hare/Niemeyer* bzw. (so seit 2009 in NRW) das „Divisorverfahren
mit Standardrundung" nach *Sainte-Laguë/Schepers* Anwendung. Findet eine
automatisierte Stimmenauszählung statt, so sind die vom BVerfG hierfür
(BVerfGE 123, 39) aufgestellten Grundsätze zu beachten (so für das Kommu-
nalwahlverfahren auch VerfGH Rh.-Pf., NVwZ 2012, 106).

Die kommunalwahlrechtlichen Vorschriften müssen ebenso wie 28
ihre Auslegung und Anwendung im Einzelfall mit den in Art. 28 I 2
GG normierten **Wahlgrundsätzen** vereinbar sein. Dazu gehört nach
Auffassung des VerfGH NRW (DVBl. 2009, 516) auch eine Terminierung der Kommunalwahl dahingehend, dass zwischen der Wahl
und der Konstituierung neu gewählter Gremien äußerstenfalls 3 Monate liegen dürfen. Die ursprünglich vorgesehene Zusammenlegung
der Kommunalwahlen 2009 mit den Europawahlen 2009 an ein- und
demselben Tag wurde daher für verfassungswidrig erklärt, weil zwischen dem Tag der Europawahlen am 24. Juni 2008 und der am
21.10.2009 beginnenden neuen Kommunalwahlperiode ein zu langer
Abstand liege (krit. hierzu *Waldhoff,* JZ 2009, 144; weitergehend
Droege, DÖV 2009, 649; zur Situation ab 2014 *Schoenemann,*
NWVBl. 2009, 165). In dem sich hieran anschließenden weiteren Kla-

geverfahren hat der VerfGH sodann festgestellt, dass die durch den Innenminister vorgenommene Terminierung der Kommunalwahlen auf Ende August 2009 (und somit nur wenige Wochen vor, und insbesondere getrennt von der Bundestagswahl im September 2009) hingegen nicht verfassungsrechtliche Vorgaben verletze. Der Gesetzgeber sei grundsätzlich frei in seiner Entscheidung, ob er mit einer Zusammenlegung von Wahlterminen auf eine Erhöhung der Wahlbeteiligung hinwirken wolle, oder ob es ihm stärker darum gehe, die Kommunalwahl in der gesteigerten öffentlichen Aufmerksamkeit der Bundestagswahl nicht gleichsam untergehen zu lassen (NWVBl. 2009, 309: Qualifizierung als „staatsorganisatorischer Akt mit Verfassungsfunktion", durch den weder gegen das Recht auf Chancengleichheit der politischen Parteien noch gegen das Willkürverbot verstoßen worden sei). Verstöße gegen einen der Grundsätze unterliegen einer gesteigerten verfassungsrechtlichen Rechtfertigung. Während der Grundsatz der **freien Wahl** bei Einflussnahmen kommunaler Amtsträger im Vorfeld der Wahl (etwa durch werbende Aussagen durch den Bürgermeister im Amtsblatt der Gemeinde oder durch Begünstigungen einzelner Gruppierungen bei der Zurverfügungstellung öffentlicher Einrichtungen) beeinträchtigt sein kann, ist der Grundsatz der **allgemeinen Wahl** durch die für die Wahl zum Bürgermeister teilweise (vgl. § 13 Rdnr. 5 f.) vorgesehenen Altersgrenzen berührt. Diese können (BVerfG, DVBl. 1994, 43; NVwZ 1997, 1207) mit dem Argument gerechtfertigt werden, dass mit zunehmendem Alter die Gefahr einer Beeinträchtigung der Leistungsfähigkeit größer wird und somit dem Interesse der Allgemeinheit an einer kontinuierlichen und effektiven Amtsführung nicht ausreichend Rechnung getragen wird.

Beispiele für die Beurteilung von Wahlbeeinflussungen: Aufruf zur Wiederwahl des Landrats durch 37 Bürgermeister kreisangehöriger Gemeinden in Zeitungsanzeige (BVerwG, NVwZ 1997, 1220); Wahlwerbeanzeige im Amtsblatt der Gemeinde und Eintreten von Amtsträgern benachbarter Gemeinden für einen bestimmten Kandidaten (OVG Rh.-Pf., DÖV 2001, 830); Wahlbeeinflussung durch Vorenthaltung von wahlkampfrelevanten Informationen (BVerwG, NVwZ 2003, 983; in Dortmund haben im Frühjahr 2010 unzutreffende bzw. fehlende Berichte über die Haushaltslage der Stadt zur Wahlwiederholung geführt, wodurch bundesweit das „Recht auf Wahrheit" (*Beckmann/Wittmann*, NWVBl. 2010, 89; vgl. nun OVG NRW, DVBl. 2012, 588) im politischen und rechtlichen Bewusstsein gestärkt worden sein dürfte.). Kein Fall der amtlichen, sondern allenfalls einer „unter besonderem Druck vorgenommenen" privaten Wahlbeeinflussung kann im Verhalten von Parteien und auch von Fraktionen liegen (OVG NRW, NVwZ 2006, 363; vertiefend *Oebbecke*, NVwZ 2007, 30). Zur Neutralitätspflicht auf der Ebene von Bezirken und Ortschaften vgl. *Rhein/Zitzens*, NWVBl. 2009, 345.

Besonders wichtig ist der Grundsatz der **Gleichheit der Wahl.** Er **29** ist in strenger, formalisierter Weise zu handhaben, d. h. Differenzierungen innerhalb der Wahlberechtigten bzw. der wählbaren Personen bedürfen eines zwingenden Grundes. Der allgemeine Gleichheitssatz des Art. 3 I GG ist durch Art. 28 I 2 GG verdrängt. Chancengleichheit bei der Wahl bedeutet möglichst gleich große Wahlbezirke (BVerwG, NVwZ 2009, 723), insbesondere, dass grundsätzlich jeder Wähler die gleiche Stimmenzahl hat (gleicher Zählwert) und jede Stimme bei der Umsetzung der Stimmen in die Zuteilung von Sitzen berücksichtigt wird (gleicher Erfolgswert). Dies ist nicht gewährleistet, wenn sog. **Sperrklauseln** (v. a.: 5 %-Klausel) bestehen. Das BVerfG hat die 5 %-Klausel aber im Hinblick auf das Ziel der Sicherung der Funktionsfähigkeit der Kommunalvertretungen lange Zeit für rechtfertigungsfähig erklärt (BVerfGE 47, 253 [277 ff.]; bestätigt durch BVerfG, DVBl. 2003, 929; deutlich strenger werdend: BVerfG, DVBl. 2008, 443; vgl. zum Ganzen *Puhl*, in: Depenheuer u. a. [Hrsg.], FS Isensee, 2007, 441; *Krajewski*, DÖV 2008, 345). Die Sperrklausel vermeidet eine Aufspaltung der Gemeindevertretungen in viele kleine Gruppen, welche die Bildung einer stabilen Mehrheit erschweren oder verhindern könnten.

Bei einer Änderung der tatsächlichen Rahmenbedingungen (konstatiert für **30** NRW vom VerfGH NRW in seinem Urteil OVGE 44, 301, infolge Wegfalls der Wahl des Hauptverwaltungsbeamten [Bürgermeister] durch den Gemeinderat; Absenkung der Wahlberechtigung auf 16 Jahre und Einbeziehung der EU-Ausländer) kann die Verfassungsmäßigkeit einer bislang praktizierten Sperrklausel abweichend zu beurteilen sein (so zuletzt BVerfG, DVBl. 2008, 443 [447 f.] für Schleswig-Holstein). Findet der Wahlgesetzgeber in diesem Sinne veränderte Umstände vor, muss er sie berücksichtigen und ggf. die Gesetzeslage korrigieren (so konkret gefordert für NRW durch VerfGH NRW, NWVBl. 1999, 383, und hierzu *König*, JA 2000, 278; daraufhin hat der Gesetzgeber die Sperrklausel ganz abgeschafft). Im Dezember 2008 hat der VerfGH (DVBl. 2009, 250) entschieden, dass die gleichen Beurteilungsgrundsätze auch im Hinblick auf die bis dahin im KWahlG geregelte Modifizierung im Berechnungssystem (sog. Mindestsitzklausel) anwendbar seien; danach sind Parteien und Wählergruppen bei der Sitzzuteilung unberücksichtigt geblieben, die nicht mindestens eine Zahl von 1,0 für einen einzigen Sitz erreicht hatten. Der VerfGH hält die dadurch bewirkte Ungleichgewichtung der Wählerstimmen für im Ergebnis nicht rechtfertigungsfähig. In der Folge dieser

Entscheidung hat die in vielen Städten bestehende Furcht vor zersplitterten Ratsgremien neue Nahrung bekommen. Eine u. U. in der nächsten Legislaturperiode angegangene Veränderung in diesem Bereich hängt letztlich von der nur empirisch möglichen Beantwortung der Frage ab, ob tatsächlich die Funktionsfähigkeit der Kommunalvertretungen gefährdet ist. Wie der VerfGH in der letztgenannten Entscheidung erneut betont hat, genügt der durchaus plausible Hinweis auf die „Schwerfälligkeit in der Meinungsbildung" nicht. Explizit heißt es: „Nicht jeder Konflikt und nicht jede politische Auseinandersetzung in den Kommunalvertretungen kann als Störung der Funktionsfähigkeit angesehen werden."

4. Rechtsschutz

31   Werden subjektive Rechte einzelner Wahlbewerber oder von Wahlberechtigten verletzt, ist gem. Art. 19 IV GG Rechtsschutz zu gewähren. Die Ausgestaltung des Rechtsschutzes unterliegt allerdings einer Reihe von **Besonderheiten.** Dies hat seinen Grund darin, dass die Wahl an einem bestimmten Termin stattfindet, weswegen ein effektiver Rechtsschutz vor der Wahl häufig kaum zu gewährleisten ist (zum nur höchst ausnahmsweise möglichen „Vorfeldrechtsschutz" vgl. *Lund,* NVwZ 2009, 1083) und nach der Wahl das Gesamtergebnis nicht mehr ohne weiteres in Frage gestellt werden kann. In den Kommunalwahlgesetzen der Länder finden sich Regelungen über die verwaltungsinterne Kontrolle (auf der Ebene der Gemeinde bzw. auf der Ebene der Aufsichtsbehörden) bis hin zum sog. Wahlprüfungsverfahren, das zu den Verwaltungsgerichten führt (vgl. z. B. OVG NRW, NWVBl. 2011, 190). Zum Erfolg (d. h. zur Ungültigerklärung der Wahl) kann ein Wahlprüfungsverfahren nur führen, wenn dargetan ist, dass der festgestellte Wahlfehler kausal für die Sitzverteilung gewesen ist (vgl. BVerwG, NVwZ 2003, 983). Die das passive Wahlrecht gewährleistenden Grundsätze der Allgemeinheit und Gleichheit der Wahl (vgl. Rdnr. 28 f.) werden bei Wahlen auf kommunaler Ebene durch Art. 38 I 1 GG nicht auch subjektivrechtlich ermittelt (BVerfG, NVwZ 2009, 776).

Literatur: *Weber,* Grundfälle zum Rechtsschutz im Kommunalwahlrecht, insbesondere zur Wahlprüfung, JuS 1989, 902; *Oebbecke,* Rechtsprechungsanalyse: Der Grundsatz der gleichen Wahl im Kommunalwahlrecht, DV 31 (1998), 219; *Meyer,* Kommunalwahlrecht, in: HdbKWP, Band 1, 2007, 391; *von Lennep/Wellmann,* Die Änderung des Kommunalwahlrechts in NRW, NWVBl. 2008, 98; *Gärditz,* Kommunale Wahlkampfkostenfinanzierung zwischen Parteienautonomie und Wahlrecht, BayVBl. 2008, 72.

III. Bürgerbegehren und Bürgerentscheid

Während auf der Ebene der Bundespolitik im Grundgesetz be- 32
kanntlich keine plebiszitären Elemente vorgesehen sind, spielen sie
auf der kommunalen Ebene eine große Rolle. Allein in Nordrhein-
Westfalen sind seit Einführung des Bürgerbegehrens im Jahre 1994
weit über 400 Bürgerbegehren formuliert worden, in Bayern liegt
die Zahl traditionell noch weit höher (*Knemeyer*, BayVBl. 2011,
681). In den Gemeindeordnungen aller Bundesländer[11] sind, teilweise
erst in der jüngeren Vergangenheit, umfangreiche Vorschriften geschaffen worden. Sie halten sich grundsätzlich innerhalb des grundgesetzlich vorgegebenen Rahmens (Homogenitätsgebot des Art. 28 I
1 GG, Selbstverwaltungsgarantie des Art. 28 II GG).

1. Plebiszitäre Elemente auf Gemeindeebene

Die Krone der plebiszitären Möglichkeiten auf Gemeindeebene ist 33
das Bürgerbegehren. Mit ihm können die Bürger einer Gemeinde be-
antragen, dass sie anstelle des Gemeinderates über eine Angelegenheit
der Gemeinde selbst entscheiden. Diese Entscheidung ist der sog.
Bürgerentscheid. Die Zulassung von Bürgerbegehren eröffnet den
Selbstverwaltungsbürgern zusätzlich **Spielräume der politischen Gestaltung**. Sie ist daher geeignet, der Politikverdrossenheit entgegenzuwirken: Indem die Selbstverwaltungsbürger unmittelbar über ihre
eigenen Angelegenheiten entscheiden können, werden Identifikation
und Engagement auf der Gemeindeebene gestärkt. Neben die Teilnahme an den Wahlen zum Gemeinderat bzw. des Bürgermeisters
tritt die Teilnahme an der „Abstimmung" (i. S. d. Art. 20 II 2 GG)
über den Bürgerentscheid. In einigen Gemeindeordnungen[12] kann
ein Bürgerentscheid nicht nur durch Bürgerbegehren, sondern auch
durch Beschluss des Gemeinderats initiiert werden.

Trotz der eben beschriebenen Vorzüge wäre es ausgeschlossen, 34
weite Bereiche der gemeindepolitischen Gestaltung dem Bürgerbegehren bzw. dem Bürgerentscheid zuzuweisen. Denn das grundge-
setzliche Leitbild der politischen Willensbildung ist auch auf ge-

---

11 § 21 GO BW; Art. 18 BayGO; § 15 BbgKVerf; § 8 b HessGO; § 20 KV MV; §§ 32 f.
NdsKomVG; § 26 GO NRW; § 17 a GO Rh.-Pf.; § 21 a KSVG; § 25 SächsGO; § 25
GO LSA; § 16 c GO SH; § 17 ThürKO.
12 § 21 I GO BW; Art. 18 a II BayGO; § 26 I 2 u. 3 GO NRW (sog. Ratsbürgerent-
scheid); § 20 III KV MV; § 16 c I GO SH.

meindlicher Ebene das der **repräsentativen Demokratie** (vgl. Art. 20
II 2, 28 I 2 GG). Das Leitorgan der Selbstverwaltungskörperschaft
Gemeinde ist der Gemeinderat, der durch die schrankenlose Zulassung von Bürgerbegehren bzw. Bürgerentscheiden geschwächt
würde. Demzufolge werden an die Zulässigkeit von Bürgerbegehren
verschiedene Anforderungen gestellt (vgl. sogleich II). Dem Schutz
der repräsentativen Gemeindedemokratie und damit der Entschei-
dungskompetenzen des Gemeinderates dient vor allem das Erfordernis eines Quorums: So muss ein Bürgerbegehren in Gemeinden bis
10 000 Einwohnern beispielsweise in Nordrhein-Westfalen von
10 % der Bürger unterzeichnet sein.

35   Neben dem auf die Herbeiführung eines Bürgerentscheids gerichteten Bürgerbegehren gibt es folgende plebiszitäre Elemente auf Gemeindeebene (wobei in einigen Bundesländern teilweise auch die Einwohner einbezogen sind; vgl. Rdnr. 5):
– Die **Bürgerversammlung,**[13] die die Unterrichtung der und den
  Austausch mit den Bürger(n) über wichtige Gemeindeangelegen-
  heiten zum Ziel hat. In manchen Gemeindeordnungen besteht
  eine Pflicht zur Einberufung, wenn ein bestimmter prozentualer
  Anteil der Bürgerschaft bzw. der Gemeinderat dies verlangt. Die
  Bürgerversammlung kann keine Entscheidungen treffen, sondern
  nur Vorschläge machen und Anregungen geben.
– Den **Bürgerantrag,**[14] mit dem die Bürger bzw. Einwohner verlangen können, dass der Gemeinderat eine bestimmte Angelegenheit
  behandelt. Der Antrag muss bestimmten Zulässigkeitsvoraussetzungen entsprechen, insbesondere ist ein Unterschriftenquorum
  vorgesehen. Gegen die Zurückweisung eines Bürgerantrags kann
  Verpflichtungsklage erhoben werden. Durch einen zulässigen Bürgerantrag kann der Gemeinderat nur dazu verpflichtet werden,
  sich mit der betreffenden Angelegenheit zu befassen. In der Sache
  bleibt seine Entscheidungskompetenz unangetastet.

---

13 § 20 a GO BW; Art. 18 BayGO; § 13 I 2 BbgKVerf (Einwohner); § 8 a HessGO; § 16
GO Rh.-Pf. (Einwohner); § 22 SächsGO (Einwohner); § 27 I GO LSA; § 15 I
ThürKO (Einwohner).
14 § 20 b GO BW; Art. 18 b BayGO; § 14 BbgKVerf (Einwohner); § 18 KV MV; § 31
NdsKomVG (Einwohner); § 25 GO NRW (Einwohner); § 17 GO Rh.-Pf. (Einwoh-
ner); § 21 KSVG (Einwohner); § 23 SächsGO (Einwohner); § 24 GO LSA (Einwoh-
ner); § 16 b GO SH (Einwohner); § 16 ThürKO (Einwohner).

– Die **konsultative Bürgerbefragung**[15] zielt auf die Anhörung von Bevölkerungsteilen, die von bestimmten Entscheidungen betroffen sein können.

Nicht zu den durch die Gemeindeordnungen eröffneten plebiszitären Ele- **36** menten gehört die politisch durchaus bedeutsame Option der Gründung einer Bürgerinitiative. In ihr schließen sich typischerweise Personen zusammen, die von einer bestimmten Entscheidung (z. B. Schließung einer Schule; Errichtung einer Mobilfunkanlage etc.) betroffen sind. Verfassungsrechtliche Grundlage dieser Aktivitäten ist die Vereinigungsfreiheit des Art. 9 I GG i. V. m. der Meinungsfreiheit des Art. 5 I GG.

2. Zulässigkeit eines Bürgerbegehrens

Hinsichtlich der in den Gemeindeordnungen formulierten Zuläs- **37** sigkeitsvoraussetzungen gibt es keine feststehende Prüfungsreihenfolge. Auch macht die etwa bei der Prüfung von Klagen übliche Unterteilung zwischen formellen und materiellen Gesichtspunkten hier keinen rechten Sinn, weil an die Zuordnung zu der einen oder anderen Kategorie keine Rechtsfolgen geknüpft sind. Entscheidend ist, dass alle Zulässigkeitsvoraussetzungen vorliegen müssen, damit der Gemeinderat feststellen kann, ob das Bürgerbegehren zulässig ist. Diese Entscheidung des Gemeinderats ist das Ziel der das Bürgerbegehren unterzeichnenden Bürger.

a) Bürgerbegehrensfähige Angelegenheiten. Die verschiedenen **38** Gemeindeordnungen stellen in strukturell unterschiedlicher, inhaltlich jedoch weitgehend vergleichbarer Weise Anforderungen an die Angelegenheiten, die überhaupt bürgerbegehrensfähig sind. **Teilweise** werden **positive Anforderungen** formuliert, und zwar dahingehend, dass es sich um „wichtige Angelegenheiten" nach näherer inhaltlicher Charakterisierung handeln muss (z. B. §§ 25 I, 26 II GO LSA; § 16 c I GO SH; § 17 I ThürKO).

In allen Gemeindeordnungen finden sich **Negativkataloge** mit **39** Angelegenheiten, die nicht Gegenstand eines Bürgerbegehrens sein können. Gleichgültig, ob in der jeweiligen Gemeindeordnung ausdrücklich festgelegt oder nicht, können jedenfalls nur solche Angelegenheiten bürgerbegehrensfähig sein, für die die Gemeinde die Verbandskompetenz besitzt (vgl. § 6 Rdnr. 14 ff.) und für die nach der

---

15 § 33 IV GO BW; § 17 I 2 BbgKVerf (Einwohnerfragestunde); § 17 KV MV; § 35 NdsKomVG; § 16 a GO Rh.-Pf. (Fragestunde); § 20 b KSVG (Einwohner); § 44 III, IV SächsGO; § 27 II GO LSA (Fragestunde); § 16 c GO SH.

gemeindeinternen Zuständigkeitsverteilung (vgl. § 12 Rdnr. 18 ff.) der Gemeinderat zuständig ist. Eine weitere unabdingbare Voraussetzung, die sich bereits aus Art. 20 III GG (Vorrang des Gesetzes) ergibt, besteht darin, dass nur Anträge, die ein gesetzmäßiges Ziel verfolgen, zulässig sein können. Häufig zu finden sind Ausschlussklauseln betreffend Angelegenheiten mit Finanzbezug (dazu *Müller-Franken*, in: Gornig/Kramer/Volkmann, FS Frotscher, 2007, 657); so ist in allen Ländern die Haushaltssatzung ausgeschlossen und vielfach ist auch die Erhebung von Abgaben nicht bürgerbegehrensfähig. Weitere wichtige Fallgruppen betreffen die interne Organisation und die Abläufe innerhalb der Gemeinde sowie komplexe Planungsentscheidungen (Bauleitpläne [vgl. nun aber § 26 V 1 Nr. 5 GO NRW, wonach betreffend „die Einleitung des Bauleitplanverfahrens" ein Bürgerbegehren statthaft ist; allg. *Koch*, in: Mehde u. a. [Hrsg.], FS Bull, 2011, 203] und Planfeststellungsbeschlüsse, da aufwendige Verfahrensregelungen bestehen, die ein Ergebnis sicherstellen sollen, das nicht in eine schlichte Ja- oder Nein-Frage [wie beim Bürgerentscheid] gegossen werden kann).

Beispiele: Für nicht bürgerbegehrensfähig qualifiziert wurde die Erhebung von Parkgebühren bzw. die Aufstellung von Parkscheinautomaten (VG Düsseldorf, NWVBl. 1999, 684; VG Köln, NVwZ-RR 2000, 455; Nds-OVG, NdsVBl. 2000, 127); ferner die Aussetzung der Vollziehung von Beitragsbescheiden (BayVGH, BayVBl. 2004, 54) und die Änderung eines Abfallwirtschaftskonzepts, da es sich hierbei um eine komplexe Abwägungsentscheidung im Anschluss an ein eigenständiges Verfahren handle (OVG NRW, NWVBl. 2002, 346). Zahlreiche weitere Nachweise sind in der Rechtsprechungsanalyse von *Oebbecke*, DV 37 (2004), 105, dokumentiert; vgl. ferner OVG NRW, KommJur 2007, 454 (differenzierte Betrachtung des Ausschlusstatbestands „Bauleitpläne").

40   Die Palette der in den verschiedenen Bundesländern in den vergangenen Jahren durchgeführten Bürgerbegehren ist ein Spiegelbild der jeweiligen **politischen Schwerpunkte.** So werden, teilweise durch überregionale Gruppierungen unterstützt, seit einigen Jahren verstärkt Bürgerbegehren über die Statthaftigkeit von Privatisierungen (etwa der Stadtwerke; zur Privatisierung vgl. § 17 Rdnr. 68 ff.), zum Finanzierungsinstrument des sog. Cross-Border-Leasing (vgl. dazu § 18 Rdnr. 8) sowie zu Verkehrsberuhigungskonzepten und, vermehrt, zur Schließung von öffentlichen Einrichtungen (Schwimmbäder, Bibliotheken etc.; vgl. dazu § 16 Rdnr. 1 ff.) initiiert. Weltweites Aufsehen haben die Auseinandersetzungen um die den Status des

Dresdner Elbtals bedrohende „Waldschlösschenbrücke" erregt (SächsOVG, DÖV 2007, 564; BVerwG, NVwZ 2007, 1420)

b) Quoren. Das Bürgerbegehren muss von einer bestimmten An 41
zahl von Bürgern unterzeichnet sein, wobei die Quoren in der Regel
nach der Gemeindegröße gestaffelt sind. Dabei bestehen große Unterschiede im Einzelnen. Während in Nordrhein-Westfalen je nach
Gemeindegröße ein Quorum von 3–10 % der Bürger genügt, ist in
Sachsen ein Quorum von 15 % der Bürger erforderlich (vgl. aber
§ 25 I SächsGO).

c) Anforderungen an die Form. Bürgerbegehren müssen schrift 42
lich eingereicht werden und die zur Entscheidung zu bringende
Frage, die mit Ja/Nein zu beantworten sein muss, nebst Begründung
formulieren. In den meisten Bundesländern ist überdies vorgesehen,
dass sie einen Vorschlag für die Deckung der Kosten der verlangten
Maßnahme enthalten. Ferner müssen einige Personen (in der Regel
drei) benannt werden, die berechtigt sind, die Unterzeichnenden zu
vertreten. Teilweise (so jetzt in § 26 II 2 GO NRW) wird ausdrücklich gefordert, dass sie „Bürger" sein müssen.

d) Frist. Ein erstes Fristerfordernis ergibt sich daraus, dass nur sol 43
che Angelegenheiten bürgerbegehrensfähig sind, die nicht innerhalb
eines bestimmten Zeitraums (1–3 Jahre) bereits Gegen- stand eines
Bürgerbegehrens bzw. Bürgerentscheids gewesen sind. Im übrigen
ist zu differenzieren: **Initiierende Bürgerbegehren,** die sich nicht gegen einen bestimmten Ratsbeschluss wenden, sondern selbst einen
neuen Gegenstand aufwerfen (z. B. Einrichtung der Ganztagsbetreuung an einer Grundschule), sind nicht fristgebunden. **Kassierende Bürgerbegehren,** also solche, die sich gegen einen Ratsbeschluss richten (z. B.: über die Schließung des gemeindeeigenen
Schwimmbades), sind nur innerhalb einer bestimmten Frist ab dem
angegriffenen Gemeinderatsbeschluss zulässig.

3. Zwischen Bürgerbegehren und Bürgerentscheid

Ist ein Bürgerbegehren eingereicht worden, so hängt der weitere 44
Ablauf von der Entscheidung des Gemeinderates[16] ab:

---

16 In Mecklenburg-Vorpommern: § 20 V 4 KV MV (Gemeindevertretung im Benehmen
mit der Rechtsaufsichtsbehörde); in Niedersachsen: des Verwaltungsausschusses (§ 32
VII NdsKomVG); in Schleswig-Holstein: der Aufsichtsbehörde (§ 16 c V 2 GO SH).

– Wenn der Gemeinderat das Bürgerbegehren **für zulässig erklärt,** muss er sich inhaltlich auf die formulierte Frage einlassen. In einer Gemeinderatssitzung ist daher darüber zu entscheiden, ob dem Bürgerbegehren inhaltlich entsprochen werden soll. Trifft der Gemeinderat diese Entscheidung, so unterbleibt ein Bürgerentscheid und die weitere Rechtslage ergibt sich aus dem betreffenden Gemeinderatsbeschluss. Entspricht der Rat dem zulässigen Bürgerbegehren nicht, so ist innerhalb einer bestimmten Frist ein **Bürgerentscheid** durchzuführen. Die den Bürgern dadurch vorgelegte Frage ist in dem Sinne entschieden, in dem sie von der Mehrheit der gültigen Stimmen beantwortet wurde. Diese Mehrheit muss wiederum einem bestimmten Anteil der Bürgerschaft entsprechen (Beispiel: Gemäß § 26 VII 2 GO NRW 20 % der Bürger bei 50.000 Einwohnern und, seit Ende 2011 [nur] 10 % bei 100.000 Einwohnern).

Der Bürgerentscheid hat sodann die Wirkung eines Gemeinderatsbeschlusses, was auch bedeutet, dass er der Staatsaufsicht (vgl. § 8) unterliegt. Allerdings besteht insoweit kein Beanstandungsrecht des Bürgermeisters (vgl. dazu § 13 Rdnr. 17 f.). Der Bürgerentscheid entfaltet ferner eine Sperrwirkung, d. h. er kann grundsätzlich (zu Durchbrechungen im Falle von rechtswidrigen oder überholten Bürgerbescheiden vgl. *Stapelfeldt/Siemko*, NVwZ 2010, 419) erst nach Ablauf einer bestimmten Frist (zumeist 2 Jahre) durch den Gemeinderat wieder verändert werden.

– Entscheidet der Gemeinderat, dass das **Bürgerbegehren unzulässig** ist, so kann kein Bürgerentscheid durchgeführt werden. In diesem Falle müssen die Vertreter des Bürgerbegehrens Rechtsschutz suchen (vgl. sogleich).

4. Rechtsschutz

45   Rechtsschutzbegehren können im Zusammenhang mit der Durchführung von Bürgerbegehren bzw. Bürgerentscheiden in den verschiedenen Stadien formuliert werden. In allen denkbaren Konstellationen lauten die Grundfragen dahingehend, wem das geltend gemachte Recht zusteht, um welche Art Recht es sich handelt (im Innen- oder im Außenrechtsverhältnis) und welche Klageart somit zur Verfügung steht. Ganz im Vordergrund von Praxis und Klausur steht der Rechtsschutz gegen die Entscheidung des Gemeinderats, das Bürgerbegehren für unzulässig zu erklären. Wenig aussichtsreich sind Rechtsschutzbegehren gegen Äußerungen der Gemeindeorgane (Gemeinderat und v. a. Bürgermeister) während der Sammlung der Unterschriften oder in späteren Verfahrensstadien. Denn die Gemeindeorgane unterliegen bei ihren Äußerungen keinem Neutralitätsgebot wie bei Wahlen (vgl. dazu Rdnr. 28). Vielmehr können sie sogar gehalten sein, „öffentlich zu dem Sachbegehren wertend Stellung zu nehmen" (OVG NRW, NWVBl. 2004, 151).

a) Gegen die Unzulässigerklärung durch den Gemeinderat. 46 Nach vorherrschender und zutreffender Auffassung kann gegen die Feststellung des Gemeinderats, das Bürgerbegehren sei unzulässig, auf dem Verwaltungsrechtsweg Rechtsschutz mit der **Verpflichtungsklage** erlangt werden. Dies ergibt sich in einigen Gemeindeordnungen unmittelbar aus dem Gesetz (vgl. z. B. § 21 VIII GO BW i. V. m. § 41 II KommWahlG BW; § 26 VI 2 GO NRW [„Rechtsbehelf"]) und folgt in den übrigen Bundesländern aus einer systematischen Betrachtung des Gesamtzusammenhangs. Der Gemeinderatsbeschluss entfaltet Außenwirkung i. S. d. § 35 VwVfG, weil er die durch die Gemeindeordnung, d. h. einfachgesetzlich, begründeten demokratischen Teilhaberechte (status activus) der Bürger beeinträchtigt. Das die Klagebefugnis gem. § 42 II VwGO begründende Recht besteht in dem Anspruch auf Durchführung des Bürgerbegehrens.

Vgl. VGH BW, NVwZ-RR 1994, 110; BayVGH, NVwZ-RR 1999, 137; *Meyer*, NVwZ 2003, 183. Nach a. A. handelten die Unterzeichner des Bürgerbegehrens als Organ der Gemeinde, weswegen es sich um einen Innenrechtsstreit handle und mangels Außenwirkung keine Verpflichtungsklage in Betracht komme. Vielmehr sei nach den Grundsätzen des sog. Kommunalverfassungsstreits (vgl. § 14 Rdnr. 1 ff.) allgemeine Leistungs- oder Feststellungsklage zu erheben (vgl. OVG Rh.-Pf., NVwZ-RR 1995, 411; NdsOVG, NdsVBl. 1998, 96; noch komplizierter jüngst *Fügmann*, DVBl. 2004, 343 [352], der die Bürgerschaft als Organ betrachtet, deren Wahrnehmungszuständigkeit durch den einzelnen Bürger im Wege der gewillkürten Prozessstandschaft durchgesetzt werden könne).

Die Durchführung eines Vorverfahrens ist in Ausfüllung des § 68 47 I 2 VwGO in einigen Gemeindeordnungen für entbehrlich erklärt worden (z. B. in Art. 18 a VIII 2 BayGO; § 17 III 12 ThürKO). Schwierigkeiten bereitet ferner die richtige Bestimmung von **Kläger** und Beklagtem. Teilweise werden ausdrücklich die einzelnen Unterzeichner des Bürgerbegehrens für berechtigt erklärt, die Rechte der Gesamtheit im Wege der Prozessstandschaft im eigenen Namen und als Beteiligte i. S. v. § 61 Nr. 1 VwGO geltend zu machen.[17] Außer-

---

17 § 41 II KommWahlG BW; § 25 VI i. V. m. § 24 VI GO LSA.

halb solcher Bestimmungen ist m. E. zu ermitteln, wem nach der jeweiligen Gemeindeordnung das geltend gemachte subjektive Recht
auf Durchführung des Bürgerbegehrens zusteht. Dabei gibt es zwei
Alternativen: Entweder man sieht die im Bürgerbegehren bezeichneten Vertreter als Inhaber des einfachen Rechts auf Durchführung des
Bürgerentscheids an (so eindeutig nach § 26 II 2 GO NRW; explizit
auch OVG NRW, NWVBl. 2002, 346 [347]; NWVBl. 2004, 346), die
als natürliche Personen gem. § 61 Nr. 1 VwGO beteiligtenfähig sind.
Oder aber man sieht in diesen Vertretern die Repräsentanten der Gesamtheit aller Unterzeichner des Bürgerbegehrens, welche eine „Vereinigung" i. S. d. § 61 Nr. 2 VwGO bilden.

48   Richtiger **Beklagter** ist in Bundesländern, in denen das sog.
Rechtsträgerprinzip gilt, die Gemeinde, in den Bundesländern, die in
Ausführung des § 78 I Nr. 2 VwGO etwas anderes bestimmt haben,
der Gemeinderat als „self-executing" agierende „Behörde" (zu einer
solchen Konstellation vgl. bereits § 5 Rdnr. 12). Die Prozessfähigkeit
gem. § 62 VwGO vermittelt im ersten Fall der Bürgermeister als Vertreter der Gemeinde, im zweiten Fall der Bürgermeister als Vorsitzender des Gemeinderats.

49   Die Klage ist **begründet,** d. h. der geltend gemachte Anspruch auf
Durchführung des Bürgerbegehrens besteht dann, wenn das Bürgerbegehren zulässig war. Um dies zu ermitteln, müssen die oben (2) zusammengestellten Voraussetzungen für die Zulässigkeit von Bürgerbegehren durchgeprüft werden.

50   **b) Sperrwirkung gegenüber gemeindlichen Vollzugshandlungen?** Zwischen dem Beginn der Unterschriftensammlung und der
Entscheidung über einen Bürgerentscheid vergehen regelmäßig mehrere Monate. Während dieser Zeit besteht die Gefahr, dass durch den
Gemeinderat bzw. durch den zur Umsetzung von Gemeinderatsbeschlüssen verpflichteten Bürgermeister **Tatsachen geschaffen** werden, die später nicht oder nicht mehr ohne weiteres rückgängig gemacht werden können. Beispiel: Am Freitag wird die Zulässigkeit
eines Bürgerbegehrens durch den Gemeinderat festgestellt und am
Sonntagabend fliegt der Kämmerer in die USA, um nach monatelan-
gen Verhandlungen den durch das Bürgerbegehren infrage gestellten
Cross-Border-Leasingvertrag abzuschließen. Der kurz darauf anbe-
raumte Bürgerentscheid wird in Anbetracht der gewaltigen finanziellen Risiken bei einer Vertragsauflösung (wenn sie überhaupt möglich
ist) kaum mehr Erfolg versprechen. An dieser Stelle wird also der

Konflikt zwischen der Schaffung plebiszitärer Möglichkeiten einerseits, der Bewahrung von Entscheidungsspielräumen für die gewählten Repräsentativorgane der Gemeinde andererseits, besonders deutlich.

Die Gemeindeordnungen einiger Bundesländer sehen eine Sperr- **51** wirkung von Bürgerbegehren zumindest dann vor, wenn bereits die Zulässigkeit des Bürgerbegehrens festgestellt worden ist.[18] Diese Bestimmungen erscheinen rechtspolitisch sinnvoll. Unternehmen Gemeinderat bzw. Bürgermeister dennoch Vollzugshandlungen, so kann dagegen im Wege einer einstweiligen Anordnung gem. § 123 VwGO vorgegangen werden. In den Bundesländern, in denen ausdrückliche Bestimmungen über eine Sperrwirkung fehlen, können gegenläufige Vollzugshandlungen der Gemeindeorgane schwerer, ggf. auch über § 123 VwGO verhindert werden (dazu jüngst VGH BW, DVBl. 2011, 1035) werden. Es entspricht dann dem Wesen der repräsentativen Demokratie, dass über die Missachtung des Willens der Unterzeichner des Bürgerbegehrens durch die Gemeindeorgane politisch, d. h. bei der nächsten Wahl, entschieden werden muss.

Die Annahme einer Sperrwirkung, die prozessual im Wege einer Siche- **52** rungsanordnung nach § 123 VwGO (zur Sicherung des Anspruchs auf Durchführung des Bürgerbegehrens bzw. des Bürgerentscheids) durchgesetzt werden kann, ist in diesen Bundesländern allenfalls in Ausnahmefällen des Rechtsmissbrauchs möglich. Dafür ist mindestens erforderlich, dass das Bürgerbegehren für zulässig bzw. eindeutig fehlerhaft für unzulässig erklärt worden ist (zu einem solchen Fall jüngst BayVGH, DVBl. 2011, 308) und dass die Gemeinde aus reiner Verhinderungsabsicht, d. h. ohne sachliche Erwägung, handelt (zuletzt OVG NRW, NWVBl. 2004, 346; DVBl. 2008, 120 [123 f.]); hierfür tragen die Vertreter des Bürgerbegehrens die Beweislast (OVG NRW, NWVBl. 2004, 312).

Literatur: *Hager,* Rechtspraktische und rechtspolitische Notizen zu Bürgerbegehren und Bürgerentscheid, VerwArch. 84 (1993), 97; *v. Danwitz,* Bürgerbegehren in der kommunalen Willensbildung, DVBl. 1996, 134; *Ritgen,* Bürgerbegehren und Bürgerentscheid, 1997; *Ossenbühl,* Bürgerbegehren und Bürgerentscheid, in: Seiler (Hrsg.), FS Rommel, 1997, 247; *Engelken,* Demokratische Legitimation bei Plebisziten auf staatlicher und kommunaler Ebene, DÖV 2000, 881; *ders.,* Der Bürgerentscheid im Rahmen des Verfassungsrecht, DÖV 2002, 977; *Hartmann,* Volksgesetzgebung in Ländern und Kommunen – Eine Synopse der rechtlichen Grundlagen plebiszitärer Sachentscheidungen, DVBl. 2001, 776; *Huber,* Die Vorgaben des Grundgesetzes für kommunale

---

18 Art. 18 a IX BayGO; (seit 2007 auch) § 26 VI 6 GO NRW; § 25 III 4 SächsGO; § 25 V GO LSA („sollte nicht"!) § 16g V 2 GO SH; § 17 V ThürKO.

Bürgerbegehren und Bürgerentscheide, AöR 126 (2001), 165; *Meyer,* Rechtsschutz bei kommunalen Bürgerbegehren und -entscheiden, NVwZ 2003, 183; *Kaar,* Institutionen direkter Demokratie in den Gemeinden Deutschlands und der Schweiz, 2003; *Ritgen,* Die Zulässigkeit von Bürgerbegehren – Rechtspraxis und rechtspolitische Desiderate, NWVBl. 2003, 87; *ders.,* Bürgerbegehren und -entscheid in den Jahren 2005 und 2006, KommJur. 2007, 288; *Frotscher/Knecht,* Bürgerbegehren zur Festlegung der Zahl hauptamtlicher Beigeordneter, DÖV 2005, 797; *Neumann,* Bürgerbegehren und Bürgerentscheid, in: HdbKWP, Band 1, 2007, 353; *Beckmann/Hagmann,* Bürgerbegehren in Zeiten knapper Kassen, KommJuR 2007, 89; *Wefelmeier,* Der Kostendeckungsvorschlag, in: Gornig/Kramer/Volkmann, FS Frotscher, 2007, 705; *Katz,* Entwicklung des Rechts und der Praxis der direkten Bürgerbeteiligung, VBlBW 2009, 373; *Aker,* Instrumente direkter Demokratie, VBlBW 2011, 455; *Schoch,* Unmittelbare Demokratie im deutschen Kommunalrecht durch Bürgerbegehren und Bürgerentscheid, in: Schliesky u. a. (Hrsg.), FS Schmidt-Jortzig, 2011, 167.

Falllösungen: *Schliesky,* JA 1999, 399; *Fleischfresser,* NWVBl. 2004, 485; *Kutsch,* NWVBl. 2005, 398; *Goos,* NWVBl. 2006, 113; *Funke/Papp,* JuS 2009, 246.

§ 12. Der Gemeinderat und seine Sitzungen

1   Wie bereits bei der Vorstellung der verschiedenen Gemeindeverfassungssysteme in den Bundesländern erwähnt (§ 10 Rdnr. 2 ff.), stellt der Gemeinderat das von Art. 28 I 2 GG vorgeschriebene **Repräsentativorgan** dar. Er fasst als unmittelbar gewähltes, kollegial organisiertes Vertretungsorgan die wichtigsten Beschlüsse auf Gemeindeebene. Neben der hier zur Vereinfachung durchgehend verwendeten Bezeichnung „Gemeinderat" werden in einigen Gemeindeordnungen (unter bestimmten Voraussetzungen) andere Bezeichnungen verwendet: Rat (§§ 7 II Nr. 1, 45 ff. NdsKomVG; §§ 40 ff. GO NRW), Stadtrat (§ 25 I 2 GO BW; Art. 30 I 2 BayGO [bzw. „Marktgemeinderat"]; § 27 II SächsGO; § 23 I ThürKO), Gemeindevertretung (§§ 27 ff. BbgKVerf; §§ 49 ff. HessGO; §§ 22 ff. KV MV; §§ 27 ff. GO SH), Stadtverordnetenversammlung (in den Städten in Bbg. und Hess.) bzw. Stadtvertretung (§ 22 I 2 KV MV; § 27 V GO SH). Durchgehend tritt neben den Gemeinderat als weiteres zentrales Organ der Bürgermeister, auf den ebenso wie auf die in einigen Bundesländern vorgesehenen Koordinationsorgane zwischen Gemeinderat und Bürgermeister im nächsten Abschnitt (§ 13 Rdnr. 1 ff.) einzugehen ist.

2   Viele der Rechtsfragen, die sich im Hinblick auf den Gemeinderat und seine Sitzungen stellen, können durch die sorgfältige Lektüre der

jeweiligen Gemeindeordnung beantwortet werden.[1] Im folgenden wird daher weniger Wert auf diese Einzelheiten als vielmehr auf die besonders **fallträchtigen Probleme** gelegt. Besonders konfliktträchtig sind vor allem die Mitwirkung in Ausschüssen und Fraktionen als Teil-Organisationen des Gemeinderats (I), die Abgrenzung der Kompetenzen zwischen Gemeinderat und Bürgermeister (II) und vor allem das Verfahren im Gemeinderat (III) sowie, damit verbunden, die Rechtsstellung der einzelnen Ratsmitglieder gegenüber Ordnungsmaßnahmen, Vertretungs- und Mitwirkungsverboten (IV).

Auch wenn die Gemeindeordnungen bereits zahlreiche Bestimmungen über Organisation und Verfahren des Gemeinderats enthalten, harren doch zahlreiche Fragen einer detaillierteren, den jeweiligen örtlichen Gegebenheiten Rechnung tragenden Klärung. Daher erlässt der Gemeinderat zu Beginn der jeweiligen Wahlperiode im Rahmen seiner Autonomie eine sog. **Geschäftsordnung.** Dies kann in der Handlungsform der Satzung geschehen (vgl. dazu allg. § 15). Oftmals werden die Geschäftsordnungen aber auch nur als inneradministrative Rechtssätze, d. h. ohne Bindungswirkung nach außen, beschlossen. 3

Verstöße gegen Vorschriften der Geschäftsordnung führen dann, wenn diese nicht als Satzung beschlossen ist, nicht zur formellen Rechtswidrigkeit der daraufhin gefassten Beschlüsse (anders, mit ausführlicher Diskussion, *Waechter*, Kommunalrecht, Rdnr. 305 ff.; OVG Münster, NVwZ-RR 1997, 184 [185]). Wenn z. B. die in der Geschäftsordnung festgelegte Beschlussfähigkeit verfehlt wird, dann ist ein von den anwesenden Gemeinderatsmitgliedern gefasster Satzungsbeschluss nicht allein deswegen rechtswidrig, wohl aber dann, wenn zugleich die sich aus dem Demokratieprinzip ergebenden Anforderungen an ein Mindestmaß von Anwesenheit missachtet sein sollten. 4

I. Der Gemeinderat als Organisation

Der Gemeinderat ist ein Organ der Gemeinde, d. h. eine Verwaltungseinheit, der das Handeln der dort tätigen Menschen zugerechnet wird. Die einzelnen Mitglieder des Gemeinderats sind demnach Organwalter. Im Unterschied zum „Bürgermeister" ist der Gemeinderat kein monokratisches Organ, sondern ein **Kollegialorgan.** Dies bedeutet, dass bei ihm die Zuständigkeiten von mehreren Mitgliedern 5

---

1 §§ 24 ff. GO BW; Art. 30 ff. BayGO; §§ 27 ff. BbgKVerf; §§ 49 ff. HessGO; §§ 22 ff. KV MV; §§ 45 ff. NdsKomVG; §§ 40 ff. GO NRW; §§ 29 ff. GO Rh.-Pf.; §§ 32 ff. KSVG; §§ 27 ff. SächsGO; §§ 36 ff. GO LSA; §§ 27 ff. GO SH; §§ 23 ff. ThürKO.

wahrgenommen werden. Das macht Regeln über die Binnenorganisation notwendig und legt die Schaffung von Ausschüssen (2) und Fraktionen (3) nahe.

1. Zusammensetzung

6   Der Gemeinderat amtiert jeweils für eine Wahlperiode, die im Gesetz festgelegt ist. Die Spanne reicht von fünf[2] bis zu sechs[3] Jahren. Ebenfalls im Gesetz festgelegt ist die Zahl der Mitglieder des Gemeinderats, d. h. der durch die Gemeinderatswahl (§ 11 Rdnr. 14 ff.) bestellten Repräsentanten des Gemeindevolkes. Die **Gesamtzahl** der Mitglieder ist in den Gemeindeordnungen nach der Gemeindegröße differenziert, teilweise ergibt sich die Zahl der zu wählenden Vertreter auch aus dem jeweiligen Kommunalwahlgesetz. So sind beispielsweise gem. § 3 Abs. 2 KWahlG NRW in Gemeinden mit einer Bevölkerungszahl von bis zu 5000 lediglich 20 Vertreter, bei einer Gemeinde mit einer Bevölkerungszahl von über 700 000 dagegen 90 Vertreter zu wählen.

7   Der **Bürgermeister** ist in einigen Gemeindeordnungen kraft Amtes zugleich Mitglied des Gemeinderats,[4] wobei beim Umgang mit der jeweiligen Gemeindeordnung darauf zu achten ist, ob er für alle, nur für einen Teil oder für gar keine Angelegenheit mit einem Stimmrecht ausgestattet ist. Teilweise ist in der Gemeindeordnung festgelegt, dass er den Vorsitz im Gemeinderat führt.[5]

2. Ausschüsse

8   Im Interesse einer effektiven Gemeinderatsarbeit und der Konzentration des Sachverstands der einzelnen Ratsmitglieder werden Ausschüsse gebildet. Diese Ausschüsse sind **Organteile** und für bestimmte Materien teilweise zwingend in den Gemeindeordnungen vorgesehen (Pflichtausschüsse; z. B. der Rechnungsprüfungsausschuss in Nordrhein-Westfalen [§ 57 II GO NRW] sowie der in allen

---

2 § 30 I GO BW; § 27 II 1 BbgKVerf; § 36 S. 1 HessGO; § 23 I 1 KV MV; § 47 II 1 NdsKomVG; § 42 I 1 GO NRW; § 29 I 2 GO Rh.-Pf.; § 31 I 1 KSVG; § 33 I SächsGO; § 37 I 1 GO LSA; § 31 II GO SH i. V. m. § 1 I 1 GKWG; § 23 II 1 ThürKO.
3 Art. 23 I BayGLKrWG.
4 § 42 I 1 GO BW; Art. 31 I BayGO; § 27 I 1 BbgKVerf.
5 § 42 I 1 GO BW; Art. 36 S. 1 BayGO; § 33 I BbgKVerf; § 40 II 3 GO NRW; § 36 I 1 GO Rh.-Pf.; § 42 I 1 KSVG; § 36 I SächsGO bzw. § 51 I 1 SächsGO; § 57 I 1 GO LSA bei hauptamtlich verwalteten Gemeinden; bei ehrenamtlich verwalteten Gemeinden gem. § 48 S. 2 GO SH; § 23 I 2 ThürKO.

Bundesländern auf § 71 SGB VIII beruhende Jugendhilfeausschuss; vgl. hierzu OVG NRW, NWVBl. 2004, 433). Die Einrichtung der meisten Ausschüsse ist (ebenso wie ihre Auflösung; OVG NRW, NWVBl. 2004, 436) aber Ausfluss der Organisationsgewalt des Gemeinderates. Diese fakultativen Ausschüsse sind an den jeweiligen Sachmaterien orientiert, wobei das Spektrum vom Sportausschuss über den Kulturausschuss, den Personalausschuss bis zu einem „Akteneinsichtsausschuss" (HessVGH, NVwZ 2003, 1525) reicht.

Nicht zu verwechseln mit den Ausschüssen des Gemeinderats sind die in § 11 Rdnr. 6 als Forum der Ausübung von Rechten der Gemeindeeinwohner bereits vorgestellten Beiräte (v. a. die Integrationsräte bzw. -ausschüsse). Ebenfalls kein Ausschuss, sondern ein Gremium zur Vorklärung bestimmter Geschäftsordnungsfragen ist der sog. Ältestenrat. **9**

Neben die Unterscheidung zwischen Pflichtausschüssen und fakultativen Ausschüssen tritt die Unterscheidung zwischen beschließenden und beratenden Ausschüssen. Während **beratende Ausschüsse** ohne weiteres eingerichtet werden können, hängt die Statthaftigkeit von **beschließenden Ausschüssen** davon ab, ob (1) überhaupt eine Zuständigkeit des Gemeinderats (und nicht des Bürgermeisters) besteht und (2) ob der betreffende Gegenstand nicht dem Gemeinderat als Organ zur ausschließlichen Entscheidung anvertraut worden ist (vgl. dazu II). Für den Ablauf der Sitzungen in Ausschüssen und für die dort gefassten Beschlüsse gelten im Wesentlichen die für die Ratssitzung aufgestellten Regeln (vgl. hierzu Rdnr. 27 ff.). **10**

Die Besetzung und Zusammensetzung von Ausschüssen richtet sich (soweit vorhanden) nach der jeweiligen Gemeindeordnung und vor allem nach der jeweiligen Geschäftsordnung. Wie das Bundesverwaltungsgericht entschieden hat (DVBl. 2004, 439 und dazu *Geerlings/Maaß*, DÖV 2005, 644; *Krüper*, NWVBl. 2005, 97; zuletzt wieder NdsOVG, KommJur 2006, 420), müssen Gemeinderatsausschüsse die Zusammensetzung des Plenums und das darin wirksame politische Meinungs- und Kräftespektrum widerspiegeln (gegen OVG NRW, NWVBl. 2003, 267, wonach gemeinsame Wahlvorschläge mehrerer Fraktionen zulässig sein sollten; eine Vergrößerung der Ausschüsse kann aber nicht verlangt werden, so zu Recht OVG NRW, DVBl. 2005, 987). Besondere Bedeutung kommt dem „Grundsatz der Spiegelbildlichkeit" bei der Besetzung von beschließenden Ausschüssen zu (SächsOVG, DVBl. 2010, 1578). Dies folgt aus dem **Prinzip der demokratischen Repräsentation** und der Einbeziehung **11** der Gemeinderäte in dieses Prinzip durch Art. 28 I 2 GG. Daraus ergibt sich ferner, dass die in den meisten Gemeindeordnungen vorgesehene Hinzuwahl von sog. sachkundigen Einwohnern und Sachverständigen nicht durch ein Stimmrecht gekrönt werden darf (ebenso OVG NRW, NVwZ-RR 1990, 505).

3. Fraktionen

12   Ebenso wie im Bundes- oder Landtag gibt es auch in den Gemeinderäten Fraktionen, d. h. Zusammenschlüsse politisch Gleichgesinnter. Typischerweise, aber nicht nach allen Gemeindeordnungen zwingend, schließen sich diejenigen Ratsmitglieder zu einer Fraktion zusammen, die über einen gemeinsamen Wahlvorschlag in den Gemeinderat entsandt worden sind (bzw. die eine „grundsätzliche politische Übereinstimmung" aufweisen; so OVG NRW, DVBl. 2005, 651, und mittlerweile explizit § 56 I GO NRW; vgl. auch VerfG MV, DVBl. 2005, 244). Das Ziel der Fraktionsbildung besteht darin, die Arbeit im Plenum durch eine kollektive **Vorbereitung der kommunalpolitischen Willensbildung** zu erleichtern. In die Gemeindeordnungen sind in den vergangenen Jahren teilweise explizite Vorschriften über die Bildung, die Organisation und die Arbeit von Fraktionen eingefügt worden.[6] In Abhängigkeit von der jeweils geltenden Gemeindeordnung bzw. der Geschäftsordnung der Gemeinde muss eine Fraktion mindestens aus zwei, zumeist aus mehreren Mitgliedern bestehen. Hessen kennt freilich seit 2010 die „Ein-Personen-Fraktion" (§ 36b HessGO). Fraktionen sind zu unterscheiden von bloßen „Gruppen", die durch Zusammenschlüsse von Ratsmitgliedern aus unterschiedlichen Wahlvorschlägen bzw. unter der jeweils festgelegten Fraktionsmindestgrenze gebildet werden.

13   Bei einer Fraktion handelt es sich nicht um eine Vereinigung der jeweiligen Ratsmitglieder als Privatpersonen. Basis der Fraktionsbetätigung ist vielmehr die Stellung des einzelnen Ratsmitglieds als Teil des Organs Gemeinderat. Das Recht zur Gründung einer Fraktion ist **Ausfluss des Mitwirkungsrechts** jedes einzelnen Ratsmitglieds (vgl. dazu noch Rdnr. 33 f.). Durch ihren Zusammenschluss erwerben die Ratsmitglieder je nach Gemeindeordnung bzw. Geschäftsordnung zusätzliche Rechte. So kann eine Fraktion beispielsweise die Aufnahme eines Verhandlungsgegenstandes in die Tagesordnung ver-

---

6 § 32 BbgKVerf; § 36 a HessGO; § 57 NdsKomVG; § 56 GO NRW; § 35 a SächsGO; § 43 GO LSA; § 32 a GO SH; § 25 ThürKO.

langen, einzelne Ratsmitglieder in Ausschüsse entsenden oder über festgelegte Redezeiten im Plenum verfügen. Auch finanzielle Zuwendungen, allerdings nur zweckgebunden für die Verbesserung der Ratsarbeit, sind möglich. Hierbei muss der Grundsatz der „Chancengleichheit" (OVG NRW, NWVBl. 2003, 309; NWVBl. 2010, 315 u. 316; NdsOVG, DVBl. 2009, 917; weiterführend *Brockmann*, NWVBl. 2004, 449) beachtet werden.

Da das Recht zur Bildung einer Fraktion auf den öffentlich-rechtlich begründeten Mitwirkungsrechten der einzelnen Ratsmitglieder beruht, handelt es sich bei der Fraktion um eine öffentlich-rechtliche Organisationseinheit (HessVGH, NVwZ 1992, 506; OVG NRW, NVwZ 1993, 399; *Ziekow*, NWVBl. 1998, 297), nicht um einen privatrechtlichen Zusammenschluss (so aber BayVGH, NJW 1988, 2754). Dies wirkt sich bei der Ermittlung des Rechtswegs und der Beurteilung der Statthaftigkeit von Fraktionsausschlüssen aus: **14**

Da sowohl die Gründung als auch die Auflösung einer Fraktion auf dem autonomen Entschluss der jeweils beteiligten Ratsmitglieder beruhen, muss es diesen auch möglich sein, ein einzelnes Mitglied aus einer fortbestehenden Fraktion auszuschließen. Freilich kann die Befugnis zum **Fraktionsausschluss** nicht grenzenlos sein, da der Fraktionsausschluss für den Betroffenen zum Verlust der soeben genannten zusätzlichen Mitwirkungsrechte führt. Aus diesem Grund ist gegen den Fraktionsausschluss jedenfalls **Rechtsschutz** möglich, und zwar vor dem Verwaltungsgericht. Da das klagende Ratsmitglied ebenso ein Teil des Organs Gemeinderat ist wie die Fraktion, handelt es sich um einen sog. Kommunalverfassungsstreit, dessen Grundsätze in § 14 ausführlich dargestellt werden.   **15**

Der Ausschluss aus der Fraktion trifft das Ratsmitglied schwerer, als es bei einem Bundestagsabgeordneten der Fall ist. Denn im Unterschied zu diesem (vgl. BVerfGE 80, 188 [224]), steht ihm nach zutreffender Auffassung nicht ein Sitz in zumindest einem Ausschuss des Gemeinderats zu (BVerwG, NVwZ-RR 1994, 109; VGH BW, NVwZ 1990, 893; a. A. OVG Bremen, DVBl. 1990, 829).   **16**

Rechtsgrundlage für den Fraktionsausschluss ist das Selbstorganisationsrecht der Fraktion, welches wiederum in den Mitwirkungsrechten der einzelnen zusammengeschlossenen Ratsmitglieder wurzelt. In der Rechtsprechung (zuletzt HessVGH, NVwZ 1999, 1369) sind die folgenden Voraussetzungen für die Rechtmäßigkeit eines Fraktionsausschlusses erarbeitet worden, die innerhalb der **Begrün-**   **17**

detheitsprüfung einer verwaltungsgerichtlichen Klage anzusprechen sind:
- **Formelle** Rechtmäßigkeit: Notwendigkeit der Anhörung des Betroffenen und bestimmte Anforderungen an den Beschluss (rechtzeitige Ladung, qualifizierte Mehrheit);
- **Materielle** Rechtmäßigkeit: Bestehen eines wichtigen Grundes und Verhältnismäßigkeit. Die lediglich einmalige Abweichung von einem vorgegebenen Abstimmungsverhalten oder ganz gelegentliche politische Meinungsverschiedenheiten oder gar persönliche Animositäten reichen demnach zur Begründung eines Fraktionsausschlusses nicht aus.

Literatur: *Bick,* Die Ratsfraktion, 1989; *Rothe,* Rechtsnatur und strittige Regelungen der Geschäftsordnungen kommunaler Vertretungskörperschaften, DÖV 1991, 486; *Schmidt-Jortzig/Hansen,* Rechtsschutz gegen Fraktionsausschlüsse im Gemeinderat, NVwZ 1994, 116; *Rothe,* Über die Ausschüsse der Gemeinde, Verwaltungsrundschau 2003, 55; *Kremer,* Der gemeindliche Hauptausschuss im Land Nordrhein-Westfalen, 2003; *Franz,* Der Anspruch von Ratsfraktionen auf die Neubesetzung von Ausschüssen, LKV 2004, 497; *Suerbaum,* Die Fraktionen in den kommunalen Vertretungskörperschaften, in: HdbKWP, Band 1, 2007, 535; *Ehlers,* Die Gemeindevertretung, in: HdbKWP, Band 1, 2007, § 21 Rdnr. 1 ff., 44 ff.; *Kleebaum/Klieve/*Flüshöh, Die Fraktion und ihre Mitglieder, 2009; Meyer, Das Recht der Ratsfraktionen, 6. Aufl. 2011.

Falllösungen: *Lange,* JuS 1994, 296; *Hellermann,* Jura 1995, 145; *Günther,* NWVBl. 2007, 33.

II. Die Kompetenzen des Gemeinderats

18   Der Gemeinderat ist dann für eine bestimmte Angelegenheit zuständig, wenn die Gemeinde über die sog. Verbandskompetenz verfügt (mithin Angelegenheiten der „örtlichen Gemeinschaft"; vgl. § 6 Rdnr. 14 ff.) und wenn gemeindeintern nicht einem anderen Organ die entsprechende Kompetenz zugewiesen ist. Am wichtigsten ist die Kompetenzabgrenzung **gegenüber dem Bürgermeister** (zu dessen Kompetenzen vgl. § 13 Rdnr. 12 ff.). Fragen der Kompetenzabgrenzung können sich aber auch im Verhältnis zu Ausschüssen (vgl. Rdnr. 8 ff.) und gegenüber einer Ebene der gemeindeinternen Gliederung (etwa einer Bezirksvertretung; vgl. zu den Erscheinungsformen § 5 Rdnr. 17 ff.) ergeben. Die folgende Darstellung konzentriert sich auf die Kompetenzabgrenzung gegenüber dem Bürgermeister.

Dem Charakter nach sind die dem Gemeinderat zugewiesenen 19
Aufgaben in zwei Gruppen zu unterteilen. Die eine Gruppe von Aufgaben zielt auf die **Kontrolle** des Bürgermeisters und der Gemeindeverwaltung. Hierfür ist wesensmäßig allein der Gemeinderat zuständig. Zur Ausübung der Kontrollkompetenz sind ihm in allen
Gemeindeordnungen Auskunfts- und Akteneinsichtsrechte eingeräumt.[7] Die Aufgaben der zweiten Gruppe betreffen **bestimmte Materien**, die nach den sogleich dargestellten Regeln dem Gemeinderat
oder dem Bürgermeister zugewiesen sind. Leitgedanke der Kompe-
tenzverteilungsregeln ist die grundgesetzlich vorgeprägte Stellung
des Gemeinderats als zentrales Leitungsorgan auf Gemeindeebene.
Dies bedeutet, dass der Gemeinderat und eben nicht der Bürgermeister für die Grundlinien der politischen Gestaltung und insbesondere
für die Wahrnehmung der gemeindlichen Selbstverwaltungsbefugnisse zuständig ist. Der Schwerpunkt der Kompetenzen des Bürgermeisters liegt demgegenüber im administrativen Vollzug (freilich bestehen hier Abgrenzungsschwierigkeiten, vgl. bereits § 13 Rdnr. 3).

1. Ausschließliche Kompetenzen

Ausschließliche Kompetenzen des Gemeinderats betreffen diejeni- 20
gen Angelegenheiten, die nur er und kein anderes Organ wahrnehmen darf. Teilweise findet sich hierfür auch die Bezeichnung „Vorbehaltsaufgaben". Die Ausschließlichkeit der Zuweisung bezieht sich
dabei „nur" auf die **Entscheidung** in der fraglichen Angelegenheit,
nicht hingegen auf die Vorbereitung (die insbesondere einem Ausschuss anvertraut werden kann) und auch nicht auf die Durchführung (die regelmäßig dem Bürgermeister obliegt).

Beispiel: Gem. § 41 I 2 lit. k) GO NRW ist die Veräußerung einer Beteiligung an einer Gesellschaft eine Vorbehaltsaufgabe des Gemeinderats. Dies bedeutet, dass er letzten Endes die politische Entscheidung hierüber trifft. Die
vorbereitenden ökonomischen und rechtlichen Überlegungen können im
Wirtschaftsausschuss des Gemeinderats angestellt werden, während der Abschluss der Veräußerungs- und Gesellschaftsverträge dem Bürgermeister obliegt (vgl. sogleich), jedenfalls nicht mehr in die ausschließliche Zuständigkeit
des Gemeinderats fällt.

---

7 § 24 III GO BW; Art. 30 III BayGO (lediglich Übertragung einer allg. Überwachungs-
befugnis); § 29 BbgKVerf; § 50 II HessGO; § 34 KV MV; § 58 IV NdsKomVG; § 55
GO NRW; § 33 GO Rh.-Pf.; § 37 KSVG; § 28 IV SächsGO; § 44 V GO LSA; § 30
GO SH; § 22 III ThürKO.

21   Der **Katalog** der ausschließlichen Kompetenzen des Gemeinderats
ist in allen Bundesländern unterschiedlich zusammengesetzt.[8] Typische Beispiele für Vorbehaltsaufgaben sind:
- Angelegenheiten, die den Gemeinderat als Organ betreffen (Geschäftsordnung etc.);
- Kreationsbefugnisse (Wahl der Beigeordneten etc.);
- Rechtsetzung (vgl. dazu allg. § 15 Rdnr. 1 ff.), mit der Konsequenz,
  dass eine sog. dynamische Verweisung auf die Regeln eines anderen Normgebers „in der jeweils geltenden Fassung" grundsätzlich
  ausgeschlossen ist (vgl. OVG NRW, NWVBl. 2005, 179);
- Beschlussfassung über den Gemeindehaushalt;
- Schaffung und Unterhaltung öffentlicher Einrichtungen;
- Gebietsänderungen.

2. Weitere Verteilungsregeln

22   Das System der Verteilung der Kompetenzen zwischen dem Gemeinderat und dem Bürgermeister ist in den Gemeindeordnungen
der Bundesländer unterschiedlich ausgestaltet, und zwar in Abhängigkeit von dem zugrunde liegenden System der Gemeindeverfassung
(vgl. zu den Systemen § 10 Rdnr. 2 ff.). Dabei sind die folgenden **Typen** von Kompetenzverteilungs- bzw. -ausübungsregeln anzutreffen:
Bestimmungen über die ausschließliche Kompetenz des Bürgermeisters, Kompetenzvermutungen und Aussagen zu Übertragungs- bzw.
Rückholrechten.

23   Die **ausschließlichen Kompetenzen des Bürgermeisters** werden
in § 13 Rdnr. 12 ff. thematisiert. Wichtig ist, dass der Bürgermeister
grundsätzlich für die Ausführung, d. h. für die Umsetzung einmal ge-
troffener Entscheidungen nach außen zuständig ist. Dies bedeutet
insbesondere, dass er als „Behörde" im Sinne des Verwaltungsverfahrensrechts anzusehen ist und regelmäßig als Urheber von Verwaltungsakten fungiert. Gemeinderatsbeschlüsse sind nur ganz ausnahmsweise   „self   executing",   d. h.   bereits   unmittelbar als
Verwaltungsakte einer Behörde (dann: des Gemeinderats) im Sinne
des § 35 VwVfG anzusehen (vgl. ausführlich § 13 Rdnr. 16).

24   Ein zweiter Typ von Kompetenzregeln besteht darin, dass zugunsten des Gemeinderats (oder auch zugunsten des Bürgermeisters) die

---

8 § 39 II GO BW; Art. 32 II BayGO; § 28 II BbgKVerf; § 51 HessGO; § 22 III KV MV;
§ 58 I NdsKomVG; § 41 I GO NRW; § 32 II GO Rh.-Pf.; § 35 KSVG; § 41 II Sächs-
GO; § 44 III GO LSA; § 28 GO SH; § 26 II ThürKO.

Vermutung statuiert wird, grundsätzlich für einen bestimmten Kreis von Angelegenheiten oder für alle Angelegenheiten der Gemeinde[9] zuständig zu sein. Als letzter Typ einer Kompetenzverteilungsregel sei schließlich die **Einräumung von Delegationsbefugnissen** genannt. Dies bedeutet, dass beispielsweise der Gemeinderat für befugt erklärt wird, eine bestimmte Aufgabe auf den Bürgermeister zu übertragen (vgl. z. B. § 41 II GO NRW; § 22 III ThürKO). Im Zusammenhang damit kann teilweise vorgesehen sein, dass die entsprechende Angelegenheit auch wieder durch den Gemeinderat zurückgeholt wird.

3. Fehlerfolgenrecht

Wenn der Gemeinderat in einer Angelegenheit einen Beschluss 25
fasst, für die der Bürgermeister zuständig gewesen wäre, dann ist dieser Beschluss rechtswidrig. Der Bürgermeister kann ihn im Wege eines sog. **Kommunalverfassungsstreitverfahrens** (§ 13 Rdnr. 26) angreifen.

Komplizierter liegen die Dinge im **Außenverhältnis zum Bürger.** 26
Hier ist wie folgt zu differenzieren:
– Schließt der Gemeinderat ohne Mitwirkung des Bürgermeisters einen **öffentlich-rechtlichen Vertrag,** so ist dieser nach § 59 VwVfG zu beurteilen. Schließt er einen **privatrechtlichen Vertrag,** so ist dieser infolge der fehlenden Vertretungsmacht des Gemeinderats nach §§ 177 f. BGB schwebend unwirksam.
– Wird ein **Verwaltungsakt** ohne kompetenzielle Grundlage unmittelbar durch den Gemeinderat als Behörde erlassen (sog. self-executing Beschluss; vgl. soeben Rdnr. 23), so ist dieser Verwaltungsakt rechtswidrig und über Widerspruch und Anfechtungsklage aufhebbar. Wenn der Gemeinderat Beschlüsse fasst, für die er nicht zuständig ist, werden die Dinge im Regelfall allerdings so liegen, dass es sodann der **Bürgermeister** in der Hand hat, diesem Beschluss durch eigene **Durchführungsaktivitäten** Außenwirkung zu verleihen oder nicht. Beispiel: Wenn der Gemeinderat in einer Angelegenheit, für die der Bürgermeister ausschließlich zuständig ist, beschließt, dass ein Verwaltungsakt erlassen werden soll, dann hat es der Bürgermeister in der Hand, entweder als Behörde ge-

---

9 § 24 I 2 GO BW; Art. 30 II BayGO; § 28 I BbgKVerf; § 50 I 1 HessGO; § 22 II KV MV; § 41 I GO NRW; § 32 I 2 GO Rh.-Pf.; § 34 KSVG; § 28 I SächsGO; § 44 II GO LSA; § 27 I 2 GO SH; § 22 III ThürKO.

genüber den Bürgern entsprechend tätig zu werden (damit würde
die vorhergehende Kompetenzüberschreitung des Gemeinderats
bedeutungslos) oder aber die Durchführung dieses Beschlusses
schlicht zu unterlassen.

Literatur: *Knirsch,* Information und Geheimhaltung im Kommunalrecht,
1987; *Moritz,* Die innergemeindliche Zuständigkeitsordnung, 2002; *Zilkens/
Elschner,* Der Schutz personenbezogener Daten in nicht öffentlichen Sitzungen der kommunalen politischen Vertretung am Beispiel der GO NRW,
DVBl. 2002, 163; *Schmitt,* Die Kompetenzabgrenzung zwischen Gemeindevorstand und Gemeindevertretung in der hessischen Kommunalverfassung,
2004; *Ehlers,* Die Gemeindevertretung, in: HdbKWP, Band 1, 2007, § 21
Rdnr. 108 ff.

Falllösungen: *Menzel/Schumacher,* Jura 1998, 156; *Heckel,* JuS 2011, 166.

III. Verfahren und Beschlüsse

27   Das Verfahren der Entscheidungsfindung im Gemeinderat richtet
sich nach den Vorschriften der jeweiligen Gemeindeordnung,[10] ergänzt durch die Geschäftsordnung des Gemeinderates (vgl. Rdnr. 3).
Teilweise sind spezialgesetzliche Vorschriften zu beachten, z. B. bei
der Verabschiedung eines Bebauungsplans (vgl. §§ 3 f. BauGB betreffend die Auslegung und den Umgang mit Einwendungen aus der Bevölkerung).

1. Ablauf der Gemeinderatssitzung

28   Die wichtigsten Verfahrensschritte sind
– die **Einberufung der Sitzung** unter angemessener Fristsetzung
und mit von der Verwaltung vorbereiteten Tagungsunterlagen;
– die Behandlung der auf der **Tagesordnung** zusammengestellten
Punkte, deren Zusammenstellung Sache des Gemeinderatsvorsit-
zenden (d. h. zumeist des Bürgermeisters; vgl. § 13 Rdnr. 5) ist;
auch Fraktionen oder sogar einzelne Gemeinderäte können aber
u. U. Anträge zur Aufnahme in die Tagesordnung stellen. Umstritten ist, ob der Bürgermeister im Interesse der Wahrung der
Rechtsgebundenheit des Gemeindehandelns ein Prüfungsrecht
hinsichtlich der Aufnahme einzelner Gegenstände in die Tagesord-

---

10 § 37 GO BW (krit. zur Möglichkeit, im schriftlichen Verfahren Beschlüsse zu fassen,
Anderheiden, VBlBW 2005, 470); Art. 51 BayGO; §§ 34–38 BbgKVerf; §§ 53–55
HessGO; §§ 31 f. KV MV; §§ 65 – 67 NdsKomVG; §§ 49 f. GO NRW; § 40 GO
Rh.-Pf.; § 45 KSVG; § 39 SächsGO; §§ 53 f. GO LSA; § 39 GO SH; § 39 ThürKO.

nung besitzt (Beispiel: Keine Aufnahme des Punktes „Erklärung der Gemeinde zur gentechnikfreien Zone" wegen angeblich fehlender Verbandskompetenz; vgl. § 6 Rdnr. 14 ff.);

– die Sicherstellung der grundsätzlich erforderlichen **Öffentlichkeit** der Ratssitzung sowohl durch vorherige Bekanntmachung als auch durch die Ermöglichung der Sitzungsteilnahme für Bürger und Pressevertreter (vgl. zusätzlich Art. 5 I 2 GG [Pressefreiheit] bzw. Art. 5 I 1 GG [Informationsfreiheit] sowie das jeweilige LandespresseG, das auch einen Anspruch auf Auskunft über eine nicht öffentliche Gemeinderatssitzung vermitteln kann; BayVGH, NJW 2004, 3358). Eine nichtöffentliche „Vorberatung" ist dadurch nicht ausgeschlossen (VGH BW, DVBl. 2011, 912). In der Geschäftsordnung ist geregelt, welche Gegenstände in nichtöffentlicher Sitzung zu behandeln sind. Konsequenz der Nichtöffentlichkeit ist die Verpflichtung der Ratsmitglieder zur Verschwiegenheit (vgl. z. B. § 30 I GO NRW). Aktuelle Probleme ergeben sich bei Privatisierungs- (*Faber*, NVwZ 2003, 1317) und bei Vergabeentscheidungen (*v. Bechtolsheim/Betz*, KommJur 2006, 1), beim Umgang mit personenbezogenen Daten (*Zikens/Elschner*, DVBl. 2002, 163) sowie bei Grundstücksverträgen (OVG NRW, NWVBl. 2009, 221: Ausschluss der Öffentlichkeit wegen Schwächung der gemeindlichen Verhandlungsposition);

– die Sicherung der **Beschlussfähigkeit** bei der Fassung von Beschlüssen (vgl. zu ihnen sogleich II) und die Beachtung des kommunalrechtlichen Vertretungsverbots (vgl. Rdnr. 43 ff.) sowie des Mitwirkungsverbots wegen Befangenheit (vgl. Rdnr. 49 ff.);

– die Fertigung einer **Niederschrift**.

Nach Abschluss der Gemeinderatssitzung obliegt dem Bürgermeis- **29** ter die etwaige öffentliche **Bekanntmachung** der gefassten Beschlüsse sowie insbesondere deren **Durchführung**. Darauf ist ebenso wie auf etwaige Rechte bzw. Pflichten des Bürgermeisters zum Widerspruch bzw. zur Beanstandung von Gemeinderatsbeschlüssen im Abschnitt über den Bürgermeister zurückzukommen (§ 13 Rdnr. 17 f.).

2. Beschlüsse und Fehlerfolgen

Abstimmungen im Gemeinderat beziehen sich entweder auf Wah- **30** len (Personalauswahl, z. B. Wahl eines Beigeordneten) oder auf Beschlüsse in Sachfragen. Sie erfolgen nach bestimmten, in der jeweiligen Gemeinde- bzw. Geschäftsordnung festgelegten Regeln (Ablauf,

Mehrheitserfordernisse, Situation bei Stimmengleichheit etc.). Die Einhaltung dieser Vorschriften bildet ebenso wie die Einhaltung der zu 1) genannten Verfahrensvorschriften und der zu II zusammengestellten kompetenziellen Anforderungen die Voraussetzung für die **formelle Rechtmäßigkeit** des jeweiligen Beschlusses.

31   Hinsichtlich der Fehlerfolgen, d. h. der durch eine festgestellte formelle Rechtswidrigkeit ausgelösten Konsequenzen, ist wie folgt zu unterscheiden:

– Bei **Satzungen** greift das in § 15 Rdnr. 28 ff. dargestellte gesonderte Fehlerfolgenregime ein.

– Bei sonstigen Beschlüssen mit Außenwirkung (v. a. **Verwaltungsakten und Verträgen**) wird die Außenwirkung durch den Bürgermeister herbeigeführt, weswegen das Fehlerfolgenregime erst im dortigen Zusammenhang dargestellt wird (§ 13 Rdnr. 28 ff., 35 ff.).

– **Beschlüsse ohne Außenwirkung** betreffen ausschließlich das organschaftliche Verhältnis innerhalb des Gemeinderats bzw. gegenüber dem Bürgermeister (z. B. der Beschluss, einem Gemeinderat das Rederecht zu entziehen). Bei solchen Beschlüssen führt die formelle Rechtswidrigkeit zur Nichtigkeit, wenn die verletzte Vorschrift mehr als eine sog. bloße Ordnungsvorschrift ist (wie beispielsweise bei einem Schreibfehler in der Niederschrift über den Beschluss).

– Beschlüsse, die **ausnahmsweise** ohne hinzutretende Durchführungshandlungen des Bürgermeisters **Außenwirkung** haben (die sog. self-executing-Beschlüsse), sind anhand der allgemeinen Regeln des Verwaltungsverfahrensrechts zu beurteilen: Nichtigkeit nur unter den Voraussetzungen des § 44 VwVfG, sonst Rechtswidrigkeit und Aufhebbarkeit durch Widerspruch bzw. verwaltungsgerichtliche Klage der in ihren Rechten Verletzten.

Literatur: *Schnapp,* Der Streit um die Sitzungsöffentlichkeit im Kommunalrecht, VerwArch. 78 (1987), 407; *Kaarst,* Der rechtswidrige Gemeinderatsbeschluss, 1994; *Schneider,* Der verfahrensfehlerhafte Ratsbeschluß – Zur Dogmatik der Verfahrensfehlerfolgen, NWVBl. 1996, 89; ausführlich zum Sitzungsablauf *Gern,* Deutsches Kommunalrecht, Rdnr. 443 ff.; *Ehlers,* Die Gemeindevertretung, in: HdbKWP, Band 1, 2007, § 21 Rdnr. 72 ff.; *Frey u. a.,* Protokollierung von Gemeinderatssitzungen durch Direktaufnahme auf CD/ DVD, VBlBW 2007, 50; *v. Bogner/Lübking,* Beratung und Beschlussfassung in der Gemeindevertretung, 4. Aufl. 2010; *Rabeling,* Die Öffentlichkeit von Gemeinderatssitzungen in der Rechtsprechung, NVwZ 2010, 411; *Ernst,* Kleine Abstimmungsfibel, 2011.

Falllösungen: *Suerbaum/Brüning,* JuS 2001, 992; *Lange,* VR 2005, 204.

IV. Die Rechtsstellung des einzelnen Gemeinderatsmitglieds

Da der Gemeinderat nicht Teil der Legislative und damit kein Par- 32
lament ist (BVerfGE 65, 283 [289]), sondern Organ der Gemeinde als
Teil der Exekutive, ist die Rechtsstellung des einzelnen Gemeinderatsmitglieds nur bedingt mit der eines Parlamentsabgeordneten vergleichbar:

1. Mitgliedschaftlicher Status

Die Gemeinderatsmitglieder verfügen nicht über die Parlamenta- 33
riererrechte Immunität und Indemnität, aber sie sind doch Inhaber
eines eigenen, einfachrechtlich (durch die Gemeindeordnungen) kon-
stituierten **mitgliedschaftsrechtlichen Status,** bestehend aus Rechten
und Pflichten. Zur Durchsetzung der (nicht grundrechtlichen, sondern eben mitgliedschaftlichen [andere Formulierung: organschaftli-
chen]) subjektiven Positionen „auf Rechte" ist ihnen im Wege des
Kommunalverfassungsstreitverfahrens auch Rechtsschutz eröffnet
(vgl. dazu § 14). Dabei kann unterschieden werden zwischen Mit-
gliedschaftsrechten, die sich auf die Mandatsausübung als solche beziehen (Aufwandsentschädigung, Sitzungsgelder, Freistellung durch
den Arbeitgeber; vgl. z. B. § 30 III, IV BbgKVerf; §§ 44 f. GO
NRW) und denjenigen Positionen, die die eigentliche politische Betätigung betreffen. Der BGH hat es daher richtigerweise abgelehnt,
Ratsmitglieder als „Amtsträger" i. S. d. § 11 I Nr. 2 StGB zu qualifizieren (NJW 2006, 2050).

Diese zuletzt genannten **Mitwirkungsrechte** können anhand des 34
soeben (III 1) geschilderten Ablaufs der Gemeinderatssitzung strukturiert werden. Zentral ist das Recht auf aktive Teilnahme an den Sitzungen. Dieses beginnt mit dem Recht auf korrekte Einberufung der
Sitzung und wird fortgeführt mit dem Recht auf Aufnahme von Vorschlägen zur Tagesordnung und auf Wahrung der Öffentlichkeit.
Zentral sind das Rede- und das Antragsrecht sowie das bereits beschriebene Recht auf Zusammenschluss mit anderen Gemeinderatsmitgliedern zu einer Fraktion (I 3). Gerade diese Rechte bestehen
auch als Minderheitenrechte, indem sie denjenigen Gemeinderatsmitgliedern bzw. Gemeinderatsfraktionen zustehen, die nicht die Mehrheit innerhalb des Gremiums stellen. Hinzu treten Rechte im Zusammenhang mit der **Kontrolle** von Bürgermeister und Verwaltung,

insbesondere gerichtet auf die Erteilung von Auskünften (grundlegend *Hebeler*, Grundstrukturen des Informationsrechts in den Kommunen, in: Jahrbuch Informationsfreiheit und Informationsrecht, 2010). Wird eine dieser Rechtspositionen durch Ordnungs- oder Hausrechtsmaßnahmen (vgl. sogleich 2) ungerechtfertigt beeinträchtigt, entsteht ein mitgliedschaftsrechtlicher Störungsbeseitigungsanspruch.

35   Die **Pflichten** der Gemeinderatsmitglieder sind vielfach an den Pflichten der anderen „ehrenamtlich Tätigen" (vgl. § 11 Rdnr. 11) orientiert. In der Summe ergibt sich das Statut der „Verantwortung der kommunalen Mandatsträger" (*Ehlers*, in: FS Schlebusch, 2006, 185). Wichtig ist die Pflicht, das durch Wahl übertragene **Amt überhaupt auszuüben** (daher ist die Nichtannahme des Mandats bzw. das Ausscheiden aus dem Gemeinderat in der Regel an bestimmte Voraussetzungen, v. a. das Erfordernis eines wichtigen Grundes, geknüpft; hier ist abzuwägen zwischen den zumeist privat [Schwangerschaft etc.] oder beruflich begründeten Bedürfnissen des Gemeinderatsmitglieds einerseits, der Respektierung des Wählerwunsches sowie der Kontinuität und Arbeitsfähigkeit des Gemeinderates andererseits). Zu erwähnen ist ferner die Pflicht zur **Verschwiegenheit.**

36   Missachtet ein Gemeinderatsmitglied Pflichten, so kann ihm durch Verwaltungsakt des Gemeinderats (als sog. self-executing-Beschluss; vgl. § 13 Rdnr. 16) ein **Ordnungsgeld** auferlegt werden (vgl. z. B. Art. 20 III BayGO; § 24 a HessGO; § 29 III GO NRW) oder (in einigen Bundesländern; vgl. z. B. § 39 II NdsKomVG; § 134 GO SH) sogar ein Ordnungswidrigkeitsverfahren eingeleitet werden. Diese Entscheidungen betreffen das einzelne Gemeinderatsmitglied nicht in seinem mitgliedschaftlichen Status, sondern als Bürger, der eine Pflichtverletzung im Zusammenhang der Ausübung einer ehrenamtlichen Tätigkeit begangen hat, und daher im Außenverhältnis.

2. Schutz gegen Ordnungs- und Hausrechtsmaßnahmen

37   Im Interesse eines geordneten Sitzungsverlaufs und damit der Erzielung möglichst sachgerechter Beschlüsse ist dem Ratsvorsitzenden (zumeist: dem Bürgermeister; vgl. § 13 Rdnr. 16) in allen Gemeindeordnungen die sog. **Sitzungs- bzw. Ordnungsgewalt** zugewiesen.[11]

---

11 § 36 I i. V. m. § 42 I 1 GO BW; Art. 53 I i. V. m. Art. 36 BayGO; § 37 I BbgKVerf i. V. m. § 33 I BbgKVerf; § 58 IV HessGO (Vorsitzender, der aus der Mitte der Gemeindevertretung gewählt wird [nicht Bürgermeister]); § 28 II, III KV MV (Bürgermeister nur in ehrenamtlich verwalteten Gemeinden, sonst wie Hessen); § 63 I i. V. m. § 61 I NdsKomVG (Vorsitzender [vgl. Hessen]); § 51 I GO NRW; § 36 I, II GO Rh.-Pf.; § 42 I i. V. m. § 43 I KSVG; § 38 I SächsGO; § 55 GO LSA (Vorsitzender gem.

In Ausübung dieser Befugnis kann er die Sitzung unterbrechen und verschiedene sitzungsleitende Anordnungen treffen (zur Ruhe mahnen, das Rauchen oder Telefonieren verbieten, Kreuze an der Wand des Sitzungszimmers aufhängen oder abhängen lassen etc.). Im äußersten Fall kann der Bürgermeister auch einzelne Gemeinderatsmitglieder aus der Sitzung ausschließen, d. h. in den Zuhörerraum schicken.

Zur Durchsetzung des Mitgliedschaftsrechtes auf Störungsbeseitigung (vgl. **38** Rdnr. 3 f.) können andere Gemeinderatsmitglieder bei Vorliegen der Voraussetzungen einen Anspruch auf (ermessensfehlerfreie) Entscheidung hierüber dem Bürgermeister gegenüber geltend machen. Der Störungsbeseitigungsanspruch ist in einem solchen Fall auf eine Leistung gerichtet, während er im Normalfall, in dem das einzelne Gemeinderatsmitglied eine ihm gegenüber adressierte Maßnahme angreift, auf deren Abwehr gerichtet ist.

Tatbestandliche Voraussetzung für eine Maßnahme der Ord- **39** nungsgewalt ist stets das Vorliegen eines störenden Verhaltens (sei es von Seiten anderer Ratsmitglieder, sei es von Seiten der Zuhörer). Bei der Prüfung der Ermessensbetätigung des Bürgermeisters ist eine Abwägung zwischen dem Funktionsinteresse des Gemeinderates einerseits, den geltend gemachten Interessen des betroffenen Gemeinderatsmitglieds andererseits durchzuführen. Dabei ist vor allem darauf zu achten, ob nicht mildere Ordnungsmaßnahmen zur Verfügung stehen.

Der **Rechtsschutz** des von einer Ordnungsmaßnahme betroffenen **40** Gemeinderatsmitglieds hängt davon ab, ob es in seinem mitgliedschaftlichen Status oder in seinen Grundrechten betroffen ist. Beides zusammen ist nicht möglich, vielmehr ist (ähnlich wie bei Maßnahmen gegenüber Bundestagsabgeordneten, welche sich ebenfalls nur entweder auf Art. 38 I 2 GG oder auf die Freiheitsgrundrechte der Art. 1 ff. GG berufen können) zu klären, welche Position betroffen ist. Ist ein Gemeinderatsmitglied durch eine Maßnahme der Ordnungsgewalt in der Ausübung seiner **Mitgliedschaftsrechte**, d. h. in seiner Amtsausübung betroffen, dann besitzt die betreffende Maßnahme keine Außenwirkung und sie ist anzugreifen im Wege des Kommunalverfassungsstreitverfahrens (vgl. § 14 Rdnr. 1 ff.). Trifft eine Ordnungsmaßnahme das einzelne Gemeinderatsmitglied hingegen in seinem „Grundverhältnis" gegenüber der Gemeinde, d. h. als Bürger in seinen Grundrechten, dann handelt es sich regelmäßig um

---

§ 36 II GO LSA); § 37 GO SH (Vorsitzender gem. § 33 GO SH); § 41 ThürKO (Vorsitzender gem. § 23 ThürKO).

einen Verwaltungsakt, der nach normalen Grundsätzen mit Widerspruch und Anfechtungsklage anzugreifen ist.

Beispiele: Ein Rauchverbot trifft das während der Sitzung zur Steigerung der Konzentrationsfähigkeit rauchende Gemeinderatsmitglied in der Ausübung seines Mitgliedschaftsrechtes, weswegen es sich um ein Kommunalverfassungsstreitverfahren handelt (OVG NRW, DVBl. 1983, 53), während das Verbot des Tragens einer Plakette mit der Aufschrift „Stoppt Strauß" (oder „Schröder", „Merkel" etc.) in das Grundrecht der Meinungsfreiheit des Art. 5 I 1 GG eingreift (BVerwG, NVwZ 1988, 847). Die Entscheidung für oder gegen das Aufhängen eines Kreuzes im Sitzungssaal betrifft die sich dadurch beeinträchtigt fühlenden Gemeinderatsmitglieder m. E. in ihrem Grundrecht der negativen Glaubensfreiheit des Art. 4 I GG (die materielle Beurteilung orientiert sich zwischen den Entscheidungen zum Kruzifix im Gerichtssaal, BVerfGE 35, 366, und zum Kruzifix im Schulzimmer, BVerfGE 93, 1). Weder kann die Frage nach dem betroffenen Recht offen gelassen werden (so aber HessVGH, NJW 2003, 2471), noch darf gleichzeitig von einem Kommunalverfassungsstreitverfahren und einer Betroffenheit im Grundrecht auf negative Bekenntnisfreiheit ausgegangen werden (so aber VG Darmstadt, NJW 2003, 455, in der Ausgangsentscheidung). Ein Verbot des Telefonierens mit Handys während der Gemeinderatssitzung dürfte ebenso wie das Rauchverbot zu beurteilen sein.

41   Von Maßnahmen der Ordnungsgewalt zu unterscheiden ist die in den meisten Gemeindeordnungen[12] vorgesehene Ausübung des **Hausrechts** durch den Vorsitzenden (zumeist: den Bürgermeister). Die entsprechenden Vorschriften weisen dem Bürgermeister das Hausrecht gegenüber externen und gegenüber per Ordnungsgewalt vom Sitzungs- in den Zuschauerraum verwiesenen Gemeinderäten zu, aber in beiden Fällen beschränkt auf Ort und Dauer der Gemeinderatssitzung. Die Erteilung von Hausverboten für das gesamte Gebäude (typischerweise das Rathaus) richtet sich nach den hierfür im allgemeinen Verwaltungsrecht anerkannten Grundsätzen (vgl. *Papier,* in: Erichsen/Ehlers (Hrsg.), Allgemeines Verwaltungsrecht, 14. Aufl. 2010, § 39 Rdnr. 50 ff.). Die kommunalrechtlichen Vorschriften taugen insoweit nicht als Ermächtigungsgrundlage.

42   Die kommunalrechtliche Befugnis zur Ausübung des Hausrechts deckt auch weniger intensive Maßnahmen wie etwa das gegenüber einem Journalisten verfügte Verbot des Mitschneidens auf Tonband ab (BVerwG, NJW 1991, 118). Hausrechtsmaßnahmen sind stets (gleichgültig gegenüber wem sie erge-

---

12 § 36 I i. V. m. § 42 I 1 GO BW; Art. 53 I 1 BayGO; § 37 I BbgKVerf; § 58 IV 1 HessGO; § 63 I NdsKomVG; § 51 I GO NRW; § 36 II GO Rh.-Pf.; § 43 I KSVG; § 38 I 2 SächsGO; § 55 I 2 GO LSA; § 37 S. 2 GO SH; § 41 S. 1ThürKO.

hen und gleichgültig, ob ihre Grundlage die jeweilige Gemeindeordnung oder das allgemeine Verwaltungsrecht bildet) Maßnahmen mit Außenwirkung (Verwaltungsakte) und daher mit Widerspruch und Anfechtungsklage anzugreifen.

3. Das kommunalrechtliche Vertretungsverbot

In beinahe allen Gemeindeordnungen ist vorgesehen, dass ehren-   43
amtlich Tätige (Hauptanwendungsfall ist das Gemeinderatsmitglied) nicht „Ansprüche anderer gegen die Gemeinde geltend machen dürfen".[13] Hierbei handelt es sich um einen besonders wichtigen und klausurträchtigen Teil des mitgliedschaftlichen Pflichtenpakets. Die entsprechenden Vorschriften betreffen in aller erster Linie Gemeinderatsmitglieder, die von Beruf Rechtsanwälte sind. Sie dürfen während der Zeit ihrer Mitgliedschaft im Gemeinderat keine Verfahren gegen die Gemeinde führen, was je nach Kanzleizuschnitt erhebliche wirtschaftliche Nachteile mit sich bringen kann. Der Gesetzgeber mutet diesen Nachteil den Betroffenen im Interesse der **Lauterkeit der Kommunalverwaltung** zu. Interessenverquickungen sollen vermieden und die Kommunalverwaltung nach Möglichkeit von externen Einflüssen freigehalten werden.

a) **Tatbestand.** Das Vertretungsverbot erfasst die Vertretung in zi-   44
vilrechtlichen wie öffentlich-rechtlichen Streitigkeiten, jedenfalls in Selbstverwaltungsangelegenheiten. Teilweise sind bestimmte gemeindliche Aufgaben ausgenommen. Bei Verfahren gegen den in Organleihe tätigen Bürgermeister bzw. Landrat (vgl. § 8 Rdnr. 10 f.), bei Ordnungswidrigkeiten sowie bei staatlichen Aufgaben im dualistischen Modell (vgl. § 8 Rdnr. 16 ff.) greift das Vertretungsverbot nicht ein. Ebenfalls nicht erfasst ist die Vertretung eines anderen Gemeinderatsmitglieds in einem Kommunalverfassungsstreitverfahren, weil hierbei nicht Ansprüche gegen die „Gemeinde", sondern gegen ein anderes Organ der Gemeinde (den Gemeinderat, die Bürgermeister o. Ä.) geltend gemacht werden (vgl. § 14 Rdnr. 2). Das Vertretungsverbot erstreckt sich schließlich nicht auf die Sozien oder die in Bürogemeinschaften verbundenen Rechtsanwälte in der Kanzlei des Gemeinderatsmitglieds.

---

13 § 17 III GO BW; Art. 50 BayGO; § 23 BbgKVerf (i.V. m. § 20 BbgKVerf), § 33 II BbgKVerf; § 26 HessGO; § 26 KV MV; § 42 NdsKomVG; § 32 (i. V. m. § 43 II) GO NRW; § 21 GO Rh.-Pf.; § 26 II KSVG; § 19 III SächsGO; § 30 III GO LSA; § 23 (i. V. m. § 32 III) GO SH.

45   **b) Verfassungsmäßigkeit.** Die entsprechenden Vorschriften sind formell verfassungsgemäß. Die Länder konnten die entsprechenden Regelungen auf der Grundlage ihrer **Kompetenz** (vgl. Art. 70 I GG) für das Kommunalrecht treffen, weil es unmittelbar um dieses, nicht hingegen um das im Wege der konkurrierenden Gesetzgebung dem Bund zugewiesene „gerichtliche Verfahren" bzw. um „die Rechtsanwaltschaft" nach Art. 74 I Nr. 1 GG geht (BVerfG, DVBl. 1988, 54). Bei der **materiell-rechtlichen Prüfung** sollte man demnach annehmen, dass kein Eingriff in das Grundrecht der Berufsfreiheit der betroffenen Rechtsanwälte vorliegt, weil die Vertretungsverbotsvorschriften keine „berufsregelnde Tendenz" besitzen (so noch BVerfGE 41, 231 [241]). Diese Annahme ist aber zu undifferenziert. Bei der kompetenziellen Prüfung geht es darum, welcher Gegenstand unmittelbar betroffen ist (hier: das Kommunalrecht), während das Merkmal der „berufsregelnden Tendenz" bereits dann erfüllt ist, wenn eine bestimmte Maßnahme zumindest auch die Berufsausübung zu beeinträchtigen geeignet ist. Dies ist bei den kommunalrechtlichen Vertretungsverbotsvorschriften fraglos der Fall.

46   Das BVerfG hat dies bislang noch nicht ausdrücklich eingeräumt; es lässt aber mittlerweile die Frage nach der Eingriffsqualität bei Art. 12 I GG offen und führt, gleichsam hilfsweise, eine Rechtfertigungsprüfung anhand der Drei-Stufen-Theorie durch (BVerfG, DVBl. 1988, 54; vgl. auch BVerwG, NJW 1988, 1994). Im Ergebnis erweist sich das Vertretungsverbot auf Grund des dahinterstehenden Anliegens der Lauterkeit der Gemeindeverwaltung als verhältnismäßige Beschränkung der Berufsausübungsfreiheit.

47   **c) Rechtsfolgen.** Auf der kommunalrechtlichen Ebene ist das Vorliegen der Voraussetzungen für das Vertretungsverbot zumeist streitig. In dieser Situation hat der Gemeinderat zu entscheiden, ob die Voraussetzungen vorliegen. Er tut dies durch Verwaltungsakt, d. h. es liegt einer der seltenen Fälle vor, in denen ein Gemeinderatsbeschluss unmittelbar Außenwirkung erlangt (sog. self-executing-Beschluss; vgl. noch § 13 Rdnr. 16). Das betroffene Gemeinderatsmitglied (regelmäßig ein Rechtsanwalt) ist hierdurch in seinem Grundrecht aus Art. 12 I GG betroffen und kann diesen Beschluss daher mit der **Anfechtungsklage** vor dem Verwaltungsgericht angreifen. Umstritten ist, ob ein Rechtsanwalt, der dennoch in einem zivil- oder verwaltungsgerichtlichen Verfahren Ansprüche gegen die Gemeinde geltend macht, nach den jeweils einschlägigen Prozessordnungsvorschriften (vgl. § 67 III 1 VwGO, § 79 III 1 ZPO) zurückgewiesen werden kann.

Diejenigen Entscheidungen, die einem Verstoß gegen das kommunalrecht- **48** liche Vertretungsverbot eine entsprechende Außenwirkung zuerkennen bzw. dies in Erwägung ziehen (BVerfGE 52, 42 [55 ff.]; BVerfG, NJW 1988, 694; offengelassen von BVerfG, DVBl. 1998, 54 [56]; BayVGH, NJW 1980, 1870), sind abzulehnen. Durch §§ 3 II, 45, 46 BRAO (vgl. auch § 3 BORA) hat der Bund abschließend (auf der Grundlage der konkurrierenden Gesetzgebungskompetenz nach Art. 74 I Nr. 1 GG) festgelegt, unter welchen Voraussetzungen ein Prozessvertreter rechtlich ausgeschlossen ist. Da die Vertretungsverbotsvorschriften kompetenziell betrachtet ausschließlich kommunalrechtlicher Natur sind (vgl. soeben Rdnr. 45), können sie insoweit (anders in der grundrechtlichen Prüfung) keine Außenwirkung erlangen (so oder ähnlich Sondervotum *Rottmann*, BVerfGE 52, 58 [59]; *Schoch*, DVBl. 1981, 678, und *ders.*, JuS 1989, 531 [536]; *Ehlers*, NVwZ 1990, 44 [49]).

4. Mitwirkungsverbot wegen Befangenheit

Auch die Befangenheitsregeln gelten allgemein für die ehrenamtli- **49** che Tätigkeit, haben aber ihren Hauptanwendungsbereich gegenüber Gemeinderatsmitgliedern. In allen Gemeindeordnungen[14] ist vorgesehen, dass ehrenamtlich Tätige bzw. Gemeinderatsmitglieder bei Vorliegen eines Befangenheitsgrundes „weder beratend noch entscheidend" bei der betreffenden Angelegenheit mitwirken dürfen. Dies bedeutet, dass sie die Sitzung verlassen müssen und sie allenfalls als Zuhörer (bei öffentlicher Sitzung) verfolgen können. Ziel des Mitwirkungsverbots wegen Befangenheit ist die Sicherung der **Lauterkeit der Kommunalverwaltung**. Durch die strengen Vorschriften soll bereits der „böse Schein" einer externen Beeinflussung von Gemeinderatsentscheidungen vermieden werden.

a) **Tatbestand.** Das Vorliegen eines Befangenheitstatbestandes ist in **50** einer dreistufigen Prüfung zu ermitteln: Zunächst geht es darum, ob durch die fragliche Entscheidung ein „unmittelbarer Vorteil oder Nachteil" verbunden sein kann (1) und zwar für das Gemeinderatsmitglied selbst, für einen seiner Angehörigen oder (u. a.) für eine juristischen Person (z. B. einem Unternehmen), bei der es beschäftigt ist (2). Unmittelbar sind nur diejenigen Vor- oder Nachteile, die ohne das Hinzutreten weiterer Umstände durch die betreffende Entscheidung selbst hervorgerufen werden. Als Schutz gegen eine zu sehr ausufernde Handhabung des Befangenheitstatbestandes sind schließ-

---

14 § 18 GO BW; Art. 49 BayGO; § 20 BbgKVerf i. V. m. § 22 BbgKVerf i. V. m. § 33 II BbgKVerf; § 25 HessGO; § 24 KV MV; § 41 NdsKomVG; § 31 (i. V. m. § 43 II) GO NRW; § 22 GO Rh.-Pf.; § 27 KSVG; § 20 SächsGO; § 31 GO LSA; § 22 (i. V. m. § 32 III) GO SH; § 38 ThürKO.

lich Ausschlussgründe vorgesehen (3). So genügt es insbesondere nicht, dass das Gemeinderatsmitglied lediglich einer Berufs- oder Bevölkerungsgruppe angehört, deren gemeinsame Interessen durch die fragliche Angelegenheit berührt werden.

Beispiele: Bei der Entscheidung über die Aufstellung eines Bebauungsplanes sind sämtliche Gemeinderatsmitglieder, denen Grundstücke im Planbereich gehören, befangen, ebenso diejenigen Gemeinderatsmitglieder, die vom Lärm einer geplanten Gemeindestraße bedroht sind (HessVGH, NVwZ-RR 1993, 156). Am Erfordernis eines unmittelbaren Vorteils fehlt es hingegen, wenn sich die Festsetzungen eines Bebauungsplans erst im Falle der späteren Stellung eines Bauantrags realisieren würden (OVG NRW, DVBl. 1980, 68). Lediglich eine (irrelevante) Betroffenheit als Mitglied einer Bevölkerungsgruppe liegt beim Beschluss über eine Beitragssatzung vor, da die Beitragspflicht (etwa für ein kommunales Klärwerk) sämtliche Haushalte im Gemeindegebiet betreffen wird (BayVGH, BayVBl. 1987, 49); weiterführend *Röhl*, Jura 2006, 725.

51   **b) Fehlerfolgen.** Das Mitwirkungsverbot wegen Befangenheit ist zu prüfen innerhalb des Punktes „formelle Rechtmäßigkeit" des in Frage stehenden Gemeinderatsbeschlusses. Grundsätzlich führt ein Verstoß gegen das Mitwirkungsverbot, d. h. die Mitwirkung eines befangenen Gemeinderatsmitglieds (ebenso: das Fernbleiben eines zu Unrecht für befangen erklärten Gemeinderatsmitglieds) zur Nichtigkeit des betroffenen Beschlusses. Wie aus dem allgemeinen Verwaltungsrecht bekannt (vgl. §§ 45, 46 VwVfG), ist aber sorgfältig darauf zu achten (durch Lektüre der jeweiligen Gemeindeordnung), ob nicht eine **Heilungs- bzw. Unbeachtlichkeitsvorschrift** eingreift mit der Konsequenz, dass der Verstoß gegen das Mitwirkungsverbot wegen Befangenheit die Nichtigkeitsfolge nicht auslöst. Bei dieser Prüfung kann wie folgt verfahren werden:

– Teilweise[15] ist in der jeweiligen Befangenheitsvorschrift vorgesehen, dass der Befangenheitstatbestand nur geltend gemacht werden kann, wenn er für das Abstimmungsergebnis entscheidend war **(Kausalitäterfordernis).**

– Unabhängig davon kann die Geltendmachung der Verletzung des Mitwirkungsverbots wegen Befangenheit nach Ablauf bestimmter **Fristen** seit Beschlussfassung (regelmäßig: 1 Jahr) ausgeschlossen sein.[16]

---

15 Art. 49 IV BayGO; § 22 VI 1 BbgKVerf; § 41 VI I NdsKomVG § 31 VI GO NRW; § 22 V Nr. 1 GO SH; § 38 IV 1 ThürKO.
16 § 18 VI 2 GO BW; § 22 VI 2 iVm § 3 IV 1 BbgKVerf; § 25 VI HessGO; § 24 V KV MV; § 41 VI 2 i. V. m. § 10 II 1 NdsKomVG; § 54 IV GO NRW; § 22 V 2 GO Rh.-Pf.;

– Handelt es sich bei dem fraglichen Gemeinderatsbeschluss um einen Satzungsbeschluss, so ist das spezifische Fehlerfolgenrecht der **Satzungsvorschriften** zu prüfen (vgl. dazu § 15 Rdnr. 28 ff.).
– Schließlich können **spezialgesetzliche** Heilungs- bzw. Unbeachtlichkeitsvorschriften eingreifen.

Literatur: *Schoch,* Das kommunale Vertretungsverbot, 1981; *Geis,* Zum Recht des Gemeinderatsmitglieds auf freie Meinungsäußerung in der Gemeinderatssitzung, BayVBl. 1992, 41; *Molitor,* Die Befangenheit von Ratsmitgliedern, 1993; *Hager,* Grundfragen zur Befangenheit von Gemeinderäten, VBlBW 1994, 263; *Glage,* Mitwirkungsverbote in den Gemeindeordnungen, 1995; *Erichsen/Biermann,* Der Kommunalverfassungsstreit, Jura 1997, 157; *Schnell,* Freie Meinungsäußerung und Rederecht der kommunalen Mandatsträger, 1997; *Pfab,* Die Bedeutung kommunalrechtlicher Verfahrensanforderungen für das Bauleitplanverfahren, Jura 1999, 625; *Schwerdtner,* Das Mitwirkungsverbot wegen Befangenheit als Rechtsproblem, VBlBW 1999, 81; *Müller-Franken,* Der unberechtigte Ausschluss eines Mitgliedes des Gemeinderates wegen persönlicher Beteiligung, BayVBl. 2001, 136; *Fehling,* Verwaltung zwischen Unparteilichkeit und Gestaltungsaufgabe, 2001; *Schäfer,* Zur Befangenheit von Gemeinderatsmitgliedern, VBlBW 2003, 271; *Werres,* Rechtliche Anforderungen an die Zusendung von Sitzungsunterlagen im Kommunalrecht, NWVBl. 2004, 294; *Eiermann,* Akteneinsicht durch kommunale Mandatsträger, NVwZ 2005, 43; *Petri,* Gemeindevertretung contra Gemeindevorstand: Auskunft und Akteneinsicht bei personenbezogenen Daten, NVwZ 2005, 391; *Nolte,* Das freie Mandat der Gemeindevertretungsmitglieder, DVBl. 2005, 870; *Röhl,* Das kommunale Mitwirkungsverbot, Jura 2006, 725; *Ehlers,* Die Gemeindevertretung, in: HdbKWP, Band 1, 2007, § 21 Rdnr. 72 ff.; *Striedl/Troidl,* Mehr Demokratie im Gemeinderat, BayVBl. 2008, 289; *Dolderer,* Wie viel Parlament ist der Gemeinderat?, DÖV 2009, 146; *Kim,* Die individuellen Mitwirkungsrechte der Gemeinderatsmitglieder, DVBl. 2011, 734; *Weirauch,* Interessenkonflikte kommunaler Mandatsträger, 2011.

Falllösungen: *Suerbaum,* JuS 1994, 324; *Tettinger/Ennuschat,* NWVBl. 2002, 244; *Wilrich,* JuS 2003, 857; *Ennuschat/Siegel,* NWVBl. 2008, 119.

§ 13. Der Bürgermeister und die Vertretung der Gemeinde nach außen

Der Bürgermeister (in Bayern: erster Bürgermeister gem. Art. 34   1 BayGO) bildet neben dem Rat das zweite Vertretungsorgan der Bür-

---

§ 27 VI 2 KSVG; § 20 V 2 SächsGO; § 31 VI GO LSA; § 22 V Nr. 2 GO SH; § 38 IV 2 ThürKO.

gerschaft.[1] In den kreisfreien Städten und je nach landesgesetzlicher
Regelung auch in größeren bzw. bedeutenderen kreisangehörigen
Gemeinden führt er die Bezeichnung „Oberbürgermeister". Seit der
Abschaffung der kommunalen Doppelspitze (vgl. zu den verschiedenen Systemen § 10 Rdnr. 2 ff.) stellt der Bürgermeister in allen Ländern nicht nur die politische Leitfigur dar, sondern ihm obliegt auch
die Leitung der Verwaltung. Eine zusätzliche Stärkung erfährt die
Stellung des Bürgermeisters durch die mit seiner Direktwahl verbundene unmittelbare demokratische Legitimation. Ist der Termin für die
Wahl des Bürgermeisters explizit vom Termin für die Ratswahl getrennt (wie z. B. in BW; vgl. §§ 30 I, 42 III GO BW) wird seine politische Unabhängigkeit noch deutlicher betont. Im Unterschied zum
Rat ist der Bürgermeister ein **monokratisches Organ.** Dies bedeutet,
dass nur eine Person als Organwalter fungiert, d. h. die dem Organ
zugewiesenen Zuständigkeiten ausübt. Der Bürgermeister trägt die
volle Verantwortung für das Funktionieren und die Einheitlichkeit
des Verwaltungsvollzugs.

2   Hiervon abweichend ist in **Hessen** das zweite Gemeindeorgan (neben der
Gemeindevertretung; vgl. §§ 49 ff. HessGO) ebenfalls kollegial organisiert.
Dieser sog. Gemeindevorstand in der Tradition der Magistratsverfassung
(vgl. § 10 Rdnr. 4) besteht aus dem ebenfalls direkt gewählten Bürgermeister
und den Beigeordneten (Stadträte, welche alle nicht zugleich Mitglieder der
Gemeindevertretung sein dürfen). Obgleich die Rechtsstellung des Bürgermeisters in Hessen seit dem Jahre 2002 gestärkt worden ist (vgl. dazu
Schmidt-de Caluwe, NVwZ 2001, 270), liegen insbesondere die Tätigkeiten
bei der Vorbereitung und Ausführung der Beschlüsse der Gemeindevertretung
sowie die Aufstellung des Haushaltsplanes bei dem kollegial organisierten Gemeindevorstand. Dieser vertritt die Gemeinde auch nach außen. Der Bürgermeister steht diesem Kollegium vor und hat bei Abstimmungen das Recht des
Stichentscheids. Außerdem nimmt er in alleiniger Verantwortung die Aufgaben der Ordnungsbehörde wahr (vgl. § 85 I 1 Nr. 4 HessSOG). Gegen
Beschlüsse des Gemeindevorstands steht ihm ein Widerspruchsrecht zu (vgl.
näher *Birkenfeld-Pfeiffer/Gern,* Kommunalrecht Hessen, 5. Aufl. 2011,
S. 228 ff.).

3   Viele der Rechtsfragen, die sich im Hinblick auf den Bürgermeister
stellen, können durch die sorgfältige Lektüre der jeweiligen Gemeindeordnung beantwortet werden. Im Folgenden wird daher wiederum

---

1 §§ 23, 42 ff. GO BW; Art. 34 ff. BayGO; §§ 51 ff. BbgKVerf; §§ 39, 65 ff. HessGO;
§§ 21, 37 ff. KV MV; §§ 80 ff. NdsKomVG; §§ 40 II 1, 62 ff. GO NRW; §§ 28, 47 ff.
GO Rh.-Pf.; §§ 29, 54 ff. KSVG; §§ 48 ff. SächsGO; §§ 35, 57 ff. GO LSA; §§ 55 ff.
GO SH; §§ 22, 78 ff. ThürKO.

weniger auf diese Einzelheiten als vielmehr auf die besonders fallträchtigen Probleme Wert gelegt. Diese ranken sich bereits um die
Rechtsstellung des Bürgermeisters und sein Verhältnis zu Beigeordneten bzw. Vertretern (I). Seine Kompetenzen in Abgrenzung zum
zweiten zentralen Steuerungsorgan, dem Rat, bilden manchmal ein
innergemeindliches Konfliktfeld und können überdies im Rahmen
der Prüfung der „Zuständigkeit" der Gemeinde in ihrem Handeln
nach außen relevant werden (II). Überhaupt bedürfen das Handeln
der Gemeinde nach außen und das diesbezügliche Fehlerfolgenrecht
einer eingehenderen Betrachtung (III).

I. Das Organ Bürgermeister und die Gemeindeverwaltung

1. Bürgermeister, Beigeordnete und Vertreter des Bürgermeisters

Der Bürgermeister ist ein kommunaler **Wahlbeamter** auf Zeit. Er **4**
wird nach den in der jeweiligen Gemeindeordnung i. V. m. dem jeweiligen Kommunalwahlgesetz enthaltenen Grundsätzen für eine bestimmte Dauer gewählt (im Anschluss an einen i. d. R. kostspieligen
Wahlkampf; vgl. zu diesbezüglichen rechtspolitischen Überlegungen
Oebbecke, ZRP 2006, 227). Diese beträgt zwischen 5 und 8 Jahren,
teilweise eben so lange wie die Amtszeit des Rates, teilweise länger.
Im Saarland ist die Amtszeit auf 10 Jahre verlängert worden (§ 31 II
KSVG). In den meisten Gemeinden wird der Bürgermeister zum Beamten auf Zeit ernannt, während in ganz kleinen Gemeinden teilweise ein ehrenamtlich tätiger Bürgermeister als sog. Ehrenbeamter
amtiert. In vielen Ländern ist eine Abwahl des Bürgermeisters vorgesehen (vgl. z. B. § 66 GO NRW, dort seit 2011 nicht nur aus dem Rat
heraus, sondern auch nach Einleitung eines Abwahlverfahrens durch
einen bestimmten Prozentsatz der Bürger, was im Frühjahr 2012 zur
Abwahl des Duisburger OB infolge der tragischen Ereignisse bei der
sog. Love-Parade geführt hat; § 28 VI ThürKO). Im Interesse des
Schutzes vor kurzfristigen politischen Repressalien sehen die Gemeindeordnungen bestimmte formelle Anforderungen (insbesondere
ein bestimmtes Quorum) für die Abwahl vor (in Umsetzung der verfassungsrechtlichen Vorgaben aus BVerfGE 7, 155; vgl. auch
BVerwGE 56, 163, und zuletzt eingehend, auch unter Rechtsschutz-
aspekten, VG Frankfurt am Main, NVwZ 2006, 720; OVG MV,
KommJur 2008, 457; *Böhme*, DÖV 2012, 55).

In Nordrhein-Westfalen ist im Jahr 2007 (ebenso wie zuvor schon in §§ 28 III, 106 II ThürKO i. V. m. dem ThürKWahlG) die Wahl der Bürgermeister (und Landräte) in einem Wahlgang mit relativer Mehrheit eingeführt worden, während bis dahin bei fehlender absoluter Mehrheit im ersten Wahlgang eine Stichwahl zwischen den zwei erfolgreichsten Bewerbern in einem zweiten Wahlgang erforderlich gewesen war. Der Gesetzgeber zielte hiermit auf eine höhere Wahlbeteiligung infolge des Wegfalls eines weiteren Wahlgangs, was der VerfGH NRW (NWVBl. 2009, 304; krit. hierzu *Krüper*, DÖV 2009, 758) für verfassungsgemäß erklärt hat. Prüfungsmaßstäbe hierbei waren das Gebot der demokratischen Legitimation nach Art. 20 Abs. 2 GG (i. V. m. Art. 28 Abs. 1 Satz 1 GG) und die Grundsätze der Wahlgleichheit sowie der Chancengleichheit im politischen Wettbewerb (vgl. bereits § 11 Rdnr. 28). Obwohl die Vorschriften des Grundgesetzes über Personenwahlen (vgl. etwa Art. 63 II GG für die Wahl des Bundeskanzlers und Art. 54 VI 1 GG für die Wahl des Bundespräsidenten) jeweils die Anwendung der absoluten Mehrheit vorsehen, sei der dem Landesgesetzgeber im Hinblick auf die Kommunalwahlen eröffnete Spielraum durch die Abschaffung der Stichwahl nicht beeinträchtigt. Dies deshalb, weil die Bürgermeister nicht auf der staatlichen Ebene von Bund oder Land agierten und weil der Gesetzgeber von nicht unvertretbaren tatsächlichen und normativen Annahmen ausgegangen sei. Aufgrund des Gesetzes zur Wiedereinführung der Stichwahl im Jahre 2011 ist nun wieder eine Stiwahl durchzuführen, und zwar nach § 46c LKWahlG grundsätzlich am zweiten Sonntag nach dem Wahlgang, in dem keine absolute Mehrheit erzielt werden konnte. Bei Stimmengleichheit entscheidet das Los.

5   Hinsichtlich der Voraussetzungen für die **Wählbarkeit** zum Bürgermeister sind zwei Aspekte rechtsdogmatisch interessant: Die in beinahe allen Gemeindeordnungen normierte Höchstaltersgrenze und der in Bayern und Sachsen (vgl. dazu bereits § 11 Rdnr. 23) bestehende Ausschluss von EU-Ausländern (nicht als Wähler, sondern als zum Bürgermeister wählbare Personen). Angesichts des Umstandes, dass die Gesellschaft immer älter (und erfahrener) wird und dabei gesünder und leistungsfähiger bleibt, erscheint das Bestehen von Höchstaltersgrenzen (in NRW seit 2007 abgeschafft; vgl. § 119 IV 1 LandesbeamtenG!) in hohem Maße begründungsbedürftig, zumal entsprechende Regelungen auf der Ebene des Bundeskanzlers und der Bundesminister nicht bestehen. Davon zu unterscheiden ist die (vom NdsOVG, KommJur 2010, 231 bejahte) Anwendbarkeit des Allgemeinen Gleichbehandlungsgesetzes in Auswahlverfahren für die Stelle eines vom Rat zu wählenden, angeblich „zu alten" Bewerbers (innerhalb der gesetzlichen Grenzen).

6   Das BVerfG (DVBl. 1994, 43 [für Brandenburg]; NVwZ 1997, 1207 [für Niedersachsen]; zuletzt ebenso VerfGH Rh.-Pf., KommJur 2007, 101) hat al-

lerdings eine Verletzung des (bei wahlbezogenen Entscheidungen formalisierten) allgemeinen Gleichheitssatzes des Art. 3 I GG abgelehnt, und zwar mit der Begründung, dass eine angemessene Höchstaltersgrenze ein zulässiges Differenzierungskriterium sei, um den nach der Lebenswahrscheinlichkeit altersbedingt zu befürchtenden Beeinträchtigungen einer kontinuierlichen effektiven Amtsführung entgegen zu treten. Es ist nicht auszuschließen, dass in den kommenden Jahren diese Rechtsauffassung erneut angegriffen und angesichts der veränderten tatsächlichen Umstände angepasst wird; eine Altersgrenze von 70 oder 72 scheint jedenfalls das verfassungsnähere Ergebnis zu sein (vgl. zu dieser Problematik auch *Nußberger*, JZ 2002, 524; *Tettinger*, DVBl. 2005, 1397).

Die meisten Gemeindeordnungen sehen (bei z. T. erheblichen Unterschieden in den Einzelheiten) zur Unterstützung des Bürgermeisters die Bestellung von hauptamtlichen **Beigeordneten** (auch Dezernenten genannt) vor.[2] Teilweise ist dies zwingend. Die Beigeordneten sind kommunale Wahlbeamte. Für ihre Bestellung durch den Rat gilt Art. 33 II GG, betreffend den Zugang zu öffentlichen Ämtern, nur eingeschränkt, da der Beigeordnete auch nach politischen, nicht nur nach fachlichen Gesichtspunkten ausgewählt werden darf (und werden muss). Dementsprechend ist auch hier eine Abwahl durch den Rat möglich. Ihr Geschäftskreis (das Dezernat) wird in den Grundzügen vom Rat, in den Einzelheiten vom Bürgermeister festgelegt, wobei es immer wieder zu Streitigkeiten kommen kann (als Beispiel: OVG NRW, NWVBl. 2005, 348; vertiefend *Herrmann*, LKV 2006, 535). Die Beigeordneten sind keine eigenständigen Gemeindeorgane, verfügen aber de facto über ein erhebliches Maß an Selbständigkeit und politisch-administrativer Macht.

Beispiel: Die kreisfreie Stadt X verfügt neben dem unmittelbaren Leitungsbereich des Oberbürgermeisters über vier Dezernate. Jedes dieser Dezernate wird durch einen Beigeordneten geführt. Das erste Dezernat umfasst u. a. die Stadtkämmerei und das Amt für Immobilien und Beteiligungen, das zweite Dezernat das Gesundheits-, das Umwelt- und das Amt für Wirtschaftsförderung, das dritte die Bezirksverwaltungsstellen und das Rechtsamt sowie das Amt für öffentliche Sicherheit, Verkehr und Personenstandswesen, während das vierte Dezernat die Bereiche Bauplanung und -ordnung sowie Stadtplanung umfasst; weiterführend *Knirsch*, VR 2003, 10; *Jordan*, KommJur 2004, 49, *Jaeckel*, VerwArch 97 (2006), 220, sowie als Überblick über die Rechtslage in den einzelnen Bundesländern *Gern*, Deutsches Kommunalrecht, Rdnr. 389 ff.

---

2 §§ 49 ff. GO BW; §§ 59 ff. BbgKVerf; §§ 39 a ff. HessGO; § 40 KV MV; § 108 NdsKomVG; §§ 71 ff. GO NRW; §§ 53 a ff. GO Rh.-Pf.; §§ 64 ff. KSVG; §§ 55 ff. SächsGO; §§ 65 ff. GO LSA; § 32 ThürKO.

8   In einigen Bundesländern ist vorgesehen, dass bestimmte Entscheidungen durch ein aus dem Bürgermeister und den Beigeordneten,
teilweise auch ergänzt um Ratsmitglieder, gebildetes **kollegiales Leitungsgremium** getroffen werden bzw. dass der Bürgermeister für
bestimmte Entscheidungen dessen Zustimmung einholen muss. Dies
ist in **Brandenburg** der Hauptausschuss (§§ 49 f. BbgKVerf; vgl.
hierzu *Nierhaus*, LKV 1995, 5; *Schumacher*, LKV 2003, 537), in **Niedersachsen** der Verwaltungsausschuss (§§ 74 ff. NdsKomVG; näher
Ipsen, Niedersächsisches Kommunalrecht, Rdnr. 409 ff.), in **Nordrhein-Westfalen** der Verwaltungsvorstand (§ 70 GO NRW) und in
Rheinland-Pfalz der Stadtvorstand gem. §§ 57 ff. GO Rh.-Pf.

9   Im Interesse einer effektiven Erledigung der Gemeindeangelegen-
heiten müssen in allen Gemeinden **Vertreter des Bürgermeisters** in
seiner Eigenschaft als Verwaltungsleitung bestellt werden und hierzu
sind teilweise die Beigeordneten, teilweise ehrenamtliche Stellvertreter
(ehrenamtliche Bürgermeister) vorgesehen. Dabei kann sich die Vertretungsbefugnis auf Einzelangelegenheiten beschränken, während
die sog. allgemeine Vertretung die ständige Vertretung des Bürgermeisters in allen Dienstgeschäften beinhaltet (vgl. z. B. § 68 I 1 GO NRW).
Neben den Vertretern kann der Bürgermeister unter bestimmten Voraussetzungen mit der Erledigung bestimmter Einzelangelegenheiten
Beauftragte betrauen (vgl. z. B. §§ 53 f. GO BW; § 87 NdsKomVG;
§ 49 GO Rh.-Pf.; näher hierzu *Gern*, Deutsches Kommunalrecht,
Rdnr. 373). Beispiel: Der Leiter des Immobilienamtes wird mit dem
Abschluss notarieller Grundstückskaufverträge beauftragt. Hiervon
zu unterscheiden ist die im Abschnitt über die nachgeordnete Verwaltung (2) darzustellende Schaffung von Beauftragtenstellen.

2. Die nachgeordnete Verwaltung

10   Nach der Lektüre der jeweiligen Gemeindeordnung und den vor-
stehenden Ausführungen mag der Eindruck entstanden sein, dass der
Bürgermeister eine Art „One-Man-Show" bzw. „One-Woman-
Show" ist, dem die Erledigung der Verwaltungsgeschäfte in Breite
und Tiefe weitgehend exklusiv anvertraut ist. Ebenso wie dem Vor-
standsvorsitzenden einer privatwirtschaftlichen Aktiengesellschaft,
dem teilweise mehrere tausend Bedienstete in einer komplexen Organisationsstruktur unterstellt sind, ist auch dem Bürgermeister ein – je
nach Gemeindegröße – großer und ausdifferenzierter Verwaltungsap-
parat zugeordnet. Rechtlich sind die einzelnen Dezernate und Ämter

im „Rathaus" (welches bei größeren Gemeinden auf verschiedene Gebäude und Stadtteile verteilt sein kann) lediglich **unselbständige Untergliederungen.** Organisatorisch ist zu unterscheiden zwischen Dezernaten, Ämtern und Abteilungen, während in personeller Hinsicht Beamte neben Angestellten und Arbeitern tätig sind. Nochmals: Die einzelnen Dezernate, Ämter und Abteilungen sind nicht mit eigenen Außenzuständigkeiten ausgestattet. Dies bedeutet, dass beispielsweise Gebührenbescheide, die intern durch das Amt für öffentliche Ordnung erlassen werden, nach außen als Verwaltungsakte des Bürgermeisters (als Behörde; vgl. noch Rdnr. 16) anzusehen sind. Innerhalb dieses Verwaltungsapparats sind seit einigen Jahren verstärkt Modernisierungsbestrebungen zu beobachten, was in § 10 Rdnr. 9 ff. näher dargestellt worden ist.

In den letzten Jahren hat die Einrichtung von sog. Beauftragtenstellen für   **11** bestimmte, thematisch gekennzeichnete Querschnittsaufgaben einen Bedeutungszuwachs erfahren. Hier geht es darum, bei einem bestimmten politisch indizierten Handlungsbedarf Aufgaben aus der klassischen Ämterverwaltung auszugliedern und sie auf eine sachkundige, teilweise unabhängige Stelle zu übertragen. Die Beauftragung ist Ausfluss der allgemeinen Organisationsbefugnisse des Bürgermeisters, wichtige Beispiele sind Ausländer- bzw. Integrationsbeauftragte, Seniorenbeauftragte und vor allem Gleichstellungsbeauftragte. Das BVerfG (DVBl. 1995, 290) hat verneint, dass der mit der im Gesetz vorgesehenen Bestellung einer solchen Beauftragtenstelle verbundene Eingriff in die Organisations- und Personalhoheit den Kernbereich der kommunalen Selbstverwaltungsgarantie nach Art. 28 II GG verletzt (vgl. bereits § 6 Rdnr. 33). Zur Begründung hat das Gericht ausgeführt, dass den Gemeinden weiterhin ein hinreichend großer Organisationsbereich zur eigenverantwortlichen Regelung verblieben sei. Auch der Randbereich der Selbstverwaltungsgarantie wurde als nicht verletzt angesehen (vgl. ferner NdsStGH, DÖV 1996, 657; VerfGH NRW, NVwZ 2002, 1505; *Mayer,* NVwZ 1995, 663).

Literatur: *Müller,* Die Vertretung des hauptamtlichen Bürgermeisters nach der nordrhein-westfälischen Gemeindeordnung, NWVBl. 1999, 405; *Küpper,* Die Fortsetzung der Doppelspitze auf anderer Ebene, NWVBl. 2001, 209; *Egner,* Einstellungen deutscher Bürgermeister. Lokale Eliten zwischen Institutionen und Kontext, 2007; *Oebbecke,* Der hauptamtliche Bürgermeister als Beamter, in: Magiera u. a. (Hrsg.), FS Siedentopf, 2008, 451; *Müller,* Informationsanspruch der Ratsmitglieder im Rahmen einer Beigeordnetenwahl, KommJur 2010, 89.

Falllösung: *von Coelln,* JuS 2008, 351.

II. Die Kompetenzen des Bürgermeisters

12   Während der Rat das zentrale Steuerungsorgan ist (vgl. § 12 Rdnr. 1, 19), liegt der Schwerpunkt der Kompetenzen des Bürgermeisters im administrativen Bereich. Dies bedeutet, dass er den Geschäftsgang der gesamten Verwaltung leitet und beaufsichtigt (1) und die Gemeinde nach außen vertritt (III). Sodann obliegt ihm die Vorbereitung und Durchführung von Ratsbeschlüssen (2) und er kann im Wege der Organleihe tätig werden (3). Schließlich besitzt er bestimmte materienbezogene Kompetenzen, d. h. er bereitet dann Beschlüsse nicht nur vor oder vollzieht sie, sondern trifft sie selbst (4).

1. Geschäftsleitungs- und Organisationsgewalt

13   Als Leiter der Gemeindeverwaltung stehen dem Bürgermeister zahlreiche innerorganisatorische Kompetenzen zur ausschließlichen Wahrnehmung zu. So verfügt er regelmäßig[3] über die Geschäftsleitungs- und Organisationsgewalt und trägt damit die volle und alleinige Verantwortung für das **Funktionieren** der Verwaltung. Teilweise hat er Rahmenvorgaben des Rates zu beachten bzw. muss diesen beteiligen. Umfasst von der Geschäftsleitungs- und Organisationsgewalt sind insbesondere das Recht zur Entscheidung über die Verwaltungsgliederung in Dezernate, Ämter und Abteilungen, die Befugnis zur Verteilung der Dienstgeschäfte auf diese Stellen (zumeist durch einen Geschäftsverteilungsplan) sowie das Recht zum Einsatz der finanziellen Verwaltungsmittel.

14   Überdies ist der Bürgermeister Dienstvorgesetzter der Beamten, Angestellten und Arbeiter der Gemeinde. Davon zu unterscheiden ist die sog. **Organ- bzw. Behördenaufsicht,** die sich auf die Recht- und Zweckmäßigkeit der Aufgabenwahrnehmung innerhalb der Gemeindeverwaltung erstreckt. Sie wird teilweise auch als „Dienstaufsicht" bezeichnet, was missverständlich ist, weil die Dienstaufsicht im eigentlichen Sinne die im Beamtenrecht vorzunehmenden Befugnisse des Vorgesetzten gegenüber den einzelnen Amtswaltern umfasst.

---

3 §§ 42 I 1, 44 GO BW; Art. 46 I 1 BayGO; § 53 I BbgKVerf; § 70 I 2 u. 3 HessGO; § 38 II 2 KV MV; § 85 III NdsKomVG; § 62 I 2 u. 3 GO NRW; § 47 I 1 Hs. 1 GO Rh.-Pf.; § 59 II 1 KSVG; §§ 51 I 1, 53 SächsGO; § 63 I GO LSA; § 55 I GO SH; § 29 I ThürKO.

2. Vorbereitung und Durchführung von Ratsbeschlüssen

a) Allgemeines. Durchgehend vorgesehen ist, dass der Bürgermeis- 15
ter die Beschlüsse des Rates, seiner Ausschüsse und von Gremien auf
der gemeindeintern gegliederten Ebene (Bezirksvertretungen etc.)
vorbereitet.[4] Dies erfolgt in der kommunalen Praxis regelmäßig in
Form von Verwaltungsvorlagen der intern zuständigen Dezernate
bzw. Ämter. Diese Vorlagen enthalten einen Beschlussvorschlag mit
umfassender Begründung nebst Angaben zu den anfallenden Kosten.
Ferner führt der Bürgermeister in mehreren Bundesländern den Vorsitz in der Ratssitzung (vgl. § 12 Rdnr. 7) mit allen sich daraus ergebenden, bereits im vorigen Abschnitt ausführlich dargestellten Kompetenzen (hinsichtlich der Tagesordnung, der Ordnungsgewalt etc.).

Bei unaufschiebbaren Angelegenheiten, für die eigentlich der Rat 16
zuständig ist, welcher aber in einer bestimmten Situation nicht recht-
zeitig entscheiden kann, steht dem Bürgermeister ein Eilentschei-
dungsrecht zu (vgl. z. B. Art. 37 III BayGO; § 62 IV GO LSA; § 30
ThürKO). Die vom Rat getroffenen Beschlüsse führt der Bürgermeister ebenso aus wie die Weisungen im Rahmen der Erledigung
von Pflichtaufgaben nach Weisung im oben (§ 8 Rdnr. 21 ff.) genannten Sinne (vgl. z. B. §§ 62 II 2, 3 II und 132 GO NRW). Daraus ergibt
sich, dass der Bürgermeister regelmäßig als **Behörde** „im funktionalen Sinne" gem. § 1 IV VwVfG (vgl. hierzu *Burgi*, in: Erichsen/Ehlers
[Hrsg.], Allgemeines Verwaltungsrecht, 14. Aufl. 2010, § 8 Rdnr. 29)
anzusehen ist. Der Rat tritt dagegen nur in Ausnahmefällen als Behörde i. S. d. § 1 IV VwVfG und damit auch des § 35 VwVfG (Ver-
waltungsaktsbegriff) in Erscheinung. In diesen Ausnahmefällen
spricht man von sog. self-executing-Beschlüssen.

Beispiele: Als Verwaltungsakte in Gestalt von self-executing-Beschlüssen
sind die Benennung einer Straße durch den Rat (NdsOVG, DVBl. 1969, 317;
vgl. bereits § 5 Rdnr. 12) bzw. eine Bezirksvertretung (OVG NRW, NJW
1987, 2695), die Zusammenlegung zweier Schulen (OVG NRW, DVBl. 1992,
448), die Entscheidung über die Zulässigkeit eines Bürgerbegehrens (vgl. bereits § 11 Rdnr. 44) sowie die Festsetzung von Ordnungsgeldern gegen Ratsmitglieder (vgl. bereits § 12 Rdnr. 36) qualifiziert worden.

---

4 § 43 I GO BW; Art. 46 II BayGO; § 54 I Nr. 1 BbgKVerf; § 70 I 1 HessGO; § 38 III 1
KV MV; § 85 I 1 Nr. 2 NdsKomVG; § 62 II GO NRW; § 47 I Nr. 1 GO Rh.-Pf.; § 59
II 2 KSVG; § 52 I Hs. 1 SächsGO; § 62 I Hs. 1 GO LSA; § 55 I Nr. 2 GO SH; § 35 IV
ThürKO.

17   **b) Beanstandungs- bzw. Widerspruchsrecht.** Eine Reihe von Gemeindeordnungen räumt dem Bürgermeister die Befugnis ein, Ratsbeschlüsse, die seiner Auffassung nach „das **Wohl der Gemeinde**" beeinträchtigen, zu rügen bzw. zu beanstanden.[5] Verpflichtet, hiervon Gebrauch zu machen, ist der Bürgermeister nicht. Die Beanstandung hat schriftlich und innerhalb einer bestimmten Frist zu erfolgen. Sie entfaltet aufschiebende Wirkung, bis der Rat innerhalb einer weiteren Frist erneut über die Angelegenheit beschlossen hat. Beispiel: Der Bürgermeister sieht durch einen Ratsbeschluss, wonach einer bestimmten Person die Ehrenbürgerwürde verliehen werden soll, infolge der Vergangenheit jener Person das Ansehen der Gemeinde gefährdet.

18   Strukturell damit vergleichbar, jedoch an eine andere Begründung geknüpft, ist das in allen Gemeindeordnungen vorgesehene Recht, **rechtswidrige Ratsbeschlüsse** zu beanstanden bzw. ihnen zu widersprechen (die Formulierungen schwanken).[6] Die Ausübung dieser Befugnis dient ausschließlich dem öffentlichen Interesse an der Gesetzmäßigkeit des Gemeindehandelns (vgl. Art. 20 III GG), die Bürger haben keinen Anspruch darauf, dass der Bürgermeister hiervon Gebrauch macht. Eine etwaige Rechtswidrigkeit von Ratsbeschlüssen in diesem Sinne liegt bei jedem Verstoß gegen Bundes- oder Landesrecht, aber auch gegen Normen des Ortsrechts der Gemeinde (Satzungen, innergemeindliche Rechtssätze, jeweilige Geschäftsordnung) vor. Es handelt sich hierbei um eine wichtige Klausurthematik, da die Auseinandersetzung mit dem Widerspruchsrecht inzident die Prüfung verschiedener anderer kommunalrechtlicher Fragen ermöglicht.

Beispiel: Der Rat beschließt mehrheitlich, dass die Gemeinde künftig zur „gentechnikfreien Zone" werden soll. Der Bürgermeister hält diesen Beschluss für rechtswidrig, weil der Gemeinde für ein solches Verdikt die Verbandskompetenz fehle (keine „Angelegenheit der örtlichen Gemeinschaft" i. S. v. Art. 28 II GG; vgl. § 6 Rdnr. 14 ff.) und weil höherrangiges Bundesrecht (Gentechnikgesetz) missachtet werde.

19   Hinsichtlich der Einschätzung, ob ein Ratsbeschluss gegen das geltende Recht verstößt, verfügt der Bürgermeister über einen Beur-

---

5 § 43 II 1 Hs. 2 GO BW; § 74 I 2 HessGO; § 33 I 2 KV MV; § 54 I 1 GO NRW; § 52 II 1 Hs. 2 SächsGO; § 62 III 2 GO LSA. In Nds. ist gemäß § 79 NdsKomVG der Verwaltungsausschuss zuständig.

6 § 43 II 1 Hs. 1 GO BW; § 55 I 1 BbgKVerf; § 74 I 1 HessGO; § 33 I 1 KV MV; § 88 I 2 NdsKomVG; § 54 II 1 GO NRW; § 42 I GO Rh.-Pf.; § 60 I KSVG; § 52 II 1 Hs. 1 SächsGO; § 62 III 1 GO LSA; § 43 I, III GO SH; § 44 ThürKO.

teilungsspielraum. Gelangt er dann aber zur Annahme der Rechtswidrigkeit, ist er zum Widerspruch verpflichtet. Dieser hat aufschiebende Wirkung bis zu einem erneuten Ratsbeschluss. Wenn der Rat seine ursprüngliche Auffassung bestätigt, muss der Bürgermeister die Entscheidung der zuständigen **Rechtsaufsichtsbehörde** (vgl. zur Rechtsaufsicht § 8 Rdnr. 32 ff.) einholen. Beschließt der Rat sodann, gegen eine aus seiner Sicht ungünstige Entscheidung der Rechtsaufsichtsbehörde zu klagen, muss der Bürgermeister nach den allgemein für die Vertretung der Gemeinde geltenden Grundsätzen (vgl. sogleich Rdnr. 26), die Gemeinde im Prozess vertreten, obgleich dies seinen eigenen Auffassungen inhaltlich widerstrebt (vgl. OVG NRW, NWVBl. 2000, 375; vgl. auch VG Wiesbaden, NVwZ 2006, 959).

Im Verhältnis zwischen dem Rat und dem Bürgermeister fehlt für etwaige **20** Klagen (im Rahmen eines sog. Kommunalverfassungsstreits; vgl. hierzu § 14) das Rechtsschutzbedürfnis, weil zur rechtlichen Klärung das Aufsichtsverfahren mit anschließender Klagemöglichkeit zur Verfügung steht. In einigen Ländern (vgl. § 142 HessGO; § 85 KV MV) entfaltet das Aufsichtsverfahren nach ausdrücklicher gesetzlicher Anordnung keine Ausschlusswirkung gegenüber dem Rechtsschutzbedürfnis, d. h. dort kann die allgemeine Feststellungsklage nach § 43 VwGO (durch den Rat bzw. durch den Bürgermeister) erhoben werden. In den anderen Ländern wäre eine vom Bürgermeister ohne Einschaltung der Rechtsaufsichtsbehörde erhobene Klage gegen den bestätigenden Ratsbeschluss wegen fehlendem Rechtsschutzbedürfnis als unzulässig abzuweisen, Rechtsschutz ist erst dann möglich, wenn die Aufsichtsbehörde keine Beanstandung ausspricht (noch weitergehend zugunsten des Rechtsschutzbedürfnisses *Kingreen*, DVBl. 1995, 1337, mit dem m. E. überstrapazierenden Argument, dass der Bundesgesetzgeber mit der VwGO abschließend und erschöpfend [i. S. v. Art. 72 I, II, 74 I Nr. 1 GG] über die Zulässigkeit von Verwaltungsrechtsstreitigkeiten entschieden habe).

3. Heranziehung des Bürgermeisters im Wege der Organleihe

Organleihe bedeutet, dass ein einzelnes Organ der Gemeinde (hier: **21** der Bürgermeister) ohne Rückbindung an die Gemeinde zur Erledigung bestimmter Aufgaben in die staatliche Verwaltungsorganisation eingegliedert wird (näher bereits § 8 Rdnr. 10 f.). Auf der Ebene der Gemeinden ist dieser Sonderfall der Aufgabenerledigung eher selten anzutreffen (vgl. z. B. § 146 a HessGO; §§ 9 IV OBG NRW, 122 I GO NRW). Der Bürgermeister ist insoweit den Weisungen der Landesverwaltung unterworfen, der auch die getroffenen Entscheidungen zugerechnet werden.

4. Materienbezogene Kompetenzen, insbesondere Geschäfte der laufenden Verwaltung

22   Dort, wo der Bürgermeister materienbezogene Kompetenzen besitzt, ist er nicht „nur" vorbereitend oder vollziehend tätig (vgl. 2), sondern er trifft die Entscheidungen selbst, und zwar nicht nur in Dringlichkeitssituationen (vgl. dazu bereits Rdnr. 16). Dabei können drei Kategorien unterschieden werden:
- Der Bürgermeister ist für solche Angelegenheiten zuständig, die ihm der Rat **übertragen** hat (vgl. z. B. Art. 37 II BayGO; § 85 I 1 Nr. 2 NdsKomVG), wobei dieser sich die Rückholung vorbehalten kann. Eine Aufgabenübertragung ist nur hinsichtlich solcher Angelegenheiten möglich, die nicht in der ausschließlichen Kompetenz des Rates liegen (vgl. dazu § 12 Rdnr. 20 ff.).
- Der Bürgermeister ist zuständig für Angelegenheiten, die ihm **durch Gesetze** außerhalb der jeweiligen Gemeindeordnung explizit übertragen worden sind. Ein außerordentlich wichtiges Beispiel hierfür sind vor allem Weisungs- bzw. Auftragsangelegenheiten (zu den Aufgabenkategorien vgl. § 8 Rdnr. 1 ff.). Beispielhaft hierfür seien die § 66 I Nr. 1 HessGO; 62 III GO NRW; 53 III Sächs-GO genannt.
- Die dritte Kategorie wird gebildet durch die sog. **Geschäfte der laufenden Verwaltung.** Diese Aufgaben sind in einigen Ländern dem Bürgermeister zugewiesen, während der Rat sie lediglich dann an sich ziehen kann, wenn die betreffende Aufgabe im Zuge ihrer Erledigung eine solche Grundsätzlichkeit erlangt (etwa infolge politischer Diskussionen), dass sie den Rahmen der „laufenden Geschäfte" sprengt. In den anderen Ländern ist es dem Rat von vornherein ermöglicht, die betreffenden Angelegenheiten im Einzelfall an sich zu ziehen (§ 63 I Nr. 5 BbgKVerf; §§ 85 I 1 Nr. 7, 58 III NdsKomVG; ähnlich § 41 III GO NRW, wonach diese Geschäfte nur als dem Bürgermeister „übertragen gelten", so dass der Rat sich eine andere Regelung vorbehalten kann).

23   Was im Einzelfall von dem unbestimmten Rechtsbegriff „Geschäfte der laufenden Verwaltung" erfasst wird, lässt sich nicht in eine allgemeingültige Definition fassen, sondern ist abhängig von der Größe, der Finanzkraft und der Einwohnerzahl der Gemeinde sowie der konkret zu bewältigenden Angelegenheit. Als **Faustregel** kann gelten, dass „die Sache nach Regelmäßigkeit und Häufigkeit zu den üblichen Geschäften gehören" muss und ihre Erledigung „nach fest-

gefahrenen Grundsätzen auf eingefahrenen Gleisen" erfolgen kann
(OVG NRW, OVGE 26, 186 [193]). Dabei spielt neben der politischen Bedeutung auch die finanzielle Auswirkung eine wichtige
Rolle. Teilweise wird es dem Rat ermöglicht, in „Richtlinien" (vgl.
z. B. Art. 37 I 2 BayGO) die Abgrenzung zu konkretisieren, wobei
ihm ein Beurteilungsspielraum eröffnet ist (BayVGH, DÖV 2006,
658).

Beispiele: Über die Erteilung einer Sondernutzungserlaubnis für einen Info-
stand in der Fußgängerzone nach dem Straßen- und Wegegesetz kann der
Bürgermeister entscheiden, während die Erarbeitung einer „Standordnung
für die Fußgängerzone" wegen ihrer Grundsätzlichkeit kein „Geschäft der
laufenden Verwaltung" mehr ist (VGH BW, VBlBW 1987, 344; vgl. auch
BayVGH, BayVBl. 2003, 501, betreffend die Zulassung einzelner Schausteller
einerseits und BayVGH, NVwZ-RR 2004, 599, betreffend die Festlegung von
Auswahlkriterien für Standplätze andererseits). Typischerweise Geschäfte der
laufenden Verwaltung sind die Ausstellung von Personalausweisen, der Erlass
von Gaststättenbetriebserlaubnissen, die Beschaffung von Mobiliar, Schreib-
und Büromaterial sowie die Erteilung von Bauaufträgen, jeweils bis zu einer
bestimmten Höhe.

Literatur: *Binne*, Die interkommunale Widerspruchs- und Beanstandungs-
pflicht, 1991; *Müller*, Zu den Abwehrrechten des Ratsmitglieds gegenüber or-
ganisationsrechtswidrigen Eingriffen in seine Mitwirkungsrechte, NVwZ
1994, 120; *Schrameyer*, Das Verhältnis von Bürgermeister und Gemeindevertretung, 2006; *Leisner*, „Geschäfte der laufenden Verwaltung" im Kommunalrecht, VerwArch 100 (2009), 161.

III. Vertretung der Gemeinde nach außen

In allen Gemeindeordnungen ist die Befugnis zur Vertretung der   **24**
Gemeinde in Rechts- und Verwaltungsgeschäften dem Bürgermeister
zugeordnet.[7] Dabei geht es nicht um die repräsentative Vertretung
(Empfänge, Veranstaltungen), sondern um die Befugnis, für die Gemeinde rechtswirksam nach außen tätig zu werden. Vergleichbar,
aber nicht identisch mit der rechtsgeschäftlichen Vertretungsmacht
i. S. d. §§ 164 ff. BGB, handelt es sich hierbei um **organschaftliche
Befugnisse.** Grundlage eines entsprechenden Tätigwerdens ist ein
gemeindeintern gefasster Beschluss in der betreffenden Angelegen-

---

7 § 42 I 2 GO BW; Art. 38 BayGO; § 53 I 2 BbgKVerf; § 71 HessGO: Gemeindevor-
   stand; § 38 II 1 KV MV; § 86 I 2 NdsKomVG; § 63 GO NRW; § 47 I 1 Hs. 2 GO
   Rh.-Pf.; § 59 I KSVG; § 51 I 2 SächsGO; § 57 II GO LSA; § 56 I GO SH; § 57 I
   ThürKO.

heit. Die Kompetenz hierfür ist nach den im Abschnitt II dargestellten Grundsätzen zu ermitteln. Es muss daher strikt unterschieden werden zwischen der internen Willensbefugnis und der externen Vertretungsbefugnis. Um letztere geht es in diesem Abschnitt, sie ist zur Umsetzung der internen Willensentscheidungen in außenwirksame Handlungen (Verwaltungsakte, Willenserklärungen etc.) erforderlich.

25   Die Vertretungsbefugnis ist zunächst differenziert anhand der verschiedenen Handlungsformen zu entfalten (2). Kontrovers wird die rechtliche Behandlung von Vertretungsakten des Bürgermeisters ohne einen zugrunde liegenden, aber erforderlichen Ratsbeschluss diskutiert (3). Probleme wirft ferner die Vertretung der Gemeinde bei sog. Verpflichtungserklärungen (v. a.: auf Abschluss eines privatrechtlichen Vertrages gerichtete Willenserklärungen) auf (4).

26   Hinsichtlich des Auftretens in Prozessen ist wie folgt zu differenzieren: Im Rahmen von sog. **Kommunalverfassungsstreitigkeiten,** in denen es um die organschaftlichen Rechte und Pflichten der Gemeindeorgane in ihrem Rechtsverhältnis untereinander geht (vgl. § 14), kann der Bürgermeister für sich, d. h. als Organ, und nicht als Vertreter der Gemeinde, auftreten. Worum es an dieser Stelle gehen soll, ist die **Vertretung der Gemeinde** vor Gericht, welche daher vorab dargestellt werden soll:

1. Vertretung der Gemeinde im Prozess

Für den Bereich des Zivilprozesses maßgeblich sind die § 50 ZPO (Parteifähigkeit) und § 51 ZPO (Prozessfähigkeit). Im Verwaltungsprozess beurteilt sich die (dort mit „Beteiligtenfähigkeit" bezeichnete) Parteifähigkeit nach § 61 VwGO und die Prozessfähigkeit nach § 62 VwGO. Hinzu kommt bei Anfechtungs- und Verpflichtungsklagen das Erfordernis der sog. passiven Prozessführungsbefugnis, wenn die Gemeinde Beklagte ist. Sie beurteilt sich nach § 78 VwGO:
– Über die erforderliche **Beteiligtenfähigkeit** verfügt in allen Bundesländern gem. § 61 Nr. 1 VwGO die Gemeinde als juristische Person. In einigen Bundesländern[8] ist auch „Behörden" die Beteiligtenfähigkeit zuerkannt worden. In diesen Ländern ist somit, so-

---

8 Bbg. (§ 8 VwGG); MV (§ 14 AGGerStrG); Nds. (§ 8 I AG VwGO: nur Landesbehörden); Saarl. (§ 19 AG VwGO); SH (§ 6 AGVwGO: nur Landesbehörden); LSA (§ 8 AG VwGO) und in Rh.-Pf. (für die Aufsichts- und Dienstleistungsdirektionen im Falle der besonderen Aufsichtsklage [§ 17 II AG VwGO]).

fern die Beteiligtenfähigkeit nicht auf Landesbehörden beschränkt ist, der Bürgermeister als „Behörde" i. S. d. § 1 IV VwVfG (vgl. Rdnr. 16) als Kläger bzw. Beklagter beteiligtenfähig.

– Die **Prozessfähigkeit** ergibt sich in dem Fall, in dem der Bürgermeister nicht selbst Beteiligter ist, sondern als Vertreter der Gemeinde agiert, aus § 62 III VwGO, wonach für Personenmehrheiten ihre „gesetzlichen Vertreter" handeln. Diese Vorschrift ist auch anwendbar, wenn der Bürgermeister selbst als Beteiligter anzusehen ist.

– Die im Falle der Anfechtungs- bzw. Verpflichtungsklage zu prüfende sog. **passive Prozessführungsbefugnis** (vgl. dazu, dass es nicht um die der Begründetheitsprüfung zuzuordnende sog. Passivlegitimation geht, nur *Kopp/Schenke,* VwGO, 17. Aufl. 2011, § 78 Rdnr. 1) hängt wiederum von der im jeweiligen Land gewählten Ausgestaltung im Ausführungsgesetz zur VwGO ab. In den Ländern ohne spezifische Regelung ist die Klage gem. § 78 I Nr. 1 VwGO gegen die Gemeinde („Körperschaft"), „deren Behörde den angefochtenen Verwaltungsakt erlassen oder den beantragten Verwaltungsakt unterlassen hat", zu richten. Klagegegner ist somit die Gemeinde, während der Bürgermeister als ihr Vertreter handelt. Hat das Landesrecht eine andere Bestimmung i. S. v. § 78 I Nr. 2 VwGO getroffen,[9] so ist Klagegegner die Behörde, die „den angefochtenen Verwaltungsakt erlassen oder den beantragten Verwaltungsakt unterlassen hat", selbst. Dies bedeutet, dass dann der Bürgermeister als Klagegegner anzusehen ist.

2. Vertretung der Gemeinde bei den verschiedenen Handlungsformen

Hinsichtlich der verschiedenen Handlungsformen, durch die der 27 politische Wille der Gemeinde verwirklicht werden kann, ist wie folgt zu differenzieren:

– **Satzungen und Verordnungen** der Gemeinde (vgl. näher § 15 Rdnr. 1 ff.) werden stets vom Rat beschlossen und sodann durch den Bürgermeister ausgefertigt und bekannt gemacht.

– Erlassbehörde von **Verwaltungsakten** i. S. d. § 35 VwVfG ist in der Regel der Bürgermeister, dem auch die Bekanntgabe nach § 41 VwVfG obliegt. Ohne Dazutun des Bürgermeisters kann der Rat

---

9 Was sich wiederum aus dem jeweiligen Ausführungsgesetz zur VwGO bzw. in NRW aus dem JustG ergibt.

also einen Verwaltungsakt grundsätzlich nicht erlassen. Ein auf den Erlass eines Verwaltungsaktes abzielender Ratsbeschluss bildet bis zu seiner Durchführung durch den Bürgermeister einen Nicht-Akt. Nur im Ausnahmefall des sog. self-executing-Beschlusses tritt der Rat selbst als Behörde in Erscheinung (vgl. Rdnr. 16). In allen anderen Fällen ist er nach den Regeln über die gemeindeinterne Kompetenzverteilung (II) entweder zur internen Beschlussfassung berufen oder aber, z. B. bei einem Geschäft der laufenden Verwaltung, gar nicht beteiligt.

– Verwaltungsverträge und privatrechtliche **Verträge** werden (erforderlichenfalls wiederum auf der Grundlage von Ratsbeschlüssen) ausschließlich durch den Bürgermeister abgeschlossen.

3. Fehlerfolgenrecht bei Vertretung ohne erforderlichen Ratsbeschluss

28   Vertretungshandlungen des Bürgermeisters ohne einen zugrunde liegenden, aber nach den Grundsätzen über die innergemeindliche Kompetenzverteilung erforderlichen, Ratsbeschluss beeinträchtigen die Innenrechtsposition des Rates und können daher von diesem im Wege eines sog. Kommunalverfassungsstreitverfahrens angegriffen werden (§ 14). Die eigentlich spannende Frage zielt aber nicht auf das Innenverhältnis zwischen Rat und Bürgermeister, sondern auf das Außenverhältnis zu den von der jeweiligen Vertretungshandlung Betroffenen: Können solche Vertretungshandlungen des Bürgermeisters wirksam sein oder sind sie rechtswidrig bzw. nichtig, mit der Konsequenz, dass Verwaltungsakte deswegen aufhebbar und Verträge nicht bindend wären? Zur Beantwortung dieser Fragen ist wiederum nach den verschiedenen Handlungsformen zu differenzieren:

29   Eine vom Bürgermeister ohne ordnungsgemäßen Satzungsbeschluss des Rates ausgefertigte und verkündete **Satzung oder Verordnung** ist nichtig. Heilungsmöglichkeiten bestehen nicht. **Verwaltungsakte,** die ohne einen erforderlichen bzw. inhaltlich entgegen einem bestehenden Ratsbeschluss ergangen sind, sind formell rechtswidrig und können deshalb unter den Voraussetzungen des § 48 VwVfG zurückgenommen bzw. gem. §§ 42 I, 68 I VwGO mit Widerspruch und Anfechtungsklage erfolgreich angefochten werden (a. A. *Warg*, NWVBl. 2011, 214). Dabei stellt die Umgehung des Rates keinen Zuständigkeits-, sondern einen Verfahrensmangel dar, und zwar in Gestalt einer fehlenden Mitwirkungshandlung. Genehmigt

der Rat den vom Bürgermeister eigenmächtig erlassenen Verwaltungsakt nachträglich, kommt eine Heilung des Verfahrensmangels in analoger Anwendung des § 45 I Nr. 4 VwVfG in Betracht (ablehnend freilich *Sachs*, in: Stelkens/Bonk/Sachs, VwVfG, 7. Aufl. 2008, § 45 Rdnr. 135. Beachte: Unwirksam sind die betreffenden Verwaltungsakte nicht, weil die in § 44 VwVfG aufgestellten Anforderungen an die Nichtigkeit von Verwaltungsakten nicht erfüllt sind.

Die Wirksamkeit von **Verwaltungsverträgen** (dort gibt es nur die   30 eine Fehlerfolge der Unwirksamkeit) beurteilt sich nach § 59 VwVfG. Gem. § 59 I VwVfG kann sich die Nichtigkeit zunächst aus der entsprechenden Anwendung von Vorschriften des BGB ergeben. Demnach sind Vertragserklärungen des Bürgermeisters nach § 59 I VwVfG i. V. m. § 138 I BGB im Falle der Kollusion, d. h. bei einem rechtlich zu missbilligenden Zusammenwirken mit dem Vertragspartner, nichtig. Ist der Vertragspartner nicht schutzwürdig, namentlich weil er den Mitwirkungsmangel kannte oder hätte kennen müssen, kommt die Erhebung der Arglisteinrede (exceptio doli) gem. § 59 I VwVfG i. V. m. § 242 BGB in Betracht. Für sog. subordinationsrechtliche Verträge i. S. v. § 54 S. 2 VwVfG (solche Verträge, die anstatt eines Verwaltungsakts, namentlich im Über-/Unterordnungsverhältnis erlassen worden sind) enthält § 59 II VwVfG zusätzliche Nichtigkeitsgründe. Danach kommt die Nichtigkeit eines Verwaltungsvertrages ohne zugrunde liegenden Ratsbeschluss bei Vorliegen der Voraussetzungen des § 59 II Nr. 2 VwVfG auch im Falle des Nichtvorliegens eines kollusiven Zusammenwirkens mit dem privaten Vertragspartner in Betracht.

Im Hinblick auf **privatrechtliche Verträge** orientiert sich die   31 Rechtsprechung des BGH strikt an der Unterscheidung zwischen Innen- und Außenverhältnis. Im Interesse des schutzwürdigen Vertrauens der jeweiligen Vertragspartner werden Willenserklärungen des Bürgermeisters als verbindlich angesehen, soweit dieser im Rahmen der ihm durch die jeweilige Gemeindeordnung eingeräumten unbeschränkten Vertretungsmacht (ähnlich einem Prokuristen) handle.

Dies wird mit Hinweis auf den Grundsatz der Gesetzesbindung der vollzie-   32 henden Gewalt (Art. 20 III GG) sowie der Bedeutung, die das Grundgesetz in Art. 28 I 2 GG dem Rat als dem Repräsentationsorgan zumisst, teilweise für bedenklich gehalten (*Lange*, in: Krebs [Hrsg.], Liber amicorum Erichsen, 2004, 107 [117]), das BayObLG will in einer solchen Situation bei Geschäften, die nicht der laufenden Verwaltung zuzuordnen sind, die zivilrechtlichen Regeln über die Vertretung ohne Vertretungsmacht nach §§ 177 ff. BGB anwenden (BayVBl. 1998, 122 [123]), wonach ein entsprechender Vertrag schwebend unwirksam wäre. M. E. liegt der BGH (DVBl. 1979, 514; WM 1997, 2410; NJW 1998, 3056) richtig, weil auch die Gebote von Rechtssicherheit und Vertrauensschutz im Rechtsstaatsprinzip wurzeln und die demokratische Legitimation des Bürgermeisters jedenfalls seit der allgemeinen Einführung der Direktwahl gegenüber der des Rates nicht minderwertig ist. Privatrechtliche Verträge sind daher durch eine entsprechende Erklärung des Bürgermeisters wirksam zustande gekommen, sofern nicht einer der allgemeinen zivilen Nichtigkeitsgründe (Sittenwidrigkeit etc.) vorliegt.

4. Vertretung der Gemeinde bei Verpflichtungserklärungen

33   a) **Begriff und Bedeutung.** Erklärungen, durch welche die Gemeinde unmittelbar eine rechtliche Verpflichtung gegenüber einer anderen Person übernimmt, bedürfen der Schriftform, d. h. sie sind vom Bürgermeister eigenhändig zu unterzeichnen.[10] Teilweise ist überdies die Unterzeichnung weiterer Gemeindevertreter (Vertreter des Bürgermeisters, Beigeordnete etc.) erforderlich (vgl. z. B. § 57 II 2 BbgKVerf, § 64 I 2 GO NRW). Bei bestimmten Angelegenheiten (z. B. den Geschäften der laufenden Verwaltung) gilt diese formelle Anforderung nicht. **Sinn und Zweck** des Erfordernisses ist der Schutz der Gemeinde und des Rates vor eigenmächtigen und übereilten Aktionen des Bürgermeisters mit finanziell und/oder politisch nachteiligen Auswirkungen. Es handelt sich um die logische Konsequenz der Unbeschränktheit der Vertretungsmacht des Bürgermeisters im Außenverhältnis (vgl. soeben Rdnr. 31).

34   **Verpflichtungserklärungen** können öffentlich-rechtlicher oder privatrechtlicher Natur sein. Öffentlich-rechtliche Verpflichtungserklärungen sind vor allem anzutreffen in Verwaltungsverträgen gem. § 54 VwVfG, bei der Ausübung gesetzlicher Vorkaufsrechte sowie durch Verwaltungsakt in Gestalt der Zusicherung gem. § 38 VwVfG. Privatrechtliche Verpflichtungserklärungen sind auf den Abschluss von Kauf-, Werk- oder Mietverträgen, aber auch auf den Abschluss von Aufträgen gerichtet. Ein wichtiges Beispiel sind ferner Bürgschaftserklärungen.

35   b) **Rechtliche Konsequenzen von Verstößen.** Sie sind abhängig von der jeweils in Frage stehenden Handlungsform. Große Probleme

---

10 § 54 I GO BW; Art. 38 II BayGO; § 57 II 1 BbgKVerf; § 71 II HessGO; § 38 VI KV MV; § 86 II NdsKomVG; § 64 I GO NRW; § 49 I GO Rh.-Pf.; § 62 KSVG; § 60 SächsGO; § 70 GO LSA; § 56 II GO SH; § 31 II ThürKO.

bereitet das Fehlerfolgenrecht bei privatrechtlichen Verpflichtungserklärungen (vgl. dazu sogleich), während bei der Beurteilung von **Verwaltungsakten** oder von **Verwaltungsverträgen** ohne weiteres das
allgemeine Fehlerfolgenrecht Anwendung findet. Demnach ist eine
Zusicherung gem. § 38 I VwVfG bereits nach ausdrücklicher Anordnung in dieser Vorschrift (Abs. 1 S. 1) bei fehlender Schriftform unwirksam, während Verwaltungsverträge gem. § 59 I VwVfG i. V. m.
§ 125 BGB nichtig sind. Teilweise (vgl. z. B. § 64 IV GO NRW) ist
eine spezielle Nichtigkeitsregelung gleichsam mitgeliefert. Die Auseinandersetzung um die Fehlerfolgen **bei privatrechtlichen Ver-
pflichtungsverträgen** ist durch die (wenig überzeugende) Rechtsprechung des BGH geprägt:

Dieser charakterisiert die rechtlichen Anforderungen an Verpflichtungsver-   **36**
träge als „materielle Vorschriften über die Beschränkung der Vertretungsmacht" (BGHZ 147, 381; zuletzt BGHZ 178, 192 m. Anm. *Köster*, KommJur
2009, 416). Konsequenterweise wären im Falle eines Verstoßes dann grundsätzlich die §§ 177 ff. BGB einschließlich der für die Rechtsinstitute der sog.
Duldungs- und Anscheinsvollmacht entwickelten Grundsätze (so denn auch
OLG Celle, NJW 2001, 607) entsprechend anzuwenden; der Bürgermeister
haftete für den Vertretungsmangel persönlich nach § 179 BGB. Anders nun allerdings der BGH: Verstöße gegen das Schriftformerfordernis können seiner
Ansicht nach, „wie dies auch bei einer nach § 125 BGB formnichtigen Erklärung der Fall ist, nur durch Neuvornahme oder Einhaltung der Förmlichkei-
ten" beseitigt werden. Die analoge Anwendung der §§ 177 ff. BGB sei nicht
sachgerecht, da die Nichtbeachtung des Schriftformerfordernisses dann gem.
§ 179 BGB eine persönliche Haftung des Bürgermeisters begründen und folglich der Vertragsgegner bei einem Vertragsschluss mit einer Gemeinde besser
gestellt sein würde als bei einem entsprechenden Verstoß im Falle eines Ver-
tragsschlusses mit einer natürlichen oder juristischen Person des Privatrechts.
Allerdings führe ein Verstoß gegen die gemeinderechtlichen Formerforder-
nisse auch nicht zur Nichtigkeit nach § 125 BGB, da die betreffenden Vorschriften keine Formvorschriften in diesem Sinne seien könnten, und zwar deswegen, weil privatrechtliche Vorschriften der Landesgesetze mit dem
Inkrafttreten des BGB gem. Art. 55 EGBGB außer Kraft getreten seien und
dem Landesgesetzgeber die Kompetenz zur Neueinführung solcher Vorschriften fehle. Was genau nun mit den entsprechenden Verträgen geschehen soll,
bleibt unklar.

Bei nüchterner Betrachtung sind die einschlägigen gemeinderecht-   **37**
lichen Vorschriften als **Formvorschriften** anzusehen. Dies folgt aus
dem Wortlaut und aus dem Schutzzweck, das Vertretungsorgan Bürgermeister vor der unüberlegten Begründung folgenschwerer Verpflichtungen abzuhalten und zugleich Auslegungs- und Beweis-

schwierigkeiten zu vermeiden. Die inhaltlich durchaus zutreffenden kompetenziellen Hinweise des BGH können nicht dazu führen, eine Formvorschrift in eine Vertretungsvorschrift umzuinterpretieren. Die Gesetzgeber der Gemeindeordnung waren und sind nicht daran gehindert, Formvorschriften für das Tätigwerden der Gemeindeorgane festzulegen. Sie wären daran gehindert, mit diesen Vorschriften auf das Zustandekommen und die Wirksamkeit privatrechtlicher Verträge Einfluss zu nehmen, dies deshalb, weil der Bund mit dem BGB in der Tat erschöpfend von der ihm durch Art. 74 I Nr. 1 GG eingeräumten konkurrierenden Gesetzgebungskompetenz für das „bürgerliche Recht" Gebrauch gemacht hat, was Art. 55 EGBGB zum Ausdruck bringt. § 125 BGB kann als Grundlage einer Nichtigkeitsfolge somit nicht in Betracht kommen; das gleiche gilt insoweit (anders bei Verwaltungsverträgen) für die teilweise in der Gemeindeordnung vorgesehenen Nichtigkeitsfolgen (etwa § 64 IV GO NRW).

38   In dieser Situation bietet sich die **analoge Anwendung** der §§ 177, 178 und 180 BGB (in Einklang mit dem BGH nicht auch des § 179 BGB), d. h. die Anwendung des Fehlerfolgenrechts für Vertretungsmängel auf die Fehlerfolgen nach Verstoß gegen eine öffentlich-rechtliche Formvorschrift an. Demnach sind privatrechtliche Verpflichtungsverträge bis zur Genehmigung durch den Rat grundsätzlich schwebend unwirksam und bei einer Verweigerung der Genehmigung nichtig.

39   Der von der Rechtsprechung mit Hilfe des Instituts von Treu und Glauben gelöste Sonderfall, dass von vornherein das Einverständnis des Rates feststeht (BGH, NJW 1994, 1528), kann mit der hier vorgeschlagenen Argumentation ebenso gelöst werden, wie die Anwendung des in einigen Gemeindeordnungen (z. B. § 38 VI KV MV) vorgesehenen Genehmigungspflicht für solche Rechtsgeschäfte möglich ist. Eine Haftung des Bürgermeisters für Schäden des Vertragspartners infolge einer Missachtung der formellen Erfordernisse kommt lediglich aus § 839 BGB (nicht nach Amtshaftungsgrundsätzen, da ja nicht öffentlich-rechtlich gehandelt wird; vgl. BGHZ 147, 381 [387 ff.]; BGHZ 157, 168 [177 ff.]) sowie aus §§ 280 III, 282, 311 II, 31, 89 BGB (culpa in contrahendo) in Betracht (BGH, NJW 1985, 1778 [1783 f.]; NJW 1986, 2939).

Literatur: *Wolter*, Der Beigeordnete, 1978; *Faber*, Die Außenvertretung der Gemeinde, VR 2001, 231; *Sensburg*, Der Bürgermeister als falsus procurator, NVwZ 2002, 179; *Püttner*, Formvorschriften für Erklärungen des Bürgermeisters, JZ 2002, 197; *Knemeyer*, Rechtsfragen zur Vertretung von Kommunen bei Rechtsgeschäften, in: Deutsche notarrechtliche Vereinigung e. V. (Hrsg.), Notarielle Vertragsgestaltung für Kommunen, 2003, S. 108; *Stelkens*,

Vom Dienstsiegel zur elektronischen Signatur: 100 Jahre Streit um kommunal-rechtliche Formvorschriften!, VerwArch. 94 (2003), 48; *Hufeld*, Die Vertre-tung der Behörde, 2003; *Lange*, Die Vertretung der Gemeinde, in: Krebs (Hrsg.), Liber Amicorum Hans-Uwe Erichsen, 2004, 107; *Lenz/Mittermayr* (Hrsg.), Die Kommune als Vertragspartner, 2005; *Stumpf*, Kommunalrechtli-che Form- und Vertretungsregelungen im Privatrechtsverkehr, BayVBl. 2006, 103.

Falllösungen: *Kutter*, VR 1998, 393; *Lange*, VR 1999, 290; *Brüning/Suer-baum*, JuS 2001, 992; *Lange*, VR 2004, 67; *Pielow/Finger*, Jura 2005, 351.

§ 14. Rechtsschutz im Innenrechtsverhältnis (Kommunalverfassungsstreit)

In den Abschnitten über den Rat bzw. den Bürgermeister sind viele 1 potenzielle Streitfragen innerhalb der Gemeindeorganisation behan-delt worden: Wer besitzt die Kompetenz für eine bestimmte Angele-genheit? Ist ein bestimmtes Verfahren nach den Vorschriften der Ge-meindeordnung durchgeführt worden? Ist ein Ratsmitglied zu Recht oder zu Unrecht aus dem Sitzungsraum verwiesen worden? Lässt sich ein solchermaßen entstandener Streit nicht mehr einvernehmlich lösen, dann sind die **Verwaltungsgerichte** gefordert, wenn eine ent-sprechende Rechtsschutzmöglichkeit zur Verfügung steht; dass es sich ggf. um „öffentlich-rechtliche Streitigkeiten" i. S. d. § 40 I VwGO handeln würde, steht angesichts des Charakters der betroffe-nen gemeinderechtlichen Vorschriften als „Sonderrecht" außer Frage.

I. Erscheinungsformen

Ein sog. Kommunalverfassungsstreit kann bestehen   2
– zwischen den Organen der Gemeinde, v. a. zwischen Bürgermeis-ter und Rat (sog. **Interorganstreit**). Beispiele bilden der Streit über die Kompetenzverteilung bzw. über das Verhalten des Bürgermeis-ters bei der Einberufung des Rates (§ 12 Rdnr. 28) oder bei der Festsetzung der Tagesordnung (§ 12 Rdnr. 28). Hingegen handelt es sich beim Streit zwischen der Gemeinde und dem Bürgermeister über die Höhe von dessen Bezügen um einen ganz normalen Streit im Außenverhältnis (zwischen Gemeinde und Gemeindeorgan, nicht zwischen Gemeindeorganen). Denkbar sind auch Streitigkei-

ten zwischen einem Organ (z. B. Bürgermeister) und einem Teil eines anderen Organs (z. B. einzelnen Mitgliedern des Rates, die sich gegen eine Maßnahme des Bürgermeisters wenden);
– innerhalb eines Organteils (sog. **Intraorganstreit**). Das wichtigste Beispiel hierfür bilden Auseinandersetzungen zwischen dem Rat und einzelnen Ratsmitgliedern, zwischen dem Bürgermeister in seiner Eigenschaft als Ratsvorsitzendem und einzelnen Ratsmitgliedern sowie zwischen Ratsmitgliedern untereinander; hierher gehören auch die Streitigkeiten um die Bildung und Betätigung von Fraktionen sowie über den Fraktionsausschluss (vgl. dazu § 12 Rdnr. 15 ff.).

3   Bei der Beschäftigung mit der Thematik des Kommunalverfassungsstreits sind von vornherein auseinander zu halten die materielle Ebene (auf der der Streit angesiedelt ist; die diesbezüglichen Rechtsfragen sind in den §§ 12 u. 13 dargestellt worden) und die prozessuale Ebene, auf der der Streit in ein Streitverfahren (einen Prozess) mündet.

4   In der Fallprüfung empfiehlt es sich, im Anschluss an die Annahme des Verwaltungsrechtsweges einige grundsätzliche Bemerkungen zur Problematik (orientiert an der Darstellung unter II) zu machen und sodann die Zulässigkeitsprüfung in gewohnter Weise fortzusetzen (III). Wegen der Einheitlichkeit der Problemstellung erfolgen die Literaturhinweise in diesem Abschnitt gebündelt am Ende von III.

II. Problematik

5   Historisch wurden Staat und Gemeinden lange Zeit als festgefügte Blöcke betrachtet und es wurde viel Mühe darauf verwendet, sie jeweils als juristische Personen zu konstruieren. Dabei herrschte die Auffassung vor, dass der Staat bzw. jede einzelne Gemeinde ein rechtlich ungegliedertes Rechtssubjekt sei (sog. Impermeabilitätslehre). Innerhalb dieses Rechtssubjekts gab es Aufgaben und Kompetenzen, nicht aber subjektive Positionen. Unter dem Grundgesetz war diese Beurteilung nicht mehr haltbar (vgl. zu den Hintergründen *Schnapp*, AöR 105 [1980], 245). Vielmehr ist spätestens seither auch der Innenbereich von Staat und Gemeinde als **rechtlich geordneter Raum** anzusehen; das Innenrecht ist im Verhältnis zum Außenrecht kein Recht minderer Qualität. Auf der kommunalen Ebene entstammt es der als Landesgesetz beschlossenen Gemeindeordnung, den Gemein-

desatzungen oder auch den Geschäftsordnungen (vgl. zu ihnen § 12
Rdnr. 3).

Die Organisation der Gemeinden ist, wie in den vorherigen Ab- 6
schnitten ausführlich geschildert, nicht hierarchisch gegliedert. Vielmehr bestehen zwei grundsätzlich gleichwertige Organe (der Rat
und der Bürgermeister), welchen überdies **verschiedene Interessen**
zur Wahrnehmung zugewiesen sind; insoweit kann man sie treffend
auch als „Kontrastorgane" (*Kisker*, Insichprozeß und Einheit der
Verwaltung, 1968, 38 ff.; *Ruffert*, DÖV 1998, 897, spricht von „Inte-
ressenausgleich") bezeichnen. Entsprechendes ist übrigens von den
Organen auf Bundesebene her bekannt, wo es in Gestalt des Art. 93
I Nr. 1 GG denn auch ein explizit geregeltes Verfahren zur Durchsetzung organschaftlicher Positionen, nämlich das Organstreitverfahren,
gibt. Das gemeindliche Organ „Rat" ist überdies kollegial organisiert,
indem es aus verschiedenen, jeweils demokratisch gewählten Mitgliedern und einem Vorsitzenden besteht. Auseinandersetzungen zwischen den Organen bzw. innerhalb der Organe sind daher eigentlich
Teil des Programms.

Man nennt sie zutreffend „Kommunalverfassungsstreitverfahren", 7
wobei klar ist, dass es sich um „nichtverfassungsrechtliche Streitigkeiten" i. S. v. § 40 I 1 VwGO handelt; der Begriff „Verfassung" steht im
vorliegenden Zusammenhang nicht für die rechtliche Grundordnung
des gesamten Gemeinwesens (GG oder Landesverfassung), sondern
für die Regeln über die kommunale Binnenorganisation. Der **Kommunalverfassungsstreit** ist lediglich eine, wenn auch besonders
wichtige, Erscheinungsform des „Innenrechtsstreits", den man auch
in anderen Bereichen der Verwaltungsorganisation findet; zwar nicht
innerhalb der hierarchisch geordneten unmittelbaren Landesverwaltung, wohl aber innerhalb der anderen Selbstverwaltungsträger (z. B.
zwischen den Organen einer Handelskammer; vgl. BVerwG, Gew-
Arch. 2004, 331). Zu eng sind demgegenüber die Bezeichnungen
„Organstreitigkeiten" bzw. „Insichprozesse"; letztere, da es zunächst
nur um die materielle Ebene geht, erstere, weil nicht nur Streitigkeiten zwischen Organen, sondern auch solche innerhalb der Organe erfasst sein müssen.

Erkennt man an, dass es innerhalb der gemeindlichen Organisation 8
unterschiedliche rechtlich geordnete Positionen gibt, dann muss es
ein Forum zur Durchsetzung der Positionen und zur Klärung entstandener Streitigkeiten geben. Dieses Forum kann nach Lage der
Dinge nur der Verwaltungsprozess sein. Dessen legitimatorische Ba-

sis, die Rechtsschutzgarantie des Art. 19 IV GG, greift zwar nicht ein, da sie nach ganz h. M. nur personale Rechtsstellungen (v. a. die Grundrechte) umfasst. Dies schließt es aber nicht aus, auf der Begründungsebene des einfachen Rechts Positionen auch jenseits des Außenverhältnisses der Grundrechte und des Art. 28 II GG (zu den diesbezüglichen Rechtsschutzmöglichkeiten vgl. § 12 Rdnr. 3 f.) zu versubjektivieren. Dann handelt es sich bei den entsprechenden Positionen um **subjektive Rechte** i. S. d. § 42 II VwGO. Zur Realisierung darauf gestützter Rechtsschutzbegehren müssen die Klagearten der VwGO zur Verfügung gestellt sein, obwohl diese eigentlich nur auf Streitigkeiten im Außenrechtsverhältnis zugeschnitten ist. Hierdurch wird es den betreffenden Organisationseinheiten ermöglicht, eine externe Verwaltungskontrolle in Gang zu setzen und ihre subjektiven Positionen durchzusetzen.

9   Da aber die VwGO auf Innenrechtsstreitigkeiten nicht zugeschnitten ist, kommt es zu Problemen bei verschiedenen Positionen innerhalb der Zulässigkeitsprüfung verwaltungsgerichtlicher Klagen. Eine eigene Klageart bildet das „Kommunalverfassungsstreitverfahren" aber nicht (vgl. noch sogleich), weswegen es hierfür auch keines eigenen Schemas bedarf. In der Prüfung der **Begründetheit** entsprechender Klagen geht es darum, ob die jeweils angegriffene Maßnahme rechtswidrig ist und den Kläger in seinen organschaftlichen Rechten verletzt. Die Kosten eines solchen Prozesses hat, wie im Regelfall auch, der Unterlegene zu tragen (vgl. § 154 I VwGO), im Innenverhältnis übernimmt aber die Gemeinde, deren Organe den Streit eingeleitet haben, die Kosten (VGH BW, NVwZ 1985, 284; OVG NRW, NWVBl. 2009, 363).

III. Besonderheiten in der Zulässigkeitsprüfung

1. Klageart

10   Anfechtungs- bzw. Verpflichtungsklage stehen eindeutig nicht zur Verfügung, weil die streitgegenständlichen Maßnahmen anderer Gemeindeorgane bzw. Organteile keine „Außenwirkung" entfalten und daher nicht als Verwaltungsakte i. S. v. § 35 VwVfG qualifiziert werden können. Deswegen wurde früher erwogen, von einer „Klage sui generis" auszugehen. Dazu besteht kein Anlass, weil die allgemeine Leistungsklage und die Feststellungsklage nach § 43 VwGO sämtli-

che in Betracht kommenden Rechtsschutzbegehren abdecken können. Vorläufiger Rechtsschutz ist mit der einstweiligen Anordnung
nach § 123 VwGO zu suchen.

So mittlerweile die allgemeine Linie in Rechtsprechung (SaarlOVG, **11**
NVwZ-RR 1993, 210; OVG NRW, DVBl. 2001, 1281; anders noch OVG
NRW, OVGE 4, 25 [26]) und Schrifttum (zuletzt *Franz*, Jura 2005, 156
[157]). Die **allgemeine Leistungsklage** ist dann zu erheben, wenn sich das Begehren auf ein bestimmtes Tun oder Unterlassen der Gegenseite richtet; Beispiel: Gewährung von Akteneinsicht (OVG NRW, NWVBl. 1998, 110). Soll
dagegen das Rechtsverhältnis zwischen zwei Organen bzw. innerhalb eines
Organs in Bezug auf eine bestimmte Thematik einer grundsätzlichen Klärung
zugeführt werden, dann ist die **Feststellungsklage** nach § 43 VwGO vorzuzie-
hen. Sie ist auch dann die richtige Klageart, wenn (was häufig der Fall ist) sich
der zugrunde liegende Vorfall bereits durch Zeitablauf u. Ä. erledigt hat. Der
Einwand der Subsidiarität der Feststellungsklage gemäß § 43 II S. 1 VwGO
kann mit dem Hinweis darauf überwunden werden, dass die anderen Klagearten zur Durchsetzung des Rechtsschutzbegehrens ja nicht zur Verfügung
stehen (so BVerwGE 77, 207 [211]). Die Aufhebung einer bestimmten angegriffenen Maßnahme kann allerdings weder mit der allgemeinen Leistungsklage noch mit der Feststellungsklage erreicht werden (so aber BayVGH,
BayVBl. 1976, 753; *Hufen*, Verwaltungsprozessrecht, 8. Aufl. 2011, § 21
Rdnr. 14), weil es sich, im Unterschied zur Anfechtungsklage, nicht um sog.
Gestaltungsklagen handelt. Der Klagegegner kann lediglich dazu verpflichtet
werden, eine bestimmte Maßnahme zu unterlassen bzw. aufzuheben, wobei
an der Bereitschaft, verwaltungsgerichtliche Urteile zu respektieren, innerhalb
der Verwaltungsorganisation auch kaum gezweifelt werden kann. **Sonderfall:**
Anfechtungsklage gegen einen Verwaltungakt (Aufhebungsverfügung gegen-
über einem Ratsbeschluss; vgl. § 8 Rdnr. 47), der mittelbar (als Dritte) einzelne
Ratsmitglieder in einer wehrfähigen Innenrechtsposition betrifft (OVG NRW,
NWVBl. 2004, 378).

2. Beteiligten-/Prozessfähigkeit; passive Prozessführungsbefugnis

Hier ist wie folgt zu differenzieren: Die **Beteiligtenfähigkeit** ergibt **12**
sich weder aus § 61 Nr. 1 („natürliche und juristische Personen")
noch aus § 61 Nr. 3 VwGO („Behörden, sofern das Landesrecht dies
bestimmt"), weil die einzelnen Organe bzw. Organteile nicht in ihrer
personalen Rechtsstellung verletzt sind und auch nicht als Behörden
für den Rechtsträger Gemeinde agieren. In Betracht kommt daher allein § 61 Nr. 2 VwGO („Vereinigungen, soweit ihnen ein Recht zustehen kann"). Diese Vorschrift leitet die Beteiligtenfähigkeit aus der
Fähigkeit zur Inhaberschaft des geltend gemachten Rechtes ab und
vermag damit genau das auszudrücken, worum es beim Kommunal-

verfassungsstreit nach den oben zu II dargestellten Grundsätzen geht. In Bezug auf das monokratische Organ Bürgermeister bzw. auf einzelne klagende bzw. beklagte Organteile (z. B. das einzelne Ratsmitglied) ist die Vorschrift analog anzuwenden (so wohl OVG NRW, DVBl. 1983, 53; undifferenzierter OVG NRW, NVwZ-RR 1993, 263).

Die **Prozessfähigkeit** ergibt sich durchgehend aus § 62 III VwGO wonach „für Vereinigungen … ihre gesetzlichen Vertreter, Vorstände oder besonders Beauftragte" handeln. Dies bedeutet, dass das jeweilige Organ im Prozess durch den Organwalter vertreten wird (Beispiel: das Organ „Bürgermeister" durch den Bürgermeister) bzw. durch ein für die Vertretung allgemein zuständiges Organteil (Beispiel: das Organ „Rat" durch den Ratsvorsitzenden), während eine Gruppe von Ratsmitgliedern oder auch eine Fraktion für den Einzelfall eine Prozessvollmacht an ein als Vertreter zu bestimmendes Mitglied erteilen muss.

Der **richtige Klagegegner** ist nicht nach § 78 VwGO (mit seinen Anforderungen an die sog. passive Prozessführungsbefugnis) zu ermitteln, welcher unmittelbar nur für die Anfechtungs- bzw. Verpflichtungsklage gilt. Auch das hinter dieser Vorschrift stehende allgemeine Rechtsträgerprinzip ist nicht anwendbar, weil es ja gerade nicht um die Rechte und Pflichten des Rechtsträgers Gemeinde, sondern um die Rechte und Pflichten von deren Organen geht. Passiv prozessführungsbefugt ist daher das jeweils verklagte Organ bzw. der jeweils verklagte Organteil unmittelbar.

3. Klagebefugnis

13   Die gemäß § 42 II VwGO (im Falle der Feststellungs- bzw. der allgemeinen Leistungsklage analog) erforderliche Klagebefugnis ist dann gegeben, wenn der jeweilige Kläger geltend machen kann, in einem **organschaftlichen Recht**, d. h. in einer subjektiven Position des Innenrechts, verletzt zu sein. Solche Positionen können sich ergeben aus der Gemeindeordnung sowie aus Satzungen bzw. Geschäftsordnungen auf der Ebene der jeweiligen Gemeinde. Die Grundrechte scheiden ebenso wie einfachgesetzliche Bestimmungen des Außenrechts als Grundlage von organschaftlichen Rechten aus (vgl. bereits Rdnr. 8). Daher können weder der Rat noch der Bürgermeister noch einzelne Ratsmitglieder klären lassen, ob Maßnahmen bzw. Beschlüsse des jeweils anderen Organs bzw. Organteils materiell recht-

mäßig sind; dies kann im Wege eines „normalen" verwaltungsgerichtlichen Verfahrens nur auf Klagen von Bürgern bzw. im Zusammenhang mit einem Vorgehen der Staatsaufsicht geklärt werden. Schließlich kann sich das einzelne Organ nur auf die jeweils eigenen
organschaftlichen Rechte berufen, die sog. Prozessstandschaft (z. B.:
Ein Ratsmitglied macht Rechte des Rates, z. B. betreffend die Vorbereitung von Ratsbeschlüssen durch den Bürgermeister [vgl. OVG
NRW, NWVBl. 2008, 65] geltend) ist ausgeschlossen.

In Orientierung an den in den §§ 12 u. 13 dargestellten materiell- **14**
rechtlichen Grundsätzen können organschaftliche Positionen insbesondere entstehen im Zusammenhang mit der Bildung und Besetzung
von Ausschüssen (vgl. § 12 Rdnr. 8 ff.), von Fraktionen (insbesondere
im Hinblick auf den Fraktionsausschluss; vgl. § 12 Rdnr. 15 ff.) und
bei der Kompetenzabgrenzung zwischen Bürgermeister und Rat
(vgl. § 12 Rdnr. 18 ff. bzw. § 12 Rdnr. 15 ff.). Praktisch wichtig sind
ferner Streitigkeiten
– im Zusammenhang mit der Aufstellung der **Tagesordnung** (vgl.
  § 12 Rdnr. 28); insoweit kann in der Regel ein bestimmter Anteil
  der Ratsmitglieder oder eine Fraktion verlangen, dass Vorschläge
  durch den Bürgermeister aufgenommen werden;
– über die Beachtung der Vorschriften zur **Öffentlichkeit** von Rats-
  sitzungen (vgl. § 12 Rdnr. 28). Dabei ist mit dem VGH BW (DVBl.
  1992, 981) und entgegen dem OVG NRW (DVBl. 2001, 1281) davon auszugehen, dass jene Vorschriften nicht unmittelbar dem Interesse der einzelnen Ratsmitglieder oder des Rates in seiner Gesamtheit zu dienen bestimmt sind. Dass die Ratsmitglieder bei
  einer zu Unrecht nicht öffentlich abgehaltenen Sitzung zu Unrecht
  der Verschwiegenheitspflicht unterworfen worden sind, reicht für
  die Annahme der unmittelbaren Beeinträchtigung einer organschaftlichen Position nicht aus;
– über die Rechtmäßigkeit eines Ausschlusses wegen Befangenheit
  (vgl. § 12 Rdnr. 49 ff.), wohingegen keine organschaftliche Position
  zur Durchsetzung des Ausschlusses eines angeblich befangenen
  anderen Ratsmitgliedes anzuerkennen ist;
– aus Anlass der Anordnung von **Ordnungsmaßnahmen** seitens
  des Bürgermeisters, insbesondere unter Geltendmachung des sog.
  innerorganisatorischen Störungsbeseitigungsanspruchs (vgl. § 12
  Rdnr. 38). Hier ist auf eine genaue Abgrenzung zu grundrechtlichen Streitigkeiten zu achten (vgl. bereits § 12 Rdnr. 40).

15   Beispielsweise betrifft die Entscheidung für oder gegen das Aufhängen eines
Kreuzes im Sitzungssaal die sich dadurch beeinträchtigt fühlenden Ratsmit-
glieder m. E. in ihrem Grundrecht der negativen Glaubensfreiheit des Art. 4 I
GG. Weder kann die Frage nach dem betroffenen Recht offen gelassen werden
(so aber HessVGH, NJW 2003, 2471, NJW 2006, 1227), noch darf gleichzeitig
von einem Kommunalverfassungsstreitverfahren und einer Betroffenheit im
Grundrecht auf negative Bekenntnisfreiheit ausgegangen werden (so aber VG
Darmstadt, NJW 2003, 455, in der Ausgangsentscheidung).

Literatur: *Erichsen,* Der Innenrechtsstreit, in: Erichsen (Hrsg.), FS Menger,
1985, 423; *Lorenz,* Verwaltungsprozessrecht, 2000, § 25; *Roth,* Verwaltungs-
rechtliche Organstreitigkeiten, 2001; *Diemert,* Der Innenrechtsstreit im öffentlichen Recht und im Zivilrecht, 2002; *Meister,* Der Kommunalverfassungsstreit, JA 2004, 414; *Franz,* Der Kommunalverfassungsstreit, Jura 2005, 156;
Bethge, Der Kommunalverfassungsstreit, in: HdbKWP, Band 1, 2007, 817;
Ogorek, Der Kommunalverfassungsstreit im Verwaltungsprozess, JuS 2009,
511; *Schoch,* Verwaltungsgerichtlicher Organstreit, in: Ehlers/Schoch (Hrsg.),
Rechtsschutz im Öffentlichen Recht, 2009, § 28; *Lange,* Der Kommunalverfassungsstreit, in: Baumeister u. a. (Hrsg.), FS Schenke, 2011, 959.

Falllösungen: *Penker,* JA 2009, 518; *Proppe,* JA 2010, 141; vgl. ferner die
Nachweise zu §§ 12 u. 13.

4. Teil. Formen und Instrumente gemeindlichen Handelns

Im Vierten Teil werden wichtige, gemeindetypische Aspekte des Handelns nach Außen beleuchtet. Sie betreffen die Handlungsform der Satzung (§ 15), das Handlungsinstrument der öffentlichen Einrichtung (§ 16), den Handlungsmodus des Wirtschaftlichen (§ 17) und schließlich die finanzielle Basis des Handelns (§ 18).

§ 15. Satzungen

Satzungen sind ein zentrales und typisches Instrument der Selbstverwaltung (zu deren Merkmalen vgl. § 2 Rdnr. 7 ff.). In Praxis und Examen bilden die gemeindlichen Satzungen die wichtigste Erscheinungsform der dritten Kategorie (neben den Parlamentsgesetzen und den Rechtsverordnungen) der **Gesetze im materiellen Sinn.** Gleichgültig, ob eine Satzung die Benutzung einer soeben fertig gestellten gemeindlichen Einrichtung (Halle, Bibliothek etc.) ordnet, ob sie Abgabenpflichten für die Einwohner begründet oder ob es um die Organisation der gemeindeinternen Abläufe geht, stets ist sie Ausdruck kommunaler Eigenverantwortlichkeit und Gelegenheit für die Betroffenenmitwirkung. Der Jurist ist mit diesem Thema zum einen aus der Perspektive der Rechtsgestaltung befasst, wenn es um die Beratung der für den Satzungserlass zuständigen Instanzen hinsichtlich Verfahren und Satzungsinhalt geht. Zum anderen stehen Satzungen häufig im Mittelpunkt verwaltungsgerichtlicher Streitigkeiten, wenn ihre Rechtmäßigkeit, inzident oder unmittelbar, geprüft werden soll.

I. Satzungen im System der Handlungsformen

Die Gemeinden erlassen, wie alle anderen Verwaltungsstellen auch, Verwaltungsakte, sie schließen Verwaltungsverträge und sie agieren schlicht-hoheitlich. Insoweit gelten die Regeln des allgemeinen Verwaltungsrechts, wie sie insbesondere in den Verwaltungsverfahrensgesetzen (VwVfG) des Bundes und der Länder niedergelegt sind. Auch die Wahl der privatrechtlichen Handlungsformen, insbesondere die Befugnis zum Abschluss und der Inhalt von privatrechtlichen Verträgen (informativ zur „Kommune als Vertragspartner" die von *Lenz/Mittermayr*, 2005, herausgegebene Sammlung erläuterter Vertragsbeispiele), beurteilen sich nach den im Allgemeinen Verwaltungsrecht erarbeiteten Regeln. Indem eine Gemeinde diese Handlungsformen einsetzt, agiert sie konkret-individuell und ist an die Gesetze, Verordnungen und Satzungen gebunden. **Abstrakt-generelle Regelungen** können getroffen werden mit den Handlungsformen der Satzung, der Rechtsverordnung sowie in inneradministrativen Rechtssätzen.

3   Letztere sind nicht auf Wirkung nach außen angelegt, d. h. sie begründen nicht Rechte und Pflichten anderer Rechtsträger (v. a.: der Bürger), sondern stellen eine Art Handbuch für innergemeindliche Betriebsabläufe dar. Wichtige Beispiele sind die aus dem allgemeinen Verwaltungsrecht bekannten sog. Verwaltungsvorschriften (vgl. *Maurer*, Allgemeines Verwaltungsrecht, 18. Aufl. 2011, § 24), mit denen das Verwaltungshandeln zwischen Rathaus und Ämtern gesteuert wird, die Geschäftsordnungen der Kollegialorgane, insbesondere des Rates (vgl. bereits § 12 Rdnr. 3) und die sog. schlichten Anstaltsordnungen. Diese sind dann eine Interpretationshilfe, wenn die Benutzung einer gemeindlichen öffentlichen Einrichtung (vgl. § 16 Rdnr. 5 ff.) nicht durch Satzung geregelt ist.

1. Begriff und Bedeutung

4   Als Satzungen bezeichnet man
   – **Rechtsvorschriften,** d. h. abstrakt-generelle Regelungen, die Maßstäbe für Verfahren, Verhalten bzw. Organisation enthalten,
   – von einem **Verwaltungsträger,** d. h. als Ergebnis einer Dezentralisation (vgl. § 2 Rdnr. 6),
   – im Rahmen der diesem verfassungs- oder zumindest einfachgesetzlich eingeräumten Befugnis (sog. **Autonomie**),
   – mit Wirksamkeit für die ihm (hier: der Gemeinde) angehörigen und unterworfenen Personen erlassen worden sind.

   Satzungen sind Gesetze im materiellen Sinn (ebenso wie Verordnungen, jedoch im Unterschied zu den Parlamentsgesetzen, die man als Gesetze im formellen Sinn bezeichnet). Den Gemeinden wird es durch sie ermöglicht, nicht nur die von anderen gesetzten Programme zu vollziehen, sondern sich ein Stück weit selbst zu programmieren.

Als typisches Instrument der Selbstverwaltung dienen sie der Verkür-
zung des „Abstandes zwischen Normgeber und Normadressaten"
(BVerfGE 10, 20 [48 f.]; BVerfGE 33, 125 [155]).

Den Gemeinden ist die Befugnis zum Erlass von Satzungen (Auto-   5
nomie) unmittelbar durch die Selbstverwaltungsgarantie des Art. 28
II GG verliehen worden (vgl. bereits § 6 Rdnr. 33). Die „Satzungshoheit" ist eine der vom Gewährleistungsgehalt „Eigenverantwortlichkeit" umfassten Berechtigungen. Dies gelangt auch im Wortlaut
„alle Angelegenheiten der örtlichen Gemeinschaft … in eigener Verantwortung zu *regeln*" zum Ausdruck. Eine zusätzliche Autonomie-
grundlage kann die Selbstverwaltungsbestimmung der jeweiligen
Landesverfassung bilden. Da die Satzungsbefugnis bereits durch die
verfassungsrechtlichen Selbstverwaltungsgarantien vermittelt wird,
sind alle Vorschriften des einfachen Rechts, die an die Satzungsgebung formelle bzw. materielle Anforderungen stellen, als rechtfertigungsbedürftige Beeinträchtigungen anzusehen. Die Satzungshoheit
ist überdies Bestandteil des unantastbaren Kernbereichs (obgleich
das BVerfG noch keine Gelegenheit hatte, dies festzustellen).

Die in den Gemeindeordnungen aller Länder enthaltenen **Sat-**   6
zungsklauseln, wonach die Gemeinden ihre Angelegenheiten durch
Satzung regeln können,[1] sind demzufolge deklaratorischer Natur.
Wenn sich mit einer Satzung nicht zugleich Eingriffe in die Grundrechte verbinden (vgl. Rdnr. 36 ff.), bedarf es für ihren Erlass keiner
Ermächtigungsgrundlage im einfachen Recht; die Selbstverwaltungsgarantie ist Rechtsgrundlage genug.

Durch Art. 28 II GG wird den Gemeinden die Befugnis zur Recht-   7
setzung per Satzung vom Staat (dem Land, in das sie jeweils eingegliedert sind) abgeleitet, vermittelt. Die Gemeinden sind auch bei
der Satzungsgebung nicht etwa Bestandteil der Legislative, sondern
bleiben stets Teil der Verwaltung. Insbesondere ist der Rat kein Parlament. Satzungsgebung ist ebenso wie der Erlass von Rechtsverordnungen durch die Gemeinden (vgl. sogleich Rdnr. 13 ff.) **exekutivi-**
sche Rechtsetzung.

Der Unterschied zwischen Satzungen und Rechtsverordnungen   8
besteht darin, dass der Erlass einer Rechtsverordnung das Ergebnis
von Dekonzentration ist, d. h. nicht die betroffene Aufgabe, sondern

---

1 § 4 I 1 GO BW; Art. 23 I 1 BayGO; § 3 I 1 BbgKVerf; § 5 I 1 HessGO; § 5 I KV MV;
§ 10 I NdsKomVG; § 7 I 1 GO NRW; § 24 I 1 GO Rh.-Pf.; § 12 I 1 KSVG; § 4 I 1
SächsGO; § 6 I 1 GO LSA; § 4 I 1 GO SH; § 19 I 1 ThürKO.

lediglich die Regelungszuständigkeit ist delegiert. Daher ist **Art. 80 GG,** der spezifische Anforderungen an die gesetzliche Ermächtigung zum Erlass von Rechtsverordnungen stellt (Bestimmtheit nach „Inhalt, Zweck und Ausmaß"), auf den Erlass von Satzungen nicht anwendbar. Anforderungen dieser Art könnte im Hinblick auf die Satzungsgebung auch gar nicht entsprochen werden, weil die Gemeinden als Verwaltungsträger mit Selbstverwaltungsbefugnis über das Recht verfügen, bislang unbesetzte Aufgaben an sich zu ziehen (Prinzip der Allzuständigkeit; vgl. § 6 Rdnr. 27); eine entsprechende gesetzliche Vorprogrammierung wäre insoweit ausgeschlossen.

2. Rechtsetzung und Aufgabensystem

9   Außer Satzungen können Gemeinden Rechtsverordnungen erlassen, ebenso wie auch die Regierungen oder einzelne Minister auf Bundes- wie Landesebene (vgl. Art. 80 I 1, 4 GG). Dabei besteht ein Zusammenhang zwischen dem Charakter der jeweils betroffenen Aufgabe(n) und der gewählten Handlungsform.

10   **a) Satzungen.** Satzungen sind die typische Handlungsform exekutivischer Rechtsetzung bei der Erledigung von Selbstverwaltungsangelegenheiten (d. h. bei freiwilligen Aufgaben und bei Pflichtaufgaben ohne Weisung; vgl. § 8 Rdnr. 13, 20). Umgekehrt kann aber nicht aus dem Vorhandensein einer gesetzlichen Ermächtigung zum Erlass von Satzungen auf den Charakter der betroffenen Aufgaben als Selbstverwaltungsangelegenheiten geschlossen werden. Aus einer gesetzlichen Satzungsermächtigung folgt nur, dass die Handlungsform der Satzung von der Gemeinde eingesetzt werden darf. Zwischen dem Aufgabencharakter und der eingesetzten Handlungsform exekutivischer Rechtsetzung besteht demnach kein rechtlich zwingender Zusammenhang, es kann aber gesagt werden, dass die Satzung die **typische Handlungsform** bei der Erledigung von **Selbstverwaltungsangelegenheiten,** die Verordnung hingegen die typische Handlungsform bei der Erledigung von Pflichtaufgaben nach Weisung (im Monismus; vgl. § 8 Rdnr. 21 ff.) bzw. von staatlichen Auftragsangelegenheiten (im Dualismus; § 8 Rdnr. 16 ff.) ist.

11   Da kein zwingender rechtlicher Zusammenhang besteht, ist es dem Gesetzgeber unbenommen, die Gemeinden auch bei der Erledigung von **Pflichtaufgaben nach Weisung** bzw. von **staatlichen Auftragsangelegenheiten** zum Erlass von Satzungen zu ermächtigen. Die Sat-

zungsbefugnis folgt dann aber nicht schon aus den verfassungsrechtlichen Selbstverwaltungsgarantien (vgl. Rdnr. 5). Auch die in den Gemeindeordnungen vorhandenen Satzungsvorschriften mit lediglich
deklaratorischer Bedeutung reichen nicht aus. Vielmehr bedarf es einer ausdrücklichen gesetzlichen Ermächtigung (vgl. z. B. § 4 I 2 GO
BW; § 24 I 2 GO Rh.-Pf.). Teilweise findet sich eine solche in der
gleichen Vorschrift wie die deklaratorische, lediglich den Inhalt der
Selbstverwaltungsgarantie wiederholende Bestimmung (so z. B. § 7 I
1 GO NRW: „Die Gemeinden können ihre [d. h. alle] Angelegenheiten durch Satzung regeln, soweit Gesetze nichts anderes bestimmen,"; ähnlich nun § 10 I NdsKomVG).

Im Fall der exekutivischen Rechtssetzung bei Erledigung von Pflichtaufga- **12**
ben nach Weisung bzw. von staatlichen Auftragsangelegenheiten ist die Handlungsform der Satzung ohne weiteres (und typischerweise; vgl. sogleich
Rdnr. 13 ff.) durch die Handlungsform der **Rechtsverordnung** ersetzbar. Daher ist in dieser Situation auch für den Erlass von Satzungen Art. 80 GG, wonach die gesetzliche Ermächtigung nach „Inhalt, Zweck und Ausmaß" bestimmt sein muss, anwendbar.

b) Rechtsverordnungen. Gemäß Art. 80 I 4 GG kann in Gesetzen **13**
vorgesehen werden, dass die der Regierung bzw. einem Minister eingeräumte Ermächtigung zum Erlass von Rechtsverordnungen „weiter übertragen werden kann". Davon ist vielfach auch zugunsten der
Gemeinden Gebrauch gemacht worden. Grundsätzlich ist der Erlass
von Rechtsverordnungen durch Gemeinden bei der Erledigung aller
Arten von kommunalen Aufgaben möglich. **Typischerweise** ist der
Erlass von Rechtsverordnungen aber auf den Bereich der Pflichtaufgaben nach Weisung bzw. der staatlichen Auftragsangelegenheiten
bezogen. Die Verordnungen sind Ausdruck der Dekonzentration
(im Unterschied zur Dezentralisation; vgl. § 2 Rdnr. 6), indem der
staatliche Gesetzgeber einen Teil seiner Rechtsetzungsmacht delegiert. Verordnungsermächtigungen finden sich daher auch im Bereich
der Organleihe (vgl. zu dieser § 8 Rdnr. 10 f.).

Der Erlass von Rechtsverordnungen durch Gemeinden bedarf stets **14**
einer ausdrücklichen gesetzlichen Ermächtigung, die den Anforderungen des Art. 80 GG entsprechen muss. Der Erlass von Rechtsverordnungen durch Gemeinden ist nicht Ausfluss des verfassungsrechtlich geschützten Selbstverwaltungsrechts. Wenn ausnahmsweise auch
bei der Erledigung von **Selbstverwaltungsangelegenheiten** Rechtsverordnungen erlassen werden können, so handelt es sich um eine
untypische, aber nicht per se ausgeschlossene Konstellation.

Beispiele: Der weitaus wichtigste Anwendungsbereich gemeindlicher Rechtsverordnungen ist das Polizei- und Ordnungsrecht. In allen Ländern werden durch die Gemeinden Verordnungen erlassen mit Regelungen über das Verhalten in der Öffentlichkeit, die Einhaltung der Nachtruhe, zum Schutz vor Belästigungen und Störungen von Anwohnern etc. (vgl. § 10 PolG BW; Art. 42 BayLStVG; § 74 HessSOG; § 17 SOG MV; § 55 NdsSOG; § 27 OBG NRW; §§ 43 ff. POG Rh.-Pf.; § 59 SPolG; § 9 SächsPolG; § 94 SOG LSA; § 175 I, II LVwG SH; § 27 ThürOBG). Während das Verhalten im öffentlichen Raum (auf öffentlichen Plätzen und Wegen) durch gemeindliche Rechtsverordnungen reglementiert wird, werden die Verhaltensmaßstäbe innerhalb von gemeindlichen öffentlichen Einrichtungen (vgl. § 16 Rdnr. 5 ff.) durch Satzung in Erledigung von Selbstverwaltungsangelegenheiten festgelegt (Also: Leinenzwang für Hunde und Alkoholverbote auf öffentlichen Wegen (u. U.) durch Rechtsverordnung; Leinenzwang in den städtischen Parkanlagen und in der Stadthalle durch Satzung; weiterführend *Schmidt-Aßmann,* Die kommunale Rechtsetzung im Gefüge der administrativen Handlungsformen und Rechtsquellen, 1981, 25 f.).

15   In den jeweiligen gesetzlichen **Ermächtigungsgrundlagen** zum Erlass von Rechtsverordnungen durch die Gemeinde sind zumeist spezifische Verfahrensregelungen vorgesehen. Ferner finden sich darin Aussagen zu Reichweite des staatlichen Zugriffs (Genehmigungspflichten, Weisungsbefugnisse etc.). Hinsichtlich der Zuständigkeitsverteilung zwischen Rat und Bürgermeister gibt es ebenfalls spezifische Aussagen, die den allgemeinen Regeln über die Zuständigkeitsverteilung vorgehen. Materiell-rechtlich müssen die gemeindlichen Rechtsverordnungen den gesetzlichen Grundlagen entsprechen (Vorrang des Gesetzes). Unmittelbarer Rechtsschutz durch die verwaltungsgerichtliche Normenkontrolle besteht in denjenigen Bundesländern, in denen das Landesgesetz dies auf der Grundlage des § 47 I Nr. 2 VwGO vorgesehen hat.[2] Unabhängig davon wird die Rechtmäßigkeit von Verordnungen inzident, d. h. im Rahmen der Klage gegen einen auf sie gestützten Verwaltungsakt, überprüft.

16   In bestimmten Aufgabenfeldern ermächtigen einige Bundesländer die Gemeinden zum Erlass von Rechtsverordnungen, während in anderen Bundesländern Satzungen erlassen werden können. Ein wichtiges Beispiel stellt die Übertragung der Räum- und Streupflicht auf die Anlieger dar, die beispielsweise in Nordrhein-Westfalen (durch § 4 I 1 des Gesetzes über die Reinigung öffentlicher Straßen vom 18.12.1975 [GV NRW, 706]) per Satzung bewirkt

---

2 § 4 AGVwGO BW; § 4 I Bbg VwGG; § 15 Hess AGVwGO; § 13 AGGerStrG MV; § 7 NdsAG VwGO; § 4AG VwGO Rh.-Pf.; § 18 Saarl AGVwGO; § 24 SächsJG; § 10 AG VwGO LSA; § 5 AGVwGO SH; § 4 ThürAGVwGO; in beschränktem Umfang: Art. 5 BayAGVwGO.

wird, während in Bayern die Verordnung als Form der Übertragung vorgesehen ist (Art. 51 IV u. V BayStrWG).

3. Inhalt und Aufbau

Die Inhalte gemeindlicher Satzungen sind so vielfältig wie die Auf-   **17** gabenfelder, in denen die Gemeinden tätig sind (vgl. den Überblick bei § 6 Rdnr. 19). **Typische, in allen Gemeinden anzutreffende Satzungsgegenstände** betreffen die gemeindlichen öffentlichen Einrichtungen, die Bebauungsplanung (§ 10 I BauGB), die Kalkulation und Festsetzung von Abgaben (Steuern, Beiträge und Gebühren; vgl. § 18 Rdnr. 7 ff.) und das Haushaltsrecht (der Haushalt der Gemeinde wird durch Satzung erlassen). Die kommunalen Spitzenverbände geben vielfach sog. Mustersatzungen heraus, an denen sich die Gemeinden orientieren. Dies hat den Vorteil der geringeren Fehleranfälligkeit, jedoch den Nachteil des Verzichts auf die schöpferische Kraft aus der jeweiligen örtlichen Selbstverwaltungsgemeinde.

Neben die Bebauungsplanung tritt die Ortsbausatzung (vgl. z. B. Art. 81   **18** BayBauO; § 86 BauO NRW), durch die Anforderungen an die äußere Gestaltung baulicher Anlagen im Gemeindegebiet mit prägender Wirkung für das gesamte Ortsbild getroffen werden können (vgl. hierzu BVerwG, DÖV 1998, 77 f.; OVG Rh.-Pf., DVBl. 2009, 56; *Manssen*, Stadtgestaltung durch örtliche Bauvorschriften, 1990). Auf den weit verzweigten Feldern des Umweltschutzes können klug koordinierte Satzungen in den Teilbereichen der Bauleitplanung, Abfall, Abwasser, Abgaben und Baumschutz einen wesentlichen gestalterischen Beitrag zu jenem wichtigen Staatsziel des Art. 20 a GG leisten (wie dem von *Lübbe-Wolff/Wegener*, 3. Aufl. 2002, hrsg. Band „Umweltschutz durch kommunales Satzungsrecht" entnommen werden kann). Neuerdings werden Versuche lokaler Klimaschutzpolitik (z. B. per Pflicht zum Einbau von Solaranlagen) unternommen, die aber oftmals außerhalb der Verbandskompetenz (wegen der Überörtlichkeit des Ziels) liegen und mit der Regel zum Vorbehalt des Gesetzes (vgl. Rdnr. 36 f.) kollidieren können (näher *Funke/Papp*, JuS 2010, 395).

Eine rechtlich relevante Unterscheidung besteht darin, dass es sog.   **19** freiwillige Satzungen, bedingte Pflichtsatzungen und unbedingte Pflichtsatzungen gibt. Während bedingte **Pflichtsatzungen** (z. B. die Satzungen für öffentliche Einrichtungen bzw. für die Erhebung von Benutzungsgebühren) nur unter bestimmten Umständen erlassen werden müssen, ist die Gemeinde zum Erlass von unbedingten Pflichtsatzungen stets verpflichtet. Unbedingte Pflichtsatzungen sind in den meisten Gemeindeordnungen die Hauptsatzung (betreffend

die grundlegenden strukturellen Bedingungen in der Gemeinde; vgl.
z. B. § 4 BbgKVerf; § 7 III GO NRW; aber auch § 4 II GO BW – bedingte Pflichtsatzung) und die Haushaltssatzung (vgl. noch § 18
Rdnr. 20).

20   Während hinsichtlich der Geltung, des Inkraft- und Außerkrafttre-
tens sowie der etwaigen Rückwirkung von Satzungen die aus dem
Bereich der Gesetz- und Verordnungsgebung bekannten Regeln gelten, ist der **Aufbau** von Satzungen wesentlich intensiver typisiert, als
dies bei Gesetzen oder Verordnungen der Fall ist. So beginnen die gemeindlichen Satzungen mit einer Überschrift, ihrer konkreten Bezeichnung (z. B. „Friedhofssatzung") und einer Eingangsformel. Daran schließen sich Aussagen über den sachlichen, räumlichen,
personellen und zeitlichen Geltungsbereich und die einzelnen Inhalte
an. Vielfach finden sich sodann Sanktionsregeln für den Fall des Fehl-
verhaltens, bis hin zu Bußgeldandrohungen (sog. Bewehrungen; vgl.
noch Rdnr. 36). Als Anlagen kommen Zeichnungen, Pläne etc. in Betracht, die dann, wenn sie im Satzungstext einbezogen werden, rechtlich Bestandteil der Satzung werden können.

Literatur: *Schmidt-Aßmann,* Die kommunale Rechtssetzung im Gefüge
der administrativen Handlungsformen und Rechtsquellen, 1981; *Maurer,*
Rechtsfragen kommunaler Satzungsgebung, DÖV 1993, 184; *Heintzen,* Das
Rangverhältnis von Rechtsordnung und Satzung, DV 29 (1996), 17; *Ossen-
bühl,* Autonome Rechtsetzung der Verwaltung, in: Isensee/Kirchhof, HdbStR
V, 3. Aufl. 2007, § 104; *ders.,* Satzung, aaO, § 105; *Hill,* Normsetzung und an-
dere Formen exekutivischer Selbstprogrammierung, in: Hoffman-Riem/
Schmidt-Aßmann/Voßkuhle (Hrsg.), Grundlagen des Verwaltungsrechts II,
2008, § 34; *Möstl,* Normative Handlungsformen, in: Erichsen/Ehlers (Hrsg.),
Allgemeines Verwaltungsrecht, 14. Aufl. 2010, §§ 19 u. 20; *Stelkens* und
Mehde, VVDStRL 71 (2012), 360, ber. 418 (427 f.).

II. Formelle Anforderungen

21   Die nachfolgend zusammengestellten formellen Anforderungen
wären innerhalb einer Fallprüfung unter der Überschrift „Rechtmäßigkeit der Satzung in formeller Hinsicht" anzusprechen, wenn der
konkrete Fall diesbezügliche Anhaltspunkte enthält.

1. Zuständigkeit

Zuständig für den Erlass von Satzungen ist in allen Bundesländern 22
der **Gemeinderat**.[3] Eine Zuständigkeit des Bürgermeisters ist nicht
denkbar, weil es sich infolge der Grundsätzlichkeit, die sich in der
Form der Satzung widerspiegelt, unter keinen Umständen um ein
„Geschäft der laufenden Verwaltung" (vgl. § 13 Rdnr. 22 f.) handelt
und auch Eilentscheidungen (vgl. § 13 Rdnr. 16) in diesem Zusammenhang nicht vorstellbar sind.

2. Verfahren

Das Verfahren der Normsetzung unterscheidet sich bekanntlich 23
von dem beim Erlass von Verwaltungsakten und ist insgesamt komplizierter und langwieriger. Da der (Gemeinde-)Rat zuständig ist und
der Erlass von Satzungen dessen wohl wichtigste Tätigkeit bildet,
liegt der Schwerpunkt des Verfahrens in der Sitzung **des Rates**. Dabei
gelten die allgemein hierfür aufgestellten Regeln (vgl. § 12 Rdnr. 27 ff.)
über Ladung, Beschlussfähigkeit, Öffentlichkeit, Befangenheit, Ordnung während der Sitzung, Beschlussfassung. Teilweise können sich
aus dem thematisch jeweils einschlägigen Fachrecht zusätzliche Verfahrensanforderungen ergeben.

Beispiel: Der gemäß § 10 I BauGB als Satzung zu beschließende Bebauungsplan ist nach Verfahrensregeln aufzustellen, die sich aus dem BauGB,
v. a. aus §§ 2 bis 4a BauGB ergeben. Im Mittelpunkt dieses Verfahrens steht
die Beteiligung der Bürger im Rahmen der öffentlichen Auslegung des Be-
bauungsplanentwurfs.

Eine spezifische gemeinderechtliche Formelanforderung an die Sat- 24
zungsgebung besteht darin, dass Satzungen (ebenso wie Verordnungen der Gemeinde) der **Ausfertigung** bedürfen. Dies ist teilweise
ausdrücklich geregelt,[4] folgt aber auch bereits aus dem Rechtsstaatsprinzip. Die Ausfertigung dient nämlich der Dokumentation der
Übereinstimmung des textlichen und ggf. zeichnerischen Inhalts der
Satzung mit dem politischen Willen der rechtsetzenden Körperschaft

---

3 Explizit: § 51 Nr. 6 HessGO; § 22 III Nr. 6 KV MV; § 58 I Nr. 5 NdsKomVG; § 41 I
lit. f GO NRW; § 32 II Nr. 1 GO Rh.-Pf.; §§ 34, 35 Nr. 12 KSVG; § 44 III Nr. 1 GO
LSA; § 28 Nr. 2 GO SH; § 26 II 2 ThürKO. Gemäß Art. 32 II Nr. 2 BayGO ist ausnahmsweise die Übertragung der Befugnis zum Erlass, zur Änderung oder zur Aufhebung von Satzungen auf einen beschließenden Ausschuss möglich; vgl. ferner § 13
Rdnr. 29.
4 Art. 26 II BayGO; § 5 IV KV MV; § 11 NdsKomVG; § 4 III SächsGO; § 6 II 2 GO
LSA; § 4 II GO SH; § 21 I ThürKO.

sowie der Einhaltung der Verfahrensanforderungen. Die Ausfertigung erfolgt durch handschriftliche Unterzeichnung eines die Au-
thentizität des Satzungsinhalts und die Korrektheit des Verfahrens
bestätigenden Textes unter Angabe des Datums durch den Bürgermeister. In Praxis und Rechtsprechung bereiten die Einzelheiten der
Ausfertigung immer wieder Probleme. Mängel der Ausfertigung bleiben stets beachtlich und werden nicht vom spezifischen Fehlerfolgenrecht (vgl. zugleich Rdnr. 28 ff.) erfasst.

25   Eine sonach ausgefertigte Satzung ist **öffentlich bekannt zu machen.** Dies erstreckt sich auf den vollständigen Wortlaut; Ausnahmen
sind im Hinblick auf die Haushaltssatzung vorgesehen (vgl. z. B.
Art. 65 III BayGO; § 80 VI GO NRW). Als Formen der öffentlichen
Bekanntmachung stehen zur Verfügung das Einrücken in das gemeindliche Amtsblatt (zu dessen etwaigem Charakter als öffentliche
Einrichtung vgl. § 16 Rdnr. 5 ff.), die Veröffentlichung in einer örtlichen Tageszeitung (hierzu zuletzt BVerwG, NVwZ 2007, 216;
NVwZ 2007, 334) oder einem sonstigen Druckerzeugnis (z. T. geregelt in speziellen Bekanntmachungsverordnungen) sowie die Möglichkeit des Anschlags an einer gemeindlichen Verkündungstafel (in
kleinen Gemeinden; vgl. OVG NRW, NWVBl. 2009, 21), auf die
wiederum im Amtsblatt und in der Zeitung aufmerksam zu machen
ist. In einer Bekanntmachungssatzung regelt die Gemeinde, in welchem Fall von welcher Bekanntmachungsform Gebrauch gemacht
wird. Hieran ist sie aus Gründen der Rechtssicherheit gebunden.

26   Hinsichtlich der Fehlerfolge ist wie folgt zu differenzieren: Wird eine öffentliche Bekanntmachung unterlassen, so bleibt es beim Satzungsentwurf,
und man hat es mit einer Nicht-Satzung zu tun. Im Falle einer nicht ordnungsgemäßen öffentlichen Bekanntmachung dagegen hat man es mit einer
fehlerhaften, dem allgemeinen Fehlerfolgenregime (vgl. sogleich Rdnr. 28 ff.)
unterworfenen Satzung zu tun. Der Normenkontrollantrag nach § 47 VwGO
ist zulässig, weil der Streit gerade darauf gerichtet ist, ob die betroffene Satzung formell rechtsgültig erlassen worden ist (BVerwG, DVBl. 2004, 583).

27   In den Gemeindeordnungen ist in unterschiedlichem Umfang eine
Mitwirkung der **staatlichen Aufsichtsbehörden** (vgl. allg. zur Staatsaufsicht § 8 Rdnr. 26 ff.) vorgesehen. Entweder aus dem jeweils einschlägigen Fachrecht (vgl. z. B. § 10 II BauGB) oder aus den Gemeindeordnungen kann so die Gemeinde verpflichtet sein, eine Satzung
der Aufsichtsbehörde anzuzeigen (vgl. z. B. § 4 III 3 GO BW) oder
dieser die Satzung vorzulegen. Teilweise besteht auch eine Genehmigungspflicht (vgl. z. B. § 7 II GO LSA betr. Hauptsatzung).

3. Fehlerfolgenrecht

Satzungen, die unter Missachtung formeller Anforderungen erlas-   28
sen worden sind, sind gesetzeswidrig und grundsätzlich rechtswidrig.
Eine Ausnahme gilt nur für Verstöße gegen ganz unwesentliche Verfahrensvorschriften (sog. Ordnungsvorschriften). Angesichts der
Vielzahl und (teilweise) Kompliziertheit der Verfahrensanforderungen droht indes die **Effektivität** der gemeindlichen Rechtsetzungstä-
tigkeit und die Realisierung des ja im Inhalt zum Ausdruck kommenden kommunalpolitischen Willens Schaden zu nehmen. So entspricht
es zwar dem Grundsatz der **Gesetzmäßigkeit** und dem Rechts-
schutzgebot des Art. 19 IV GG, wenn ein um einen Tag zu wenig öffentlich ausgelegter Bebauungsplan (vgl. § 3 II 1 BauGB) durch die
Bürger vor Gericht für nichtig erklärt werden könnte, in der Sache
selbst würde aber nichts gewonnen, weil die Gemeinde den betreffenden Fehler korrigieren und die Satzung mit einem identischen Inhalt,
nur Monate später, erneut verabschieden würde.

In diesem Spannungsverhältnis hat sich der Gesetzgeber zur Schaf-   29
fung von **Unbeachtlichkeits- bzw. Heilungsvorschriften** entschlossen. Diese ergeben sich entweder aus dem jeweils einschlägigen Fachrecht (am wichtigsten sind die §§ 214, 215 BauGB) oder jedenfalls aus
den Gemeindeordnungen. Dabei folgen fast alle Länder[5] dem sog.
Rügemodell. Danach wird in der jeweiligen Vorschrift über den Satzungserlass festgestellt, dass die Verletzung bestimmter Verfahrens-
oder Formvorschriften der Gemeindeordnung nach Ablauf einer bestimmten Zeit nicht mehr geltend gemacht werden kann, d. h. die
Bürger bzw. der Bürgermeister bzw. die Aufsichtsbehörde sind auf-
gefordert, innerhalb dieser Frist den Verfahrens- oder Formmangel
zu rügen. Regelmäßig werden bestimmte, besonders wichtige formelle Anforderungen von der Unbeachtlichkeitswirkung ausgenommen (z. B. in § 7 VI 1 lit. b GO NRW der Verstoß gegen die Bekannt-
machungsvorschriften). Hinsichtlich des formellen Mangels der
Mitwirkung eines befangenen Gemeinderates ist zusätzlich das dort
vorgesehene Fehlerfolgenrecht heranzuziehen (vgl. § 12 Rdnr. 51).

Das Eingreifen einer Unbeachtlichkeits- bzw. Heilungsvorschrift   30
führt dazu, dass die in formeller Hinsicht rechtswidrige Satzung nicht
rechtsunwirksam (nichtig) wird, sondern trotz Rechtswidrigkeit gilt.
Wohlgemerkt: Dies gilt **nur bei formellen Verstößen,** nicht hingegen
dann, wenn die Satzung materielle Anforderungen missachtet.

---

5 Mit Ausnahme Bayerns; vgl. Art. 49 IV BayGO (Kausalitätserfordernis).

Literatur: *Ziegler,* Die Verkündung von Satzungen und Rechtsverordnungen der Gemeinden, 1976; *Hill,* Das fehlerhafte Verfahren und seine Folgen im Verwaltungsrecht, 1986; *Morlok,* Die Folgen von Verfahrensfehlern am Beispiel von kommunalen Satzungen, 1988; *Maurer,* Bestandskraft für Satzungen?, in: Püttner (Hrsg.), FS Bachof, 1984, 215; *Wahlhäuser,* Wie werden Satzungen rechtsverbindlich?, NWVBl. 2007, 338.

III. Materielle Anforderungen

31   Zahl und Dichte der bei der Satzungsgebung beachtlichen materiellen Anforderungen entscheiden darüber, wie viel kommunalpolitischer Spielraum den Gemeinden eröffnet ist bzw. bleibt. Jede zusätzliche materielle Vorgabe sichert zwar einen einheitlichen materiellen Standard über alle Gemeindegrenzen hinweg, schwächt jedoch die der Selbstverwaltung nicht zuletzt von der Verfassung (Art. 28 II GG) zugetraute Kraft der politischen Gestaltung gerade auf der jeweiligen Ortsebene.

1. Vorrang des Gesetzes

32   Unmittelbar auf der Basis der verfassungsrechtlichen Selbstverwaltungsgarantien, d. h. innerhalb der hierdurch begründeten sog. Verbandskompetenz (vgl. näher § 6 Rdnr. 14 ff.) besitzt die Gemeinde grundsätzlich das Recht, „auf eigene Kosten Dummheiten zu machen" *(Ernst Reuter).* Bestraft bzw. belohnt werden die hierfür Verantwortlichen bei den nächsten Gemeindewahlen. Beruht der Erlass einer Satzung auf einer konstitutiven gesetzlichen Ermächtigungsrundlage (vgl. Rdnr. 36 ff.) oder gibt es sonstige gesetzliche Vorschriften, die Teilbereiche der Satzungsinhalte reglementieren, so sind diese **gesetzlichen Vorgaben zu beachten.** Dies gilt gleichermaßen für unmittelbar wirksame europarechtliche Vorgaben wie für Gesetze und Rechtsverordnungen des Bundes und des jeweiligen Landes, vorausgesetzt diese sind wiederum mit Art. 28 II GG bzw. der jeweiligen Selbstverwaltungsgarantie der Landesverfassung vereinbar.

33   Teilweise haben sich in der Dogmatik einzelner **fachgesetzlicher Vorgaben** spezifizierte Anforderungen an Abwägungsvorgang und -ergebnis beim Erlass gemeindlicher Satzungen herausgebildet. Das wichtigste Beispiel hierfür ist das Recht der Bauleitplanung. Dort verpflichtet § 1 VII BauGB dazu, bei der Aufstellung der Bauleitpläne alle „öffentlichen und privaten Belange gegeneinander und un-

tereinander gerecht abzuwägen". Ähnliche bereichsdogmatische Anforderungen haben sich im Abgabenrecht, hinsichtlich der Kalkulation von Gebühren bzw. von Beiträgen, herausgebildet.

Beispiele: Das bauplanungsrechtliche Abwägungsgebot verlangt, dass eine
Abwägung überhaupt stattfindet, dass alle relevanten Belange in die Abwägung eingestellt werden, dass ihre Bedeutung nicht verkannt wird und dass
schließlich ein gerechter Ausgleich zwischen ihnen vorgenommen wird (st.
Rspr.; vgl. nur BVerwGE 45, 309; sowie *Brohm,* Öffentliches Baurecht,
3. Aufl. 2002, § 13). Beiträge nach den Kommunalabgabengesetzen (vgl. § 18
Rdnr. 9) können nur erhoben werden, wenn dem Beschluss über die entsprechende Beitragssatzung eine sog. Globalberechnung zugrunde liegt (vgl. stellv.
für den Bereich der Erschließungsbauträger *Driehaus,* Erschließungs- und
Ausbaubeiträge, 9. Aufl. 2012).

Infolge des Eingreifens vorrangiger gesetzlicher Bestimmungen 34
sind die Gemeinden gehindert, ihre **Haftung** nach Amtshaftungsgrundsätzen (Art. 34 GG i. V. m. § 839 BGB) einzuschränken (zuletzt
wieder BGH, DVBl. 2007, 1238). Für Schäden, die sich bei der Benutzung einer gemeindlichen öffentlichen Einrichtung (vgl. § 16
Rdnr. 5 ff.) ergeben können, kann in der Einrichtungssatzung daher
nicht der Amtshaftungsanspruch der Einrichtungsbenutzer, wohl
aber die Haftung aus öffentlich-rechtlichem Schuldverhältnis bzw.
aus Vertrag (bei privatrechtsförmiger Ausgestaltung des Benutzungsverhältnisses) auf Vorsatz und grobe Fahrlässigkeit beschränkt werden.

2. Materielle Verfassungsmaßstäbe

Die Bürger können sich darauf verlassen, dass dadurch, dass eine 35
bestimmte Festlegung durch gemeindliche Satzung anstatt durch
staatliches Gesetz oder Rechtsverordnung getroffen wird, nicht der
durch das Grundgesetz normierte Standard abgesenkt werden kann.
D. h. die grundrechtlichen und rechtsstaatlichen Anforderungen (Be-
stimmtheitsgebot) und die finanzverfassungsrechtlichen Vorgaben
gelten **ohne Abstriche.** Gewerbetreibende werden insbesondere
durch Art. 12 und 14 GG geschützt, Privatleute durch Art. 13 und 2
I GG, während im Bereich der Leistungsverwaltung v. a. der allgemeine Gleichheitssatz des Art. 3 I GG von Bedeutung ist. Hinsichtlich der Rechtfertigung entsprechender Eingriffe durch gemeindliche
Satzung gelten die aus der Grundrechtsdogmatik vertrauten Grundsätze (Schutzbereich – Eingriff – Eingriffsrechtfertigung), namentlich
der Grundsatz der Verhältnismäßigkeit.

3. Vorbehalt des Gesetzes

36   Der grundrechtliche Vorbehalt des Gesetzes verlangt, dass (so die klassische Formulierung) „Eingriffe in Freiheit und Eigentum" nur auf gesetzlicher Grundlage erfolgen dürfen. Auch an diesem verfassungsrechtlichen Standard ändert sich im Falle gemeindlicher Satzungsgebung nichts. Das bedeutet, dass es auch hier nach allgemeinen Grundsätze einer parlamentsgesetzlichen oder zumindest per Verordnung begründeten **Ermächtigungsgrundlage** für Grundrechtseingriffe bedarf. Weder Art. 28 II GG noch die deklaratorischen Satzungsklauseln der Gemeindeordnungen können dem Vorbehalt des Gesetzes entsprechen. Befinden sich in einer Satzung Bußgeldandrohungen für den Fall des Zuwiderhandelns, so muss eine speziell hierauf bezogene gesetzliche Ermächtigung bestehen, die überdies den Anforderungen des Art. 103 II GG („keine Strafe ohne Gesetz") zu entsprechen hat.

37   Wichtige **Beispiele** für gesetzliche Ermächtigungen zugunsten von Grundrechtseingriffen finden sich in allen Gemeindeordnungen für die Anordnung des sog. Anschluss- und Benutzungszwangs bei öffentlichen Einrichtungen (zusammengestellt bei § 16 Rdnr. 59) und im Hinblick auf die Auferlegung von Abgaben. Während in der erstgenannten Fallgruppe die Grundrechte der Art. 12 und 14 GG betroffen sind, ist es im Falle der Auferlegung von Abgaben das Grundrecht der allgemeinen Handlungsfreiheit des Art. 2 I GG.

38   Allerdings dürfen die Anforderungen an die Reichweite einer gesetzlichen Ermächtigung für Grundrechtseingriffe durch gemeindliche Satzung nicht überspannt werden. Vielfach besteht in der Rechtsprechung die Tendenz, insoweit die gleichen **Bestimmtheitsanforderungen** aufzustellen, wie sie für Gesetze und Verordnungen entwickelt worden sind. Dies wird zumeist begründet mit der bekannten Facharztentscheidung des BVerfG, wonach sich aus dem Demokratiegebot und dem Rechtsstaatsprinzip die Verpflichtung des parlamentarischen Gesetzgebers ergebe, seine Befugnisse nicht einem Selbstverwaltungsträger (konkret: der Ärztekammer) zur freien Verfügung zu überlassen (BVerfGE 33, 125).

39   Zwar weist auch die kommunale Selbstverwaltung die strukturellen Defizite jeder nicht-parlamentarischen Rechtsetzung auf, nämlich die schwächere demokratische Legitimation und die geringere Distanz zu den berührten Partikularbelangen. Allerdings darf der Mehrwert der kommunalen Selbstverwaltung, der immerhin in Art. 28 II GG eine ausdrückliche verfassungsrechtliche Grundlage findet, nicht durch eine völlige Gleichstellung mit anderen Formen

der Rechtsetzung und auch nicht mit der in der Facharztentscheidung berührten funktionalen Selbstverwaltung (vgl. allg. § 2 Rdnr. 7 ff.) eingeebnet werden.

Immerhin verfügen die Gemeinden über eine ergänzende demokra-   40
tische Legitimation bei Kommunalwahlen und finden ihre personale
Grundlage nicht in der Zugehörigkeit zu einem bestimmten Beruf
(wie bei den Kammern), sondern in der Gebietszugehörigkeit. Auch
ist die Gefahr der Verflechtungen in Partikularinteressen geringer.
Richtigerweise geht daher von der Eigenverantwortlichkeitsgarantie
des Art. 28 II GG ein Impuls zugunsten einer **Absenkung** der Bestimmtheitsanforderungen aus. Indem diese u. a. die Satzungshoheit
gewährleistet (vgl. § 6 Rdnr. 33), wird nämlich der staatliche Gesetzgeber dazu verpflichtet, den Gemeinden Teile seiner Rechtsetzungs-
gewalt zu überlassen. Jede Übertragung von Rechtsetzungsbefugnis-
sen bewirkt so zugleich die verfassungsnotwendige Ausstattung der
Gemeinden mit dem aufgabenadäquaten Handlungsinstrumentarium.
Es genügt daher, wenn die u. U. erfolgenden Grundrechtseingriffe lediglich nach Art und Intensität vorgeformt sind, wenn also betroffe-
ner Personenkreis und sachlicher Rahmen der Beeinträchtigungen
feststehen.

Beispiele: So legitimiert die gesetzliche Ermächtigung zum Betrieb einer gemeindlichen öffentlichen Einrichtung (vgl. z. B. § 8 GO NRW; näher § 16
Rdnr. 1 ff.) zugleich zum Erlass von Satzungsbestimmungen über das Verhalten der Einrichtungsbenutzer, von der Abfallvermeidungspflicht bis zum Al-
koholverbot (als Fallmaterial: VGH BW, BWVPr 1975, 227 [228]: Badekap-
penpflicht; VGH BW, DVBl. 1997, 1278: Gestaltungsvorschriften in
Friedhofssatzungen); abgedeckt ist auch der spätere Ausschluss von der Benutzung (beispielsweise von einem gemeindlichen Chor; OVG NRW, DÖV
1995, 515). Der rechtsstaatlich überholten dogmatischen Figur der sog. An-
staltsgewalt (*Gern*, Deutsches Kommunalrecht, Rdnr. 251 passim) bedarf es
insoweit nicht. Die Ermächtigungen zum Anschluss- und Benutzungszwang
(z. B. § 9 GO NRW; näher § 16 Rdnr. 59) decken m. E. auch Maßnahmen,
mit denen die Einhaltung der Benutzungsbedingungen auf den angeschlossenen Grundstücken überwacht werden soll (wie hier *Lübbe-Wolff*, DVBl.
1993, 762; anders VGH BW, DVBl. 1993, 778; BayVGH, BayVBl. 1994, 272;
BVerwG, DVBl. 1994, 761; ausführlicher und m. w. N. *Burgi*, VerwArch. 90
[1999], 70 [92 ff.].). Auch bei der Beurteilung von Ermächtigungen zum Erlass
von Abgabensatzungen ist ein abgeschwächter Bestimmtheitsmaßstab anzuwenden, so dass auch die soziale Staffelung bzw. ökologisch motivierte Lenk-
ungseffekte durch Satzungsrecht nicht mit der Regel vom Vorbehalt des Gesetzes vereinbar sind (vgl. näher § 18 Rdnr. 9 ff.).

Literatur: *Mittermeier*, Haftung und Haftungsbeschränkungen der Gemeinden für ihre öffentlichen Einrichtungen, 1984; *Schoch*, Soll das kommu-

nale Satzungsrecht gegenüber staatlicher und gerichtlicher Kontrolle gestärkt
werden?, NVwZ 1990, 801; *Ipsen*, Soll das kommunale Satzungsrecht gegenüber staatlicher und gerichtlicher Kontrolle gestärkt werden?, JZ 1990, 789;
Schmidt-Jortzig, Soll das kommunale Satzungsrecht gegenüber staatlicher
und gerichtlicher Kontrolle gestärkt werden?, DVBl. 1990, 920; *Hill*, Gutachten D für den 58. DJT, 1990 (Hrsg.: Ständige Deputation des Deutschen Juris-
tentages, Band I).

IV. Rechtsschutz

41   Im Mittelpunkt steht die unmittelbare Überprüfung gemeindlicher
Satzungen auf Klage der Bürger (1). Daneben sind aber auch noch
andere Möglichkeiten der Überprüfung von Satzungen in Erwägung
zu ziehen (2).

1. Unmittelbare Überprüfung

42   Vor dem BVerfG kann unter den Voraussetzungen des Art. 93 I
Nr. 4 a GG jeder Bürger unter Berufung auf die Grundrechte **Verfassungsbeschwerde** erheben. Im Hinblick auf gemeindliche Satzungen
sind drei Zulässigkeitsvoraussetzungen problematisch: Die Behauptung einer unmittelbaren Betroffenheit durch Satzungsbestimmungen,
das Erfordernis der Rechtswegerschöpfung sowie die ungeschriebene
Zulässigkeitsvoraussetzung der Subsidiarität der Verfassungsbeschwerde. Alle drei Hürden können jedenfalls übersprungen werden,
wenn die angegriffene Satzungsbestimmung Pflichten konstituiert,
deren Missachtung ohne weiteres die Anordnung eines Bußgeldes
nach sich zieht, und wenn das betroffene Landesrecht keine verwaltungsgerichtliche Normenkontrolle (vgl. sogleich) vorsieht.

43   Die sog. **prinzipiale Normenkontrolle** vor dem jeweiligen Oberverwaltungsgericht ist in § 47 VwGO geregelt. Gemäß Abs. 1 Nr. 1
dieser Vorschrift ist sie in allen Ländern gegen „Satzungen, die nach
den Vorschriften des Baugesetzbuches erlassen worden sind" (v. a.
Bebauungspläne) möglich. Alle anderen Satzungen können nur dann
unmittelbar überprüft werden, wenn das jeweilige Landesrecht dies
bestimmt (§ 47 I Nr. 2 VwGO). Auf einen erfolgreichen Normenkontrollantrag hin erklärt das Oberverwaltungsgericht die betreffende Satzung gemäß § 47 V VwGO für ungültig und nichtig. Sieht
das jeweilige Landesrecht die Möglichkeit der Normenkontrolle
nicht vor, können Rechtsschutzlücken entstehen, die u. U. mit Hilfe

der allgemeinen Feststellungsklage gemäß § 43 VwGO geschlossen werden müssen.

Näher *Pietzcker*, in: Schoch/Schmidt-Aßmann/Pietzner (Hrsg.), VwGO, **44** Stand September 2011, § 43 Rdnr. 25 f., sowie BVerwGE 111, 276 (betreffend eine Rechtsverordnung). In den Ländern **Baden-Württemberg** (§ 4 AG VwGO), **Brandenburg** (§ 4 I VwGG), **Hessen** (§ 15 AGVwGO), **Mecklenburg-Vorpommern** (§ 13 AGGerStrG), **Niedersachsen** (§ 7 AG VwGO), **Rheinland-Pfalz** (§ 4 AG VwGO), **Saarland** (§ 18 AGVwGO), **Sachsen** (§ 24 SächsJG), **Sachsen-Anhalt** (§ 10 AG VwGO), **Schleswig-Holstein** (§ 5 AGVwGO), **Thüringen** (§ 4 AG VwGO) ist die Normenkontrolle in vollem Umfang eröffnet, in Bayern (Art. 5 Satz 2 AGVwGO) hinsichtlich im einzelnen näher charakterisierter Gruppen von Satzungen. Lediglich in **Nordrhein-Westfalen** bleibt es bei der Überprüfung der baugesetzlichen Satzungen. Die umgekehrte Situation einer Klage auf Erlass einer Satzung (sog. Normerlassklage) ist nur ganz ausnahmsweise und bei Bestehen eines Anspruchs hierauf denkbar. Als Klageart kommen die allgemeine Leistungsklage oder die allgemeine Feststellungsklage in Betracht (ausführlich *Sodan*, NVwZ 2000, 601; *Kopp/Schenke*, VwGO, 18. Aufl. 2012, § 47 Rdnr. 10 m. w. N.).

Bei der unmittelbaren Überprüfung gemeindlicher Satzungen **45** (Gleiches gilt im Rahmen der zu Rdnr. 47 geschilderten inzidenten Überprüfung) ist die **Kontrolldichte** der Verwaltungsgerichte eingeschränkt. Im Unterschied zur klassischen Situation der Überprüfung von Verwaltungsakten ist bei der Überprüfung von Satzungen zu berücksichtigen, dass es sich um Rechtsetzung handelt, die überdies verfassungsrechtlich durch die Selbstverwaltungsgarantie abgesichert ist. Dies gelangt in Begriffen wie „Respektierung des gemeindlichen Ermessens des Satzungsgebers" (BVerwG, NVwZ 2002, 1123 [1124]) bzw. „Gestaltungsfreiheit des kommunalen Satzungsgebers" (*Maurer*, DÖV 1993, 184 [192 f.]) zum Ausdruck.

Das BVerwG (NVwZ 2002, 1123) hat die „Kontrollrestriktion" aus Anlass **46** einer Entscheidung über eine gemeindliche Abgabensatzung mit dem Bestehen von „Prognosespielräumen" im materiellen (Abgaben-)Recht begründet, wobei die durch Art. 28 II GG geschützte Eigenverantwortlichkeitsgarantie zu beachten sei. Überdies entspreche es nicht einer „sachgerechten Handhabung" des verwaltungsprozessualen Amtsermittlungsgrundsatzes, wenn den Verwaltungsrichter, gleichsam ungefragt, auch solche Rechtsfehler aufgespürt werden, die der klagende Bürger gar nicht gerügt hat. Diese Entscheidung ist weitgehend auf Zustimmung gestoßen (*Sendler*, DVBl. 2002, 1412; *Ossenbühl*, JZ 2003, 96 f.; *Oebbecke*, NVwZ 2003, 1313; diff. *Wiesemann*, DVBl. 2007, 873).

2. Andere Möglichkeiten

47   **Inzident** können Satzungen v. a. im Rahmen einer Anfechtungsklage gegen einen auf die Satzung gestützten Verwaltungsakt überprüft werden. Damit ist aber keine allgemein verbindliche Nichtiger-
klärung erreichbar. Hinsichtlich der Kontrolldichte gelten die soeben
(Rdnr. 45 f.) genannten Grundsätze. Dies gilt auch für die Möglichkeiten des **Sekundärrechtsschutzes.** So ist eine auf Art. 34 GG
i. V. m. § 839 BGB gestützte Amtshaftungsanklage denkbar, wenn
die allgemein hierfür geltenden Voraussetzungen vorliegen. Zwar
wird grundsätzlich eine Amtshaftung im Bereich der Rechtsetzung
verneint (keine Haftung für sog. normatives Unrecht). Im Hinblick
auf Satzungen gilt auf Grund ihres räumlichen und personell begrenzten Geltungsbereichs allerdings eine seit jeher anerkannte Ausnahme.

Beispiel: Dies wirkt sich vor allem im Hinblick auf den Erlass von Bebauungsplänen aus. Diesbezüglich hat der BGH dem Abwägungsgebot des
§ 1 VI (heute: VII) BauGB drittschützende Wirkung zuerkannt in dem
Maße, als auch private Interessen in die Abwägung einzubeziehen sind, z. B.
bei der Überplanung von sog. altlastenverseuchten Grundstücken (BGHZ
106, 323; BGHZ 142, 259 [263 f.]; ausführlicher *Maurer*, Allgemeines Verwaltungsrecht, 18. Aufl. 2011, § 26 Rdnr. 51 ff.).

48   Sieht man von den Möglichkeiten der Staatsaufsicht (vgl. § 8
Rdnr. 26 ff.) und von den Kontrollbefugnissen des Bürgermeisters
(vgl. § 13 Rdnr. 17 f.) ab, so ist noch an eine **Normprüfungs- und
-verwerfungskompetenz der Verwaltung** im Hinblick auf vom (Ge-
meinde-)Rat verabschiedete Satzungen denkbar. Dabei wird die
Kompetenz zur **Prüfung** gemeindlicher Satzungen sowohl der Gemeindeverwaltung als auch der mit der Satzung ggf. konfrontierten
staatlichen Verwaltung zuerkannt. Zur Vermeidung von Amtshaftungsansprüchen ist sogar ein Hinweis an die vom Satzungsvollzug
betroffenen Bürger geboten. Im Übrigen ist die Gemeindeverwaltung
gehalten, den (Gemeinde-)Rat zur Aufhebung der Satzung zu bewegen, während die Bediensteten staatlicher Verwaltungsstellen staats-
aufsichtliche Maßnahmen einleiten bzw. ein Normenkontrollverfah-
ren gem. § 47 II 1 VwGO als „Behörde" in Gang setzen können.

49   Dagegen wird eine Kompetenz zur **Normverwerfung** zugunsten
der Verwaltung (gleichgültig ob auf gemeindlicher oder auf staatlicher
Ebene) grundsätzlich verneint. Der Grund hierfür liegt zwar nicht in
dem durch Art. 100 GG zugunsten des BVerfG begründeten Verwer-

fungsmonopol, weil sich dieses nur auf Parlamentsgesetze bezieht. Trotz festgestellter Rechtswidrigkeit gebieten es aber der rechtsstaatliche Grundsatz der Rechtssicherheit und der Respekt vor dem demokratisch gewählten Rechtsetzer auf kommunaler Ebene, Satzungen nicht einfach durch Nichtanwendung zu verwerfen.

Beispiel: Die um die Erteilung einer Baugenehmigung angegangene staatliche Baubehörde hält den zugrunde liegenden Bebauungsplan für rechtswidrig und nichtig. Sie muss hierauf den Bauherrn hinweisen und kann ferner ein staatsaufsichtsbehördliches Einschreiten sowie einen Normenkontrollantrag nach § 47 II 1 VwGO veranlassen. Die Erteilung der Baugenehmigung kann aber letzten Endes nicht unter Hinweis auf den angeblich rechtswidrigen Bebauungsplan abgelehnt werden (BVerwGE 75, 142). In einer neueren Entscheidung hat das BVerwG überdies einen Schritt in Richtung Anerkennung der Verwerfungskompetenz gemacht (BVerwGE 112, 373 [381 f.]; vgl. zum Ganzen *Wehr*, Inzidente Normverwerfung durch die Exekutive, 1998; *Engel*, NVwZ 2000, 1258; *Herr*, Behördliche Verwerfung von Bebauungsplänen, 2003).

3. Übersicht: Prüfung der Rechtmäßigkeit einer Gemeindesatzung

1. Formelle Rechtmäßigkeit
   a) Zuständigkeitsverteilung
   b) Verfahren
   c) Unbeachtlichkeits- bzw. Heilungsvorschriften?
2. Materielle Rechtmäßigkeit
   a) Verbandskompetenz bzw. Vorhandensein einer spezifischen Rechtsgrundlage
   b) Vereinbarkeit mit allen einschlägigen Gesetzen
   c) Beachtung einschlägiger materieller Verfassungsmaßstäbe einschließlich (u. U.) des grundrechtlichen Eingriffsvorbehalts

Literatur: Die zu I bis III verzeichneten Hinweise sowie die VwGO-Kommentare.

Falllösung: *Hermann*, Jura 2010, 149.

§ 16. Öffentliche Einrichtungen

Öffentliche Einrichtungen sind das mit Abstand wichtigste und   1
kommunaltypischste Instrument der Leistungserbringung in den
Aufgabenfeldern der Infrastruktur, des Sozialen und der Kultur (vgl.

§ 6 Rdnr. 19). Mit dem Bau von Mehrzweckhallen, Abwasserentsorgungsanlagen, Bibliotheken oder auch nur der Unterhaltung von Wiesen und Plätzen, auf denen Feste und Märkte stattfinden können, werden Räume für die Grundrechtsausübung geschaffen. Gleichgültig, ob die betreffenden Leistungen in der modernen Gesellschaft existenznotwendig sind (Abwasserentsorgung, Wasserversorgung) oder ob es „nur" um Kommunikation und Unterhaltung geht – stets wird ein unverändert wichtiger und nachgefragter Beitrag zur sog. **Daseinsvorsorge** geleistet (vgl. näher § 17 Rdnr. 11 ff.). Der Betrieb öffentlicher Einrichtungen ist in den Gemeindeordnungen aller Länder ausdrücklich vorgesehen und reglementiert.[1]

2   Öffentliche Einrichtungen sind Instrumente kommunalen Tätigwerdens gegenüber der Bevölkerung. Dabei wird häufig die Handlungsform der Satzung verwendet (vgl. § 15) und auf der Ebene des Modus wird nicht hoheitlich, sondern wirtschaftlich, d. h. im Wege des unternehmerischen Austauschs von Leistung und Gegenleistung gehandelt (vgl. zu den damit zusammenhängenden Aspekten § 17). Eine Pflicht zur **Schaffung, Aufrechterhaltung** oder **Erweiterung** einer öffentlichen Einrichtung besteht nicht, außer wenn in einem speziellen Gesetz eine darauf gerichtete kommunale Pflichtaufgabe (vgl. § 8 Rdnr. 12 ff., 19 ff.) statuiert ist (z. B. im Hinblick auf die Einrichtungen der Hausmüllentsorgung; vgl. § 15 I KrW-/AbfG). In keinem Fall bestehen subjektive Rechte auf die Schaffung, Aufrechterhaltung oder Erweiterung von öffentlichen Einrichtungen.

3   Subjektive Rechte können aber im Hinblick auf die **Zulassung** zu und die **Benutzung** von bestehenden öffentlichen Einrichtungen eröffnet sein. Deren Durchsetzung bildet den Schwerpunkt der Auseinandersetzung mit den öffentlichen Einrichtungen in Praxis und Klausur. Gleichsam umgekehrt ist die Konstellation, dass bestimmte Personen eine Einrichtung nicht benutzen wollen, hierzu aber von der Gemeinde gezwungen werden sollen. Dies geschieht auf der Grundlage des sog. Anschluss- und Benutzungszwangs (vgl. VI). In der kommunalen Gestaltungs- und Beratungspraxis wirft der Umgang mit öffentlichen Einrichtungen anspruchsvolle Fragen hinsichtlich der Organisation und der Ausgestaltung der Benutzungsverhältnisse auf.

---

1 § 10 II–IV GO BW; Art. 21 BayGO; § 12 BbgKVerf; § 19 HessGO; § 14 II, III KV MV;; § 30 NdsKomVG; § 8 GO NRW; § 14 II – IV GO Rh.-Pf.; § 19 KSVG; § 10 II, III, V SächsGO; § 22 GO LSA; § 18 GO SH; § 14 ThürKO.

Ansprüche Dritter zur **Abwehr von Beeinträchtigungen** aus dem Betrieb 4
einer öffentlichen Einrichtung (beispielsweise gegen die von einem Klärwerk
ausgehenden Umweltbeeinträchtigungen oder den von einer kommunalen Ju-
genddiskothek verursachten Lärm) bilden keinen Gegenstand des Kommunalrechts, sondern sind nach allgemeinen Grundsätzen des Nachbar-, insbesondere des Immissionsschutzrechts zu beurteilen.

I. Begriff und Abgrenzung

Unter einer „öffentlichen Einrichtung" versteht man   5
– eine **Zusammenfassung** personeller Kräfte und sächlicher Mittel
  (geringe Anforderungen an das Vorhandensein einer technischen
  Substanz), die
– von der Gemeinde zu Zwecken der **Daseinsvorsorge**
– durch **Widmung** (vgl. sogleich) bereit gestellt und sodann unter-
  halten wird
– zum Zwecke der bestimmungsgemäßen **Nutzung** (jedenfalls)
  durch die Einwohner.

Beispiele: Neben den typischen öffentlichen Einrichtungen wie Schwimmbad, Sport- oder Mehrzweckhalle, Entsorgungs- oder Versorgungseinrichtung
fallen u. a. der Oktoberfestplatz in München (BayVGH, NVwZ 1982, 120),
Kindertagesstätten (VG Düsseldorf, NWVBl. 2004, 33), ein zu Zirkusver-
anstaltungen genutzter Messeplatz (VGH BW, GewArch. 2003, 486) oder
Obdachlosenunterkünfte (NdsOVG, DÖV 2004, 963) unter den Einrich-
tungsbegriff. Auch eine Linkliste auf der Gemeinde-Homepage kann als öf-
fentliche Einrichtung anzusehen sein (mit den Betreibern verlinkter Seiten als
Benutzer; umfassend hierzu *Duckstein/Gramlich*, SächsVBl. 2004, 121; *Frey*,
DÖV 2005, 411). Dabei stellen sich die in Rdnr. 25 ff. allgemein erörterten
Probleme der Kapazität und der Behandlung von Seiten mit rechtswidrigem
Inhalt (vgl. zum Ganzen *Ott/Ramming*, BayVBl. 2003, 454 ff.).

Eine beliebige Zusammenfassung personeller Kräfte und sächlicher 6
Mittel wird dadurch zur öffentlichen Einrichtung, dass die Gemeinde
sie hierzu widmet. Dabei ist regelmäßig keine bestimmte Form vorgeschrieben. In Betracht kommt eine **Widmung** durch Satzung,
durch Allgemeinverfügung gemäß § 35 S. 2 VwVfG oder auch durch
schlichte Bereitstellung (berühmtes Beispiel: Sprung des Bürgermeisters in das somit bereitgestellte Freischwimmbecken). Aus der Widmung ergibt sich, welche Art von Nutzungen in der betreffenden
Einrichtung stattfinden soll. Fehlt es an einer rechtsförmlichen Widmung, muss mit Indizien gearbeitet werden. Das wichtigste Indiz ist

die ständige Vergabepraxis, u. a. auf der Basis einer schlichten, d. h. nicht mit Außenrechtsqualität ausgestatteten, Benutzungsordnung (vgl. § 15 Rdnr. 17 ff.).

7   Davon zu unterscheiden ist die Situation, dass ein rechtsförmlich festgelegter Widmungsrahmen sodann durch eine ständige Vergabepraxis erweitert wird. Dies kann insbesondere Auswärtigen, d. h. Nicht-Einwohnern, zugute kommen (vgl. noch Rdnr. 27). Allgemein ist die **Widmungserweiterung** (Beispiel: von der Schulsporthalle zur Mehrzweckhalle) ebenso wie die Teilentwidmung (umgekehrter Weg) und die vollständige Entwidmung der betreffenden Einrichtung als actus contrarius, d. h. in der Form, in der die Widmung erfolgt ist, möglich. Erfolgt sie erst nach Eingang eines unliebsamen Zulassungsantrags (z. B. für den Landeskongress der NPD-Parteijugend), setzt sich die Gemeinde dem Verdacht aus, nicht aus Sachgründen gehandelt zu haben (wie der BayVGH, DVBl. 2012, 253 m. Anm. *Wittmann*, DVBl. 2012, 788, jüngst wieder zutreffend betont hat).

8   Die öffentlichen Einrichtungen sind zu unterscheiden von
– den **öffentlichen Sachen im Gemeingebrauch** (wichtigstes Beispiel: öffentliche Straßen und Wege nach dem FStrG und den Straßengesetzen der Länder), bei denen es keiner Zulassung bedarf, sondern ein gleichsam dinglicher Zugriff der Straßenbenutzer erfolgt;
– den **öffentlichen Sachen im Verwaltungsgebrauch** (Rathaus, gemeindliches Amtsblatt, wobei der Anzeigenteil als Randnutzung dessen Finanzierung dient; SächsOVG, SächsVBl. 2003, 48; zu allen diesbezüglichen Fragen vgl. *Herrmann/Schiffer*, VBlBW 2004, 163), die nicht zur Nutzung durch die Öffentlichkeit zur Verfügung gestellt sind;
– den Sachen im **Finanzvermögen** der Gemeinde (v. a. Grundstücke, die freilich ebenfalls als Mittel der Kommunalpolitik eingesetzt werden können wie z. B. bei der Verwirklichung sog. Einheimischenmodelle, die den Gemeindeeinwohnern zu günstigem Bauland verhelfen sollen; vgl. zu den diesbezüglichen privatrechtlichen Verträgen BVerwGE 92, 56; *Burgi*, JZ 1999, 873; *Huber/Wollenschläger* Einheimischenmodelle, 2008).

9   Vielfach wird zur Charakterisierung der Benutzung gemeindlicher öffentlicher Einrichtungen von „Anstaltsnutzung" gesprochen. Dieser Begriff sollte unterbleiben, weil er suggeriert, dass es sich bei den öffentlichen Einrichtungen um Anstalten handle. Dies ist aber nicht

der Fall, weil der **Anstaltsbegriff** dem Verwaltungsorganisationsrecht zugehört, wo die Anstalten von den Körperschaften und den Stiftungen (als Erscheinungsformen der mittelbaren, d. h. durch den Einsatz verselbstständigter Rechtspersonen gekennzeichneten Staats- bzw. Kommunalverwaltung) abgegrenzt werden (näher *Burgi*, in: Erichsen/Ehlers [Hrsg.], Allgemeines Verwaltungsrecht, 14. Aufl. 2010, § 8 Rdnr. 10 ff.). Eine solche Anstalt kann nicht benutzt werden, wohl aber kann eine Anstalt (z. B. eine Sparkasse oder ein Studentenwerk) öffentliche Einrichtungen betreiben (Bibliothek, Mensa). Diejenigen sächlichen Mittel, die zusammen mit personellen Kräften in einer öffentlichen Einrichtung zusammengefasst sind, sollte man daher nicht als „öffentliche Sachen im Anstaltsgebrauch", sondern als „öffentliche Sachen im Einrichtungsgebrauch" (*Laubinger*, in: Geis/Lorenz [Hrsg.], FS Maurer, 2001, 641 [658 ff.]) bezeichnen. Bei den soeben genannten Beispielen wird übrigens deutlich, dass es öffentliche Einrichtungen auch in der Trägerschaft anderer juristischer Personen als den Gemeinden bzw. den Kreisen geben kann.

Literatur: *Scholz*, Das Wesen und die Entwicklung der gemeindlichen öffentlichen Einrichtungen, 1967; *Axer*, Die Widmung als Grundlage der Nutzung kommunaler öffentlicher Einrichtungen, NVwZ 1996, 114; *Roth*, Die kommunalen öffentlichen Einrichtungen, 1998; *Becker/Sichert*, Einführung in die kommunale Rechtsetzung am Beispiel gemeindlicher Benutzungssatzungen, JuS 2000, 144, 348, 552; *Dietlein*, Rechtsfragen des Zugangs zu kommunalen Einrichtungen, Jura 2002, 445; *Papier*, Recht der öffentlichen Sachen, in: Erichsen/Ehlers (Hrsg.), Allgemeines Verwaltungsrecht, 14. Aufl. 2010, §§ 38 ff.

II. Organisationsformen

Im rechtlich unproblematischsten Fall betreibt eine Gemeinde ihre 10 öffentliche Einrichtung auf der Ebene der unmittelbaren Gemeindeverwaltung, d. h. in der Form der Behörde. Dies bereitet dann praktische Schwierigkeiten (im Hinblick auf die Abwicklung der Benutzungsbeziehungen, das Rechnungswesen, die steuerliche Situation, die Verwaltung des Personals etc.), wenn die betreffende Einrichtung eine bestimmte Dimension überschreitet und sich äußerlich nicht mehr von einem Wirtschaftsunternehmen unterscheidet. In dieser Situation entschließen sich die Gemeinden vielfach dazu, die Errichtung und/oder Unterhaltung einer Einrichtung einem ganz oder teilweise **verselbständigten Träger** anzuvertrauen, wobei danach zu differenzieren ist, ob es sich um einen öffentlich-rechtlichen oder um einen privatrechtlich organisierten Träger handelt.

11   Unter solchen Umständen ist nicht nur die Existenz und Durchsetzbarkeit des Benutzungsanspruchs der Einwohner (vgl. Rdnr. 15 ff.) problematisch. Bereits zuvor ist zu klären, ob es sich bei dem betroffenen Gebilde überhaupt (noch) um eine gemeindliche öffentliche Einrichtung, d. h. um die Zusammenfassung von personellen Kräften und sächlichen Mitteln der Gemeinde, handelt:

1. Öffentlich-rechtliche Organisationsformen

12   In allen Fällen der Wahl einer öffentlich-rechtlichen Organisationsform ist die Zurechnung der dort geführten öffentlichen Einrichtung zur Gemeinde und ihre Qualifizierung als gemeindliche öffentliche Einrichtung unproblematisch. Nach näherer Maßgabe der Vorschriften des kommunalen Wirtschaftsrechts (vgl. § 17 Rdnr. 22 ff.) können öffentliche Einrichtungen außerhalb der behördlichen Form geführt werden

– durch **Regiebetrieb** (vgl. § 17 Rdnr. 26) oder Eigenbetrieb (vgl. § 17 Rdnr. 76), d. h. als rechtlich unselbständiger, jedoch teilweise in organisatorischer bzw. haushaltsmäßiger Hinsicht verselbständigter Teil der Gemeindeverwaltung;

– als **Anstalt des öffentlichen Rechts,** d. h. als juristische Person (mittelbare Einrichtungsverwaltung; vgl. § 17 Rdnr. 76).

2. Privatrechtliche Organisationsformen

13   Entsprechend den im allgemeinen Verwaltungsrecht anerkannten Grundsätzen verfügen die Gemeinden unter bestimmten Voraussetzungen über die Wahlfreiheit zwischen den öffentlich-rechtlichen und den privatrechtlichen Organisationsformen. Grenzen ergeben sich auch insoweit aus den Vorschriften des kommunalen Wirtschaftsrechts, bei deren Darstellung hierauf näher einzugehen ist (vgl. § 17 Rdnr. 68 ff.). Eine Zurechnung der von einem privaten Rechtsträger geführten Einrichtung zur Gemeinde und damit die Qualifizierung als gemeindliche öffentliche Einrichtung (mittelbare Einrichtungsverwaltung) kann nach der Rechtsprechung (zuletzt BVerwG, DVBl. 2009, 1382, Rdnr. 32 f. m. Anm. *Ehlers*; vgl. hierzu noch § 17 Rdnr. 85 f.) in den folgenden Fällen gegeben sein:

– beim Betrieb durch eine nach Organisationsprivatisierung entstandene kommunale **Eigengesellschaft** (§ 17 Rdnr. 76);

– beim Betrieb durch ein nach Organisationsprivatisierung entstandenes, von der Gemeinde beherrschtes **gemischtwirtschaftliches Unternehmen** (vgl. § 17 Rdnr. 79);
– bei der Durchführung der zahlreichen Aufgaben beim Bau, der Finanzierung und beim Betrieb der öffentlichen Einrichtung durch einen nach funktionaler Privatisierung eingesetzten **Verwaltungshelfer** (vgl. § 17 Rdnr. 69, 89);
– beim Betrieb der öffentlichen Einrichtung durch einen ebenfalls nach funktionaler Privatisierung gewonnenen sog. **Dienstleistungskonzessionär**, der unmittelbar auch das Benutzungsentgelt bei den Einrichtungsnutzern erhebt (vgl. § 17 Rdnr. 69, 92 f.).

Es kommt durchgehend darauf an, ob sich die Gemeinde einen **14** maßgeblichen Einfluss auf die Führung der öffentlichen Einrichtung vorbehalten hat. Dieser Einfluss muss sich in durchsetzbaren **Mitwirkungs- und Bestimmungsrechten** niederschlagen, wie sie ohne weiteres in den beiden Fällen der Organisationsprivatisierung, aber auch bei der funktionalen Privatisierung gegeben sind. Fehlt es an Mitwirkungs- und Weisungsbefugnissen gegenüber dem privaten Einrichtungsträger, dann hat man es mit einer Aufgabenprivatisierung, d. h. mit dem vollständigen Rückzug der Gemeinde von den Aufgaben des Baus und des Betriebs der betreffenden öffentlichen Einrichtung zu tun. Dann handelt es sich nicht mehr um eine gemeindliche öffentliche Einrichtung, sondern um eine private Einrichtung. Deren Benutzung richtet sich ausschließlich nach privatrechtlichen Grundsätzen, während die kommunalrechtlichen Vorschriften, insbesondere der kommunalrechtliche Zulassungsanspruch (vgl. sogleich Rdnr. 15 ff.), nicht eingreifen.

Literatur: *Ehlers,* Die Entscheidung der Kommunen für eine öffentlich-rechtliche oder privatrechtliche Organisation ihrer Einrichtungen und Unternehmen, DÖV 1986, 897; *Hauser,* Die Wahl der Organisationsform kommunaler Einrichtungen, 1987; *von Danwitz,* Die Benutzung kommunaler öffentlicher Einrichtungen – Rechtsformen, Wahl und gerichtliche Kontrolle, JuS 1995, 1; *Faber,* Der kommunale Anschluss- und Benutzungszwang, 2005, sowie die zu I verzeichneten Beiträge.

III. Zulassungsanspruch der Einwohner

15   In den Gemeindeordnungen aller Länder ist ausdrücklich bestimmt, dass „alle Einwohner einer Gemeinde" unter bestimmten Voraussetzungen „berechtigt sind", die öffentlichen Einrichtungen der Gemeinde zu benutzen.[2] Hierdurch wird auf der einfachgesetzlichen Ebene ein nach Tatbestand und Rechtsfolge ausgestalteter Anspruch geschaffen. Es handelt sich um einen **gebundenen Anspruch**, d. h. bei Vorliegen der Voraussetzungen müssen die Einwohner zur Benutzung der entsprechenden Einrichtung zugelassen werden. Der kommunalrechtliche Zulassungsanspruch der Einwohner ist eine der wichtigsten Anspruchsgrundlagen des öffentlichen Rechts. Erfolgt eine Ablehnung, so kann zur Durchsetzung des geltend gemachten subjektiven Rechts (Art. 19 IV GG, § 42 II VwGO) der Rechtsschutz vor den Verwaltungsgerichten gesucht werden.

16   Der Streit um die Zulassung zu einer öffentlichen Einrichtung folgt dem Streit um deren Schaffung oder Erweiterung nach, wobei insoweit ja keine subjektiven Rechte bestehen (vgl. Rdnr. 2). Auf einer wiederum anderen, der **Stufe** der Zulassung nachfolgenden Stufe sind Streitigkeiten angesiedelt, die sich nach erfolgter Zulassung um die Benutzung der öffentlichen Einrichtung drehen (z. B. um die Höhe des Benutzungsentgelts, um die Verantwortung für entstandene Schäden etc.; vgl. Rdnr. 48 ff.).

17   **Adressat** des kommunalrechtlichen Zulassungsanspruchs ist ausschließlich die jeweilige Gemeinde. Hat sie „ihre" öffentliche Einrichtung einem selbständigen Träger des öffentlichen oder des privaten Rechts anvertraut (mittelbare Einrichtungsverwaltung; vgl. Rdnr. 36 f.), dann kann gegen sie kein Zulassungsanspruch mehr geltend gemacht werden (zur Rechtslage in diesen Fällen vgl. 4).

18   Die **tatbestandlichen Voraussetzungen** für den kommunalrechtlichen Zulassungsanspruch lauten:
   - **Personelle Berechtigung** (Einwohner, Forensen, Personenmehrheiten mit Sitz in der Gemeinde [vgl. sogleich 1]);
   - Nutzung im **Rahmen der Widmung** (vgl. Rdnr. 6). Beispiel: Die Nutzung einer zum Schwimmen gewidmeten Halle für Partyver-

---

2 § 10 II 2 GO BW; Art. 21 I 1 BayGO; § 12 I BbgKVerf; § 20 I HessGO; § 14 II KV MV; § 30 I NdsKomVG; § 8 II GO NRW; § 14 II GO Rh.-Pf.; § 19 I KSVG; § 10 II SächsG; § 22 I GO LSA; § 18 I GO SH; § 14 I ThürKO.

anstaltungen bewegt sich außerhalb des Widmungsrahmens und kann daher nicht auf den Zulassungsanspruch gestützt werden;
– Nutzung im **Rahmen des geltenden Rechts** (vgl. sogleich 2).

1. Anspruchsberechtigung

Natürliche Personen sind entweder anspruchsberechtigt (Regelfall) **19** als „Einwohner" oder als sog. Forensen. Der **Einwohnerbegriff** ergibt sich aus den allgemeinen Vorschriften der jeweiligen Gemeindeordnung über die Rechte und Pflichten von Einwohnern (vgl. § 11 Rdnr. 3 ff.). Für den Zulassungsanspruch genügt es also, Einwohner zu sein, die Stellung eines Bürgers ist hier nicht erforderlich.

Unter „**Forensen**" (lateinisch: „forensis", d. h. zum Markte gehö- **20** rig) verstehen die Gemeindeordnungen Grundbesitzer und Gewerbetreibende, die zwar nicht in der Gemeinde wohnen, aber infolge ihrer Besitzerstellung, bzw. weil sie ein Gewerbe betreiben, ebenfalls zur Benutzung der öffentlichen Einrichtungen berechtigt sein sollen.[3] Dieser Anspruch ist auf diejenigen öffentlichen Einrichtungen beschränkt, bei denen ein sachlicher Bezug zum Grundbesitz bzw. zum Gewerbebetrieb besteht (Abwasserentsorgungseinrichtungen ja, Schwimmbäder nein).

Hinsichtlich von **Personenmehrheiten** (die Gemeindeordnungen **21** sprechen von „juristischen Personen und Personenvereinigungen") wird entweder der Absatz über die „Einwohner" für entsprechend anwendbar erklärt oder davon gesprochen, dass sie ihren „Sitz" im Gemeindegebiet haben müssen.[4] Damit gehören ohne weiteres die auf Gemeindeebene bestehenden Vereine zum Kreis der Anspruchsberechtigten. Probleme können entstehen, wenn zwar eine Personenvereinigung mit Sitz in der Gemeinde als Anspruchsberechtigter auftritt, die Veranstaltung selbst aber ein weit über die Gemeindegrenzen hinaus weisendes Gepräge hat.

Beispiele: Bundesweiter Ärztekongress, den ein in der Gemeinde ansässiger Ärzteverband organisiert; Bundesparteitag, den der Ortsverband ausrichten möchte. Hier wird in der Rechtsprechung teilweise versucht, das geschriebene Tatbestandsmerkmal „Sitz im Gemeindegebiet" dahingehend zu erweitern,

---

3 § 10 III GO BW; Art. 21 III BayGO; § 20 II HessGO; § 14 III Hs. 1 KV MV; § 30 II NdsKomVG; § 8 III GO NRW; § 14 III GO Rh.-Pf.; § 19 II KSVG; § 10 III SächsGO; § 22 II GO LSA; § 18 II GO SH; § 14 II ThürKO.
4 § 10 IV GO BW; Art. 21 IV BayGO; § 20 III HessGO; § 14 III, Hs. 2 KV MV; § 30 III NdsKomVG; § 8 IV GO NRW; § 14 IV GO Rh.-Pf.; § 19 III KSVG; § 10 V SächsGO; § 22 III GO LSA; § 18 III GO SH; § 14 III ThürKO.

dass die Veranstaltung selbst ein örtliches Gepräge besitzen müsse (VGH BW, NVwZ-RR 1988, 43; anders OVG NRW, NJW 1976, 820 [822: ausreichend ist der Sitz im Gemeindegebiet]). Zur Vermeidung von Abgrenzungsschwierigkeiten und eines u. U. erheblichen Ermittlungsaufwandes ist richtigerweise grundsätzlich der Sitz im Gemeindegebiet als ausreichend anzusehen und nur in Extremfällen (ein Ortsverband mit 20 Mitgliedern organisiert eine Veranstaltung mit bundesweitem Charakter und Teilnehmern im vierstelligen Bereich) die Anspruchsberechtigung zu versagen.

22   Die in allen drei Fällen vorliegende „Einheimischenprivilegierung im globalen Dorf" (*Burgi*, JZ 1999, 873; weiterführend *Roeßing*, Einheimischenprivilegierungen und EG-Recht, 2008; *Huber/Wollenschläger*, Einheimischenmodelle, 2008) kann im Grundsatz einer Überprüfung am allgemeinen Gleichheitssatz des Art. 3 I GG und am Diskriminierungsverbot des europäischen Unionsrechts (aus den Grundfreiheiten bzw. aus Art. 18 AEU, allerdings nur bei grenzüberschreitenden Sachverhalten) standhalten (zur Rechtslage bei entsprechender Differenzierung im Rahmen der Gebührenerhebung vgl. § 18 Rdnr. 13 ff.). Den öffentlichen Einrichtungen liegt das politische Ziel der Schaffung einer kommunalen Identität („unsere Mehrzweckhalle") zugrunde und sie sind Ausdruck der Leistungsfähigkeit der Gemeindeeinwohner auf der Grundlage gemeinsamer Tragung der hiermit auch verbundenen Lasten (was in den meisten Gemeindeordnungen ausdrücklich festgehalten wird; vgl. z. B. § 10 II 3 GO BW; § 8 II GO NRW).

Beispiele: Auf einem kommunalen Markt werden auswärtige Anbieter ausgeschlossen bzw. in einem kommunalen Museum werden auswärtige Besucher nicht zugelassen bzw. bei Kapazitätsengpass nachrangig behandelt (zur Anwendbarkeit des Europarechts in einem solchen Fall der passiven Dienstleistungsfreiheit vgl. EuGH, Slg. 1994, I-911, *Prado*; vgl. ferner EuGH, Slg. 1999, I-2517, *Ciola*). In beiden Fällen handelt es sich um eine sog. mittelbare Diskriminierung, da zwar nicht an die Staatsangehörigkeit, aber an das typischerweise nur von eigenen Staatsangehörigen erfüllte Kriterium der Ortsansässigkeit angeknüpft wird. Solche Diskriminierungen können europarechtlich aus zwingenden Gründen des Allgemeininteresses und nach Beachtung des Verhältnismäßigkeitsprinzips gerechtfertigt sein (weiterführend *Fastenrath*, NWVBl. 1992, 51 [55 f.]; *Spannowsky*, GewArch. 1995, 265 [271 f.]; *Burgi*, JZ 1999, 880 f.).

23   Anders sieht es aus, wenn die Gemeinde ihren Einrichtungen ein **überörtliches Gepräge** gegeben hat (d. h. überregionale Veranstaltungen anlocken will, was namentlich bei Gemeinden, die im Recht der Raumordnung und Landesplanung als sog. Oberzentren ausge-

wiesen sind, der Fall sein dürfte; Beispiel: „Internationales Congress-Centrum"). Dann ist die Einwohnerprivilegierung weder vor dem Gleichheitssatz des Art. 3 I GG noch vor dem europarechtlichen Diskriminierungsverbot zu rechtfertigen. Vielmehr muss die Gemeinde dann eine Widmungserweiterung (vgl. Rdnr. 7) zugunsten der Auswärtigen vornehmen.

2. Im Rahmen des geltenden Rechts

Mit weitgehend gleichem Wortlaut ziehen alle Länder dem Zulassungsanspruch der Einwohner eine Grenze in den Vorschriften des „geltenden Rechts". Diese Grenze ist infolge der Weite und Offenheit des negativen Tatbestandsmerkmals schwer zu ziehen. In der Sache geht es vor allem darum, welche Argumente im Falle einer Ablehnung eines Zulassungsanspruchs von der Gemeinde legitimerweise verwendet werden dürfen und ob ihr die Berufung **auf bestimmte Ablehnungsgründe** verwehrt ist, weil über deren Vorliegen auf Bundes- und/oder Landesebene zu entscheiden ist. Die folgende Darstellung konzentriert sich auf die drei wichtigsten Fallgruppen von Ablehnungsgründen: **24**

a) Kapazität. Legitim ist es, die Zulassung zur Benutzung einer öffentlichen Einrichtung zu verwehren, wenn diese zur vorgesehenen Nutzungszeit bereits belegt ist. Bei bestimmten Einrichtungen (z. B. Weihnachtsmärkten, bei denen die einzelnen Standbetreiber Zulassungsansprüche geltend machen) ist häufig die Kapazität erschöpft, so dass das Entstehen von Zulassungsansprüchen letztlich von Zufällen abhängig wäre. Im Rechtsstaat kann die Verteilung öffentlicher Leistungen aber nicht anhand des Zufalls erfolgen, sondern sie muss sich an gerechten, zuvor aufgestellten Kriterien orientieren. Daher verwandelt sich im Falle der Kapazitätserschöpfung der kommunalrechtliche Zulassungsanspruch in einen Anspruch auf gerechte Teilhabe am knappen Gut „öffentliche Einrichtung". **25**

Zur Zulassungsvorschrift der jeweiligen Gemeindeordnung tritt der allgemeine Gleichheitssatz des Art. 3 I GG. Ähnlich wie bei der Vergabe anderer knapper Güter im Bereich der Daseinsvorsorge (v. a. bekannt aus dem Recht der Vergabe von Studienplätzen) ist die Gemeinde zur Wahrung von **Verteilungsgerechtigkeit** verpflichtet (klassisch: *Berg*, Der Staat 15 [1976], 1; aus neuerer Zeit: *Koenig*, Die öffentlich-rechtliche Verteilungslenkung, 1994, 224 ff.; *Voßkuhle*, DV 32 [1999], 21). Die für den Fall der Kapazitätserschöpfung maß- **26** geblichen Verteilungskriterien müssen im Zusammenhang mit der jeweiligen Widmung, also ebenso wie diese nicht unbedingt rechtsförmlich (vgl. Rdnr. 6), festgelegt sein.

27   Anerkannt sind, in Abhängigkeit von den jeweils bestehenden Umständen des Einzelfalls, folgende **Verteilungskriterien:**

- Priorität („wer zuerst kommt, mahlt zuerst"; in Fortführung der Formulierung des Ritters *Eike von Repgow,* Sachsenspiegel [Hrsg. von Ebel] 1993, 2. Buch, § 99 Abs. 4 [1225–1230]); jedenfalls bei existenznotwendigen Einrichtungen (wie etwa Krankenhäuser oder Altenheime);
- Losverfahren (ebenfalls unter der soeben genannten Einschränkung);
- das Kriterium „bekannt und bewährt", jedoch nur in Kombination mit der Einräumung eines Korridors für Newcomer, was insbesondere bei der Vergabe von Standplätzen auf Märkten eine wichtige Rolle spielt (OVG NRW, NWVBl. 1991, 116; BayVGH, GewArch. 2004, 248; VG Karlsruhe, GewArch. 2004, 417; VG Mainz, GewArch. 2004, 418);
- Rotation.

28   **b) Verfassungswidrigkeit.** Gegenüber Zulassungsbegehren von Parteigruppierungen an den Rändern des politischen Spektrums wird bisweilen der Einwand der Verfassungswidrigkeit erhoben. Dazu ist die Gemeinde nicht berechtigt, weil gemäß Art. 21 II 2 GG ausschließlich das Bundesverfassungsgericht „über die Frage der Verfassungswidrigkeit" von Parteien entscheiden darf. Dies schließt es auch aus, andere negative Schlüsse als das Verbot einer Partei aus dem Umstand der angeblichen Verfassungswidrigkeit zu ziehen.

29   **c) Ordnungsrechtliche Aspekte i. w. S.** Sie sind dann berührt, wenn durch die beabsichtigte Nutzung die Begehung von Straftaten bzw. Ordnungswidrigkeiten und/oder Schäden an der Einrichtung, ihrer Umgebung bzw. bei ihren Benutzern drohen. In diesen Fällen tritt als weitere Schwierigkeit hinzu, dass es im Vorfeld, wenn über den Zulassungsanspruch (z. B.) zu einer Stadthalle zu entscheiden ist, oft nur sehr schwer zu beurteilen ist, ob und in welchem Ausmaß entsprechende Gefahren drohen. Dies ist aus dem Polizei- und Ordnungsrecht (Stichworte: Gefahr, Anscheinsgefahr, Störerbegriff, Vorgehen auch gegen Nichtstörer etc.) bekannt.

30   Teilweise wird vertreten, dass es der Gemeinde verwehrt sei, im Rahmen der Prüfung eines Zulassungsanspruchs Erwägungen anzustellen, die in den

Zuständigkeitsbereich der Polizei- und Ordnungsbehörden fallen. Dagegen spreche die Zuständigkeitsordnung und deren Anliegen, bestimmte Belange den jeweils zu ihrer Beurteilung speziell ausgebildeten und ausgestatteten Behörden anzuvertrauen, sowie, bei politischen Veranstaltungen, das Grundrecht der Versammlungsfreiheit des Art. 8 GG. Dessen Wertungen würden abschließend im Versammlungsgesetz, das nur unter engen Voraussetzungen ein Versammlungsverbot vorsieht, konkretisiert (so etwa *Vollmer*, DVBl. 1989, 1087 ff.). Die Rechtsprechung folgt keiner einheitlichen Linie (vgl. sogleich Rdnr. 32), sondern entscheidet die periodenmäßig bei ihr anfallenden Einzelfälle, was bis 1994 bei *Gassner*, VerwArch. 85 (1994), 533 (549 ff.) nachgezeichnet ist. Umfassend zum Maßnahmenarsenal zur Wahrung eines „integren öffentlichen Raumes" *Finger*, Die offenen Szenen der Städte, 2006.

M. E. ist wiederum zu berücksichtigen, dass die Bereitstellung öffentlicher Einrichtungen Ausfluss des Selbstverwaltungsrechts der Gemeinde ist. Wenn diese die Zulassung zu einer Einrichtung mit Erwägungen ablehnen möchte, die im Ordnungsrecht wurzeln, so hat sie jedenfalls das negative Tatbestandsmerkmal der Gemeindeordnungen („im Rahmen des geltenden Rechts") auf ihrer Seite. Richtig verstanden maßt sie sich dabei nicht eine ordnungsbehördliche Kompetenz an, sondern ihre Entscheidungen beziehen sich immer nur auf ihre eigene Einrichtung, sind also gleichsam akzessorisch zu der ihr unzweifelhaft zustehenden **Einrichtungskompetenz.** Konkret erfolgt mit der Ablehnung eines Zulassungsanspruchs nicht etwa ein Versammlungsverbot, sondern ein bestimmter, für eine Versammlung ausersehener Ort wird nicht zur Verfügung gestellt, worauf aus Art. 8 GG aber auch kein Anspruch besteht. Solange die Gemeinde ordnungsrechtliche Aspekte ausschließlich auf die Wahrung des Einrichtungszwecks, die Integrität (wofür überdies der haushaltsrechtliche Aspekt der Schonung des Gemeindeeigentums spricht) und die Identität der Einrichtung bezieht, ist die darauf gestützte Ablehnung des Zulassungsanspruchs gerechtfertigt. 31

Im Einzelnen gilt dies für den Fall, dass 32
– die von der Gemeinde selbst aufgestellte **Benutzungsordnung** missachtet zu werden droht (OVG NRW, NJW 1969, 1077);
– die Begehung von **Straftaten** oder **Ordnungswidrigkeiten** droht (Beispiel: Aufruf zum Volkszählungsboykott [VGH BW, NJW 1987, 2698]; Volksverhetzung im Rahmen der Veranstaltung einer radikalen Partei [HessVGH, NJW 1993, 2331]);
– **Schäden** an der Einrichtung oder bei ihren Nutzern (d. h. den Veranstaltungsteilnehmern) drohen, welche durch die Veranstalter selbst verursacht werden. Erhöhte Anforderungen bestehen frei-

lich, wenn die gefürchteten Beeinträchtigungen nicht von den Veranstaltern selbst, sondern von Dritten (Gefahr von Gegendemonstrationen) ausgehen. Dann ist nach den aus dem Polizei- und Ordnungsrecht bekannten Notstandsgedanken nur unter ganz engen Voraussetzungen ein Vorgehen gegen die Veranstalter als Nichtstörer (d. h. die Ablehnung des Zulassungsanspruchs) möglich; bezogen auf etwaige Schäden innerhalb dieses Rahmens ist auch die Forderung nach Hinterlegung einer „Kaution" berechtigt (VGH BW, NJW 1987, 2697; OVG NRW, NVwZ-RR 1991, 508; BayVGH, NJW 1989, 2491 [2492: Abschluss einer Haftpflichtversicherung]).

– Nicht statthaft ist hingegen die Ablehnung der Zulassung unter Hinweis auf angeblich drohende Schäden außerhalb der öffentlichen Einrichtung sowie durch Nichtveranstaltungteilnehmer (Gegendemonstranten), wenn keine Notstandssituation vorliegt. In diesen Fällen muss die Gemeinde dem Zulassungsanspruch entsprechen. Das Weitere bleibt dann den Polizei- und Ordnungsbehörden überlassen.

3. Rechtsschutz

33   Der **Verwaltungsrechtsweg** ist ohne Weiteres eröffnet, wenn sich die Klage gegen die Ablehnung eines Zulassungsantrags unmittelbar gegen die Gemeinde selbst richtet (zu den anderen Fällen vgl. sogleich 4). Nach der im Rahmen des § 40 I 1 VwGO anzuwendenden sog. modifizierten Subjektstheorie (Sonderrechtstheorie; vgl. nur *Kopp/Schenke*, VwGO, 18. Aufl. 2011, § 40 Rdnr. 11) handelt es sich bei der jeweiligen landesgesetzlichen Vorschrift über den kommunalen Zulassungsanspruch um eine Norm, durch die ausschließlich die Gemeinde verpflichtet wird und die daher zum Öffentlichen Recht gehört. Ob das sich an die Zulassung ggf. anschließende Benutzungsverhältnis privatrechtlich ausgestaltet ist (als Miete etc.; vgl. Rdnr. 53 ff.), ist gleichgültig, da es nicht um die Benutzung, sondern um die dieser vorausliegende Zulassung geht.

34   Es hat sich eingebürgert, die Unterscheidung zwischen Zulassung und Benutzung und den Umstand, dass Streitigkeiten über die Benutzung unter bestimmten Voraussetzungen dem Privatrecht zuzuordnen sein können, mit Hilfe der sog. **Zwei-Stufen-Theorie** (BVerwG, NVwZ 1991, 59) zu erläutern: Auf der ersten Stufe geht es um das „Ob" der Zulassung, worüber vor dem Verwaltungsgericht

zu streiten ist, während auf der zweiten Stufe betreffend das „Wie" (die Art und Weise der Benutzung) der Rechtsweg von der Ausgestaltung des Benutzungsverhältnisses abhängt. Die hierbei denkbaren Kombinationen sind bei Rdnr. 58 dargestellt.

Richtige **Klageart** ist regelmäßig die Verpflichtungsklage gemäß **35** § 42 I Var. 2 VwGO, weil der Erlass eines Verwaltungsakts (die Zulassung zur öffentlichen Einrichtung) begehrt wird. Soll die Zulassung durch Abschluss eines Verwaltungsvertrags gemäß § 54 VwVfG erfolgen, so ist auf dessen Abschluss mit der allgemeinen Leistungsklage hinzuwirken. Wird eine grundsätzliche, nicht auf einen einzelnen konkreten Termin bezogene Klärung angestrebt (Beispiel: Verpflichtung der Gemeinde, ihre Mehrzweckhalle für einen bestimmten Typ von Veranstaltungen überhaupt zur Verfügung stellen zu müssen), dann kommt auch die allgemeine Feststellungsklage gemäß § 43 I VwGO in Betracht; in einem solchen Fall wäre die Verpflichtungsklage nicht gemäß § 43 II 1 VwGO vorrangig, da sie das verfolgte Anliegen einer grundsätzlichen Klärung nicht bewirken kann.

Wird ein Zulassungsbegehren mit dem Hinweis auf eine (angebli- **36** che) **Kapazitätserschöpfung** abgelehnt, so ist die Verpflichtungsklage auf die eigene Zulassung mit einer Anfechtungsklage gegen die Zulassung des oder der Konkurrenten zu kombinieren (im Wege der objektiven Klagehäufung gemäß § 44 VwGO). Da das Verwaltungsgericht nicht abschließend über die Verteilung des Mangels entscheiden kann, ist in solchen Fällen neben der Aufhebung der Zulassung des oder der Konkurrenten (auf Anfechtungsklage) nur ein Bescheidungsurteil (auf Verpflichtungsklage) zu erreichen. Dadurch wird die Gemeinde verpflichtet, über den Antrag „unter Beachtung der Rechtsauffassung des Gerichts" (§ 113 V 2 VwGO) erneut zu entscheiden.

Unter den dort normierten Voraussetzungen ist vorläufiger Rechtsschutz **37** im Verfahren nach § 123 I VwGO möglich. Der Erlass einer **einstweiligen Anordnung** kommt jedoch nur in engen Ausnahmefällen in Frage, weil durch die Zulassung zu einer öffentlichen Einrichtung regelmäßig die Hauptsache vorweg genommen würde (Beispiel: Überlassung einer Stadthalle für eine bei der unmittelbar bevorstehenden Kommunalwahl kandidierende Partei). Mit Art. 19 IV GG unvereinbar ist es aber, ohne Überprüfung der Vergabeentscheidung zugunsten der Konkurrenten allein auf die Erschöpfung der Platzkapazität abzustellen (BVerfG, NJW 2002, 3691).

4. Situation bei mittelbarer Einrichtungsverwaltung

38   Wird eine öffentliche Einrichtung nicht von der Gemeinde selbst bzw. durch einen ihr unmittelbar zuzurechnenden Regie- oder Eigenbetrieb, sondern durch eine rechtsfähige Person des öffentlichen Rechts (Anstalt) bzw. des Privatrechts (GmbH, AG etc.) geführt (Rdnr. 10 ff.), dann ist die materielle Situation des Zulassungsanspruchs und seine prozessuale Durchsetzung komplizierter. Auf der Ebene des materiellen Rechts ist zu konstatieren, dass gegenüber dem (öffentlich-rechtlichen oder privatrechtlichen) Einrichtungsbetreiber der kommunalrechtliche Zulassungsanspruch nicht besteht, während die Gemeinde zwar von den jeweiligen Landesvorschriften als Verpflichtungsadressat angesprochen ist, den Anspruch aber nicht ohne weiteres erfüllen kann. Nach heute weitgehend unbestrittener Ansicht wandelt sich in dieser Situation der Zulassungsanspruch in einen (ebenfalls an die Gemeinde gerichteten) **Verschaffungsanspruch** um.

39   Die Gemeinde wird hierdurch verpflichtet, auf den von ihr eingeschalteten Einrichtungsbetreiber dahingehend einzuwirken, dass ein im Rahmen der Widmung und im Rahmen des geltenden Rechts von einem Einwohner geltend gemachter Anspruch realisiert werden kann. Dies bedeutet, dass die Gemeinde innerhalb des Innenrechts ihrer öffentlich-rechtlichen Anstalt und über die Mechanismen des privaten Gesellschaftsrechts gegenüber dem Einrichtungsträger aktiv werden muss. Hierzu kann die Gemeinde vor dem Verwaltungsgericht durch allgemeine Leistungsklage verpflichtet werden.

Literatur: *Herdegen,* Die Zulassung zu kommunalen Einrichtungen in privatrechtlich ausgestalteter Regie, DÖV 1986, 906; *von Danwitz,* Die Benutzung kommunaler öffentlicher Einrichtungen – Rechtsformenwahl und gerichtliche Kontrolle, JuS 1995, 1; *Ludwig,* Der Anspruch auf gemeindlicher öffentlicher Einrichtungen, 2000; *Kerkmann,* Der Anspruch auf Zulassung zu öffentlichen Einrichtungen und Fragen des Rechtsschutzes, VR 2004, 74; *Donhauser,* Neue Akzentuierungen bei der Vergabe von Standplätzen auf gemeindlichen Volksfesten und Märkten, NVwZ 2010, 931, sowie die zu I bis II gegebenen Hinweise.

Falllösungen: *Gornig/Jahn,* JuS 1992, 857; *Kelm,* JA 1999, 217; *Halbig,* JuS 1999, 468; *Sauer,* JuS 2004, 1085; *Schönberger/Reimer,* Jura 2006, 139; *Bader,* Jura 2009, 940; *Heckel,* JA 2012, 361.

IV. Andere Anspruchsgrundlagen

1. Notwendigkeit und Überblick

Die Suche nach einer Anspruchsgrundlage außerhalb der Vor- 40
schriften über den kommunalrechtlichen Zulassungsanspruch ist
dann notwendig,
- wenn **keine Anspruchsberechtigung** in personeller Hinsicht gegeben ist, d. h. wenn Fremde bzw. Veranstaltungen mit eindeutig
  überörtlichem Gepräge die Zulassung anstreben;
- wenn der **Widmungsrahmen überschritten** wird (Beispiele: Party
  im Schwimmbad, Parteitag in der Sporthalle etc.);
- wenn die **Grenzen des geltenden Rechts überschritten**sind, beispielsweise bei einer erstrebten Benutzung außerhalb der in der
  Benutzungsordnung festgelegten Benutzungszeiten.

Hier können zunächst **Spezialvorschriften** einschlägig sein. Wich- 41
tige Beispiele sind § 22 PBefG (Anspruch auf Beförderung im Nah-
verkehrsmittel) und vor allem § 70 GewO. Durch diese Vorschrift
wird den Benutzern (den Standbeschickern) von sog. „festgesetzten
Veranstaltungen" (v. a. Märkten) unabhängig von ihrer Eigenschaft
als Einwohner ein Zulassungsanspruch eingeräumt. Die Festsetzung
einer Veranstaltung (durch die zuständige Gewerbebehörde) beruht
auf einem vorherigen Antrag der Gemeinde (die dabei u. U. mit anderen Veranstaltern konkurriert, vgl. HessVGH, DÖV 2005, 210;
BVerwG, GewArch 2006, 164). Als Konsequenz ihrer eigenen Entscheidung, dem fraglichen Markt ein überörtliches Gepräge zu geben,
muss sie sodann Zulassungsansprüche auch ortsfremder Personen
gelten lassen. Deren Rechtsgrundlage ist dann nicht die Vorschrift
der jeweiligen Gemeindeordnung über den Zulassungsanspruch, sondern unmittelbar §§ 69, 70 GewO. Die eigentlich problematischen
Fälle befinden sich freilich außerhalb spezialgesetzlicher Vorschriften
und hier ist zu klären, ob es einen **allgemeinen Anspruch** auf ermessensfehlerfreie Entscheidung über eine Sonderbenutzung öffentlicher
Einrichtungen gibt und, falls ja, ob seine Voraussetzungen im konkreten Fall vorliegen:

2. Der Anspruch auf ermessensfehlerfreie Entscheidung über eine Sonderbenutzung

42   Hinsichtlich der Anerkennung der Rechtsgrundlage eines solchen Anspruchs besteht keine einheitliche Linie. Teilweise wird darauf abgehoben, dass es ja keinen Anspruch auf die Schaffung bzw. Erweiterung öffentlicher Einrichtungen geben könne (vgl. Rdnr. 2). Dementsprechend müssten sich Nutzungsinteressenten, die außerhalb des personellen und/oder sachlichen Benutzungsrahmens liegen, damit abfinden, dass ihnen die betreffenden kommunalen Leistungen verwehrt bleiben (*Ehlers*, DVBl. 1986, 912 [919]; *Dietlein*, Jura 2002, 445 [449]). Das BVerwG hatte in einem vielzitierten älteren Urteil zur Schleusenbenutzung wegen des angeblichen Fehlens individualschützender Bestimmungen die Entscheidung über die Zulassung zu einer öffentlichen Einrichtung über den Widmungsrahmen hinaus als „freie" Entscheidung angesehen (BVerwGE 39, 235 [239]).

43   M. E. ist vom Bestehen eines Anspruchs auf ermessensfehlerfreie Entscheidung in diesen Fällen auszugehen. Bei den öffentlichen Einrichtungen kann ebenso wie bei den öffentlichen Sachen im Gemeingebrauch (wichtigstes Beispiel: die Straßen) unterschieden werden zwischen der Gemeinbenutzung (Gemeingebrauch) und der Sonderbenutzung. Mit der Zurverfügungstellung einer öffentlichen Einrichtung zur Benutzung durch die Allgemeinheit wird ein kommunales Leistungsangebot gemacht, das den Gegenstand von **Teilhabeansprüchen** bilden kann. Rechtsgrundlage dieser Teilhabeansprüche ist der allgemeine Gleichheitssatz des Art. 3 I GG i. V. m. dem jeweils berührten Freiheitsgrundrecht.

44   Hierbei handelt es sich nicht um einen unmittelbar grundrechtlich fundierten Anspruch, weil der Gleichheitssatz und das jeweils berührte Freiheitsgrundrecht erst mit der Entscheidung des kommunalen Einrichtungsträgers zur Verfügungstellung der betreffenden Einrichtungen ausgelöst werden. Daher bildet die jeweilige Widmungsgrundlage (Satzung, Verwaltungsvorschrift etc.; vgl. Rdnr. 6) zusammen mit den grundrechtlichen Bestimmungen das Fundament des Anspruchs auf ermessensfehlerfreie Entscheidung über die „Sonderbenutzung" (der Begriff wurde schon verwendet bei *Forsthoff*, Verwaltungsrecht I, 10. Aufl. 1973, 417 f.).

45   Soll demnach eine kommunale öffentliche Einrichtung zu Versammlungszwecken genutzt werden, spielt Art. 8 I GG (so BVerwG, NJW 1993, 609 mit Anm. *Schlink*, NJW 1993, 610; vgl. ferner *Burgi*, DÖV 1993, 633) hinein; geht es um die Äußerung von Meinungen oder um die Berufsausübung, so treten die Grundrechte der Art. 5 I GG bzw. Art. 12 I GG hinzu (vgl. BayVGH, BayVBl. 1983, 374, bzw. NJW 1985, 1663; vgl. ferner VGH BW,

NVwZ-RR 2001, 159; *Schmidt-Aßmann/Röhl*, in: Schmidt-Aßmann/Schoch [Hrsg.], Besonderes Verwaltungsrecht, Rdnr. 108).

Unter bestimmten, engen Voraussetzungen kommt eine **Ermes-** **46** **sensreduzierung auf Null** in Betracht. Zum einen dann, wenn bereits in der Widmung in personeller Hinsicht eine Erweiterung über den Kreis der Einwohner hinaus vorgesehen war (Beispiel: Messe- oder Konzerthalle mit landes-, bundes- oder gar weltweitem Benutzerkreis; vgl. bereits Rdnr. 23). Zum anderen kommt eine Ermessensreduzierung auf Null in Betracht, wenn bestimmte Nutzungsarten in ständiger Verwaltungspraxis zugelassen worden sind (Beispiel: In der die Widmung bewirkenden Satzung ist eine gemeindliche Halle dem Sport vorbehalten, während sie in ständiger Praxis auch für politische Veranstaltungen vergeben worden ist). Hiervon zu unterscheiden ist die Annahme einer ungeschriebenen Widmungserweiterung (vgl. hierzu Rdnr. 7), die das Eingreifen des kommunalrechtlichen Zulassungsanspruchs selbst zur Folge hat.

Bei der Veranstaltung von **Parteitagen** in einer gemeindlichen öffentlichen **47** Einrichtung besteht folgende Rechtslage: Der kommunalrechtliche Zulassungsanspruch scheidet aus, wenn der Parteitag keinerlei örtliches Gepräge aufweist und/oder wenn die betreffende Gemeindeeinrichtung sachlich nicht für politische Veranstaltungen gewidmet worden ist. Daran vermag auch § 5 PartG nichts zu ändern, weil er die „Träger öffentlicher Gewalt" nur zur Gleichbehandlung bei der Zurverfügungstellung von Leistungen im Verhältnis der Parteien untereinander verpflichtet (d. h. diese Vorschrift hilft einer Partei nur dann, wenn sie eine Zulassung erstrebt, die zuvor Parteien anderer politischer Couleur gewährt worden ist, nicht aber dann, wenn auch die anderen Parteien bislang abgewiesen worden sind). Zugunsten von Parteiveranstaltungen kommt aber der Anspruch auf ermessensfehlerfreie Entscheidung, gestützt auf den Widmungsakt i. V. m. Art. 3 I GG und Art. 21 GG in Betracht. Infolge einer ständigen Vergabepraxis zugunsten anderer Parteien kann das Ermessen auf Null reduziert sein. Auf der prozessualen Ebene ist Sorgfalt bei der Prüfung der Beteiligtenfähigkeit nach § 61 VwGO geboten. Während die Bundes- und regelmäßig auch die jeweilige Landespartei infolge von § 3 PartG den juristischen Personen gleichgestellt sind und somit über die Beteiligtenfähigkeit gemäß § 61 Nr. 1 VwGO verfügen, sind Ortsgruppierungen als „Vereinigungen, soweit ihnen ein Recht zustehen kann", nach § 61 Nr. 2 VwGO beteiligtenfähig. Zur Erinnerung: Aus dem historischen Grund, der Prüfung durch die staatliche Registerbehörde zu entgehen, sind die politischen Parteien teilweise bis heute nicht als rechtsfähige Vereine organisiert.

Literatur: *Evertz*, Die Bedeutung der Grundrechte im Zusammenhang mit der Benutzung gemeindlicher öffentlicher Einrichtungen, 1987; *Axer*, Die Widmung als Grundlage der Nutzung kommunaler öffentlicher Einrichtungen, NVwZ 1996, 114; *Schmidt,* Der Anspruch der Nichteinwohner auf Nutzung kommunaler Einrichtungen, DÖV 2002, 696, sowie die zu I–III genannten Beiträge.

V. Das Benutzungs- und Entgeltverhältnis

48   Ist die Zulassung zu einer öffentlichen Einrichtung erfolgt, erhebt sich Regelungsbedarf im Hinblick auf das Wie, d. h. die Art und Weise der dann stattfindenden Benutzung. Systematisch gesehen bewegen sich die diesbezüglichen Regelungen und etwaigen Auseinandersetzungen auf der **zweiten Stufe** (wenn man die die Zulassung betreffenden Fragen auf der ersten Stufe ansiedelt). Auf der Stufe der Benutzung angesiedelt sind die Fragen nach der Benutzungsdauer, nach dem Modus der Benutzung, nach den Verhaltenspflichten der Benutzer, nach der Haftung für Schäden und nach dem zu entrichtenden Entgelt.

49   Die hier bestehenden Rechte und Pflichten wurzeln einerseits in dem jeweils individuell bestehenden **Benutzungsverhältnis** und sind konkretisiert in der jeweiligen Benutzungsgrundlage (Vertrag, Verwaltungsakt mit Nebenbestimmungen etc.; vgl. sogleich Rdnr. 53). Zum anderen sind die hierfür einschlägigen **gesetzlichen Grundlagen** (Abgabenrecht, Haftungsrecht, Mietrecht bei Abschluss eines Mietvertrages etc.) zu beachten. Bei öffentlichen Einrichtungen mit Versorgungsfunktion bestehen teilweise bundesweit einheitlich vorgegebene sog. Allgemeine Versorgungsbedingungen, die sowohl bei öffentlich-rechtlicher wie bei privatrechtlicher Ausgestaltung des Benutzungsverhältnisses beachtet werden müssen.

Beispiel: Die Verordnung über Allgemeine Bedingungen für die Versorgung mit Wasser (AVBWasserV) vom 20.6.1980 (BGBl. I, 750; vgl. zur rechtlichen Konstruktion von deren Einbeziehung *Brüning,* LKV 2000, 54). Davon zu unterscheiden sind die bei privatrechtlicher Ausgestaltung des Benutzungsverhältnisses (vgl. Rdnr. 55, 57) in den Benutzungsvertrag einbezogenen Allgemeinen Geschäftsbedingungen, die die Gemeinde auf der Grundlage des § 305 BGB gestaltet hat.

50   Durchgehend beachtlich sind auch innerhalb des Benutzungsverhältnisses die **Grundrechte.** Dies gilt auch dann, wenn das Benutzungsverhältnis privatrechtlich ausgestaltet ist, weil die Gemeinde der Grundrechtsbindung nach Art. 1 III GG nicht durch die Wahl der privaten Handlungsform entrinnen kann (heute allg. Meinung).

Grundrechtlich relevant sein können die Vorgaben für das Verhalten der Einrichtungsbenutzer (was dürfen sie, was müssen sie lassen?), die Kontrollbefugnisse der Gemeinde und die vorgesehenen Sanktionen (Benutzungsausschluss; Ordnungswidrigkeiten etc.). Dabei ist die Regel vom **Vorbehalt des Gesetzes** zu beachten (vgl. § 15 Rdnr. 36 ff.), d. h. Grundrechtseingriffe müssen auf einer gesetzlichen Grundlage beruhen, es genügt also nicht, wenn sie in der Einrichtungssatzung oder gar in einer schlichten Benutzungsordnung vorgesehen sind.

Allerdings ist nicht jede Verhaltensregelung in der Benutzungsordnung als **Grundrechtseingriff** anzusehen. Die meisten Beschränkungen gestalten lediglich die Nutzungsbestimmung der Einrichtung näher aus, mit welcher sich die Benutzer durch die ja freiwillig erfolgte Zulassung zur Einrichtung einverstanden erklärt haben. Materiellrechtlich bedürfen gemeindliche Vorgaben, die sich nach sorgfältiger Prüfung tatsächlich als Grundrechtseingriffe darstellen, der **Rechtfertigung.** Diese kann gestützt werden auf den besonderen Einrichtungszweck, den Schutz der anderen Benutzer oder der übrigen Gemeindeeinwohner und vor allem die Integrität der jeweiligen Einrichtung. Die Entscheidung über die Grundrechtskonformität hängt letzten Endes von einer Abwägung dieser Belange mit der grundrechtlich geschützten Position des betroffenen Benutzers ab. 51

Beispiel: Der Konflikt zwischen den Grundrechten eines Kindes (Art. 4 I GG) und seiner Eltern (Art. 6 II GG) mit den Grundrechten der anderen Kinder und deren Eltern sowie den Erziehungszielen der Gemeinde als Trägerin eines Kindergartens ist im Hinblick auf die Teilnahme am täglichen Tischgebet nach dem Grundsatz praktischer Konkordanz und unter Beachtung der einfachgesetzlichen Wertungen des Jugendhilferechts (mit einer gewissen Bandbreite von Ergebnissen, wie ein durch die Instanzen hindurch entschiedener Fall aus Hessen zeigt; VG Gießen, NJW 2003, 1265; HessVGH, NJW 2003, 2846; BVerfG, NVwZ 2003, 3468) aufzulösen.

Ebenso (aber davon zu unterscheiden) wie bereits bei der Organisationsform für eine öffentliche Einrichtung finden sich auch bei der Ausgestaltung des Benutzungsverhältnisses die öffentlich-rechtliche und die privatrechtliche Form. Dabei geht es hier um die **Wahl der Handlungsform.** Daraus ergeben sich wiederum unterschiedliche Rechtsfolgen. Da die Wahl der Handlungsform ein Stück weit durch die Wahl der Organisationsform determiniert ist, ergeben sich verschiedene Kombinationsmöglichkeiten: 52

1. Bei öffentlich-rechtlicher Organisationsform

53   Ist eine öffentliche Einrichtung öffentlich-rechtlich organisiert (in unmittelbarer oder mittelbarer Verwaltung; vgl. Rdnr. 10 ff.), dann besitzt die Gemeinde nach heute ganz herrschender Auffassung bei der Wahl der Handlungsform (der Ausgestaltung des Benutzungsverhältnisses) ein **Wahlrecht.** Selbstverständlich kann sie sich für die öffentlich-rechtlichen Handlungsformen entscheiden (Verwaltungsakt, Verwaltungsvertrag), sie hat aber auch die Möglichkeit, trotz öffentlich-rechtlicher Organisationsform auf der Benutzungsebene die privatrechtlichen Handlungsformen einzusetzen. Dann wird typischerweise mit den Benutzern ein „Mietvertrag" abgeschlossen und ein „Mietzins" erhoben. Lässt sich nicht eindeutig feststellen, für welche der beiden Optionen sich die Gemeinde entschieden hat, dann streitet die **Vermutung** dafür, dass auch das Benutzungsverhältnis öffentlich-rechtlich ausgestaltet ist. Indizien zur Ermittlung der gewählten Ausgestaltung sind den Verlautbarungen und Unterlagen der Gemeinde zu entnehmen.

54   Je nach Ausgestaltung des Benutzungsverhältnisses als öffentlich-rechtlich oder privatrechtlich ergeben sich ganz unterschiedliche Rechtsfolgen. Ist das **Benutzungsverhältnis öffentlich-rechtlich** ausgestaltet, so gelangen die Handlungsformen des Verwaltungsakts mit Nebenbestimmungen (§§ 35, 36 VwVfG) oder des Verwaltungsvertrags (§ 54 VwVfG) zum Einsatz. Es entsteht regelmäßig ein sog. verwaltungsrechtliches Schuldverhältnis, innerhalb dessen verschiedene Bestimmungen des BGB entsprechend anwendbar sind. Dieses bildet auch die Basis für etwaige Haftungsansprüche, wobei zusätzlich ein Anspruch nach Amtshaftungsgrundsätzen (Art. 34 GG i. V. m. § 839 BGB) entstehen kann (zum Haftungsrecht bei der Benutzung öffentlicher Einrichtungen vgl. *Maurer,* Allgemeines Verwaltungsrecht, 18. Aufl. 2011, § 26 Rdnr. 39). Streitigkeiten über das Wie der Benutzung sind dann vor den Verwaltungsgerichten auszutragen, weil es sich um eine „öffentlich-rechtliche Streitigkeit" i. S. v. § 40 I 1 VwGO handelt. In diesem Fall sind mithin Streitigkeiten der ersten wie der zweiten Stufe gleichermaßen dem Öffentlichen Recht zugeordnet. Entgelte können nur in der Form von Benutzungsgebühren auf der Grundlage des jeweiligen Kommunalabgabengesetzes erhoben werden (vgl. § 18 Rdnr. 13 ff.).

55   Die Rechtsfolgen, die sich bei einer **privatrechtlichen Ausgestaltung des Benutzungsverhältnisses** ergeben, werden sogleich im Zusammenhang mit der Darstellung der Rechtslage bei privatrechtlicher Ausgestaltung des Benutzungsverhältnisses im Anschluss an die Wahl der privatrechtlichen Organisationsform skizziert:

2. Bei privatrechtlicher Organisationsform

Wird eine gemeindliche öffentliche Einrichtung organisatorisch **56** von einem Träger des privaten Rechts betrieben (vgl. Rdnr. 13 f.), dann ist auf der zweiten Stufe des Benutzungsverhältnisses **keine Rückkehr zum Öffentlichen Recht** mehr möglich. Dem privatrechtlich organisierten Einrichtungsträger ist es verwehrt, die Handlungsformen des öffentlichen Rechts einzusetzen, da diese den öffentlichrechtlich organisierten Trägern vorbehalten sind. Die einzig denkbare Ausnahme von diesem Verbot, die Beleihung, kommt in diesen Fällen regelmäßig nicht in Betracht, da es an der erforderlichen gesetzlichen Übertragung der Befugnis zum Einsatz der öffentlich-rechtlichen Handlungsformen beim Betrieb öffentlicher Einrichtungen fehlt (ohne Beleihungsgesetz keine Beleihung).

Die **Rechtsfolgen** bei einer privatrechtlichen Ausgestaltung des **57** Benutzungsverhältnisses (gleichgültig ob privatrechtliche oder öffentlich-rechtliche Einrichtungsorganisation) richten sich daher zunächst einmal nach dem Privatrecht. Zwischen der Gemeinde und den Benutzern wird ein privatrechtlicher Vertrag, typischerweise ein Mietvertrag, abgeschlossen. Die Haftung beurteilt sich nach den Regeln des Vertrags- bzw. des Deliktsrechts (zur Rechtslage in dieser Situation vgl. wiederum *Maurer*, Allgemeines Verwaltungsrecht, 18. Aufl. 2011, § 25 Rdnr. 56). Das Entgelt kann nicht in der Form der Benutzungsgebühren erhoben werden, sondern muss als privatrechtliches Entgelt, typischerweise als Mietzins, erhoben werden. Über Streitigkeiten entscheiden die ordentlichen Gerichte. Bei der Kalkulation des Entgelts und vor allem bei dessen Höhe ist die Gemeinde allerdings nicht vollkommen frei, sondern unterliegt spezifischen Bindungen, die über die Generalklauseln der §§ 138, 242 BGB auf das Benutzungsverhältnis einwirken (sog. Verwaltungsprivatrecht; vgl. näher § 18 Rdnr. 16). An der Grundrechtsbindung ändert sich sowieso nichts (Rdnr. 50).

3. Kombinationsmöglichkeiten und Rechtsfolgen

58

	Stufe der Zulassung	Stufe der Benutzung: Öffentlich-rechtlich	Stufe der Zulassung: Privatrechtlich
Öffentlich-rechtliche Organisationsform (unmittelbar)	Kommunalrechtlicher Zulassungsanspruch	Möglich	Möglich
Öffentlich-rechtliche Organisationsform (mittelbar)	Kommunalrechtlicher Verschaffungsanspruch	Möglich	Möglich
Privatrechtliche Organisationsform (mittelbar)	Kommunalrechtlicher Verschaffungsanspruch	Nicht möglich	Möglich

Literatur: *Fischedick,* Die Wahl der Benutzungsform kommunaler Einrichtungen, 1986; *Gern,* Privatrechtliche Entgelte für die Benutzung öffentlicher Einrichtungen der Kommunen, VBlBW 2006, 458; sowie die zu II gegebenen Hinweise.

VI. Anschluss- und Benutzungszwang

59   Bei einer Reihe besonders wichtiger öffentlicher Einrichtungen beruht die Benutzung nicht auf einer freiwillig beantragten Zulassung, sondern auf dem sog. Anschluss- und Benutzungszwang. Hierbei handelt es sich um ein klassisches kommunalrechtliches Instrument, das die Einführung einer modernen Infrastruktur in den Städten und Gemeinden vielfach erst ermöglicht hat. Dies wird am deutlichsten im Bereich der Abwasserbeseitigung durch die Ersetzung privater Kloaken durch ein sämtliche Grundstücke im Gemeindegebiet erfassendes Kanalisationssystem dokumentiert. Die Anordnung des Anschluss- und Benutzungszwangs ist unter im Detail teilweise unterschiedlichen Voraussetzungen in allen Gemeindeordnungen vorgesehen.[5] Die Anordnung führt zur Begründung einer gemeindlichen **Monopolstellung** auf örtlicher Ebene, denn mit dem Anschluss- und Benutzungszwang zugunsten einer gemeindlichen Ein-

---

5 § 11 GO BW; Art. 24 I Nr. 2–3 BayGO; § 12 II, III BbgKVerf; § 19 II HessGO; § 15 KV MV; § 13 NdsKomVG; § 9 GO NRW; § 26 GO Rh.-Pf.; § 22 KSVG; § 14 Sächs-GO; § 8 Nr. 2 GO LSA; § 17 GO SH; § 20 II Nr. 2 ThürKO.

richtung korrespondiert ein Verbot zum Betrieb und zur Benutzung konkurrierender privatwirtschaftlicher Einrichtungen.

Die Anordnung des Anschluss- und Benutzungszwangs ist in je- 60 dem Fall mit Eingriffen in die Grundrechte der betroffenen Grundstückseigentümer verbunden. Nach der Regel vom **Vorbehalt des Gesetzes** ist sie daher nicht allein durch Satzung möglich, sondern es bedarf einer spezialgesetzlichen Rechtsgrundlage. Diese ist in allen Gemeindeordnungen auch vorhanden. Auf ihrer Basis wird der Anschluss- und Benutzungszwang im Hinblick auf die konkret betroffene Einrichtung und die einzeln erfassten Grundstücke sodann durch gemeindliche Satzung angeordnet. Diese gesetzlichen Vorgaben verstoßen grundsätzlich nicht gegen Art. 28 II GG, wie das BVerwG zutreffend festgestellt hat (NVwZ 2005, 963). In manchen Bereichen bedarf es der Anordnung eines Anschluss- und Benutzungszwangs durch die Gemeinde nicht (bzw. dient sie nur der Detailregelung), weil eine spezialgesetzliche Grundlage existiert, die entsprechende Pflichten bereits unmittelbar statuiert, so im Bereich der Hausmüllentsorgung (vgl. z. B. § 13 I–III KrWG i. V. m. dem Landesabfallrecht [z. B. § 9 I a 1 LAbfG NRW]).

1. Begriff und Anwendungsbereiche

Der **Anschlusszwang** bedeutet, dass die betroffenen Grundstücks- 61 eigentümer die technische Verbindung ihrer Grundstücke zur betreffenden öffentlichen Einrichtung (typischerweise die Verlegung von Leitungen) dulden müssen, und zwar auf eigene Kosten. Der **Benutzungszwang,** der mit einem Anschlusszwang nicht zwingend einhergehen muss, knüpft hieran an und beinhaltet die Verpflichtung zur Benutzung der gemeindlichen Einrichtung bei gleichzeitigem Verbot der Benutzung anderer Einrichtungen. Mit der Benutzungspflicht korrespondiert gleichzeitig ein Recht zur Benutzung der betreffenden Einrichtung; vgl. BayVerfGH, NVwZ 2009, 298.

Beispiele: Neben den klassischen Beispielen Abwasserentsorgungseinrichtungen (Abwasserkanäle, Klärwerke etc.), Schlachthöfe oder der Wasserversorgung (vgl. zur dortigen Rechtslage *Kahl*, GewArch. 2007, 441) spielen die Bestattungseinrichtungen eine wichtige Rolle (weiterführend *Spranger,* Die Beschränkung des kommunalen Satzungsgebers beim Erlaß von Vorschriften zur Grabgestaltung, 1999; *ders.*, NWVBl. 2004, 9; *Gaedke* [Begr.], Handbuch des Friedhofs- und Bestattungsrechts, 10. Aufl. 2010). Problematisch ist die Reichweite des Benutzungszwangs im Hinblick auf Teilbereiche von Bestattungseinrichtungen (vgl. HessVGH, NVwZ 1988, 847, betreffend Leichenhallen) sowie die Gestaltung der Grabmäler (vgl. jüngst BVerwG, NJW 2004, 2844), im Hinblick auf die in der neueren Zeit durch die Bestattungsgesetze der Länder verschiedene Lockerungen erfolgt sind (zu den Grundrechten im Benutzungsverhältnis vgl. Rdnr. 50); zur Verfassungswidrigkeit des völligen Ausschlusses Privater von der Leichenaufbewahrung vgl. BayVerfGH, DVBl. 2005, 436. Legitime Belange zu Lasten der Grabnutzungsrechteinhaber können auch in der Erholungs- und Klimaschutzfunktion des Friedhofsparks liegen (so OVG NRW, NWVBl. 2009, 438). Zur Frage, ob der Ausschluss von Grabausstattungsmaterial aus Kinderarbeit eine „örtliche Angelegenheit" ist, vgl. § 6 Rdnr. 16.

2. Voraussetzungen

62   Nach den Gemeindeordnungen aller Länder setzt die rechtmäßige Anordnung eines Anschluss- und Benutzungszwangs zweierlei voraus:
– Das Vorhandensein einer **öffentlichen Einrichtung** (vgl. allg. Rdnr. 5 ff.; dieses Erfordernis ist mit BVerwG, NVwZ 2005, 963, mit Art. 28 II GG vereinbar), die die im Einzelnen genannten materiellen Voraussetzungen erfüllt (1);
– das Vorliegen eines (näher qualifizierten) **öffentlichen Bedürfnisses** (2).

63   Zu (1): In den jeweiligen Vorschriften sind beispielhaft einzelne **Einrichtungen** genannt (z. B. „Wasserleitung", „Kanalisation"), darunter im Gefolge einer veränderten Umwelt- und Energiepolitik vermehrt die Einrichtungen der „Versorgung mit Fernwärme".[6] Da bei den Fernwärmeversorgungseinrichtungen der Bezug zum Gesundheitsschutz nicht ebenso evident besteht wie bei den klassischen Einrichtungen der Abwasserbeseitigung und Wasserversorgung, werden hier zusätzlich erhöhte Anforderungen an das zweite Tatbestandsmerkmal (öffentliches Bedürfnis; konkret durch „Klimaschutz", vgl. BVerwG, NVwZ 2004, 1131; VGH BW, VBlBW 2004, 337) gestellt. Auch Art. 20 a GG ermächtigt die Kommunen überdies nicht zu einem Tätigwerden ohne Bezug zur örtlichen Gemeinschaft (BVerwG, DVBl. 2006, 779). Die sich hieraus ergebenden Unsicherheiten hat der Gesetzgeber mit der neu geschaffenen Vorschrift des § 16 Erneuerbare-Energien-Wärmegesetz reduziert, die in Ergänzung der GO-Ermächtigungsgrundlagen die Anordnung eines Anschluss-

---

6 § 11 I 1 GO BW; Art. 24 I Nr. 3 BayGO; § 19 II 1 HessGO; § 15 I 1 KV MV; § 13 S. 1 Nr. 1 lit. a) NdsKomVG; § 9 S. 1 GO NRW; § 26 I 1 GO Rh.-Pf.; § 22 I KSVG; § 14 I SächsGO; § 8 Nr. 2 GO LSA; § 17 II 1 GO SH; § 20 II Nr. 2 ThürKO.

und Benutzungszwangs zugunsten der Netze der Nah- und Fernwärmeversorgung erleichtern will (näher *Kahl*, VBlBW 2011, 53;
Böhm/Schwarz, DVBl. 2012, 540). Zugunsten von nicht explizit genannten Einrichtungen kann ein Anschluss- und Benutzungszwang
angeordnet werden, wenn es sich um „ähnliche der Volksgesundheit
dienende Einrichtungen" (vgl. z. B. § 11 I 1 GO BW) handelt.

Zu (2): Neben dem Vorhandensein einer öffentlichen Einrichtung 64
bedarf es eines „**öffentlichen Bedürfnisses**". Damit ist nicht jeder beliebige Gemeinwohlbelang gemeint, vielmehr muss es gerade um die
Erhaltung bzw. Förderung der Volksgesundheit einschließlich ihrer
ökologischen Bezüge gehen. Nur wenn dieses Erfordernis erfüllt ist,
können in die Prüfung auch Rentabilitätserwägungen (Auslastung einer Anlage) einfließen. Alleine aus fiskalischen Erwägungen kann der
Anschluss- und Benutzungszwang nicht angeordnet werden. Das
Tatbestandsmerkmal „öffentliches Bedürfnis" ist ein unbestimmter
Rechtsbegriff, dessen Auslegung von den Verwaltungsgerichten vollumfänglich nachgeprüft werden kann und muss.

So wurde z. B. im Hinblick auf die Gasversorgung ein öffentliches Bedürf- 65
nis verneint (VGH BW, DVBl. 1994, 1153) und im Hinblick auf eine Kanal-
isationseinrichtung das öffentliche Interesse auf das Schmutzwasser, nicht jedoch auf das Niederschlagswasser beschränkt (OVG NRW, NWVBl. 2003,
380 mit Anm. *Hünnekens/Kröcher*, NWVBl. 2004, 88). Teilweise wird zugunsten der Gemeinde ein Beurteilungsspielraum angenommen (OVG NRW,
NVwZ 1987, 227; *Wagener*, Anschluß- und Benutzungszwang für Fernwärme, 1989, 154 ff.), was jedoch angesichts der berührten Grundrechte (vgl.
sogleich Rdnr. 66 f.) und in Anbetracht der Rekonstruierbarkeit der gemeindlichen Entscheidungssituation anhand von Datenmaterial etc. nicht überzeugt.
Als aktuelle Entscheidung zur Fernwärmeversorgung: BGH, NJW 2002, 3779
(Fall Börnsen).

3. Vereinbarkeit mit höherrangigem Recht

Die Anordnung des Anschluss- und Benutzungszwangs stellt re- 66
gelmäßig einen Eingriff in die **Grundrechte der Anschluss- bzw. Be-
nutzungspflichtigen** dar. Beeinträchtigt ist jedenfalls das Grundrecht
der allgemeinen Handlungsfreiheit (Art. 2 I GG); u. U. kann in Anbetracht bereits vorhandener funktionsfähiger eigener Anlagen
(Brunnen, Heizanlage etc.) das Eigentumsgrundrecht des Art. 14
GG beeinträchtigt sein. Nach ständiger Rechtsprechung (zuletzt wieder OVG NRW, NWVBl. 2011, 322) ist in beiden Fällen jedoch
grundsätzlich eine Rechtfertigung durch die erforderlichen Gründe

der Volksgesundheit bei Beachtung des Verhältnismäßigkeitsprinzips möglich. Für Härtefälle sehen die Satzungen auf der Grundlage der jeweiligen landesrechtlichen Vorschrift regelmäßig Ausnahme- und Befreiungsmöglichkeiten vor. Wird von diesen Gebrauch gemacht, entsteht kein Bedarf nach Sekundärrechtsschutz, d. h. für Ansprüche aus ausgleichspflichtiger Inhaltsbestimmung, enteignungsgleichem oder enteignendem Eingriff ist regelmäßig kein Platz.

67   Die **Anbieter vergleichbarer Leistungen** verlieren mit der Anordnung eines Anschluss- und Benutzungszwangs vielfach erhebliche Marktanteile (Beispiel: Nach Anschluss an die Fernwärmeversorgung geht der Heizölbedarf zurück). Da die Aussicht auf künftige Früchte wirtschaftlicher Betätigung nicht von Art. 12 I bzw. Art. 14 GG geschützt ist und die vorhandene betriebsnotwendige Ausstattung u. U. zwar kaum mehr ausgelastet werden kann, aber jedenfalls nicht enteignet wird, bestehen auch hier nur geringe Erfolgsaussichten für ein grundrechtsgestütztes Vorgehen. Die Rechtsprechung sieht diese Beeinträchtigungen, vorbehaltlich des besonders zu prüfenden Einzelfalls, als gerechtfertigt an. Dies gilt auch im Hinblick auf das europäische Grundfreiheitsrecht der freien Dienstleistung (Art. 56, 57 AEU), das bei Vorliegen „zwingender Erfordernisse" und unter Beachtung des Verhältnismäßigkeitsgrundsatzes ebenfalls beschränkt werden kann; eine Diskriminierung liegt angesichts der gleichmäßigen Betroffenheit inländischer wie ausländischer Anbieter ja nicht vor. Wettbewerbsrechtliche Schranken greifen ebenso wenig ein wie die Vorschriften des kommunalen Wirtschaftsrechts, weil der kommunalen Leistungserbringung ein hoheitlicher Zwangseingriff zugrunde liegt (vgl. § 17 Rdnr. 3).

68   **Rechtsschutz** können die Anschluss- und Benutzungsverpflichteten ebenso wie die Anbieter vergleichbarer Leistungen (bei diesen ist auf die Klagebefugnis zu achten!) entweder im Wege des prinzipalen Rechtsschutzes gegen die gemeindliche Satzung oder inzident suchen (vgl. zu beiden Möglichkeiten § 15 Rdnr. 43, 47). Erfolgt die Umsetzung des Anschluss- und Benutzungszwangs durch Realakt, so besteht der inzidente Rechtsschutz in der allgemeinen Feststellungsklage gemäß § 43 VwGO. Werden Verwaltungsakte erlassen, ist Anfechtungsklage gemäß § 42 I VwGO zu erheben.

4. Benutzungs- und Entgeltverhältnis

Auch bei Einrichtungen mit Anschluss- und Benutzungszwang **69** sind zahlreiche Regelungen betreffend das Wie der Benutzung einschließlich des Entgeltes zu treffen. Sie orientieren sich an den für die übrigen Einrichtungen geltenden Grundsätzen (Rdnr. 48 ff.). Obgleich die „erste Stufe" hier auf einem hoheitlichen Zwangseingriff beruht, kann das Benutzungsverhältnis privatrechtlich ausgestaltet werden. Das allgemein anerkannte **Wahlrecht** der Gemeinde (vgl. Rdnr. 53) besteht ungeachtet der Anordnung eines Anschluss- und Benutzungszwangs. Dies bedeutet konkret, dass auch privatrechtliche Entgelte (anstelle von Benutzungsgebühren) erhoben werden können.

So jedenfalls die überwiegende und im Ergebnis auch akzeptable Rechtspre- **70** chungspraxis (BGH, NVwZ 1990, 388; SächsOVG, DVBl. 1997, 507; BVerwG, NVwZ 2005, 1072, sowie *Hüting/Koch,* LKV 1999, 132; a. A. noch OVG LSA, LKV 1999, 150).

Literatur: *Weiß,* Öffentliche Monopole, kommunaler Anschluß- und Benutzungszwang und Art. 12 GG, VerwArch. 89 (1999), 415; *Faber,* Der kommunale Anschluss- und Benutzungszwang, 2005; *Pielow/Finger,* Der Anschluss- und Benutzungszwang im Kommunalrecht, JURA 2007, 189.

Falllösung: *Hartmannsberger,* JuS 2006, 614.

§ 17. Wirtschaftstätigkeit und Privatisierung

Die Gemeinden betätigen sich seit jeher in bestimmten Bereichen **1** (äußerlich) wie ein Unternehmer, d. h. sie bieten Leistungen an (von der Strom- und Wasserversorgung, über die Abfall- und Abwasserentsorgung bis hin zur Saunalandschaft oder der Gartenunterhaltung) oder sie fragen selbst private Leistungen nach (durch die Vergabe von Bau- oder Dienstleistungsaufträgen). Das Tätigwerden „wie ein Unternehmer" betrifft somit den **Modus** gemeindlichen Handelns. Es bildet naturgemäß eine Herausforderung für die privaten Wirtschaftsteilnehmer, die ggf. Rechtsschutz gegen das gemeindliche Konkurrenzunternehmen suchen. Infolge der europaweiten Verflechtung wirtschaftlicher Aktivitäten tritt als weiterer Maßstab (neben das Verfassungs- und das Kommunalrecht) vielfach das Europarecht hinzu. Während sich die Gemeinden auf die Bedeutung und Notwendigkeit der durch sie erbrachten „Daseinsvorsorge" berufen, schallt ihnen der ordnungspolitische Ruf von Wettbewerb und Chancengleichheit entgegen.

2   Der Zugang zu dieser sowohl für die Praxis (Rechtsgestaltung bzw. -beratung; Staatsaufsicht; Konkurrentenklagen) als auch für die Klausur bedeutsamen Thematik wird dadurch erschwert, dass viele der berührten Rechtsfragen sich in gleicher Weise auch bei einer Wirtschaftsbetätigung des Bundes bzw. der Länder ergeben. Weil allerdings die Wirtschaftsbetätigung auf der kommunalen Ebene einen besonders traditionellen und praktisch wichtigen **Ausschnitt** innerhalb des größeren Rahmens der **staatlichen Wirtschaftsbetätigung** (i. w. S.) bildet, ist es notwendig, auch diesen allgemeineren Rahmen in den Grundrissen zu veranschaulichen. In der Fülle der Erscheinungsformen und Maßstabsnormen soll zunächst differenziert werden zwischen dem allgemeinen Rechtsrahmen (und dort zwischen den Fragen betreffend das Ob und den Fragen betreffend das Wie der Wirtschaftsbetätigung; II), bevor zu III die spezifisch kommunalrechtlichen Maßstäbe für das Ob und der Rechtsschutz der privaten Konkurrenz erörtert werden. Abschließend soll der Themenkreis „Privatisierung und Organisationsformenwahl" behandelt werden (IV), welcher zwar nicht nur, aber besonders häufig im Zusammenhang mit einer wirtschaftlichen Betätigung berührt ist.

I. Problematik kommunaler Wirtschaftsbetätigung

3   Da der Begriff der staatlichen bzw. kommunalen Wirtschaftsbetätigung davon abhängt, um welchen rechtlichen Zusammenhang es jeweils geht (vor allem die Gemeindeordnungen verwenden einen eigenen, engen Begriff; vgl. Rdnr. 2), ist zunächst eine möglichst **weite Begriffsbestimmung** zugrunde zu legen. Danach ist wirtschaftliche Tätigkeit die Teilnahme am Austausch von Leistungen und u. U. finanziellen Gegenleistungen auf einem bestimmten Markt, gleichgültig ob eine Gewinnerzielungsabsicht besteht. Nicht erfasst sind diejenigen Aufgaben, die durch den Einsatz der öffentlich-rechtlichen Handlungsformen (v. a. Satzungen und Verwaltungsakte) geprägt sind. Dies gilt auf kommunaler Ebene vor allem für die zahlreichen Aufgaben, in denen es um die Gewährleistung der öffentlichen Sicherheit und Ordnung geht.

4   In aller Regel erfolgt eine wirtschaftliche Betätigung durch die Gemeinden nicht durch die unmittelbare Gemeindeverwaltung (Behör-

den und Ämter), sondern durch eigens zu diesem Zweck gegründete Einheiten. Diese werden „öffentliche Unternehmen" genannt, gleichgültig ob sie öffentlich-rechtlich oder privatrechtlich organisiert sind (vgl. näher Rdnr. 72). Legt man die Begriffsbestimmung der Richtlinie 2006/III/EG vom 16.11.2006 (ABl. EG L 318/17), sog. EU-Transparenzrichtlinie, zugrunde, dann sind öffentliche Unternehmen all diejenigen Einheiten, auf die die öffentliche Hand (die Gemeinde) „auf Grund Eigentums, finanzieller Beteiligung, Satzung oder sonstiger Bestimmungen ... einen beherrschenden Einfluss ausüben kann" (Art. 2 lit. b; vgl. zum europäischen Unternehmensbegriff EuGH, EuZW 2006, 600). Nach dem Muster des Transparenzgesetzes NRW vom 17.12.2009 (GVBl. 950; Art. 4 bewirkte Änderungen in den §§ 108, 114a GO NRW) dürften vermehrt Pflichten zur individualisierten Offenlegung der Bezüge von Aufsichtsrats- und Vorstands- bzw. Geschäftsführungsmitgliedern bei öffentlichen Unternehmen begründet werden. Dies wirft kompetenz- (abschließende Regelung im Handelsgesetzbuch?) und grundrechtliche Fragen (Recht auf informationelle Selbstbestimmung?) auf (vgl. *Dietlein/Riedel*, NWVBl. 2010, 453; *Kreutz*, DÖV 2012, 89).

Beispiele: Stadtwerke-GmbH, Städtische Nahverkehrsbetriebe AG bzw. auf Bundesebene Deutsche Bahn AG, Deutsche Post AG, Messe GmbH, Wohnungsbau AG, Theater und Philharmonie GmbH.

1. Rahmenbedingungen

Dass sich der Staat (v. a. bei Bahn und Post) und die Kommunen 5 wirtschaftlich betätigen, hat eine lange Tradition. Zumeist fällt der Beginn eines solchen Engagements mit einer festgestellten und von den Staatsbürgern bzw. Gemeindeeinwohnern beklagten Unterversorgung in einem bestimmten Bereich durch die Privatwirtschaft zusammen. Dies lässt sich besonders veranschaulichen an dem zum Ende des 19. Jahrhunderts in allen größeren Städten in Gang gekommenen Aufbau einer geordneten Abwasserbeseitigung durch die Verlegung von Leitungen und den Bau von Kläranlagen. Neben diesem aufgabenbezogenen Aspekt sind heute vor allem **drei Gründe** wichtig und für die gegenwärtige Zunahme des Phänomens verantwortlich:

Die Finanznot, die zur Beibehaltung ertragsstarker Engagements 6 bzw. zur Aufnahme neuer aussichtsreicher Aktivitäten verleitet, die Veränderung der wirtschaftlichen und rechtlichen Rahmenbedingungen auf einer Reihe wichtiger Teil-Märkte infolge der Liberalisierungspolitik (so v. a. im Bereich der Energieversorgung; vgl. noch Rdnr. 53) und schließlich die damit und mit der Politik der Verwaltungsmodernisierung (vgl. § 10 Rdnr. 9 ff.) einhergehende Ökonomisierung (auch) des Staates und der Kommunen: Wenn schon Behörden an ökonomischen Maßstäben gemessen und zu unternehmerisch denkenden Einheiten werden sollen, dann erfährt der unternehmerische Bereich erst recht Aufwind.

7   Nach Schätzungen gibt es in Deutschland rund 13000 kommunale Unternehmen. Die Mitgliedsunternehmen des Verbandes kommunaler Unternehmen (VkU) erzielen mit ihren 235.568 Beschäftigten Umsatzerlöse von rund 94 Milliarden Euro (2009).

2. Die kommunalrechtliche Dimension

8   Am Anfang der kommunalrechtlichen Beschäftigung mit der kommunalen Wirtschaftsbetätigung steht notwendigerweise die Selbstverwaltungsgarantie des Art. 28 II GG. Hier ist in Erinnerung zu rufen, dass dessen Gewährleistungsbereich eröffnet ist, wenn es sich bei einer in wirtschaftlicher Weise wahrgenommenen Aufgabe um eine „Angelegenheit der örtlichen Gemeinschaft" handelt (vgl. § 6 Rdnr. 14). Da die wirtschaftliche Betätigung nicht die Aufgabe selbst, sondern einen Modus der Aufgabenerfüllung betrifft, gehört die Befugnis zur wirtschaftlichen Betätigung innerhalb der Dogmatik des Art. 28 II GG zur **Eigenverantwortlichkeitsgarantie.** Neben einer Reihe anderer sog. Gemeindehoheiten (vgl. § 6 Rdnr. 33) wird von ihr die gemeindliche Entscheidungsbefugnis über den Modus der Aufgabenwahrnehmung erfasst.

9   Die **Rechtsinstitutionsgarantie** der Selbstverwaltung (Teilaspekt Eigenverantwortlichkeit) schützt gegen staatliche Verbote, Beschränkungen (wie sie in III zusammengestellt sind) sowie gegen darauf bezogene Verwaltungs- und Gerichtsentscheidungen. Dass überhaupt eine wirtschaftliche Betätigung stattfinden darf, dürfte zum Kernbereich der Selbstverwaltungsgarantie zählen (vgl. allg. § 6 Rdnr. 36 ff.), so dass ein vollständiges, voraussetzungsloses Verbot jeglicher kommunaler Wirtschaftsbetätigung verfassungswidrig wäre.

10   Wie bereits zu Art. 28 II GG dargestellt (§ 6 Rdnr. 11), lassen sich diesem keine Aussagen legitimierenden oder gar privilegierenden Charakters gegenüber der Privatwirtschaft entnehmen. Im Verhältnis zu dieser greift kein materiell-rechtliches Aufgabenverteilungsprinzip. Vielmehr sind die Kommunen

auch bei einer wirtschaftlichen Betätigung allen Bindungen der Verfassung (Grundrechte, Demokratieprinzip etc.) unterworfen. Insbesondere vermittelt Art. 28 II GG keine Befugnis zu Grundrechtseingriffen.

Weder eine Legitimation noch eine Privilegierung kommunaler 11 wirtschaftlicher Betätigung ergibt sich daraus, dass es typischerweise um Leistungen „zur Befriedigung der Bedürfnisse für eine dem jeweiligen Lebensstandard entsprechende Lebensführung" (**Daseinsvorsorge**) geht. Dieser über Jahrzehnte etablierte Begriff bringt zum Ausdruck, dass staatliche wie kommunale Aufgabenerfüllung in einem modernen Gemeinwesen notwendigerweise über die Gewährleistung von Sicherheit und Ordnung hinaus gehen. Aus ihm lässt sich aber nicht ableiten, dass bestimmte Leistungen der Infrastruktur oder des Sozialen nur durch den Staat bzw. die Kommunen (in Monopolstellung) erbracht werden dürfen. Auch die Leistungstiefe, d. h. die Frage, ob es genügt, dass die Gemeinde beispielsweise ein Angebot von Verkehrsleistungen durch Private sicherstellt und somit nicht selbst Anbieter des Verkehrsdienstes sein muss, lässt sich nicht allein mit Hilfe dieses Begriffs beantworten.

Er veranschaulicht, dass es bei der kommunalen Wirtschaftsbetäti- 12 gung um mehr als um Gewinnerzielung, nämlich um bestimmte **Sachziele** (Leistungserbringung mit der Gewähr von Dauerhaftigkeit und Bezahlbarkeit, Wirtschafts- und Mittelstandsförderung, ökologische, arbeitsmarkt- und tarifpolitische Ziele) geht. Anstatt diese Sachziele durch Gebote, Verbote oder Subventionsmaßnahmen herbeizuführen, agiert die Gemeinde unternehmerisch. Lediglich **Formalziele** sind somit Gewinn, Liquidität und Wachstum im Bereich des jeweiligen Unternehmens.

Der Begriff der Daseinsvorsorge ist im juristischen Kontext geprägt worden 13 durch *Ernst Forsthoff* (bilanzierend: Verwaltungsrecht I, 10. Aufl. 1973, 370); vgl. ferner *Ossenbühl*, DÖV 1971, 513 (516 f.), und *Hellermann*, Örtliche Daseinsvorsorge und gemeindliche Selbstverwaltung, 2000, 1 f.; *Pielow*, Grundstrukturen öffentlicher Versorgung, 2001, 18 f., 353 ff.; *Kersten*, Der Staat 44 (2005), 543; *Krajewski*, VerwArch 99 (2008), 174; zum 19. Jh. *Jellinghaus*, Zwischen Daseinsvorsorge und Infrastruktur, 2006. *Er* wird neuerdings in den deutschen Übersetzungen der verschiedenen Verlautbarungen der EU-Kommission zu diesem Thema verwendet (vgl. Rdnr. 4). Jenseits von speziellen Fachgesetzen (vgl. z. B. § 1 I Regionalisierungsgesetz für den Bereich des ÖPNV vom 27.12.1993 [BGBl. I, 2378, 2395], zuletzt geändert durch Gesetz vom 12.12.2007 [BGBl. I, 2871]) handelt es sich nicht um einen Rechtsbegriff, weil unmittelbar aus ihm keine Rechtsfolgen abgeleitet werden können (anders zuletzt wieder *Ronellenfitsch*, in: Blümel [Hrsg.], Ernst Forsthoff. Kolloquium aus Anlass des 100. Geburtstags, 2003, 53 [73 ff.]; diff. *Möstl*, in: Brenner/Huber/Möstl [Hrsg.], FS Badura, 2004, 951; *Winkel*, NWVBl. 2008, 285; *Leisner*, WiVerw 2011, 53).

14 Das Verhältnis zwischen **öffentlichen Einrichtungen** und der kommunalen Wirtschaftsbetätigung sieht so aus, dass der Modus des Wirtschaftlichen typischerweise, nicht aber zwingend, beim Einsatz des Instruments „öffentliche Einrichtung" Verwendung findet. Es gibt aber auch öffentliche Einrichtungen, deren Betrieb nicht zugleich eine wirtschaftliche Betätigung im Sinne der jeweiligen Gemeindeordnung darstellt (z. B. der Betrieb einer „Stadthalle" gemäß § 107 II 1 Nr. 2 GO NRW). Umgekehrt gibt es kommunalwirtschaftliche Betätigungen außerhalb des Betriebs öffentlicher Einrichtungen, z. B. bei der Vermarktung von Holz aus dem Gemeindewald, welcher keine öffentliche Einrichtung, sondern Bestandteil des Finanzvermögens (vgl. § 16 Rdnr. 5 ff.) ist.

3. Gemeinden als Nachfrager: Vergaberecht

15 Die kommunalrechtlichen Vorschriften über die Wirtschaftsbetätigung zielen ebenso wie die zu II skizzierten Vorgaben des europäischen und des Verfassungsrechts auf die Kommunen in ihrer Eigenschaft als Anbieter wirtschaftlicher Leistungen. Seit jeher sind sie (wie der Staat) aber auch als Nachfrager nach Gütern (von den Bleistiften, über den Fuhrpark bis hin zur EDV-Ausstattung), Bauleistungen und Dienstleistungen aller Art (vermehrt im Zuge der Privatisierungsströmung; vgl. dazu Rdnr. 68 ff.) aktiv. Das Gesamtvolumen der öffentlichen Nachfragetätigkeit in der EU beläuft sich auf 1,42 Billionen Euro und damit rund 16 % des Bruttoinlandsprodukts.

16 Die Gemeinden agieren dabei fast durchgehend in den Handlungsformen des Privatrechts. Die durch sie abgeschlossenen Beschaffungsverträge werden „**öffentliche Aufträge**" genannt. Das den Vorgang der Beschaffung regelnde Rechtsgebiet ist das Vergaberecht. Auftraggeber ist entweder die Gemeindeverwaltung selbst oder ein von der Gemeinde getragenes öffentliches Unternehmen, wenn die in § 98 Nr. 2 GWB an die Auftraggebereigenschaft gestellten Voraussetzungen erfüllt sind.

17 Besondere Probleme entstehen, wenn ein öffentliches Unternehmen sich bei der „eigenen" Gemeinde um einen öffentlichen Auftrag bewirbt. Hier hängt es von der Erfüllung verschiedener, im Wesentlichen durch den EuGH aufgestellter Kriterien ab, ob es sich um einen entgeltlichen Auftrag im Sinne des

§ 99 I GWB oder um eine sog. Inhouse-Vergabe handelt (bündig: *Burgi*, in: 67. DJT, 2008, Gutachten D, 75 ff. m. w. N.). Der EuGH hat zuletzt die Voraussetzungen für diese Ausnahme weiter verschärft (NVwZ 2005, 187; vgl. ferner EuGH, NZBau 2005, 644 [Parking Brixen]; Slg. 2006, I – 4137 [Carbotermo]; NZBau 2007, 381 [Asemfo]; offener wiederum EuZW 2009, 55 [Coditel]; zuletzt aus der deutschen Rechtsprechung OLG Hamburg, NZBau 2011, 185; instruktiv zum Ganzen *Gruneberg/Wilden*, Vergaberecht 2012, 149). Umstritten ist, ob der Behauptung, ein kommunales Unternehmen habe gegen die Schrankenvorschriften der jeweiligen Gemeindeordnung für die kommunalwirtschaftliche Betätigung verstoßen (Rdnr. 41 ff.), in einem Verfahren um die Vergabe eines Auftrages, für den sich jenes Unternehmen bewirbt, nachgegangen werden kann (befürwortend OLG Düsseldorf, NZBau 2002, 626, u. VergabeR 2009, 905; krit. *Schneider*, NZBau 2009, 352; offenlassend OLG Celle, NZBau 2009, 394; ablehnend *Burgi*, NZBau 2003, 539; OVG NRW, NVwZ 2008, 1031; krit. hierzu *Ennuschat*, NVwZ 2008, 966; *Mann*, in: Henneke (Hrsg.), Kommunalrelevanz des Vergaberechts, 2009, 64); dadurch würde der Rechtsschutz privater Konkurrenten (vgl. noch Rdnr. 57 ff.) in einem Teilbereich gestärkt.

Das Vergaberecht in Deutschland ist seit 1999 zweigeteilt. Damals **18** wurden durch das Vergaberechtsänderungsgesetz vom 26.8.1998 (BGBl. I, 2512) die EG-Vergaberichtlinien umgesetzt. Diese Richtlinien verfolgen das Ziel, die Verwirklichung der Grundfreiheiten des EG-Vertrages auch auf den Beschaffungsmärkten zu ermöglichen; bislang werden freilich nur ca. 5 % der Aufträge an Bieter aus anderen Mitgliedstaaten vergeben. Im Jahre 2004 sind die thematisch untergliederten EG-Vergaberichtlinien (bei geringfügiger Änderung) in einer Vergabe-Richtlinie zusammengefasst worden (Richtlinie über die Koordinierung der Verfahren zur Vergabe v. 31.3.2004 [ABl. Nr. L 134, 114 ff.]; sog. Legislativpaket).

Der Anwendungsbereich der EG-Vergaberichtlinie und damit auch **19** des deutschen sog. „Kartellvergaberechts" (so genannt wegen der Verankerung in den §§ 97 ff. GWB – zutreffender: EU-Sekundärvergaberecht) beginnt erst jenseits von sog. **Schwellenwerten.** Diese betragen bei Bauaufträgen ca. 5.000.000 Euro, bei Dienstleistungs- und Lieferaufträgen ca. 200.000 Euro.

Unterhalb dieser Schwellenwerte enthält die EG-Vergaberichtlinie keine **20** Vorgabe und gelten die §§ 97 ff. GWB nicht. Hier sind verschiedene Vergaberegelungen in den jeweiligen Haushaltsgesetzen enthalten, d. h. für den kommunalen Bereich im jeweiligen **Gemeindehaushaltsrecht** (vgl. § 18 Rdnr. 19 ff.). Die dortige Zielsetzung besteht in der Ermöglichung einer kostengünstigen Beschaffung für den öffentlichen Auftraggeber, nicht in der Herstellung von Wettbewerb. Daher gibt es unterhalb der Schwellenwerte kein

explizit geregeltes subjektives Recht der Bieter auf Einhaltung der haushaltsrechtlichen Vergabebestimmungen und keinen spezifischen Primärrechtsschutz. Das BVerfG hält nur Art. 3 I GG als Willkürverbot und über den Ge-
danken der Selbstbindung für relevant (NJW 2006, 3701; erläuternd *Burgi*,
WiVerw 2007, 173). Nach BVerwG, NVwZ 2007, 820 (krit. *Burgi*, NVwZ
2007, 737) gehören diesbezügliche Streitigkeiten vor die ordentlichen Gerichte. Diese müssen sich überdies mit der Realisierung der von der EU-Kommission in einer Mitteilung (v. 1.8.2006, ABl. Nr. C 179/02) zusammengestellten primärrechtlichen Vorgaben befassen.

21   Anders im Anwendungsbereich des Kartellvergaberechts (§§ 97 ff.
GWB i. V. m. der Vergabeverordnung i. d. F. d. B. vom 11.2.2003
[BGBl. I, 169], zuletzt geändert durch VO vom 14.3.2012 [BGBl. I,
488]): Gemäß § 97 VII GWB hat jeder Bieter einen Anspruch auf
Einhaltung der Vergabevorschriften. Diese betreffen das Vergabeverfahren, die Eignungskriterien (§ 97 III GWB), das Zuschlagskrite-
rium der Wirtschaftlichkeit (vgl. § 97 IV GWB; zur Statthaftigkeit
sog. vergabefremder, d. h. allgemeinpolitischer Kriterien vgl. *Burgi*,
in: Grabitz/Hilf, EUV/EGV, Bd. III, B 13, 2. Aufl. 2008; zuletzt
EuGH, NZBau 2008, 332 [Tariftreue]) und vor allem den Rechtsschutz. Gemäß §§ 103 ff. GWB kann gegen die Entscheidung der Ver-
gabestelle zunächst die bei der Verwaltung eingerichtete Vergabekam-
mer und sodann das jeweils zuständige Oberlandesgericht angerufen
werden. Die Einzelheiten des Vergabeverfahrens sind in den sog. Ver-
gabe- (früher: Verdingungs)ordnungen (für Bauleistungen: VOB/A;
für Lieferungen und Dienstleistungen: VOL/A; für freiberufliche
Leistungen: VOF) enthalten. Diese nicht staatlichen Regelwerke sind
durch §§ 4 ff. VergabeVO im Wege der Verweisung in den Ver-
ordnungsrang befördert worden. Bei kluger Handhabung bietet das
Vergaberecht den Kommunen erhebliche, oftmals unterschätzte Gestaltungsmöglichkeiten; vgl. *Burgi*, in: Henneke (Hrsg.), Kommunalrelevanz des Vergaberechts, 2009, 11).

Literatur: *Hellermann*, Örtliche Daseinsvorsorge und gemeindliche Selbstverwaltung, 2000; *Schneider*, Der Staat als Wirtschaftssubjekt und Steuerung-
sakteur, DVBl. 2000, 1250; *Storr*, Der Staat als Unternehmer, 2001; *Löwer*, Der
Staat als Wirtschaftssubjekt und Auftraggeber, VVDStRL 60 (2001), 416;
Burgi, Verwalten durch öffentliche Unternehmen im europäischen Institutio-
nenwettbewerb, VerwArch. 93 (2002), 255; *Rennert*, Der Selbstverwaltungs-
gedanke im kommunalen Wirtschaftsrecht, DV 35 (2002), 319; *Ehlers*, Gutachten E für den 64. DJT, in: Ständige Deputation des DJT (Hrsg.), Band I,
2002; *Britz*, „Kommunale Gewährleistungsverantwortung", DV 37 (2004),
145; *Franz*, Gewinnerzielung durch kommunale Daseinsvorsorge, 2005; *Alb-*

recht u. a. (Hrsg.), Kommunale Wirtschaft im 21. Jahrhundert, FS Becker, 2006; *Ipsen* (Hrsg.), Unternehmen Kommune?, 2007: *Stern*, Kommunale Wirtschaftsunternehmen im Lichte des Europäischen Gemeinschaftsrechts, in: Kluth/Müller/Peilert (Hrsg.), FS Stober, 2008, 97; *Simon*, Liberalisierung von Dienstleistungen der Daseinsvorsorge im WTO- und EU-Recht, 2009; *Sandberg/Lederer* (Hrsg.), Corporate Social Responsibility in kommunalen Unternehmen, 2011; *Krajewski*, Grundstrukturen des Rechts öffentlicher Dienstleistungen, 2011; *Rinken*, in: Mehde u. a. (Hrsg.), FS Bull, 2011, 279.

Zum **Vergaberecht:** *Pietzcker*, Die neue Gestalt des Vergaberechts, ZHR 162 (1998), 427; *Puhl*, Der Staat als Wirtschaftssubjekt und Auftraggeber, VVDStRL 60 (2001), 456; *Prieß* (Hrsg.), Handbuch des europäischen Vergaberechts, 3. Aufl. 2005; *Lux*, Einführung in das Vergaberecht, JuS 2006, 969; *Otting/Ohler*, Vergaberecht, in: Hoppe/Uechtritz (Hrsg.), Handbuch kommunale Unternehmen, 2. Aufl. 2007, 554 ff.; *Hertwig*, Praxis der öffentlichen Auftragsvergabe, 4. Aufl. 2009; *Burgi*, Die Zukunft des Vergaberechts, NZBau 2009, 609; *Byok*, Die Entwicklung des Vergaberechts seit 2011, NJW 2012, 1124.

II. Überblick: Der allgemeine Rechtsrahmen

Die folgende Darstellung bezieht sich auf das Ob und das Wie der 22 staatlichen bzw. kommunalen Wirtschaftsbetätigung mit Ausnahme der in den Gemeindeordnungen enthaltenen Anforderungen, die ausschließlich die kommunale Wirtschaftsbetätigung betreffen (dazu III).

1. Statthaftigkeit (Ob)

a) Europarecht. Aus dem europäischen Primärrecht (dem AEU- 23 Vertrag) ergeben sich keine Anforderungen an das Ob staatlicher bzw. kommunaler Wirtschaftsbetätigung. Der AEU-Vertrag statuiert in Art. 345, dass die „Eigentumsordnung in den verschiedenen Mitgliedstaaten" und damit auch die Zuordnung von Unternehmenseigentum zu staatlichen oder privaten Trägern unberührt bleibt. Gemäß Art. 106 I u. II AEU-Vertrag gelten für öffentliche Unternehmen allerdings die gleichen Spielregeln (Grundfreiheiten, Wettbewerbsrecht etc.) wie für die privatwirtschaftlichen Unternehmen. All dies betrifft das Wie. Hinsichtlich des Ob einer staatlichen bzw. kommunalen Wirtschaftsbetätigung verpflichtet das Europarecht weder zur Verfolgung eines öffentlichen Zwecks noch enthält es eine Subsidiaritätsklausel zugunsten der Privatwirtschaft. Man kann sagen, dass die europäische Haltung gegenüber der staatlichen bzw. kommunalen Wirtschaftsbetätigung von „Neutralität und Gestaltungsfreiheit" (so die EU-Kommission in ihrer Mitteilung vom 20.9.2000 [KOM [2000], 580 endg.]) geprägt ist.

24   **b) Verfassungsrecht.** In Art. 87 e III 1 (Eisenbahn) und 87 f II 1 (Post und Telekommunikation) ordnet das Grundgesetz sogar an, dass der Staat (nur noch) „privatwirtschaftlich" tätig sein darf. Für alle anderen Bereiche enthält es jedenfalls kein Verbot und auch keine explizite Formulierung von Anforderungen an die Statthaftigkeit. Da allerdings das unternehmerische Tätigwerden des Staates lediglich als ein Modus der Erfüllung von Staatsaufgaben, d. h. der Ausübung von Kompetenzen, anzusehen ist, muss es wie jegliche Staatstätigkeit dem **Gemeinwohl** dienen. Das Erfordernis eines öffentlichen Zwecks jeder Wirtschaftsbetätigung ist damit verfassungsrechtlich begründet. Eine rein erwerbswirtschaftliche Betätigung (ausschließlich zur Erzielung von Gewinnen) ist demnach verfassungsrechtlich untersagt. Allerdings handelt es sich hierbei um kein sehr strenges Kriterium, weil sich politische Zwecke für staatswirtschaftliche Aktivitäten (Sicherung von Arbeitsplätzen, Wirtschaftsförderung in einer bestimmten Region etc.) in der Regel rasch finden lassen.

2. Handlungsmaßstäbe (Wie)

25   Betätigen sich Staat bzw. Kommunen wirtschaftlich, dann sind sie im Europarecht wie alle anderen Wirtschaftsteilnehmer zu behandeln, d. h. sie sind den Spielregeln des Wettbewerbs und u. U. auch des Unternehmensteuerrechts unterworfen (vgl. z. B. BFH, KommJur 2012, 139; näher Meyer, HdbKWP II, 305) unterworfen. Nach deutschem Verständnis handelt es sich weiterhin um eine Erfüllung von Staatsaufgaben, so dass es bei den auch sonst für die Staatstätigkeit geltenden Bindungen bleibt:

26   **a) Europarecht.** Die kommunale Wirtschaftsbetätigung ist der gegenwärtig am stärksten europarechtlich determinierte Bereich (vgl. allg. § 4 Rdnr. 1 ff.) des Kommunalrechts. In der kommunalen Gestaltungs- und Beratungspraxis stellen die komplizierten und anspruchsvollen europarechtlichen Vorgaben eine große Herausforderung dar, die teilweise als Bedrohung empfunden wird. Der EuGH hat der EU-Kommission und sich selbst durch eine großzügige Interpretation der einschlägigen tatbestandlichen Voraussetzungen ein **weites Kontrollfeld** eröffnet. So sieht er den Handel zwischen den Mitgliedstaaten (vgl. Art. 107 I AEU) unabhängig vom örtlichen oder regio-

nalen Charakter der erbrachten Dienstleistungen oder von der Größe des betreffenden Tätigkeitsgebiets bereits dann beeinträchtigt, wenn sich durch die Begünstigung eines kommunalen Unternehmens die Chancen der in anderen Mitgliedstaaten niedergelassenen Unternehmen verschlechtern. Dadurch sind keinesfalls nur die größeren kommunalen Engagements (v. a. in der Energieversorgung), sondern auch Aktivitäten wie der ÖPNV im Gemeindegebiet erfasst.

Zugunsten der Gemeinden wird regelmäßig **Art. 14 AEU-Vertrag** 27 **(ex: Art. 16 EG-Vertrag)** ins Felde geführt. Danach hat die Gemeinschaft, allerdings nur im Rahmen der übrigen Vertragsbestimmungen, auch dafür Sorge zu tragen, dass die Grundsätze und Bedingungen für das Funktionieren von „Diensten von allgemeinem wirtschaftlichem Interesse so gestaltet sind, dass sie ihren Aufgaben nachkommen können".

An der Formulierung dieser Vorschrift und des konkreteren Art. 106 II 28 AEU (vgl. sogleich) wird deutlich, dass das Europarecht trägerneutral ist. D. h. es ist ihm gleichgültig, ob die betreffende „Dienstleistung von allgemeinem Interesse" von einem kommunalen Unternehmen oder von einem privaten Unternehmen (ggf. mit finanzieller Unterstützung der Gemeinde; vgl. zu den beihilferechtlichen Konsequenzen jedoch sogleich Rdnr. 28 ff.) erbracht wird. In Art. 36 EU-Grundrechtscharta ist der „Zugang zu öffentlichen Dienstleistungen" als Grundrecht ausgestaltet. Zur entgegengesetzten Perspektive, aus der sich die kommunalrechtlichen Beschränkungen (Rdnr. 39 ff.) u. U. als europarechtlich rechtfertigungspflichtig *zugunsten* der kommunalen Wirtschaft erweisen, vgl. *Ehricke*, IR 2007, 250; ablehnend *Burgi*, Neuer Ordnungsrahmen für die energiewirtschaftliche Betätigung der Kommunen, 2010, 35 ff.

Aus dem Primärrecht ist neben den Art. 101 und 102 AEU, die das 29 Verhalten im Wettbewerb betreffen (vgl. noch Rdnr. 31, 36), und den eher allgemein gehaltenen Grundfreiheitsbestimmungen (v. a. Art. 56, 57 AEU) das Beihilferecht der Art. 107 und 108 AEU die zentrale Rechtsquelle. Danach sind **Beihilfen (Subventionen)** grundsätzlich unstatthaft, sofern nicht einer der Ausnahmetatbestände des Art. 107 AEU erfüllt ist oder die EU-Kommission (nach Durchführung eines sog. Notifizierungsverfahrens) die betreffende Beihilfe genehmigt hat. Im Hinblick auf die Kommunalwirtschaft ist der Beihilfetatbestand in zweifacher Hinsicht problematisch:
- Finanzielle Leistungen der Gemeinden an ihre eigenen Unternehmen entsprechen äußerlich der Unterstützung, die auch private Eigentümer ihren Unternehmen zukommen lassen. Sie können daher nur dann als Beihilfe qualifiziert werden, wenn sich herausstellt,

dass „ein privater Gesellschafter in einer vergleichbaren Lage unter Zugrundelegung der Rentabilitätsaussichten (nicht) entsprechend verfahren wäre" (sog. **market-investor-Test**).

– Ist die erstgenannte Voraussetzung erfüllt oder handelt es sich aus anderen Gründen um eine Begünstigung (v. a. weil das kommunale Unternehmen quersubventioniert wird, d. h. beispielsweise Gelder aus der Energiesparte in den ÖPNV transferiert werden), dann ist zu berücksichtigen, dass als **Gegenleistung** für die Inanspruchnahme der finanziellen Begünstigung ja eine gemeinwirtschaftliche Leistung erbracht wird (aus steuerrechtlicher Sicht: *Weitemeyer*, FR 2009, 1; BMF Schreiben vom 12.11.2009, erläutert in IR 2010, 23).

30   Nach der Rechtsprechung des EuGH (Slg. 2001, I-9067 [Ferring], NJW 2003, 2515 [Altmark Trans], und hierzu *Dörr*, NZBau 2005, 617) sei der Beihilfetatbestand dann nicht erfüllt, wenn das begünstigte Unternehmen tatsächlich mit der Erfüllung klar definierter gemeinwirtschaftlicher Verpflichtungen betraut worden ist (1), die Berechnungsparameter zuvor objektiv und transparent aufgestellt wurden (2), der Ausgleich nicht über das für die Deckung der gemeinwirtschaftlichen Verpflichtungen Erforderliche hinausgeht (3) und die Höhe der Kosten entweder anhand eines Kostenanalyseverfahrens ermittelt worden oder das betreffende Unternehmen durch ein Vergabeverfahren ausgewählt worden ist (4). Ausführlich zur Relevanz des Beihilferechts für die Kommunen Schuhmacher, KommJur 2012, 179.

31   Liegt ein Verstoß gegen die Art. 101, 102 AEU oder gegen eine Grundfreiheitsbestimmung oder gegen die Beihilfevorschriften vor, so ist die Rechtfertigungsvorschrift des **Art. 106 II AEU** zu prüfen. Danach können (u. a.) kommunale Unternehmen von den Vorschriften des Vertrages ausgenommen sein, „soweit die Anwendung dieser Vorschriften ... die Erfüllung der ihnen übertragenen besonderen Aufgaben rechtlich oder tatsächlich verhindert". Mit jedem dieser Begriffsmerkmale sind Auslegungsschwierigkeiten verbunden, wobei sich die unterschiedlichen dogmatischen Traditionen in der Ausgestaltung der Daseinsvorsorge in den einzelnen Mitgliedstaaten niederschlagen.

32   Die Praxis orientiert sich in dieser Situation an den Verlautbarungen der EU-Kommission, in denen überdies die einschlägige Rechtsprechung in kommentarähnlicher Weise zusammengestellt ist. Zu nennen sind die Mitteilung der Kommission zu den Leistungen der Daseinsvorsorge in Europa vom 20.9.2002 (KOM [2000], 580 endg.), der Bericht für den Europäischen Rat in Laaken vom 17.10.2001 (KOM [2001], 598 endg.) und das Grünbuch zu Dienstleistungen von allgemeinem Interesse vom 21.5.2003 (KOM [2003], 270 endg.) und schließlich das Weißbuch v. 15.5.2004 (KOM [2004], 374

endg.). Es ist nicht auszuschließen, dass diese Aktivitäten in eine Art Rahmenrichtlinie für die Daseinsvorsorge in Europa münden. Etwaige kompetenzielle Bedenken (vgl. etwa *Burgi*, Der Landkreis 2003, 26 ff.) könnten mit dem Inkrafttreten des Lissaboner Vertrages überwunden werden. Dieser sieht in Art. 14 AEU vor, dass die „Grundsätze und Bedingungen" für das Funktionieren der Dienste von allgemeinem wirtschaftlichen Interesse durch europäische Gesetze festgelegt werden (vgl. aber auch das hierzu verabschiedete „Protokoll über Dienste von allgemeinem Interesse"). Bereits seit längerem gibt es auf der Ebene des Sekundärrechts die Transparenzrichtlinie 2006/111/ EG vom 16.11.2006 (ABl. EG L 318/17), zuletzt geändert durch Richtlinie 2009/162/EU vom 22.12.2009 (ABl. L 10/14), die das Verhältnis der öffentlichen Hand zu ihren öffentlichen Unternehmen in organisationsrechtlicher Hinsicht betrifft. Dem Ziel einer Vereinfachung der beihilferechtlichen Vorschrift betreffend Dienstleisungen in allgemeinen wirtschaftlichen Interessen dienen das sog. Almunia-Paket (Beschluss 2012/21/EU der Kommission vom 20.12.2011 [ABl. EU L 7/3] und drei Mitteilungen der Kommission [ABl. EU C 8/4, 15 und 23]).

Zum **Rechtsschutz** kann es in diesem Zusammenhang auf zwei   33
Wegen kommen. Zum einen, wenn gemäß Art. 258 AEU gegen die Bundesrepublik von der EU-Kommission ein Vertragsverletzungsverfahren eingeleitet wird, weil die Bundesrepublik für das etwaige Fehlverhalten der Gemeinden einstehen muss. Zum anderen können konkurrierende privatwirtschaftliche Unternehmen im Zusammenhang mit einem Beihilfeverfahren nach Art. 108 AEU Rechtsschutz im Wege der Nichtigkeitsklage gemäß Art. 263 IV AEU suchen.

b) Verfassungsrecht. Weitaus weniger problematisch sind die Bin   34
dungen, die sich aus dem Grundgesetz ergeben. Gemäß Art 1 III GG bleibt die **Grundrechtsbindung** der Gemeinde auch dann bestehen, wenn sie unternehmerisch handelt. Daran ändert auch die regelmäßige Verwendung der privatrechtlichen Handlungs- bzw. Organisationsformen (vgl. noch Rdnr. 68 ff.) nichts. Der Satz von der „Flucht ins Privatrecht" geht heute somit fehl. Da die Kommunalunternehmen aber regelmäßig keine Grundrechtseingriffe bewirken, ist dieses Ergebnis von eher theoretischer Bedeutung.

Auch bei wirtschaftlicher Betätigung ist den Gemeinden eine Beru   35
fung auf die Grundrechte, d. h. die **Grundrechtsträgerschaft** (vgl. allg. § 7 Rdnr. 3 f.) verwehrt. Dies gilt auch für die von der Gemeinde beherrschten öffentlichen Unternehmen in Privatrechtsform, wie das BVerfG im Hinblick auf die Hamburgischen Elektrizitätswerke in einer Kammerentscheidung festgestellt (NJW 1990, 1783) und jüngst bestätigt hat (RdE 2009, 252). Sehr wichtig sind hingegen die Anfor-

derungen, die aus dem Gebot demokratischer Legitimation (Art. 20 II GG) resultieren. Sie determinieren ganz wesentlich das sog. Privatisierungsfolgenrecht (bei der sog. Organisationsprivatisierung; vgl. Rdnr. 79 ff.).

36   c) **Wettbewerbsrecht.** Während die allermeisten öffentlich-rechtlichen Normen, insbesondere das VwVfG, bei einer wirtschaftlichen Betätigung, insbesondere wenn sie in der Form des Privatrechts erfolgt, tatbestandlich nicht einschlägig sind, sind die Anforderungen des Wettbewerbsrechts zu beachten. Sie ergeben sich aus den Art. 101, 102 AEU, dem GWB (zur kartellrechtlichen Wasserpreiskontrolle: BGH, NJW 2010, 2573; zur Auskunftsverpflichtung gegenüber dem Kartellamt BGH, NJW 2012, 1150; weiterführend *Brüning*, NVwZ 2011, 985; *Säcker*, NJW 2012, 1105) und dem UWG. Ein Verstoß gegen § 3 UWG (früher § 1 UWG, Rdnr. 59 [sittenwidriges Wettbewerbshandeln]) kann insbesondere dann gegeben sein, wenn die Gemeinde ihre amtliche Autorität missbraucht oder in unlauterer Weise öffentliche und erwerbswirtschaftliche Interessen verquickt (Unterscheide: § 3 UWG als Maßstab für das Ob einer Wirtschaftsbetätigung: Rdnr. 59).

Beispiele: Gemeinsame räumliche Unterbringung des Bestattungsamtes und eines kommunalen Bestattungsunternehmens (vgl. OLG München, GRUR 1987, 550; BGH, DVBl. 2006, 116) bzw. irreführende Werbung („Städtische Pietät"; OLG Frankfurt a.M., KommJur 2008, 377); problematisch, von der Rechtsprechung für zulässig gehalten, ist auch der Verkauf von KfZ-Schildern durch einen städtischen Betrieb in den Räumen der städtischen KfZ-Zulassungsstelle (BGH, NJW 1974, 1333; NJW 1998, 3778; zum Fall der Vermietung vgl. Rdnr. 67). Zu den Bindungen der (Kommunal-)Verwaltung beim Handeln in privatrechtlichen Formen bzw. als Marktteilnehmer bündig *Ehlers*, in: Erichsen/Ehlers (Hrsg.), Allgemeines Verwaltungsrecht, 14. Aufl. 2010, § 2 Rdnr. 71 ff. Dort wird auch auf den (missverständlichen) Begriff „Verwaltungsprivatrecht" eingegangen. Ein Verstoß gegen das Kartellverbot des § 1 GWB kann z. B. darin liegen, dass sich mehrere Gemeinden zusammenschließen, um gemeinsam Ausrüstungsgegenstände für Feuerlöschzüge (sog. Einkaufskartell) zu beschaffen (BGH, NVwZ 2003, 1012).

Literatur: *Schliesky*, Öffentliches Wettbewerbsrecht, 1997; *Burgi*, Die Repolitisierung der Staatswirtschaft in europäischer Perspektive, in: Eberle/Ibler/Lorenz (Hrsg.), FS Brohm, 2002, 35; *Henneke* (Hrsg.), Kommunale Perspektiven im zusammenwachsenden Europa, 2002, insbesondere mit den Beiträgen von *Kluth*, *Pielow* und *Ruffert*; *Stober*, Neuregelung des Rechts der öffentlichen Unternehmen?, NJW 2002, 2357; *Mann*, Öffentliche Unternehmen im Spannungsfeld von öffentlichem Auftrag und Wettbewerb, JZ

2002, 819; *Jarass,* Kommunale Wirtschaftsunternehmen im Wettbewerb, 2002; *Hrbek/Nettesheim* (Hrsg.), Europäische Union und mitgliedschaftliche Daseinsvorsorge, 2002; *Papier,* Kommunale Daseinsvorsorge im Spannungsfeld zwischen nationalem Recht und Gemeinschaftsrecht, DVBl. 2003, 686; *Schink,* Kommunale Daseinsvorsorge in Europa, DVBl. 2005, 961; *Huber* u. *Ehlers,* in: Hennecke (Hrsg.), Öffentlicher Auftrag bei sich wandelnden Marktbedingungen, 2007; *Kluth* und *Nierhaus,* in: HdbKWP II, 3 u. 35; *Peters,* Die Dogmatik der Kommunalwirtschaft, 2011; *Rüdiger,* Kommunale Bürgschaften, 2011, sowie die zu I genannten Beiträge.

III. Kommunalrechtliche Statthaftigkeit und Konkurrentenrechtsschutz

Die Gemeindeordnungen aller Bundesländer enthalten Vorschrif- **37** ten, die dem Ob einer gemeindlichen Wirtschaftsbetätigung Schranken ziehen.[1] Die klassische **Zielsetzung** dieser Vorschriften besteht in der Konzentration der gemeindlichen Aktivitäten auf die politische Gestaltung und auf den Schutz der Gemeinde und ihres Haushaltes gegen die mit jeder wirtschaftlichen Betätigung verbundenen Risiken. Problematisch, und im Hinblick auf die Möglichkeit der Gewährung von Rechtsschutz für die privaten Wirtschaftsunternehmen klärungsbedürftig (vgl. Rdnr. 57 ff.), ist das Bestehen einer wettbewerblichen Zielsetzung, gerichtet auf den Schutz der privaten Wettbewerber vor kommunaler Konkurrenz.

Die heute geltenden Schrankenbestimmungen gehen zurück auf **38** § 67 der Deutschen Gemeindeordnung von 1936 (DGO). Danach durften die Gemeinden wirtschaftliche Unternehmen nur errichten oder wesentlich erweitern, wenn ein öffentlicher Zweck das Unternehmen rechtfertigte (1), das Unternehmen in einem angemessenen Umfang zur Leistungsfähigkeit der Gemeinden stand (2) und der Zweck nicht besser oder wirtschaftlicher durch einen anderen erfüllt werden könnte (3); zur DGO vgl. § 3 Rdnr. 19 ff.

Seit 2010 sind in mehreren Bundesländern grundlegendere Veränderungen im kommunalen Wirtschaftsrecht erfolgt. Ihnen gemeinsam ist die Erleichterung des überörtlichen Tätigwerdens im Bereich der Energiewirtschaft, wie sie in der ausführlichen Untersuchung von *Burgi,* Neuer Ordnungsrahmen für die energiewirtschatliche Betätigung der Kommunen, 2010, begrifflich

---

1 §§ 102 ff. GO BW; Art. 87 ff. BayGO; §§ 91 ff. BbgKVerf; §§ 121 ff. HessGO; §§ 68 ff. KV MV; §§ 136 ff. NdsKomVG; §§ 107 ff. GO NRW; §§ 85 ff. GO Rh.-Pf.; §§ 108 ff. KSVG; §§ 95 ff. SächsGO; §§ 116 ff. GO LSA; §§ 101 ff. GO SH; §§ 71 ff. ThürKO.

wie sachlich vorgezeichnet worden ist. **Brandenburg** hat Anfang 2012 (G.v. 9.1.2012, GVBl. I, 1) die Subsidiaritätsklausel dahingehend verändert, dass ein gemeindliches Tätigwerden erst dann unstatthaft ist, wenn Private „wirtschaftlicher" sind, selbst dann kann der Rat eine kommunale Wirtschaftsbetätigung für erforderlich erklären (§ 91 III BbgKVerf). Deutlich erleichtert wird ferner die Betätigung im Energiesektor außerhalb des eigenen Versorgungsgebiets. Im Gegensatz dazu verfolgt **Hessen** mit dem G.v.16.12.2011 (GVBl. I, 786) einen restriktiven Ansatz (vgl. § 121 Ia und Ib). **Nordrhein-Westfalen** hatte mit dem GO-Reformgesetz v. 20.9.2007 noch auf eine „stärkere Betonung eines Vorrangs der privaten Leistungserbringung bei gleichzeitiger Konzentration auf die Kernaufgaben der öffentlichen örtlichen Daseinsvorsorge" gezielt. Durch das Gesetz zur „Revitalisierung des Gemeindewirtschaftsrechts" v. 21.12.2010 (GVBl. 2010, 685) wurden in den §§ 107ff. GO erneut politisch motivierte Veränderungen vorgenommen. Neben der Einführung eines neuen Tatbestandes (betreffend die „energiewirtschatliche Betätigung"; näher Rn. 40) und verschiedenen kleineren Veränderungen wurde § 107 I GO neu gefasst. Seither genügt wieder das Vorliegen (lediglich) eines „öffentlichen Zwecks" und die Subsidiaritätsklausel des § 107 I 1 Nr. 3 GO wurde dahingehend (in Anknüpfung an die Rechtslage bis 2007) abgeschwächt, dass eine kommunale Wirtschaftsbetätigung erst dann augeschlossen ist, wenn andere Unternehmen den betreffenden Zweck „besser und wirtschaftlicher" erfüllen können. Wohlgemerkt: Die Struktur der Prüfung, ob eine bestimmte kommunale wirtschaftliche Betätigung statthaft ist oder nicht, hat sich durch beide Reformgesetze nicht verändert. **Sachsen-Anhalt** hatte die Sektoren der Strom-, Gas- und Wärmeversorgung bereits seit 2007 privilegiert. Ferner wurden im Interesse der Erhaltung und Schaffung leistungsfähiger Wettbewerber gegenüber den bundesweit tätigen großen privatwirtschaftlichen Energieversorgungsunternehmen zum einen die hiermit verbundenen Neben- und Hilfsdienstleistungen von bloß untergeordneter Bedeutung für zulässig erklärt (durch § 116 Abs. 2 Satz 2) und zum zweiten findet sich in § 116 Abs. 3 die Aussage, dass derartige Tätigkeiten auch außerhalb des Gemeindegebiets grundsätzlich als zulässig angesehen werden (i. d. F.d.G. v. 30.11.2011, GVBl., 814). Es bleibt abzuwarten, ob weitere Bundesländer folgen werden oder ob am Ende neben der herkömmlichen, explizit auf das öffentliche Interesse ausgerichteten wirtschaftlichen Betätigung (vgl. sogleich) ein genereller Sonderstatus für „kommunale Wettbewerbsunternehmen" (vgl. bereits § 66 II ThürKO [Statthaftigkeit der bloß fiskalischen Beteiligung am Unternehmen und zum Rechtsrahmen diesbezüglicher rechtspolitischer Überlegungen Rdnr. 50]; *Oebbecke*, DVBl. 2009, 1152 [1156f.]; *Jarass*, Formen des Kommunalwirtschaftsrechts, 2005; *Leder*, DÖV 2008, 173) geschaffen wird, die weitgehend frei von kommunalrechtlichen Fesseln, dadurch aber vollständig unprivilegiert im Rahmen des allgemeinen Wettbewerbs- und Vergaberechts agieren können.

1. Der Tatbestand einer wirtschaftlichen Betätigung

Die kommunalrechtlichen Schrankenbestimmungen betreffen nicht **39**
den eingangs (Rdnr. 2) umschriebenen Gesamtbereich der wirtschaftlichen Betätigung, sondern nur einen Ausschnitt. Dieser ist nicht positiv definiert (was auch gar nicht möglich wäre). Vielmehr werden in
den meisten Gemeindeordnungen bestimmte Aufgabenbereiche genannt und als „nicht wirtschaftliche Betätigung" kategorisiert.[2] Regelmäßig als **nicht wirtschaftliche Betätigung** eingestuft ist danach
die Erfüllung von Pflichtaufgaben oder auch der Betrieb von Einrichtungen des Bildungs-, Gesundheits- (einschließlich Erholung;
NdsOVG, NVwZ 2009, 258) oder Kulturwesens sowie der Wohn-
raumversorgung (dazu aktuell *Cronauge*, Neuregelung des Gemeindewirtschaftsrechts in NRW und kommunale Wohnungswirtschaft,
2009). Die Zuordnung zu der einen oder anderen Kategorie ist oft
nur schwer nachvollziehbar, so wenn beispielsweise nach § 107 II 1
Nr. 4 GO NRW die „Abwasserbeseitigung" als nichtwirtschaftliche,
die im Ausnahmekatalog nicht enthaltene Wasserversorgung demgegenüber als wirtschaftliche Betätigung eingestuft wird. Das Recyclen
von Altautos wurde in Auslegung des § 107 II GO NRW (a. F.) von
der ersten Instanz als wirtschaftliche, von der zweiten Instanz als
nichtwirtschaftliche Betätigung qualifiziert (LG Wuppertal, DVBl.
1999, 399 bzw. OLG Düsseldorf, NVwZ 2000, 111; ebenso zur Aufgabe des Betriebs von Einrichtungen der Abfallentsorgung OVG
NRW, NZBau 2005, 167). Die Gemeindeordnungen von Bayern,
Mecklenburg-Vorpommern, Sachsen-Anhalt und Thüringen enthalten gar keine Negativliste, § 91 VII BbgKVerf nimmt die Verwaltung
des Gemeindevermögens vom Begriff der wirtschaftlichen Betätigung
aus. Die Einordnung als nichtwirtschaftliche Betätigung hat zur
Folge, dass die Schrankenbestimmungen nicht eingreifen. Dennoch
ist auch dann die Verfolgung eines öffentlichen Zwecks erforderlich,
weil dies für jede Art kommunaler Betätigung unmittelbar aus der
Verfassung folgt (Rdnr. 24). Die kommunalrechtlichen Vorschriften
erklären überdies einzelne Schranken (vgl. OVG NRW, NWVBl.
2006, 231; krit. *Glückert/Franßen*, NWVBl. 2007, 465), insbesondere
im Hinblick auf den Einsatz privatrechtlicher Organisationsformen,
bei einer nichtwirtschaftlichen Betätigung für anwendbar.

---

2 § 102 IV GO BW; § 91 VII BbgKVerf; § 121 II HessGO; § 136 III NdsKomVG; § 107
II GO NRW; § 85 IV GO Rh.-Pf.; § 108 II KSVG; § 97 II SächsGO; § 101 IV GO SH.

40   Ebenfalls mit dem „Gesetz zur Revitalisierung des Gemeindewirtschaftsrechts" im Dezember 2010 (Rn. 38) wurde in NRW ein neuer, dritter Tatbestand mit spezifischen Rechtsfolgen eingefügt. Er betrifft die „**energiewirtschaftliche Betätigung**" (§ 107a) und ist das Produkt langjähriger politischer
Auseinandersetzungen. Terminologie und Grundkonzept entstammen einer
umfangreichen Untersuchung, die der *Verf.* dieses Lehrbuchs (noch im Auftrag der vorherigen Landesregierung) erstattet hatte (Neuer Ordnungsrahmen
für die energiewirtschaftliche Betätigung der Kommunen, 2010, Bochumer
Beiträge zum Berg- und Energierecht, Bd. 55). Damit soll verschiedenen Besonderheiten der Energiemärkte Rechnung getragen werden, die durch unverändert oligopolitische Strukturen insbesondere im Bereich der Erzeugung geprägt sind und gleichzeitig durch immer neue Dienstleistungen und Produkte
sowie zunehmenden Anforderungen an Umweltverträglichkeit und Effizienz
einer intensiven Dynamisierung ausgesetzt sind. Neben den großen Verbund-
unternehmen (v.a. E.ON und RWE) sollten die kommunalen Stadtwerkeunternehmen zu leistungsfähigeren Konkurrenten heranwachsen können und
insbesondere auch Kraftwerke außerhalb der Grenzen des eigenen Stadtge-
biets betreiben, Kundenbeziehungen aufbauen und beispielsweise sich auch
an Windparkanlagen in Nord- und Ostsee beteiligen können. Letztere Zielsetzung wird sich unter den seit Frühsommer 2011 infolge des geplanten Atom-
ausstiegs erneut veränderten Rahmenbedingungen im Anwendungsbereich des
§ 107a GO erst recht verwirklichen lassen. Gegenüber dem wissenschaftlichen
Vorschlag eines systematisch entwickelten neuen Ordnungsrahmens verzicht-
ete der Gesetzgeber allerdings auf den Wegfall verschiedener rechtlich be-
gründeter Vorteile zugunsten der Stadtwerkeunternehmen, u. a. ist es nicht
verboten, vorteilhafte Kreditkonditionen und Bürgschaften der Gemeinde zugunsten des Stadtwerkeunternehmens einzusetzen (dies im Kontrast zur wirtschaftlichen Betätigung im Bereich der Telekommunikation, wo § 108 I 1
Nr. 10 Satz 2 GO NRW seit jeher eine entsprechende Beschränkung vorsieht).
Der Tatbestand des § 107a ist erfüllt, wenn eine wirtschaftliche Betätigung
in den Bereichen der „Strom-, Gas- und Wärmeversorgung" erfolgt oder „unmittelbar verbundene Dienstleistungen" (insbesondere Messdienstleistungen;
sog. smart metering) betroffen sind, soweit diese den Hauptzweck fördern
(§ 107a II). Dass die wirtschaftliche Betätigung in diesen Bereichen einem öffentlichen Zweck dient, wird angesichts der unbestreitbaren Gemeinwohlrele-
vanz der Energieversorgung vermutet. Besteht ein angemessenes Verhältnis
zur Leistungsfähigkeit der Gemeinde, bedarf es keiner weiteren Voraussetzungen, d. h. die für die allgemeine wirtschaftliche Betätigung eingreifende sog.
Subsidiaritätsklausel (Rn. 405 f.) gilt insoweit nicht. Die größte Bedeutung
der Neuregelung besteht aber darin, dass nach § 107a III GO NRW die „überörtliche energiewirtschaftliche Betätigung", d. h. die Beteiligung an Offshore-
Windparks sowie an Kraftwerksprojekten im In- und Ausland, unter erleich-
terten Voraussetzungen als nach § 107 III für die allgemeine wirtschaftliche
Betätigung gelten (vgl. dazu Rn. 407 f.), statthaft ist. So müssen lediglich die
„berechtigten Interessen" der betroffen jeweiligen Nachbarkommunen ge-
wahrt seien und bei einer Betätigung im Ausland bedarf es der Genehmigung

der Kommunalaufsichtsbehörde. Da auch die überörtliche energiewirtschaftliche Betätigung nicht in den Schutzbereich von Art. 28 II GG fällt (vgl. noch Rn. 48), handelt es sich um eine landesgesetzlich statthafte Erweiterung des kommunalen Wirkungskreises, die grundsätzlich sowohl mit den objektiv-rechtlichen Anforderungen der Selbstverwaltungsgarantie als auch mit dem subjektiven Selbstverwaltungsrecht der betroffenen anderen Kommunen sowie mit den Grundrechten der konkurrierenden privatwirtschaftlichen Unternehmen vereinbar ist (ausführlich hierzu *Burgi*, aaO, 79 ff.). Die erforderlichen Gründe des Gemeinwohls bestehen in der Stärkung des kommunalen Engagements auf den besonders dynamischen Energiemärkten und der Belebung des Wettbewerbsgeschehens.

2. Schrankentrias

Die folgende Darstellung konzentriert sich auf die Gemeinsamkeiten der landesgesetzlichen Bestimmungen. Abweichungen ergeben sich nicht in der Grundstruktur, sondern im Hinblick auf die Formulierung der einzelnen Schrankenbestimmungen. Beim Lösen von Fällen aus diesem Bereich ist die sorgfältige Lektüre der jeweiligen landesgesetzlichen, teilweise sehr ausführlichen Bestimmungen unerlässlich. Während einige (neuere) Gemeindeordnungen die wirtschaftliche Betätigung einer **ständigen Kontrolle** am Maßstab der sogleich dargestellten Schrankentrias unterwerfen,[3] zielt die Mehrzahl der Landesgesetze nur auf die Errichtung, die Übernahme und die wesentliche Erweiterung gemeindlicher Unternehmen.[4]   41

Beispiel: Ein in den 70er Jahren gegründetes kommunales Rechenzentrum, das sich als Dienstleister für die regionale Wirtschaft versteht, kann angesichts der rasanten Entwicklung im EDV-Sektor und in der darauf bezogenen Privatwirtschaft den Anforderungen der Subsidiaritätsklausel innerhalb der Schrankentrias widersprechen. Wenn sich die Schrankenbestimmungen der betroffenen Gemeindeordnung aber nur auf die Errichtung kommunaler Unternehmen beziehen, liegt kein Verstoß gegen die GO vor.

a) Erforderlichkeit durch einen öffentlichen Zweck. Das Erfordernis eines öffentlichen Zwecks ist die Grundvoraussetzung gemeindlicher Wirtschaftsbetätigung. Es folgt bereits unmittelbar aus dem Grundgesetz (vgl. Rdnr. 24) und wird durch die Gemeindeordnungen konkretisiert, teilweise dahingehend, dass in der Satzung oder im Gesellschaftsvertrag des gemeindlichen Unternehmens einer oder   42

---

3 § 91 II, III, IV BbgKVerf; § 121 I HessGO; § 68 II KV MV; § 107 I GO NRW; § 97 I SächsGO; § 116 I GO LSA.
4 § 102 I GO BW; Art. 87 I BayGO; § 136 I NdsKomVG; § 85 I GO Rh.-Pf.; § 108 I KSVG; § 101 I GO SH; § 71 I ThürKO.

mehrere öffentliche Zwecke explizit **festgelegt** sein müssen (vgl. z. B. § 137 I Nr. 5 NdsKomVG). Freilich handelt es sich um eine relativ unaufwendig zu erfüllende und nur schwer nachprüfbare Voraussetzung.

43 Der Kreis der potenziellen öffentlichen Zwecke reicht von sozialen Gesichtspunkten (Schaffung von Arbeitsplätzen etc.), über ökologische Zwecke (Sicherung einer geordneten Abwasserbeseitigung) bis hin zu Aspekten wie Versorgungssicherheit (unter Einschluss von W-LAN; *Haack*, VerwArch 99 [2008], 197), Erschließung von Teilen des Gemeindegebiets etc. Eindeutig nicht mehr erfasst sind Betätigungen, die ausschließlich mit Gewinnerzielungsabsicht unternommen werden (etwa eine kommunale Autoproduktion oder ein Betrieb zur Pflege von Hausgärten, vgl. OLG Hamm, DVBl. 1998, 792). Insbesondere im Dienstleistungsbereich wird sich allerdings rasch ein legitimierender öffentlicher Zweck finden lassen. Von dieser ersten Schranke geht also nur ein sehr **geringer Steuerungseffekt** aus.

44 Dieser wird zusätzlich dadurch abgeschwächt, dass sog. **Randnutzungen** auch ohne einen sie tragenden „eigenen" öffentlichen Zweck statthaft sind (Beispiel: Werbung auf den städtischen Bussen; Verlegung von Versorgungsleitungen im öffentlichen Straßenraum, welche auf der Basis einer sog. bürgerlich-rechtlichen Sondernutzung nach dem jeweiligen Straßen- und Wegerecht erfolgt; Vermietung eines Fitness-Studios auf einem Parkhaus mit dem Zweck zu dessen besserer Auslastung in schwach frequentierten Zeiten [OVG NRW, NWVBl. 2003, 462]; Anzeigen im gemeindlichen Amtsblatt). Die Vermietung von Räumlichkeiten im Gebäude der Kfz-Zulassungsstelle soll nicht lediglich als Randnutzung, sondern durch den unmittelbaren öffentlichen Zweck der Erleichterung des Schilderkaufs gerechtfertigt sein (OVG NRW, NWVBl. 2005, 68).

45 **b) Angemessenes Verhältnis zu Leistungsfähigkeit und voraussichtlichem Bedarf.** Diese Schranke[5] soll die finanzielle und/oder politische Überforderung der Gemeinde verhindern (die beispielsweise als 600-Seelen-Dorf ein Spaßbad mit einem Einzugsbereich von 100 km bauen will). Auch sie ist, sieht man von Extremfällen ab, vergleichsweise leicht zu überwinden, da die Tatsachengrundlage selten eindeutig festliegen wird, dafür aber eine Vielzahl von Subsumtionsergebnissen möglich sein wird. Teilweise schreiben die Gemeindeordnungen die vorherige Durchführung einer Marktanalyse vor (z. B.

---

5 § 102 I Nr. 2 GO BW; Art. 87 I 1 Nr. 2 BayGO; § 91 II Nr. 2 BbgKVerf; § 121 I 1 Nr. 2 HessGO; § 68 II Nr. 2 KV MV; § 136 I 2 Nr. 2 NdsKomVG; § 107 I 1 Nr. 2 GO NRW; § 85 I Nr. 2 GO Rh.-Pf.; § 108 I Nr. 2 KSVG; § 97 I 1 Nr. 2 SächsGO; § 116 I 1 Nr. 2 GO LSA; § 101 I Nr. 2 GO SH; § 71 I Nr. 2 ThürKO.

§ 107 V GO NRW). Ein zusätzlicher, effektiverer Impuls zur Sicherung der Leistungsfähigkeit geht von Haftungsbegrenzungsregelungen aus, die aber nur bei der Gründung von Unternehmen in privater Rechtsform eingreifen.

c) Subsidiaritätsklausel. Ein Teil der Länder[6] erklärt eine gemeind- 46 liche Wirtschaftsbetätigung bereits dann für statthaft, wenn der verfolgte öffentliche Zweck durch die Gemeinde „ebenso gut und wirtschaftlich" erfüllt werden kann wie durch privatwirtschafliche Unternehmen bzw. wenn der verfolgte öffentliche Zweck „durch andere Unternehmen nicht besser und wirtschaftlicher" erfüllt werden kann. In den anderen Bundesländern[7] wird – strenger – verlangt, dass der öffentliche Zweck „nicht ebenso gut und wirtschaftlich durch einen anderen erfüllt wird oder erfüllt werden kann" oder – anders gewendet – dass die Gemeinde den betreffenden öffentlichen Zweck „besser und wirtschaftlicher" erfüllen können muss. Stets geht es also um eine Zweck-Mittel-Relation, die im Rahmen einer abwägungsähnlichen Prüfung abzuarbeiten ist. Die Gemeinde muss alle relevanten Gesichtspunkte zusammenstellen, richtig bewerten und letzten Endes entscheiden, ob sie gleich gut bzw. besser sein kann. Teilweise ist das Verfahren der Abwägung gesetzlich determiniert (Pflicht zur Marktanalyse und Einbeziehung der Auswirkungen auf Handwerk und mittelständische Wirtschaft; vgl. z. B. § 95 III Sächs-GO; § 107 V GO NRW). Verstöße gegen die Missachtung solcher Verfahrensanforderungen machten eine wirtschaftliche Betätigung rechtswidrig. Das inhaltliche Ergebnis der Subsidiaritätsprüfung kann hingegen nur dann als rechtswidrig qualifiziert werden, wenn es sich als „unvertretbar" erweist.

Beispiele: Ein Verkauf von Backwaren ist trotz vorliegendem öffentlichen Zweck (Versorgung der Bevölkerung) nicht statthaft, weil Private dies ebenso gut können. Nicht gänzlich ausgeschlossen werden kann dagegen die Statthaftigkeit eines kommunalen Windparks (vgl. *Dazert/Mahlberg*, NVwZ 2004, 158), wenn durch ihn eine günstigere Entgeltstruktur für die Einwohner ermöglicht wird. Der VerfGH Rh.-Pf. (DVBl. 2000, 992) hat die Subsidiaritätsklausel zu Recht für mit Art. 28 II GG vereinbar erklärt.

---

6 Vgl. § 91 III 1 BbgKVerf; § 68 II 1 Nr. 3 KV MV; § 107 I 1 Nr. 3 GO NRW; § 97 I 1 Nr. 3 SächsGO; § 116 I 1 Nr. 3 GO LSA; § 101 I Nr. 3 GO SH.
7 § 102 I Nr. 3 GO BW; Art. 87 I 1 Nr. 4 BayGO; § 121 I 1 Nr. 3 HessGO; § 136 I 2 Nr. 3 NdsKomVG; § 85 I Nr. 3 GO Rh.-Pf.; § 108 I 1 Nr. 3 Saarl. KSVG; § 71 I Nr. 4 ThürKO.

3. Sonderfall überörtliche Wirtschaftsbetätigung

47   Die Grundproblematik einer gemeindlichen Wirtschaftsbetätigung wird zugespitzt, wenn diese gezielt über die Grenzen des eigenen Gemeindegebiets hinaus erweitert wird (extra muros). Dies ist dann der Fall, wenn kein Bezug zur eigenen Einwohnerschaft mehr besteht bzw. der Schwerpunkt der Wertschöpfung außerhalb des eigenen Gemeindegebiets liegt. Schauplatz solcher Aktivitäten ist vor allem das Gebiet der unmittelbaren Nachbargemeinden. Es gibt aber auch gemeindliche Engagements über die Grenzen des eigenen Bundeslandes hinaus, ja bis ins Ausland hinein.

Beispiele: In einer größeren Stadt ist der Betrieb eines eigenen Flughafens nicht als überörtliche Betätigung anzusehen, obwohl dort natürlich auch Personen von außerhalb landen bzw. abfliegen. Auch ein Schullandheim in einer landschaftlich attraktiven Gegend außerhalb des Gemeindegebiets ist infolge seiner Nutzung ausschließlich durch die Gemeindeeinwohner nicht als überörtliche Betätigung anzusehen. Wird aber gezielt ein Geschäftszweig zur Stromversorgung oder zur Erbringung von Abwasser- bzw. Abfallentsorgungsleistungen mit Infrastruktur außerhalb des eigenen Gemeindegebiets aufgebaut, dann besteht ein erhöhter Rechtfertigungsbedarf.

48   Die Interpretation des Art. 28 II GG hat ergeben, dass die sog. **Verbandskompetenz** der Gemeinde ausschließlich auf die „Angelegenheiten der örtlichen Gemeinschaft" beschränkt ist. Dies wirkt sich auch im Hinblick auf eine wirtschaftliche Betätigung aus, weil Art. 28 II GG nach zutreffender Auffassung unterschiedslos für die hoheitliche wie für die wirtschaftliche Betätigung gilt (§ 6 Rdnr. 14 ff.). Bei einer überörtlichen Wirtschaftsbetätigung kann sich die Gemeinde mithin nicht auf die kommunale Selbstverwaltungsgarantie berufen. Das bedeutet aber noch nicht, dass ihr ein solches Engagement verwehrt wäre.

49   Vielmehr kann der staatliche **Gesetzgeber** in der jeweiligen Gemeindeordnung eine dahingehende Erweiterung des kommunalen Wirkungskreises vornehmen. Dies ist in mehreren Bundesländern in den letzten Jahren als Reaktion auf die veränderten Rahmenbedingungen in verschiedenen Märkten (v. a. Energieversorgung [vgl. dazu breits Rdnr. 38]), Telekommunikation) auch geschehen,[8] freilich mit z. T. erheblichen Restriktionen verbunden. Diese Bestimmungen müssen freilich ihrerseits an der Verfassung gemessen werden.

---

8 Art. 87 II BayGO; § 107 III GO NRW, beachte für die „nichtwirtschaftliche Betätigung" § 107 IV GO NRW, u. hierzu OVG NRW, NVwZ 2008, 1031 (1034); § 116 III, aber auch IV GO LSA; § 101 II, III GO SH; § 71 IV ThürKO.

Unter der Voraussetzung, dass sie zurückhaltend interpretiert werden, sind 50
sie als mit Art. 28 II GG vereinbar anzusehen. Dieser ist in zweifacher Weise
berührt: Zum einen als institutionelle Garantie der kommunalen Selbstverwaltung, welche durch ein übermäßiges Ausgreifen über die Angelegenheiten der
eigenen Gemeinschaft hinaus beeinträchtigt würde. Zum anderen als Abwehrrecht der jeweils betroffenen Nachbargemeinden. Da die landesgesetzlichen
Erweiterungsbestimmungen die Wahrung der nachbargemeindlichen Interessen zum Tatbestandsmerkmal erheben, ist diesen Erfordernissen grundsätzlich
entsprochen. Auch mit dem Demokratieprinzip (Art. 20 II, 28 I 1 GG) lassen
sich diese Bestimmungen noch vereinbaren (teilweise strenger *Grawert*, in:
Grupp/Ronellenfitsch [Hrsg.], FS Blümel, 1999, 119 [127 ff.]; *Heintzen*,
NVwZ 2000, 743; *Ruffert*, VerwArch. 92 [2001], 27 [34]; *Scharpf*, NVwZ
2005, 148; *Heilshorn*, VerwArch. 96 [2005], 88; *Brosius-Gersdorf*, AöR 130
[2005], 392). Haben sich die Landesgesetzgeber dazu entschieden, den kommunalen Unternehmern die überörtliche Betätigung zu erleichtern, namment-
lich um auf den Energiemärkten die Zahl der Wettbewerber (neben den vier
großen deutschen Energieunternehmen RWE, E.ON, Vattenfall und EnBW)
deutlich zu vergrößern (vgl. den Überblick in Rdnr. 38), dann bleibt dies insbesondere dann innerhalb der verfassungsrechtlichen Grenzen, wenn den
wegfallenden Rechtsbindungen gleichfalls wegfallende rechtlich begründete
Vorteile gegenüberstehen (insbesondere wenn verboten würde, dem kommunalen Unternehmen Kredite mit kommunalen Vorzugskonditionen zur Verfügung zu stellen); wichtig ist ferner das Fortbestehen des Erfordernisses der
Erfüllung eines öffentlichen Zwecks und des Erfordernisses der Leistungsfähigkeit (näher *Burgi*, Neuer Ordnungsrahmen für die energiewirtschaftliche
Betätigung der Kommunen, 2010, 79 ff.).

Es ist daher weniger eine verfassungsrechtliche als eine Frage der 51
politischen Klugheit, den hier eröffneten Rahmen auszureizen.
Denn der spezifische Wert der kommunalen Selbstverwaltung geht
in dem Maße verloren, wie die Gemeinde sich selbst zu einem belie-
big austauschbaren Anbieter von Dienstleistungen macht. Mit dem
Verlust der Unverwechselbarkeit der kommunalen Wirtschaftsbetätigung, die ausschließlich aus ihrer politisch-gestalterischen Basis resul-
tiert, wird sich eines Tages die kritische Frage nach Notwendigkeit
und Existenzberechtigung der kommunalen Wirtschaftsbetätigung
insgesamt ergeben. Eine rechtlich unproblematischere Alternative gegenüber der überörtlichen Wirtschaftsbetätigung besteht in Gestalt
der kommunalen Zusammenarbeit mit anderen Gemeinden (vgl.
dazu § 19 Rdnr. 1 ff.).

4. Wichtige Felder wirtschaftlicher Betätigung

52   Im Anschluss an die Zusammenstellung wichtiger örtlicher Aufgabenfelder in § 6 Rdnr. 19, soll an dieser Stelle eine erste Orientierung über die Tätigkeitsfelder der gemeindlichen Stadtwerke sowie der Sparkassen gegeben werden. Neben den Gemeindeordnungen sind hier jeweils spezialgesetzliche Bestimmungen maßgeblich.

53   Große Veränderungen haben sich in den vergangenen Jahren im Bereich der **Energieversorgung und, teilweise parallel, in der Telekommunikation** (vgl. *Stephan*, Die wirtschaftliche Betätigung der Kommunen auf dem puralisierten Telekommunikationsmarkt, 2009) ergeben. Durch verschiedene europäische Richtlinien sind die seit Jahrzehnten bestehenden Monopolstellungen beseitigt worden. Diese beruhten auf einem Zusammenwirken von Konzessionsvertrag (über die Verlegung von Leitungen unter den Gemeindestraßen) und Demarkationsvertrag (Abreden zwischen den Energieversorgungsunternehmen über die jeweils versorgten Gebiete). Den Stadtwerken ist es gelungen, sich unter den veränderten Rahmenbedingungen neu zu positionieren, sei es durch vertikale Kooperationen (mit den großen privatwirtschaftlichen Stromkonzernen), sei es durch sog. horizontale Kooperationen (zwischen verschiedenen Stadtwerken); vgl. *Pielow*, Grundstrukturen öffentlicher Versorgung, 2001; *Burgi* (Hrsg.), Energiepartnerschaften zwischen privaten Versorgungsunternehmen, Stadtwerken und Kommunen, 2002; *ders.*, Neuer Ordnungsrahmen für die energiewirtschatliche Betätigung der Kommunen, 2010; *Cronauge/ Westermann* (Hrsg.), Kommunale Unternehmen, 5. Aufl. 2006, 188 ff.; *Pielow*, in: HdbKWP II, 555; *Britz*, in: Schneider/Theobald (Hrsg.), Recht der Energiewirtschaft, 4. Aufl. 2013, i. E.

54   Im Bereich der **Wasserversorgung** und **Abwasserbeseitigung** gibt es noch keine sekundärrechtlichen Bestimmungen (Richtlinien oder Verordnungen) der EU. Unter dem Wasserhaushaltsgesetz des Bundes (WHG), den Landeswassergesetzen und den Gemeindeordnungen ist über Jahrzehnte hinweg eine äußerst zersplitterte Ver- bzw. Entsorgungsstruktur entstanden. Politische Bestrebungen zielen auf die Liberalisierung und Privatisierung, welche überdies in der Praxis verstärkt erfolgt (vgl. *Burgi*, in: Hendler u. a. [Hrsg.], Umweltschutz, Wirtschaft und kommunale Selbstverwaltung, 16. Trierer Kolloquium zum Umwelt- und Technikrecht, 2001, 101 ff.; *ders.,* Die Dienstleistungskonzession ersten Grades, 2004; *Cronauge/Westermann* [Hrsg.], Kommunale Unternehmen, 5. Aufl. 2006, 215 ff., sowie *Kahl*, GewArch 2007, 438; *Brehme*, Privatisierung und Regulierung der öffentlichen Wasserversorgung, 2010 [zur Wasserversorgung]; *Glöckner*, Kommunale Infrastrukturverantwortung und Konzessionsmodelle, 2009).

55   Einem erheblichen Veränderungsdruck sieht sich der **Öffentliche Nahverkehr** ausgesetzt. Infolge des Fehlens einer eindeutigen Liberalisierungsvorgabe im EU-Sekundärrecht ist das Beihilferecht der Art. 107, 108 AEU mit seinen zahlreichen Auslegungsschwierigkeiten im Einzelfall zum zentralen Hebel geworden, insbesondere seit dem Urteil des EuGH vom 24.7.2003 in der Rechtssache „Altmark Trans" (NJW 2003, 2515, mit Anm. *Franzius,* NJW 2003, 3029; *Pielow,* RdE 2004, 41, sowie Rdnr. 30). Die Rechtslage auf der Ebene des einfachen Rechts ist unterschiedlich, je nachdem ob es um den sog. ÖPNV (durch Omnibusse) geht oder um den Schienenpersonennahverkehr (vgl. zum Ganzen *Kleemeyer/Mietzsch,* in: HdbKWP II, 629), mit Inkrafttreten der novellierten ÖPNV-Verordnung der EU im Jahre 2008 (1370/2007; ABl.EU L 315/1) wird sich dieser Sektor europarechtlich weiter verändern (vgl. dazu *Heiß,* VerwArch 100 [2009], 113).

Ein klassisches Beispiel kommunaler Wirtschaftsbetätigung bildet der Be- **56** trieb von **Sparkassen** (auf Gemeinde- und/oder Kreisebene). Dies richtet sich nicht nach den Gemeindeordnungen, sondern nach dem Sparkassengesetz des jeweiligen Landes (grundlegend: *Henneke,* Kommunale Sparkassen: Verfassung und Organisation, 2010; *Lüdde,* Sparkassenrecht der Länder, 2010). Am 17.7.2001 bzw. 28.2.2002 erfolgte eine Verständigung zwischen der EG-Kommission und Vertretern der Bundesregierung sowie der Bundesländer dahingehend, jegliche Verpflichtung des kommunalen Eigners zur wirtschaftlichen Unterstützung und jeglichen Automatismus wirtschaftlicher Unterstützung zugunsten des Kreditinstituts auszuschließen. Dies führte zur Abschaffung der sog. Gewährträgerhaftung (eine Art öffentlichrechtliche Ausfallbürgschaft) und zur Modifizierung der sog. Anstaltslast (Verpflichtung, die Anstalt funktionsfähig zu halten; vgl. hierzu *Kemmler,* DVBl. 2003, 100) in den neuen Sparkassengesetzen zum Zwecke der Vermeidung eines Beihilfeverfahrens (vgl. zum Ganzen *Oebbecke,* VerwArch. 93 [2002], 278 ff.; *ders.,* LKV 2006, 145; *Henneke,* Der Landkreis 2004, 13). Neue Herausforderungen ergeben sich hier durch die sog. Finanzkrise (vgl. *Oebbecke,* Der Landkreis 2010, 187, mit Blick auf Novellierungsbestrebungen (u. a. in Schleswig-Holstein); *Henneke,* in: HdbKWP II, 441; zu den rechtlichen „Voraussetzungen für die materielle Privatisierung kommunaler Sparkassen" *Pautsch,* DÖV 2005, 990).

5. Konkurrentenrechtsschutz

Für die privatwirtschaftlichen Anbieter vergleichbarer Dienstleis- **57** tungen verbindet sich mit einer gemeindlichen Wirtschaftsbetätigung ein Verlust von Marktanteilen. Dabei sind die Gemeinden Wettbewerber mit einer nicht vergleichbaren finanziellen Leistungsfähigkeit (da sie nicht insolvenzfähig sind). Insbesondere besitzen sie auf Grund der häufig bestehenden Verflechtung mit hoheitlichen Tätigkeiten vielfach verbesserte Startchancen. Der Einhaltung der kommunalrechtlichen Schrankentrias und der Schranken für eine überörtliche Wirtschaftsbetätigung kommt daher eine **große Bedeutung** zu. Entschließen sich die Rechtsaufsichtsbehörden gegen ein Einschreiten (vgl. allg. § 8 Rdnr. 26 ff., zu deren „Reanimation" *Brüning,* DÖV 2010, 553), dann konzentriert sich alles auf die Frage, ob die privaten Konkurrenten per Klage dagegen vorgehen können. Entsprechende Klagebegehren spielen in Klausur und Praxis eine große Rolle.

58   **a) Rechtsweg.** Auf den ersten Blick scheint eindeutig der Rechtsweg zu den Verwaltungsgerichten gemäß § 40 I VwGO eröffnet zu sein. Denn die Vorschriften, nach denen die angegriffene gemeindliche Wirtschaftsbetätigung zu beurteilen ist (denen mithin der Rechtsstreit zugeordnet ist), sind die Vorschriften der jeweiligen Gemeindeordnung über die wirtschaftliche Betätigung (insbesondere die Schrankentrias). An der Zugehörigkeit dieser Vorschriften zum **Öffentlichen Recht** kann angesichts der Tatsache, dass sie ausschließlich die Gemeinden verpflichten, kein Zweifel bestehen. Ein Vorgehen auf diesem Rechtsweg hat allerdings nur dann Erfolgsaussichten, wenn die privaten Konkurrenten eine Rechtsverletzung durch die gemeindliche Wirtschaftsbetätigung geltend machen könnten (gemäß § 42 II VwGO; Klagebefugnis). Da dies von der verwaltungsgerichtlichen Rechtsprechung lange Zeit abgelehnt worden ist (vgl. sogleich Rdnr. 63 f.), wurden entsprechende Konkurrentenklagen auch vor den ordentlichen Gerichten anhängig gemacht.

59   Mehrere ordentliche Gerichte haben über viele Jahre hinweg eine Überschreitung der kommunalrechtlichen Kompetenzschranken zugleich als Sittenverstoß i. S. v. § 1 UWG qualifiziert (sog. Wettbewerbsverstoß durch Rechtsbruch). § 1 UWG (heute § 3 UWG) wurde demnach als Grundlage für Unterlassungsansprüche der privatrechtlichen Konkurrenten angesehen. Sieht man in ihm eine Norm über die Zulässigkeit wettbewerblichen Verhaltens der Gemeinden (betreffend das Ob; zur Streitigkeit über das Wie vgl. Rdnr. 25 ff.), so ist der Rechtsstreit einem privatrechtlich geordneten Wettbewerbsverhältnis zuzuordnen (so u. a. OLG Düsseldorf, NWVBl. 1997, 353 [Nachhilfeunterricht]; OLG Hamm, DVBl. 1998, 792 [Gelsengrün]); ordentliche Gerichte anderer Bundesländer hatten ein entsprechendes Vorgehen wegen angeblich fehlendem Individualschutzzweck der gemeindewirtschaftsrechtlichen Vorschriften des jeweiligen Landesrechts verneint (OLG Karlsruhe, WRP 2001, 426, unter Berufung auf VGH BW, NJW 1995, 274; vgl. zum Ganzen auch *Fuchs,* in: Eberle/Ibler/Lorenz [Hrsg.], FS Brohm, 2002, 275).

60   Der BGH hat unter diese Praxis einen Schlussstrich gezogen. In zwei Entscheidungen (in einem Fall aus Bayern [BGH, NVwZ 2002, 1141 mit Anm. *Warneke,* JuS 2003, 958] bzw. aus Nordrhein-Westfalen [BGH, NVwZ 2003, 246 mit Anm. *Heßhaus,* NWVBl. 2003, 173]) hat er festgestellt, dass § 1 (heute: § 3) UWG nicht den

Erhalt bestimmter Marktstrukturen bezwecke, sondern auf Verhaltensweisen in einem eröffneten Markt ziele. Den Gemeinden werde in Verfahren dieser Art ein Verstoß gegen Vorschriften vorgeworfen (die Vorschriften des kommunalen Wirtschaftsrechts), die den Marktzutritt nicht aus Gründen des lauteren Wettbewerbs verböten. Es sei nicht Sinn des § 1 UWG, einen Marktzutritt unter Verstoß gegen solche Gesetze zu verbieten.

Kurz: Weil die Vorschriften des kommunalen Wirtschaftsrechts keine wett- 61
bewerbsbezogene Schutzfunktion besäßen, sondern die Einflussnahme auf das unternehmerische Verhalten der Gemeinden und u. U. den Schutz der Privatwirtschaft vor einem Wettbewerb durch die öffentliche Hand bezweckten, tauge § 1 UWG nicht als Sanktionsinstrument. Damit reduziert der BGH die wettbewerbsrechtliche Kontrolle über § 1 UWG im Ergebnis auf das „Wie" der gemeindlichen Wirtschaftsbetätigung. Künftig können Rechtsschutzbegehren somit nur noch vor den Verwaltungsgerichten mit Aussicht auf Erfolg verfolgt werden.

b) Klageart. Ist die Gemeinde selbst, d. h. ohne Einschaltung eines 62
rechtlich selbständigen öffentlichen Unternehmens wirtschaftlich tätig, dann ist gegen sie eine allgemeine Unterlassungsklage gemäß § 42 I VwGO analog zu erheben. In dem praktisch weitaus wichtigeren Fall, dass die Gemeinde sich vermittels eines ihr zuzurechnenden öffentlichen Unternehmens wirtschaftlich betätigt (vgl. sogleich Rdnr. 68 ff.), ist die allgemeine Leistungsklage ebenfalls gegen die Gemeinde selbst zu richten, der das Handeln dieses Unternehmens zuzurechnen ist. Antragsinhalt ist dann nicht unmittelbar ein gemeindliches Unterlassen, sondern ein dahingehendes Einwirken auf das gemeindeeigene öffentliche Unternehmen.

c) Klagebefugnis. Die allgemeine Leistungsklage ist gemäß § 42 II 63
VwGO analog nur zulässig, wenn der klagende private Konkurrent behaupten kann, in einem „Recht verletzt" zu sein. Nun sind die privaten Wirtschaftsteilnehmer nicht unmittelbar Adressaten der gemeindlichen Wirtschaftsbetätigung, vielmehr handelt es sich um eine Art Dreiecksverhältnis (gemeindliches Unternehmen – private Nachfrager – private Konkurrenten). In einer solchen Situation hängt die Klagebefugnis davon ab, ob die maßgeblichen Rechtsvorschriften (hier: die Vorschriften des kommunalen Wirtschaftsrechts, d. h. die sog. Schrankentrias) individualschützende Wirkung entfalten, d. h. zumindest auch den Interessen der privaten Konkurrenz zu dienen bestimmt sind.

64   Dies wurde lange Zeit von den Verwaltungsgerichten verneint, mit der Begründung, dass die Kompetenzschranken des Gemeindewirtschaftsrechts allein im öffentlichen Interesse (Schutz der Gemeinde vor finanzieller bzw. politischer Überforderung) bestünden. Soweit private Dritte hieraus Vorteile zögen, sei dies nicht Regelungsintention, sondern lediglich Reflex der objektiv-rechtlichen Wirkung (BVerwG, NJW 1995, 2938; VGH BW, NJW 1995, 274; BayVGH, JZ 1976, 641 [642]). Die soeben (Rdnr. 59) referierte (mittlerweile überholte) Rechtsprechung der ordentlichen Gerichte zu § 1 UWG ist als Reaktion auf diese Verweigerungshaltung der Verwaltungsgerichte zu verstehen.

65   Mittlerweile hat es auch hier eine Rechtsprechungsänderung gegeben, und zwar in die entgegengesetzte Richtung wie die Rechtsprechung des BGH. Bereits im Jahre 2000 hatte der VerfGH Rh.-Pf. der Subsidiaritätsklausel der rheinland-pfälzischen Gemeindeordnung (§ 85) drittschützenden Charakter zuerkannt (DVBl. 2000, 992 [995]; zurückhaltender nun für Niedersachsen NdsOVG, NVwZ 2009, 258; krit. *Roling*, NVwZ 2009, 226; systematisierend: *Mann*, DVBl. 2009, 817; *Berghäuser/Gelbe*, KommJur 2012, 47). Im Jahr 2003 hat das OVG NRW nachgezogen und „jedenfalls" dem Erfordernis eines öffentlichen Zwecks nach § 107 I 1 Nr. 1 GO NRW ebenfalls den drittschützenden Charakter zugebilligt (NWVBl. 2003, 462 mit Anm. *Antweiler*, NVwZ 2003, 1466, u. *Grooterhorst/Törnig*, DÖV 2004, 685). Beide Judikate setzen sich intensiv mit Text und Entstehungsgeschichte der jeweils entscheidungsrelevanten kommunalrechtlichen Vorschrift auseinander. Daher können aus diesen beiden Judikaten nicht ohne weiteres Rückschlüsse auf die Rechtslage in den anderen Bundesländern gezogen werden. Es ist aber davon auszugehen, dass der „**Trend**" eindeutig und zu Recht in diese Richtung weisen wird; in § 136 I 3 NdsKomVG wird die Subsidiaritätsklausel explizit für drittschützend erklärt. Lediglich im Hinblick auf das zweite Elemente der Schrankentrias, das Erfordernis der gemeindlichen Leistungsfähigkeit (Rdnr. 42), dürfte nicht vom Vorliegen eines individualschützenden Charakters ausgegangen werden können.

66   Lässt sich die Klagebefugnis bereits aus dem einfachen Recht ableiten, so bedarf es nicht des Rückgriffs auf die Grundrechte. Er wäre im Regelfall auch nicht erfolgreich, weil in der Regel lediglich eine mittelbar-faktische Grundrechtsbeeinträchtigung vorliegt, wenn ein kommunales Unternehmen als Mitbewerber innerhalb eines Marktes agiert. Die Intensität, die erforderlich wäre, um in einer solchen Situation von einem rechtfertigungsbedürftigen Grundrechtseingriff ausgehen zu können, liegt nur vor im Falle des Bestehens monopolitischer Strukturen oder bei einer schweren und unerträglichen Wettbewerbsbeeinträchtigung (BVerwG, NJW 1995, 2938 [2939]; VerfGH Rh.-Pf., NVwZ 2000, 801 [802]; OVG NRW, NWVBl. 2003, 462 [466]; OVG NRW, DÖV 2005, 616, sogar bei freiwilliger kommunaler Betätigung; bei Pflichtaufgaben müsse grundsätzlich gar keine Rücksicht genommen werden). Gegenteilige Auffassungen im Schrifttum (vgl. etwa *Pielow*, NWVBl. 1999, 369 [375]; *Löwer*, VVDStRL 60 [2001], 416 [418 ff.]; diff. *Pieroth/Hartmann*, DVBl. 2002, 421; wieder anders *Jarass*, DÖV 2002, 489 [492 ff.]) konnten sich nicht durchsetzen.

d) Begründetheit. Eine auf Unterlassen gemeindlicher Wirt-   67
schaftsbetätigung bzw. auf gemeindliches Einwirken gegenüber einem öffentlichen Unternehmen gerichtete allgemeine Leistungsklage ist begründet, wenn ein Verstoß gegen die kommunalwirtschaftsrechtlichen Vorschriften (die Schrankentrias) festgestellt wird und das klagende private Unternehmen hierdurch in seinen Rechten verletzt ist. Letzteres dürfte nach erfolgter Befürwortung der Klagebefugnis in Anwendung der soeben referierten neueren verwaltungsgerichtlichen Rechtsprechung regelmäßig der Fall sein; wobei differenziert werden muss zwischen unmittelbaren Konkurrenten (z. B. die Vermieter von Gewerberäumen) und mittelbar betroffenen Marktteilnehmern (z. B. andere Schilderpräger, die durch die im Kreishaus betriebene Prägefirma unter Druck geraten, aber erst ab einem bestimmten „Maße an Marktinkonformität" [OVG NRW, NWVBl. 2005, 68] geschützt sein sollen). Die Erfolgsaussichten dürfen wegen der Weite der in Frage stehenden Tatbestandsmerkmale freilich nicht überschätzt werden (wie der Beschluss des OVG NRW, NVwZ 2008, 1031, 1035, illustriert).

Literatur: *Otting*, Neues Steuerungsmodell und rechtliche Betätigungsspielräume der Kommunen, 1997; *Badura*, Wirtschaftliche Betätigung der Gemeinde zur Erledigung von Angelegenheiten der örtlichen Gemeinschaft im Rahmen der Gesetze, DÖV 1998, 818; *Ruffert*, Grundlage und Maßstäbe einer wirkungsvollen Aufsicht über die kommunale wirtschaftliche Betätigung, VerwArch. 92 (2001), 27; *Schmidt-Aßmann*, Verfassungsschranken der Kommunalwirtschaft, in: Habersack (Hrsg.), FS Ulmer, 2003, 1015; *Heilshorn*, Gebietsbezug der Kommunalwirtschaft, 2003; *Papier*, Kommunale Daseinsvorsorge im Spannungsfeld zwischen nationalem Recht und Gemeinschaftsrecht, DVBl. 2003, 686; *Uhlenhut*, Wirtschaftliche Betätigung der Gemeinden außerhalb ihres Gebietes, 2004; *Katz*, Kommunale Wirtschaft, 2004, Kommentierungen, 1 bis 101; *Brüning*, Mittelbare Beteiligungen der Kommunen im grenzüberschreitenden Wettbewerb, DVBl. 2004, 451; *Scharpf*, Die Konkretisierung des öffentlichen Zweckes, VerwArch. 96 (2005), 485; *Scheps*, Das Örtlichkeitsprinzip im kommunalen Wirtschaftsrecht, 2006; *Stamer*, Rechtsschutz gegen öffentliche Konkurrenzwirtschaft, 2007; *Wendt,* Rechtsschutz gegen wirtschaftliche Betätigung von Gemeinden, in: Ennuschat u. a., GS Tettinger, 2007, 335; *Franzius,* Die wirtschaftliche Betätigung der Kommunen, Jura 2009, 677; *Jungkamp,* Rechtsschutz privater Konkurrenten gegen die wirtschaftliche Betätigung der Gemeinden, NVwZ 2010, 546; *Burgi,* Neuer Ordnungsrahmen für die energiewirtschaftliche Betätigung der Kommunen, 2010; *Oebbecke* u. *Wendt,* in: HdbKWP II, 59 u. 75; *Wolff,* Verfassungs- und europarechtliche Fragen der wirtschaftlichen Betätigung deutscher Kommunen im Ausland, DÖV 2011, 721; *Möstl,* Konkurrenzschutz gegen die öffentliche Hand, WiVerw 2011, 231; *Schmidt-Leithoff,* Gemeindewirtschaftsrecht im Wettbewerb, 2011; *Schoch,* Konkurrenzschutz im kommunalen Wirtschaftsrecht, in: Appel u. a. (Hrsg.), FS Wahl, 2011, 573.

Falllösungen: *Zilkens,* NWVBl. 1997, 34; *Grawert,* NWVBl. 1997, 345; *Detterbeck,* JuS 2001, 1199; *Winkler,* JA 2004, 144; *Jarass/Minker,* NWVBl. 2004, 160; *Bickenbach,* JuS 2006, 1091.

IV. Privatisierung und Organisationsformenwahl

68   Im Bereich der wirtschaftlichen Betätigung im eingangs (Rdnr. 2) beschriebenen weiten Sinne handeln die Gemeinden zumeist nicht mit dem vorhandenen Behördenapparat. Ihnen stehen vielmehr verschiedene organisatorische Alternativen zur Verfügung, wie bereits im Bereich der öffentlichen Einrichtungen (§ 16 Rdnr. 10 f.) deutlich geworden ist. Im Mittelpunkt der folgenden Darstellung stehen die spezifisch kommunalrechtlichen Vorgaben für die Organisationsformenwahl, insbesondere die Organisationsprivatisierung. Die anderen Privatisierungsformen und der allgemeine Rechtsrahmen der Organisationsformenwahl werden lediglich im Überblick skizziert; hier gelten die gleichen Grundsätze wie auf der Ebene des Bundes und der Länder. In der Praxis tauchen diese Fragen infolge des Fehlens subjektiver Rechte Dritter nicht im Rahmen von Rechtsschutzverfahren auf, sondern entweder auf der Ebene der rechtlichen Gestaltung (Verträge, Satzungen, Folgeanalysen etc.) oder auf der Ebene eines staatsaufsichtsbehördlichen Vorgehens. Teilweise sind nach dem Auslaufen von Verträgen mit Privaten auf Grund schlechter Erfahrungen und/ oder veränderter ordnungspolitischer Einschätzungen im Gefolge der Finanzkrise Bestrebungen zur „Rekommunalisierung" im Bereich einzelner Aufgaben (etwa in der Energieversorgung oder der Abwasserbeseitigung) zu beobachten (hierzu *Brüning,* VerwArch 100 [2009], 453; *Burgi,* NdsVBl. 2012, i. E.; *Libbe,* Verwaltung und Management 2012, 21; *Bauer,* DÖV 2012, 329).

1. Überblick

Die nachfolgend zusammengestellten Kategorien sind juristisch re-   **69**
levant, wobei der vielfach verwendete Begriff der „**Public Private
Partnership**" an Anerkennung gewinnt. Er erfasst denjenigen Ausschnitt aus den nachfolgend dargestellten Organisationsformen, in
denen Gemeinde und Private in einer verfestigten Kooperation gemeinsam Aufgaben erledigen (gemischtwirtschaftliches Unternehmen
nach Organisationsprivatisierung; funktionale Privatisierung). Zu unterscheiden sind
– die unmittelbare Aufgabenerfüllung durch das Rathaus und die
  nachgeordneten Ämter. Sie spielt im Bereich der wirtschaftlichen
  Betätigung kaum eine Rolle;
– die Aufgabenerfüllung durch ein **öffentliches Unternehmen in öffentlich-rechtlicher Form** (vgl. 2 b);
– die Aufgabenerledigung durch ein **öffentliches Unternehmen mit
  privatrechtlicher Rechtsform** (Organisationsprivatisierung; vgl.
  3). Gründe sind die Hoffnung auf größere Gestaltungsspielräume,
  v. a. im Hinblick auf Personal (vgl. *Lorenzen/Schuster,* Arbeitsrecht, in: Hoppe/Uechtritz [Hrsg.], Handbuch kommunale Unternehmen, 2. Aufl. 2007, 372; vgl. aber auch *Becker,* Mitbestimmung
  in kommunalen Unternehmen, in: HdbKWP II, 357), Besteuerung
  (vgl. *Beinert,* Steuerrecht, in: Hoppe/Uechtritz [Hrsg.], Handbuch
  kommunale Unternehmen, 2. Aufl. 2007, 297; *Meyer,* in:
  HdbKWP II, 305) und Kapitalbeschaffung;
– die Übertragung der Verantwortung für Teilbeiträge der Durchführung und/oder Vorbereitung der gemeindlichen Verwaltungsaufgaben (funktionale Privatisierung) auf **Verwaltungshelfer** oder
  Dienstleistungskonzessionäre bzw. im Rahmen einer sog. pro-
  jektbezogenen PPP (vgl. 4 b). Gründe hierfür sind die zunehmende Komplexität der kommunalen Aufgaben, die Finanznot
  und die veränderten politischen und ökonomischen Einsichten in
  die Stärken und Schwächen der Akteure aus Gemeinde, Wirtschaft
  und Gesellschaft. Der Gedanke der Staats- bzw. Kommunalentlas-
  tung verbindet sich mit der Hoffnung auf eine Mobilisierung privatwirtschaftlicher Potenziale;
– der Rückzug aus der Aufgabe (**Aufgabenprivatisierung**) (vgl. 4 a).
  Hier sieht sich die Gemeinde entweder nicht mehr zur unmittelbaren Aufgabenerfüllung in der Lage oder die betreffende Aufgabe
  bedarf infolge Überflüssigkeit oder infolge leistungsfähiger priva-

ter Träger nicht mehr der gemeindlichen Erledigung (z. B. Schließung des Gemeindeschwimmbades infolge der Ansiedlung eines privat betriebenen sog. Spaßbades).

70   Nicht hierher gehören die sog. Vermögensprivatisierung und die reine Privatfinanzierung gemeindlicher Aufgabenerledigung (Leasing etc.); hierauf ist im Abschnitt über die kommunalen Finanzen und das Haushaltsrecht zurückzukommen (§ 18 Rdnr. 7 f.).

2. Organisationsformenwahl

71   Hat sich die Gemeinde entschlossen, eine bestimmte Verwaltungsaufgabe (im Modus des Wirtschaftlichen) selbst zu erfüllen, d. h. keine funktionale Privatisierung oder gar eine Aufgabenprivatisierung vorzunehmen (vgl. 4), dann muss sie sich für eine bestimmte Organisationsform entscheiden. Im ersten Schritt geht es um die Entscheidung zwischen der Erledigung durch die unmittelbare Gemeindeverwaltung oder der Erledigung durch ein gemeindliches **öffentliches Unternehmen**. Im Bereich der wirtschaftlichen Betätigung wird ab einer bestimmten Dimension praktisch immer die zweite Alternative gewählt, d. h. ein gemeindliches öffentliches Unternehmen mit der Aufgabenerfüllung betraut. Neben den bereits bei Rdnr. 69. genannten Gründen liegt dies vor allem an der Notwendigkeit einer flexiblen Aufgabenerledigung, d. h. wenn sich die Gemeinde schon am Marktgeschehen beteiligt, muss sie dies auch mit einer eigens dafür ausgerüsteten verselbständigten Einheit tun.

72   Der **Begriff** des öffentlichen Unternehmens umfasst „jede eine wirtschaftliche Tätigkeit ausübende Einheit, die in ihrem Bestand dem Staat (der Gemeinde) zuzurechnen ist", unabhängig von der Rechtsform (Definition in Anlehnung an die EU-Transparenzrichtlinie [Rdnr. 4]). Das Problem „Organisationsformenwahl" bezieht sich also bei genauer Betrachtung auf die Organisationsform eines öffentlichen Unternehmens, nachdem die Entscheidung, überhaupt unternehmerisch und mit einer verselbständigten Einheit handeln zu wollen, bereits gefallen ist.

73   **a) Grundsatz der Wahlfreiheit.** Mittlerweile ist allgemein anerkannt, dass der Staat und seine Untergliederungen im Rahmen des geltenden Rechts zwischen den öffentlich-rechtlichen und den privatrechtlichen Organisationsformen wählen können. Bei den Gemeinden wird diese allgemeine Befugnis durch Art. 28 II GG verstärkt. Denn die Befugnis, eigenverantwortlich über den Einsatz bestimmter

Organisationsformen zu entscheiden bildet einen Bestandteil der Selbstverwaltungsgarantie (Organisationshoheit; vgl. § 6 Rdnr. 33) als **Ausfluss der Eigenverantwortlichkeitsgarantie**, d. h. dem zweiten Gewährleistungsgehalt des Selbstverwaltungsrechts. Hieran sind sämtliche staatlichen Vorgaben für die Organisationsentscheidung im Bundes- und im Landesrecht zu messen.

Der für die Gemeinden maßgebliche **Rahmen des geltenden** 74 **Rechts** ergibt sich aus der Verfassung, den allgemeinen Bundes- und Landesgesetzen (3 b) und aus den Gemeindeordnungen (3 c). Diejenigen Bindungsvorschriften, die tatbestandlich nicht auf den Umstand der öffentlich-rechtlichen bzw. privatrechtlichen Form abstellen, sondern rechtsformunabhängig gelten, sind somit auch bei der Wahl der Privatrechtsform zu beachten. Dies gilt insbesondere für die Grundrechte (vgl. Art. 1 III GG) und das Demokratieprinzip (vgl. noch 3 b). Hingegen ist das VwVfG tatbestandlich nicht eröffnet, weil es gemäß § 1 I nur für die öffentlich-rechtliche Verwaltungstätigkeit der Behörden gilt.

Mit der Wahl der privatrechtlichen Organisationsformen ver- 75 schließt sich die Gemeinde die sonst bestehende Möglichkeit, öffentlich-rechtlich zu *handeln*. Die Gemeinde kann sich des Privatrechts aber nur im Sinne eines „technischen Normenkomplexes" (*Ehlers*, in: Erichsen/Ehlers [Hrsg.], Allgemeines Verwaltungsrecht, 14. Aufl. 2010, § 2 Rdnr. 80) bedienen. Die Berufung auf die Privatautonomie ist ihr versagt. Dass die Gemeindeverwaltung somit bei der Wahl einer privatrechtlichen Organisationsform sowohl den öffentlich-rechtlichen als auch den privatrechtlichen Bindungsnormen unterworfen ist, wird vielfach mit dem Begriff „Verwaltungsprivatrecht" zum Ausdruck gebracht. Die soeben skizzierten Grundsätze gelten auch für die öffentlichen Unternehmen selbst, d. h. auch sie sind unabhängig von der Rechtsform nicht Grundrechtsträger, sondern an die Grundrechte gebunden (vgl. bereits Rdnr. 34).

b) Öffentlich-rechtliche Organisationsformen. Als öffentlich- 76 rechtliche Organisationsformen der kommunalunternehmerischem Betätigung stehen zur Verfügung:
– Der **Regiebetrieb.** Er ist noch Teil der Gemeindeverwaltung, d. h. er weist keine rechtliche (keine juristische Person) oder leitungs- und haushaltsmäßige Verselbständigung auf. Er verfügt auch nicht über eigene Organe und eignet sich daher nicht für die Gewährung von unternehmerischer Autonomie, wohl aber für die Sicherung

umfassender politischer Steuerung. In der Praxis spielt er keine große Rolle mehr.

- Der **Eigenbetrieb**. Er ist ein gegenüber der Gemeinde partiell verselbständigtes kommunales Unternehmen, eine Art nicht rechtsfähige öffentlich-rechtliche Anstalt.[9] Das Eigenbetriebsrecht ermöglicht eine organisatorische Verselbständigung bei Fortbestehen der Verkoppelung mit der Kommune. Er wird geführt durch die Werks- bzw. Betriebsleitung, die aber rückgebunden ist an den Bürgermeister bzw. Gemeindekämmerer und an den Werks- bzw. Betriebsausschuss, einem besonderen Ausschuss des Rates (vgl. allg. § 12 Rdnr. 8 ff.). Der größte praktische Vorteil besteht in der finanzwirtschaftlichen Selbständigkeit als Sondervermögen der Gemeinde mit der kaufmännischen doppelten Buchführung und einem eigenen Jahresabschluss (zu Regie- und Eigenbetrieben *Brüning*, in: HdbKWP II, 149).

- Die rechtsfähige **Anstalt des öffentlichen Rechts**. Diese seit jeher im Sparkassenwesen gebräuchliche Organisationsform (Rdnr. 56) ist in den vergangenen Jahren in mehreren Bundesländern (z. T. mit der Bezeichnung „Kommunalunternehmen") durch die Gesetzgeber der Gemeindeordnungen als neue Organisationsform der kommunalen wirtschaftlichen Betätigung zur Verfügung gestellt worden.[10] Das Anstaltsunternehmen kann geschaffen werden durch eine Entscheidung des Rates und bedarf einer Unternehmenssatzung. Im Verhältnis zur Gemeinde verfügt es über Rechtsfähigkeit. Der Gemeinde obliegt die sog. Gewährträgerhaftung (= unbeschränkte Haftung der Gemeinde für die Verbindlichkeiten des Unternehmens) und die Anstaltslast (= Verpflichtung, die Anstalt für die gesamte Dauer ihres Bestehens funktionsfähig zu halten); zu europarechtlichen Problemen im Sparkassenwesen vgl. Rdnr. 56. Die Anstalt verfügt über einen Vorstand als Leitungs- und Vertretungsorgan sowie einen als Überwachungsorgan konzipierten Verwaltungsrat. Interessanterweise können der Anstalt auch öffentlich-rechtliche Handlungsbefugnisse (zur Satzungsgebung [vgl. z. B. Art. 89 II 3 BayGO; § 114 a III 2 GO NRW, und

---

9 Art. 88 BayGO; § 93 BbgKVerf; § 127 HessGO; § 140 NdsKomVG; § 114 GO NRW; § 86 GO Rh.-Pf.; § 109 KSVG; § 95 I Nr. 2 SächsGO; § 116 I GO LSA; § 106 GO SH; § 76 ThürKO.
10 Art. 89–91 BayGO; § 94 BbgKVerf; § 126a HessGO; §§ 70 – 70b KV MV; §§ 141 – 147 NdsKomVG; § 114 a GO NRW (mit der Option des „gemeinsamen Kommunalunternehmens" als Zusammenschluss mehrerer Gemeinden und Kreise nach §§ 27, 28 GkG NRW); §§ 86 a, 86 b GO Rh.-Pf.; § 116 I GO LSA; § 106 a GO SH.

dazu OVG NRW, NWVBl. 2005, 66] oder zur Gebührenerhebung) verliehen werden (ausführlich *Schraml*, in: HdbKWP II, 207).

c) Überblick: Privatrechtliche Organisationsformen. Der Kreis   77
der zur Verfügung stehenden privatrechtlichen Organisationsformen ergibt sich aus dem Bürgerlichen Recht bzw. dem Gesellschaftsrecht. Die wichtigsten Organisationsformen sind die Gesellschaft mit beschränkter Haftung (GmbH), die Aktiengesellschaft (AG), der Verein und die Stiftung des privaten Rechts. Teilweise finden sich Konzernstrukturen, d. h. die Zusammenfassung eines herrschenden und eines oder mehrerer abhängiger Unternehmen unter der einheitlichen Leitung des herrschenden Unternehmens (§ 18 I AktG). Besonders häufig ist hierbei die Einrichtung einer kommunalen Holding-Gesellschaft, der lediglich die Verwaltung der angeschlossenen Unternehmen obliegt. So können unter dem Dach einer Stadtwerke-Dachgesellschaft die einzelnen angeschlossenen Unternehmen gesteuert durch Weisungsrechte vermittels des Beherrschungsvertrages agieren.

Praktisch keine Rolle im Rahmen des kommunalen Wirtschaftsrechts spielt   78
die **Beleihung**, d. h. die Einräumung der Befugnis zum öffentlich-rechtlichen Handeln an eine juristische Person des Privatrechts oder gar eine Einzelperson. Denn die Wahl der Privatrechtsform für ein gemeindliches öffentliches Unternehmen wird ja nicht zuletzt mit dem Ziel getroffen, dann auch privatrechtlich handeln zu wollen.

3. Organisationsprivatisierung

a) Gegenstand und Ergebnis. Am Ende einer Organisationsprivatisierung   79
steht die Erfüllung gemeindlicher Aufgaben durch gemeindlich beherrschte juristische Personen des Privatrechts, d. h. die betreffende Aufgabe bleibt in gemeindlicher Verantwortung, es wird jedoch eine juristische Person des Privatrechts als Verwaltungsträger dazwischen geschaltet. Dies findet sich vor allem bei den Unternehmen der Versorgung (mit Strom, Wasser, Verkehrsdienstleistungen etc.) und der Entsorgung, aber auch im sozialen (städtische Krankenhaus-GmbH) oder kulturellen Bereich (städtische Kunsthallen-GmbH). Zu unterscheiden sind
- die **Eigengesellschaften** (Kapitalgesellschaften in alleiniger kommunaler Trägerschaft; sog. publizistische Privatrechtsvereinigungen);

– die **gemischtwirtschaftlichen Unternehmen** (synonym: institutionalisierte PPP). Ist ein Unternehmen nicht mehr durch Mehrheitsbeteiligung von der Gemeinde beherrscht, ist lediglich die Verwaltung des kommunalen Minderheitenanteils kommunale Tätigkeit. Beim gemischtwirtschaftlichen Unternehmen ist die Verwirklichung der kommunalpolitischen öffentlichen Zwecke und die Steuerung des Unternehmens auf Grund der privaten Mitgesellschafter wesentlich schwieriger als bei der Eigengesellschaft (dazu *Rautenberg*, KommJur 2007, 1 ff., 41 ff.; zur Subsidiaritätsprüfung *Shirvani*, DÖV 2011, 865). Dafür kann privates Kapital und Knowhow mobilisiert werden. In der Sache handelt es sich eher um eine Erscheinungsform der funktionalen Privatisierung (näher *Burgi*, in: Erichsen/Ehlers (Hrsg.), Allgemeines Verwaltungsrecht, 14. Aufl. 2010, § 10 Rdnr. 14).

80   **b) Überblick: Allgemeiner Rechtsrahmen.** AEU-Vertrag, europäisches Sekundärrecht, Grundgesetz und einfaches Bundesrecht setzen keine spezifischen Grenzen für die Organisationsprivatisierung im Bereich der gemeindlichen Wirtschaftsbetätigung (beim Vorgang ist u. U. das Vergaberecht beachtlich; vgl. Rdnr. 15 ff.). Unmittelbar organisationsbezogene Anforderungen statuiert das Grundgesetz aber für die Situation nach erfolgter Organisationsprivatisierung. Das ungeachtet von der Wahl der privatrechtlichen Organisationsform eingreifende **Gebot demokratischer Legitimation,** das auf die Rückführbarkeit der durch die Gemeindeverwaltung ausgeübten staatlichen Herrschaft („Staatsgewalt" i. S. d. Art. 20 II GG) auf das Volk als dem Legitimationssubjekt zielt, verlangt die Sicherstellung eines hinreichenden Legitimationsniveaus. An die Stelle der im Falle einer Aufgabenerfüllung mit öffentlich-rechtlichen Organisationseinheiten eingreifenden Staatsaufsicht (vgl. § 8 Rdnr. 26 ff.) tritt nach Organisationsprivatisierung die sog. Einwirkungspflicht.

81   Danach ist die Gemeinde verfassungsrechtlich verpflichtet, Einwirkungsmöglichkeiten gegenüber dem privatrechtsförmigen öffentlichen Unternehmen zu schaffen und zu realisieren, um den gemeindepolitisch gebildeten Willen verwirklichen zu können. Die **Einwirkungspflicht** wird näher konkretisiert durch die organisationsbezogenen Vorschriften des kommunalen Wirtschaftsrechts (vgl. sogleich c). Das hier bestehende Grundproblem besteht im Auseinanderfallen von Funktion (Erfüllung gemeindlicher Aufgaben) und Form (die herkömmlich auf die Privatautonomie bezogen ist). Analysen der Wirklichkeit der Steuerung gemeindlicher Unternehmen offenbaren Steuerungsdefizite, zumal sich deren Leiter vielfach eher als Manager denn als Vollstrecker eines gemeindepolitisch vorformulierten Willens verstehen.

c) **Kommunalwirtschaftliche Anforderungen.** In allen Gemein-   82
deordnungen[11] finden sich Vorschriften, die – mit Unterschieden in
Umfang und Intensität – die Gründung privatrechtsförmiger Unternehmen und deren Betrieb reglementieren. Diese Vorschriften gelten
jedenfalls für die unmittelbare Beteiligung an einem privatrechtsförmigen Unternehmen, während die Gründung und der Betrieb von
Tochterunternehmen gemeindlicher Unternehmen (Enkelunterneh-
men) teilweise geringer determiniert sind (zu BW eingehend *Schlie-
bold/Dohms*, VBlBW 2010, 453). Diese Vorgaben sollen zunächst
die Einhaltung der Gesetze (rechtsstaatliches Anliegen) und die
demokratische Kontrolle (in Umsetzung der verfassungsrechtlich
begründeten Einwirkungspflicht) sicherstellen. Sodann soll die Verwirklichung des jeweils verfolgten öffentlichen Zwecks (der Daseinsvorsorge i. w. S.) ermöglicht werden und schließlich das Gemeinde-
vermögen vor Kapitalverlusten und Haftungsrisiken so weit als
möglich bewahrt werden.

Zur Erreichung dieser Ziele statuieren die Gemeindeordnungen   83
betreffend die Gründung bzw. den Betrieb gemeindlicher Unternehmen v. a. die folgenden **Vorgaben:**
- teilweise den Vorrang bestimmter Organisationsformen (öffentlich-rechtliche Form statt privatrechtliche Form;[12] GmbH statt
  AG[13]);
- die Verankerung des öffentlichen Zwecks im Statut (Gesellschaftsvertrag) des privatrechtlich organisierten Unternehmens;
- Vertretungsregelungen für die Gesellschaftsorgane (z. B.: der Bürgermeister muss die Gemeinde in der Gesellschaftsversammlung
  vertreten; in den Aufsichtsrat müssen weitere Gemeindevertreter
  [Mitglieder des Rates] nach den „Grundsätzen" [VG Düsseldorf,
  NWVBl. 2005, 143] des Verhältniswahlrechts entsandt werden;
  aus gesellschaftsrechtlicher Sicht *Koch*, VerwArch 102 [2011], 1);
- inhaltliche Bindungen der Vertreter der Gemeinde und Statuierung
  von Weisungsrechten ihnen gegenüber (instruktiv OVG NRW,

---

11 §§ 103 ff. GO BW; Art. 92 ff. BayGO; §§ 96 ff. BbgKVerf; §§ 122 ff. HessGO; §§ 69,
71 ff.. KV MV; §§ 137 f. NdsKomVG; §§ 108 ff. GO NRW; §§ 87 ff. GO Rh.-Pf.;
§§ 110 ff. KSVG; §§ 96 ff. SächsGO; §§ 117 ff. GO LSA; §§ 102 ff. GO SH; §§ 73 ff.
ThürKO.
12 § 69 I Nr. 2 KV MV; § 117 I Nr. 1 GO LSA; § 102 I 1 Nr. 1 GO SH; § 73 I 1 Nr. 2
ThürKO.
13 § 103 II GO BW; § 137 I Nr. 2 NdsKomVG; § 108 I 1 Nr. 3 GO NRW; § 87 I Nr. 4, II
GO Rh.-Pf.; § 95 II SächsGO; § 117 I Nr. 4 GO LSA; § 102 I 1 Nr. 2 GO SH; § 73 I 1
Nr. 6 ThürKO.

NVwZ 2007, 609; BVerwG, NJW 2011, 3735; *Pauly/Schüler*, DÖV 2012, 339);
- Informations- und Berichtspflichten (dazu *Westermann/Maier*, KommJur 2011, 169) gegenüber dem Rat (z. B. Vorlage eines „Beteiligungsberichtes"; vgl. *Strobel*, DÖV 2004, 477). Davon zu unterscheiden sind die das kommunale Unternehmen u. U. aus allg. Informationsgesetzen betreffenden Auskunftspflichten gegenüber der Öffentlichkeit (dazu *Sydow/Gebhardt*, NVwZ 2006, 986) und die Frage der Öffentlichkeit von Aufsichtsratssitzungen kommunaler Unternehmen (dazu *Bettenburg/Weirauch*, DÖV 2012, 352);
- Haftungsbegrenzungen;
- die Aufstellung eines Wirtschaftsplans und Rechnungslegung;
- Pflichten gegenüber der Staatsaufsichtsbehörde (v. a. Anzeigepflichten; vgl. z. B. § 115 GO NRW) bzw. der Rechnungsprüfungsbehörde (SächsVerfGH, NVwZ 2005, 1057; *Albers*, in: HdbKWP II, 267).

84   Die meisten dieser Vorgaben können nicht mit den Mitteln des kommunalen Wirtschaftsrechts allein umgesetzt werden. Vielmehr enthalten sie die Verpflichtung der zuständigen Gemeindeorgane, die entsprechenden Vorkehrungen beim Abschluss des (typischerweise) Gesellschaftsvertrages zur Gründung des jeweiligen öffentlichen Unternehmens zu treffen. Das bundesweit geregelte **Gesellschaftsrecht** einschließlich des Konzernrechts (hierzu instruktiv *Oebbecke*, VBlBW 2010, 1) fungiert hierbei als Instrument zur Durchsetzung von Vorgaben aus dem landesrechtlich geregelten Gemeinderecht. Dabei ändert sich freilich nichts an dem Grundsatz vom Vorrang des Bundesrechts (vgl. Art. 31 GG). Wo Konflikte nicht im Wege der verfassungskonformen Auslegung der gesellschaftsrechtlichen Vorschriften (verfassungsrechtliche Grundlage ist die demokratierechtlich geforderte Einwirkungspflicht; vgl. Rdnr. 35) gelöst werden können und auch die Kautelarjurisprudenz nicht weiter hilft, kann die privatrechtliche Organisationsform letzten Endes nicht zum Einsatz gelangen. Die grundsätzliche Formenwahlfreiheit verengt sich sodann zur Pflicht zum Einsatz der öffentlich-rechtlichen Organisationsform.

Beispiele: Die GO sieht ein Weisungsrecht des Rates gegenüber den Vertretern der Gemeinde in Haupt- bzw. Gesellschafterversammlungen vor (vgl. z. B. § 104 I 3 GO BW; § 138 I 2 NdsKomVG). Nach dem Aktienrecht sollen sich die Mitglieder des Aufsichtsrats aber ausschließlich am Wohl der Gesellschaft orientieren, so dass es zu Konflikten kommen kann, wenn dem Vertreter Weisungen erteilt werden, die seiner Überzeugung nach nicht dem Wohl der Gesellschaft entsprechen. Solche Konflikte können im Ansatz vermieden werden, wenn im Gesellschaftsvertrag möglichst präzise die öffentlichen Zwecke (und damit das Wohl der Gesellschaft) festgelegt sind. Ein weiterer Konfliktfall besteht im Bereich der Informationspflichten. Die Gemeindeordnungen verpflichten die gemeindlichen Vertreter, den Gemeinderat über alle Angelegenheiten von besonderer Bedeutung zu unterrichten (vgl. z. B. § 97 VII 1 BbgKVerf; 113 V 1 GO NRW). Wiederum im Aktienrecht ist demgegenüber vorgesehen, dass die Aufsichtsratsmitglieder zur Verschwiegenheit verpflichtet sind. Ausnahmen sind allerdings in den §§ 394, 395 AktG angelegt (vgl. zum Ganzen instruktiv und mit Dokumentation der insofern auch im Gesellschaftsrecht bestehenden Streitstände HessVGH, DVBl. 2012, 647; *Burgi*, Gutachten D zum 67. DJT, 2008, 28 ff., 101 ff., 105 ff.; *ders.*, in: Erichsen/Ehlers [Hrsg.], Allgemeines Verwaltungsrecht, 14. Aufl. 2010, § 10 Rdnr. 7 ff.; *Mann*, in: HdbKWP II, 207; *Hoffmann* u. *Geerlings*, ebenda, 379 u. 409; *Altmeppen*, in: Burgard [Hrsg.], FS Schneider, 2011, 1).

4. Überblick: Funktionale Privatisierung und Aufgabenprivatisierung

a) Aufgabenprivatisierung. Während die funktionale Privatisierung zur Abspaltung (nur) von Teilbeiträgen einer unverändert kommunalen Aufgabe führt, bewirkt die Aufgabenprivatisierung den vollständigen Rückzug der Gemeinde von der Aufgabenerledigung. Sie ist daher bei kommunalen Pflichtaufgaben (vgl. § 8 Rdnr. 12 ff., 19 ff.) ausgeschlossen. Nach erfolgter Aufgabenprivatisierung stellen sich keine kommunalrechtlichen Probleme mehr. Die Aufgabenprivatisierung darf nicht verwechselt werden mit der **Liberalisierung,** die keinen Rückzug des Staates bzw. der Gemeinde bewirkt, sondern die Zulassung konkurrierender privatwirtschaftlicher Anbieter (wie in den vergangenen Jahren in den Bereichen Energieversorgung, Telekommunikation etc. geschehen; zu den diesbezüglichen Vorgaben des Art. 28 II GG vgl. § 6 Rdnr. 11).

Die weitgehende Ignoranz sowohl gegenüber der Dogmatik der kommunalen Selbstverwaltungsgarantie (vgl. insoweit bereits § 6 Rdnr. 10) als auch der in rund 15 Jahren breit ausgearbeiteten Privatisierungsdogmatik bildete den Auslöser für eine selten heftige Kritik am Urteil des BVerwG vom 27.5.2009 betreffend die Privatisierung im Zusammenhang mit dem Betrieb eines Weihnachtsmarktes (vgl. auch § 16 Rdnr. 13); DVBl. 2009, 1382 mit Anm. *Ehlers*. Die Einschätzungen reichen von „folkloristisch anmutend" bis „ungewöhnlich realitätsfern" (*Winkler*, JZ 2009, 1169; *Schoch*, DVBl. 2009, 1533; verständnisvoller *Katz*, NVwZ 2010, 405). In diesem Urteil unterlässt es das Gericht bedauerlicherweise, zu klären, ob es sich um eine Aufgabenprivatisierung

85

oder um eine funktionale Privatisierung handelt (ebenso nun BVerwG, NVwZ 2012, 506). Es stellt zutreffend fest, dass im letzteren Falle Steuerungs- und Einwirkungsbefugnissse gegenüber dem mit der Vergabe der Standplätze für den Weihnachtsmarkt betrauten Privaten notwendig wären. Dann allerdings erklärt es (wie gesagt, ohne ermittelt zu haben, ob es sich überhaupt um eine Aufgabenprivatisierung handelt), dass „eine vollständige Übertragung von Aufgaben besonderer sozialer, kultureller und traditioneller Prägung wie ein Weihnachtsmarkt (!) … nicht zulässig" sei (Rdnr. 31). Dies geschieht im vollen Bewusstsein des Charakters jener Aufgaben als Nicht-Pflichtaufgaben. Da insoweit keine einfachgesetzlichen Privatisierungsgrenzen bestehen, bemüht das Gericht unmittelbar die bundesverfassungsrechtliche Garantie der kommunalen Selbstverwaltung, mithin Art. 28 Abs. 2 GG. Diesem werden Verpflichtungen der Gemeinde „gegen sich selbst" (vgl. insoweit bereits § 6 Rdnr. 10) entnommen. So berechtigt (bzw. verständlich) es sein mag, zumal nach dem Ausbruch der Finanzkrise, an bestimmte unveräußerliche Agenden von Staat und Kommunen zu erinnern, so ungeeignet ist hierfür die konkrete Aufgabe des Betriebs eines Weihnachtsmarkts, und der konkrete Fall, in dem es bei näherer Betrachtung überhaupt nicht um eine Aufgabenprivatisierung ging, und schließlich die Norm des Art. 28 Abs. 2 GG, die sich im Kern jedenfalls nicht gegen die Gemeinden selbst richtet, sondern diese gegenüber Bund und Land schützen soll.

86   Sowohl die Entscheidung für eine Aufgabenprivatisierung als auch für eine funktionale Privatisierung sind Teil des verfassungsrechtlich geschützten Selbstverwaltungsrechts, m. E. des Aufgaben- bzw. des Organisationsgehalts (bei der funktionalen Privatisierung; ausführlich *Burgi*, Funktionale Privatisierung und Verwaltungshilfe, 1999, 298 ff., 302 ff.). Demgegenüber scheint das BVerwG (NvwZ 2012, 506, 507) davon auszugehen, dass die Selbstverwaltungsgarantie überhaupt nicht eingreift [?!]). Die Gemeinde muss sich dabei aber bewusst sein, dass sie Gestaltungsmöglichkeiten ganz oder teilweise verliert. In einigen Gemeindeordnungen werden die Gemeinden verpflichtet, die Alternative der „Privatisierung" bzw. „Ausgliederung" von Aufgaben im Interesse einer Schonung der gemeindlichen Finanzen zu prüfen (§ 91 III BbgKVerf, § 108 VI KSVG).

87   **b) Funktionale Privatisierung.** Durch die funktionale Privatisierung wird nicht die Organisations-, sondern die Verantwortungsstruktur im Hinblick auf die betreffende gemeindliche Aufgabe verändert. Das geschieht dadurch, dass Teilbeiträge durchführenden Charakters (Beispiele: Betriebsführung bei einer gemeindlichen Abfallentsorgungsanlage, Abschleppen von Kraftfahrzeugen nach Anordnung von Gemeindebediensteten) oder vorbereitenden Charakters (beispielsweise die Fertigung von Planentwürfen im Bauplanungsverfahren) von der umfassenden gemeindlichen Erfüllungsverantwortung abgespalten und Privaten anvertraut werden. All dies ist auch bei kommunalen Pflichtaufgaben möglich und bildet eine in der Praxis stark nachgefragte Alternative zwischen der vollständigen Beibehaltung der Aufgabenverantwortung und dem völligen Rückzug. Ist der daraufhin tätige Private ein öffentliches Unternehmen der Gemeinde, dann spricht man von unechter funktionaler Privatisierung.

Die funktionale Privatisierung hat auch außerhalb der gemeindlichen Wirtschaftsbetätigung ein **großes Anwendungsfeld**, d. h. sie findet auch im Bereich der hoheitlichen Aufgaben statt. Wichtigstes Beispiel hierfür ist der Einsatz von Abschleppunternehmern bei den Aufgaben der öffentlichen Sicherheit und Ordnung.   **88**

Zur Kennzeichnung der Figur, die als Ergebnis einer funktionalen Privatisierung tätig ist, kann der Begriff „**Verwaltungshelfer**" verwendet werden. Unter diesen Begriff fallen nach neuerem Verständnis nicht nur unselbständig tätige Private, sondern all diejenigen, die gegen Entgelt für den Staat bzw. eine Gemeinde in Durchführung oder Vorbereitung einer staatlichen bzw. gemeindlichen Aufgabe eingeschaltet werden. Vom Beliehenen (Rdnr. 78) unterscheidet sich der Verwaltungshelfer dadurch, dass er nicht zum Einsatz öffentlich-rechtlicher Befugnisse berechtigt ist. Die Auswahl des Verwaltungshelfers wird durch das Vergaberecht gesteuert (vgl. Rdnr. 15 ff.); die Gemeinde kann mit ihm entweder einen privatrechtlichen Vertrag oder einen Verwaltungsvertrag abschließen.   **89**

Nach erfolgter funktionaler Privatisierung wandelt sich die gemeindliche Verantwortung von der Erfüllungs- in eine **Leitungsverantwortung** um. Dies bedeutet, dass die Gemeinde verpflichtet ist, im jeweiligen Vertrag Kontrollbefugnisse und Haftungsregelung sowie Anpassungs- und Kündigungsklauseln vorzusehen. Unter bestimmten Voraussetzungen muss sich die Gemeinde ein Fehlverhalten des Verwaltungshelfers gemäß Art. 34 GG, § 839 BGB (Amtshaftungsanspruch) zurechnen lassen (entwickelt seit BGHZ, JZ 1993, 1001 [Abschlepphelfer]; zuletzt BGH, DVBl. 2005, 247. Zu unterscheiden ist namentlich das Betreibermodell [Übertragung von Planung, Bau, Finanzierung und Betrieb einer gemeindlichen Einrichtung] vom Betriebsführungsmodell, bei dem lediglich die Führung des Betriebes, nicht aber auch die Planung und Finanzierung übertragen wird, von bloßen Management- und Beratungsmodellen [vgl. zum Einstieg *Burgi*, Gutachten D zum 67. DJT, 2008, 33 ff.]).   **90**

91   Eine weitere, stark im Vordringen befindliche Erscheinungsform ist die projektbezogene Public Private Partnership (PPP), etwa bei Straßen-, Schul- oder Verwaltungsgebäudemaßnahmen. Die dadurch aufgeworfenen (weitgehend außerhalb des Kommunalrechts liegenden) Rechtsfragen sind in mehreren (am Ende verzeichneten) Spezialwerken dokumentiert. Die Kommunen werden hierbei von sog. Task Forces PPP in mehreren Bundesländern unterstützt durch Leitfäden, Formularmuster etc.

92   Erhält ein Verwaltungshelfer von der Gemeinde kein Entgelt für seine Tätigkeit, weil er sich unmittelbar über die Nutznießer der erbrachten Leistung refinanzieren soll, dann spricht man neuerdings nicht mehr von Verwaltungshilfe, sondern von einer **„Dienstleistungskonzession"** (Beispiele: Betrieb und Unterhaltung von Werbeflächen auf städtischem Grund bzw. im Bereich der städtischen Bushaltestellen; Trinkwasserversorgung als sog. Fremdversorgung, d. h. unter Begründung unmittelbarer Benutzungs- und Entgeltbeziehungen mit den Wasserkunden, jedoch auf der Basis einer sog. Rumpfsatzung der Gemeinde, die den Anschluss- und Benutzungszwang zugunsten der privat betriebenen Wasserversorgungseinrichtungen regelt (vgl. bereits § 16 Rdnr. 61).

93   Diese Begriffsbildung entstammt dem Vergaberecht, dessen Anwendungsbereich die Beschaffung privater Dienstleistungen ohne Zahlung eines Entgelts gerade nicht erfasst; dadurch ist eine eigene dogmatische Kategorie entstanden, deren durchgehende dogmatische Bewältigung (Regeln für die Auswahl, Intensität der Überwachung des Konzessionärs im Alltag etc.) noch aussteht (weitergehende Überlegungen bei *Burgi*, DVBl. 2003, 949; *ders.*, NZBau 2005, 610; *ders.*, BauR 2010, 1362; *Ruhland*, Die Dienstleistungskonzession, 2006).

Literatur: *Kraft*, Das Verwaltungsgesellschaftsrecht, 1982; *Schraffer*, Der kommunale Eigenbetrieb, 1993; *Koch*, Der rechtliche Status kommunaler Unternehmen in Privatrechtsform, 1994; *Schnaudigel*, Der Betrieb nichtwirtschaftlicher kommunaler Unternehmen in Rechtsformen des Privatrechts, 1995; *Engellandt*, Die Einflussnahme der Kommunen auf ihre Kapitalgesellschaften über das Anteilseignerorgan, 1995; *Burgi*, Funktionale Privatisierung und Verwaltungshilfe, 1999; *Kämmerer*, Privatisierung, 2001; *Bull*, Über Formenwahl, Formenwahrheit und Verantwortungsklarheit in der Verwaltungsorganisation, in: Geis/Lorenz (Hrsg.), FS Maurer, 2001, 545; *Will*, Die besonderen Prüfungs- und Unterrichtungsrechte der Gemeinden gegenüber ihren Kapitalgesellschaften aus §§ 53, 54 HGrG, DÖV 2002, 319; *Parmentier*, Das Vertrauen in die öffentliche Hand – ein Konzernvertrauen, DVBl. 2002, 1378; *Brenner*, Gesellschaftsrechtliche Ingerenzmöglichkeiten von Kommunen auf privatrechtlich ausgestaltete kommunale Unternehmen, AöR 127

(2002), 222; *Mann,* Die öffentlich-rechtliche Gesellschaft, 2002; *Burgi,* Neue Organisations- und Kooperationsformen im europäisierten kommunalen Wirtschaftsrecht, in: Ruffert (Hrsg.), Recht und Organisation, 2003, 55; *Heintzen* bzw. *Voßkuhle,* Beteiligung Privater an der Wahrnehmung öffentlicher Aufgaben und staatlicher Verantwortung, VVDStRL 62 (2003), 220 bzw. 266; *Schlüter/Krüger,* Die Gemeinde als Stifter, DVBl. 2003, 830; *Will,* Informationszugriff auf AG-Aufsichtsratsmitglieder durch Gemeinden, VerwArch. 94 (2003), 248; *Kummer,* Vom Eigen- oder Regiebetrieb zum Kommunalunternehmen, 2003; *Schulte,* Die Haftung im gemeindlichen Konzern, 2003; *Gaß,* Die Umwandlung gemeindlicher Unternehmen, 2003; *Kulosa,* Die Steuerung wirtschaftlicher Aktivitäten von Kommunen. Eine betriebswirtschaftliche Analyse, 2003; *Remmert,* Private Dienstleistungen in staatlichen Verwaltungsverfahren, 2003; *Lübbecke,* Das Kommunalunternehmen, 2004; *Ade* (Hrsg.), Kommunales Beteiligungsmanagement, 2. Aufl. 2005; *Röger,* Insolvenz kommunaler Unternehmen in Privatrechtsform, 2005; *Tettinger,* Public Private Partnership, Möglichkeiten und Grenzen, NWVBl. 2005, 1; *Cronauge/Westermann,* Kommunale Unternehmen, 5. Aufl. 2006; *Weber/Schäfer/Hausmann* (Hrsg.), Public Private Partnership, 2006; *Burgi,* Privatisierung, in: Isensee/Kirchhof (Hrsg.), HdStR IV, 3. Aufl. 2006, § 75; *Hoppe/Uechtritz* (Hrsg.), Handbuch kommunale Unternehmen, 2. Aufl. 2007; *Meiski,* Die Nichtöffentlichkeit der Aufsichtsratssitzung einer kommunalen GmbH, NVwZ 2007, 1355; *Burgi,* Gutachten D für den 67. DJT, 2008 (mit zahlreichen Nachweisen); *Schoch,* Rechtliche Steuerung der Privatisierung staatlicher Aufgaben, Jura 2008, 672; *Pitschas/Schoppa,* Rechtsformen kommunaler Unternehmenswirtschaft, DÖV 2009, 469; *Wurzel/Schraml/Becker* (Hrsg.), Rechtspraxis der kommunalen Unternehmen, Handbuch, 2. Aufl. 2010; *Stein,* Privatisierung kommunaler Aufgaben, DVBl. 2010, 463; *Burgi,* Verwaltungsorganisationsrecht, in: Erichsen/Ehlers (Hrsg.), Allgemeines Verwaltungsrecht, 14. Aufl. 2010, § 9 Rdnr. 7 ff.; *Mehde,* Selbstverwaltung und Daseinsvorsorge im „Konzern Stadt", in: Schliesky (Hrsg.), Selbstverwaltung im Staat der Informationsgesellschaft, 2010, 47; *Fabry/Augsten* (Hrsg.), Handbuch Unternehmen der öffentlichen Hand, 2. Aufl. 2011; *Bolsenkötter/Dau/Zuschlag,* Gemeindliche Eigenbetriebe und Anstalten, 6. Aufl. 2012 (i. E.); *Schliesky,* in: HdbKWP II, 247, ferner die bei I sowie bei § 16 Rdnr. 70 nachgewiesenen Beiträge.

Falllösung: *Kramer,* JuS 2005, 1015; *Karkaj,* JA 2007, 35; *Muckel,* Jura 2008, 863.

§ 18. Finanzen und Haushalt

Die finanzielle Situation der Gemeinden ist prekär. In finanzieller, 1 nicht in politischer oder administrativer Hinsicht kann man tatsächlich von einer **Krise** der kommunalen Selbstverwaltung sprechen. Sie äußert sich darin, dass die Haushalte vieler Gemeinden (natürlich in unterschiedlichem Ausmaß) nicht mehr ausgeglichen werden können, dass die Verschuldung der Gemeinden wächst und dass Kassenkredite zunehmend als Finanzierungsinstrument der laufenden Ausgaben eingesetzt werden müssen. Eigenverantwortliches Handeln und Gestalten wird dadurch zunehmend unmöglich gemacht, die kommunale Selbstverwaltung wäre bei einem ungehinderten Fortschreiten dieser Entwicklung dann auch in politischer und administrativer Hinsicht gefährdet. Die Gründe hierfür sind vielfältig: Ungünstige konjunkturelle Entwicklung, nachteilige Veränderungen bei bestimmten Steuerarten (namentlich bei der Gewerbesteuer), zunehmende Überbürdung kostenträchtiger Aufgaben durch Bund und Land, stetig wachsender Finanzierungsbedarf im sozialen Bereich, aber natürlich auch (je nach Gemeinde unterschiedlich) allzu unbekümmertes Wirtschaften in besseren Zeiten. Die Finanzkrise schließlich hat all diese Faktoren zusätzlich verstärkt; zugleich wurden die Kommunen als Nachfrager nach Bau- und Unterhaltungsleistungen mit Geld des Bundes unterstützt, um die Konjunktur auf lokaler Ebene wieder anzukurbeln (vgl. dazu *Meyer/Freese*, NVwZ 2009, 609). Zwischen Frühjahr 2010 und Sommer 2011 war die von der Bundesregierung eingesetzte „Kommission zur Neuordnung der Gemeindefinanzen" tätig (Fazit bei *Henneke*, Deutscher Landkreistag 2011/2011, 25).

2   Das Recht ist an dieser Entwicklung nicht unschuldig und zugleich bietet es einen wichtigen Instrumentenkasten zur Verbesserung der kommunalen Haushalte. Beides kann nur **überblicksweise** skizziert werden, weil das kommunale Finanz- und Haushaltsrecht nicht zum Kernstoff der juristischen Ausbildung rechnet. Zur Orientierung und Weiterführung zwecks Bewältigung diesbezüglicher Fragen sei auf das fundierte Handbuch „Recht der Kommunalfinanzen", herausgegeben von *Henneke/Pünder/Waldhoff* (2006) verwiesen, das zahlreiche Einzelbeiträge zu allen nachfolgend angesprochenen Aspekten (und zu vielen weiteren) vereint. Dem „Recht der kommunalen Haushaltswirtschaft" widmet sich ein im Jahre 2008 von *Henneke* zusammen mit *Stoll* und *Diemert* herausgegebenes weiteres Handbuch.

I. Finanzhoheit und Finanzausstattung

Die sog. **Finanzhoheit** stellt eine Teil-Gewährleistung innerhalb **3**
der Eigenverantwortlichkeitsgarantie nach Art. 28 II GG dar (vgl. bereits § 6 Rdnr. 33). Sie garantiert den Gemeinden eine eigenverantwortliche Einnahmen- und Ausgabenwirtschaft im Rahmen eines geordneten Haushaltswesens. Bestandteil des für Bund und Land
unantastbaren Kernbereichs (vgl. § 6 Rdnr. 33) ist freilich nicht jede
einzelne gegenwärtige oder gar künftige Vermögensposition (etwa
die Befugnis, für die Inanspruchnahme des gemeindlichen Straßen-
raums zur Verlegung von Telekommunikationsleitungen ein Entgelt
erheben zu dürfen; verneint durch BVerfG, NVwZ 1999, 520).
Rechtfertigungsfähig ist sogar die Beanstandung einer Senkung der
Hebesätze durch eine Gemeinde in Haushaltsnöten (BVerwG,
NVwZ 2011, 424). Wichtiger als das eigentliche Hoheitsrecht ist somit die Gewährleistung der **Grundlagen der finanziellen Eigenver-
antwortung.** Insoweit ist seit dem Jahre 1997 Art. 28 II GG um einen Satz 3 ergänzt worden, welcher ausdrücklich feststellt, dass die
Gewährleistung der Selbstverwaltung auch diese Grundlagen umfasst
und dass überdies hierzu „eine den Gemeinden mit Hebesatzrecht
zustehende wirtschaftskraftbezogene Steuerquelle" gehört.

Diese Vorschrift gibt weder ein Recht auf die Beibehaltung bestimmter **4**
Steuerarten oder -anteile noch eine originäre, d. h. nicht von Bund oder Land
abgeleitete Steuererhebungskompetenz. Umstritten ist sowohl die Reichweite
der Schutzgarantie gegenüber einer etwaigen Abschaffung der Gewerbesteuer
(vgl. hierzu *Kirchhof*, NJW 2002, 1549, u. BVerfG, NVwZ 2005, 679 m. weiterführenden Überlegungen von *Selmer/Hummel*, NVwZ 2006, 14; weitere
Präzisierungen nun durch BVerfG, DVBl. 2010, 509 (Festlegung eines Min-
desthebesatzes verfassungsgemäß) als auch das vom BVerfG bislang offen gelas-
sene (zuletzt BVerfGE 83, 363 [386]) sog. Bestehen einer finanziellen Mindest-
ausstattungsgarantie (befürwortet von *Schoch*, Jura 2001, 123 [133]; *Nierhaus*,
LKV 2005, 1 ff.). Zur diesbezüglichen Situation auf der Ebene des Landesverfassungsrechts vgl. *Dombert*, DVBl. 2006, 1136.

Weitergehende Gewährleistungen finden sich zum Teil in den Lan- **5**
desverfassungen (vgl. zu ihnen bereits § 7 Rdnr. 36 ff.).[1] Diese können
allerdings eines der Zentralprobleme der finanziellen Notlage der Ge-

1 Art. 71–76 Verf. BW; Art. 10–12, 83 BayVerf.; Art. 97–99 BbgVerf.; Art. 137 f. Hess-
Verf.; Art. 72–75 Verf. MV; Art. 57 f. NdsVerf.; Art. 1, 78, 79 Verf. NRW; Art. 49 f.
Verf. Rh.-Pf.; Art. 117–123 SaarlVerf.; Art. 82 II, 84–99 SächsVerf.; Art. 2 III, 87–90
Verf. LSA; Art. 2, 46–49 Verf. SH; Art. 91–95 ThürVerf.

meinden nicht entscheidend lösen, nämlich die Überbürdung immer neuer kostenträchtiger Aufgaben (Ganztagsbetreuung in der Schule, Kindergartenplatz für Kinder immer jüngeren Alters etc.). Gingen diese Maßnahmen auf den Bund zurück, dann entstand folgende Situation: Nach Art. 104 a I GG tragen Bund und Länder getrennt die Kosten für den Vollzug der jeweils wahrgenommenen Aufgaben. Irrelevant ist, wer die kostenverursachende Norm erlassen und die diesbezüglichen Ausgaben somit veranlasst hat. Wies der Bund nun eine bestimmte Aufgabe unmittelbar den Gemeinden zu, entstanden keine rechtlichen Beziehungen zwischen Bund und Gemeinden, diese blieben vielmehr Glieder und Kostgänger des betreffenden Landes. Gegen dieses können aber keine Ausgleichsansprüche entstehen, weil es für die Aufgabenübertragung nicht verantwortlich ist. Mit der Aufnahme des Aufgabenübertragungsverbots (oder „Durchgriffsverbots") zulasten „des Bundes" in Art. 84 I 7 GO durch die Föderalismusreform I konnte die beschriebene Entwicklung gestoppt bzw. abgeschwächt werden (vgl. § 1 Rdnr. 13 f.).

6   In einer Welle von Verfahren vor den Verfassungsgerichten ist es den Kommunen bzw. ihren Verbänden überdies gelungen, bei der künftiger wichtiger werdenden Übertragung von Aufgaben durch das Land und ganz allgemein bei ihrer Finanzausstattung Verbesserungen zu erreichen (Rechtsprechungsüberblick bei *Leisner-Egensperger,* DÖV 2010, 705; *Wohltmann,* ZG 2011, 377; zu dogmatischen Fragen vgl. *Schmidt,* DÖV 2012, 8). Dabei sind zugunsten der Gemeinden sowohl materiell- als auch verfahrensrechtliche Sicherungen entfaltet worden. Zuletzt haben die Verfassungsgeber in einer Vielzahl von Ländern ausdrückliche Konnexitätsregeln aufgenommen bzw. bestehende Aussagen verschärft (hierbei geht es um einen Anspruch auf die Erstattung der tatsächlich bei der Erledigung einer Landesaufgabe entstandenen Kosten; vgl. jüngst Art. 71 III VerfBW [im Jahre 2008 geändert, vgl. Kemmler, DÖV 2008, 983]; Art. 83 III, VI u. VII BayVerf [*Zieglmeier,* NVwZ 2008, 270; *Huber/Wollenschläger,* VerwArch 100 [2009], 305; Art. 78 III Verf. NRW [hierzu VerfGH NRW, NWVBl. 2010, 269; *Durner,* in: Burgi/Palmen (Hrsg.), Die Verwaltungsstrukturreform des Landes NRW, 2008, 119]; Art. 49 V Verf. Rh. Pf. [hierzu *Ziekow,* DÖV 2006, 489; *Worms,* DÖV 2007, 353]; *allg. Ammermann,* Das Konnexitätsprinzip im kommunalen Finanzverfassungsrecht, 2007; *Henneke,* Die Kommunen in der Finanzverfassung des Bundes und der Länder, 4. Aufl. 2008; *Engels,* VerwArch 102 [2011], 285). In den kommenden Jahren dürfte es infolge der Aufnahme einer sog. Schuldenbremse in das GG (Art. 109 III; im Zuge der Föderalismusreform II) zu weiterem Druck auf die Kommunalfinanzen und u. U. zu Anpassungen bei den Konnexitätsklauseln kommen, da die Kommunen selbst in den Mechanismus der Schuldengrenze nicht einbezogen sind (erste Überlegungen hierzu bei *Henneke,* Bundesstaat und kommunale Selbstverwaltung nach der Föderalismusreform, 2009, 148 ff.).

Literatur: *Mückl,* Finanzverfassungsrechtlicher Schutz der kommunalen Selbstverwaltung, 1998; *Lohse,* Kommunale Aufgaben, kommunaler Finanzausgleich und Konnexitätsprinzip, 2006; *Schmidt-Jortzig,* Der Einnahmefächer der Kommunen zwischen Stärkung der Eignungsgestaltung und landesverfassungsrechtlichen Finanzgarantien, DVBl. 2007, 96; *Hey,* Finanzverflechtung in gestuften Rechtsordnungen, VVDStRL 66 (2007), 278 (320 f.); *Macht/Scharrer,* Landesverfassungsrechtliche Konnexitätsprinzipien und Föderalismusreform, DVBl. 2008, 1150; *Henneke,* Begrenzt die finanzielle Leistungsfähigkeit des Landes den Anspruch der Kommunen auf eine aufgabenangemessene Finanzausstattung?, DÖV 2008, 857; *Schwarz,* Regressmöglichkeiten des Landes gegen Kommunen bei Verletzung von Gemeinschaftsrecht, KommJur 2010, 45, sowie den jährlich in der Zeitschrift „Der Städtetag" veröffentlichten Gemeindefinanzbericht.

Falllösung: *Hartmann/Meßmann,* JuS 2006, 246.

II. Einnahmequellen und Vermögen

1. Einnahmequellen

Neben den nachfolgend knapp skizzierten Einnahmequellen (Abgabenerhebungen und Finanzzuweisungen) erzielen die Gemeinden Einkünfte aus wirtschaftlicher Betätigung (vgl. zu ihr § 17) einschließlich der Zinsen aus Verpachtung, Vermietung, Kapitalanlage und der sog. Konzessionsabgabe für die Zurverfügungstellung der öffentlichen Wege für die Verlegung von Versorgungsleitungen (z. B. auf Grund von §§ 48, 117 EnWG). Insoweit handelt es sich nicht um eine Abgabe im eigentlichen Sinne, d. h. um ein öffentlich-rechtliches Entgelt, sondern um die Gegenleistung für die bürgerlich-rechtliche Inanspruchnahme des öffentlichen Straßengrundes (ohne Beeinträchtigung des Gemeingebrauchs). Finanzierungsfunktion haben teilweise auch Modelle der Public Private Partnership (vgl. zu ihnen § 17 Rdnr. 69 f.), ferner profitieren auch die Gemeinden in wachsendem Maße von privaten „Sponsoren" (vgl. hierzu *Burgi* [Hrsg.], Sponsoring der öffentlichen Hand, 2009, sowie z. B. § 78 IV GO BW; § 83 III, IV NdsKomVG; § 94 III GO Rh.-Pf.). Ein erheblicher Teil der Einnahmen wird schließlich (problematischer und bedauerlicherweise) mit „Krediten erzielt", vereinzelt gar unter Beteiligung an hochbrisanten Spekulationsgeschäften wie z. B. den sog. Zinsswaps (hierzu *Morlin,* NVwZ 2007, 1159; *Lammen,* NVwZ 2012, 12, *Weck/Schick,* NVwZ 2012, 18). Ob von den Bürgern der Gemeinde

7

gewährte „Bürgerdarlehen" eine Alternative bilden können, erscheint
zweifelhaft (*Prehn*, DÖV 2011, 174).

8   Bundesweit hat in den vergangenen Jahren das Finanzierungsinstrument
des US-Cross-Border-Leasing für Aufsehen gesorgt. Dabei vermietet eine
Gemeinde Teile ihrer Infrastruktur (etwa das Kanalnetz), um es anschließend
für einen jahrzehntelang währenden Zeitraum zurückzumieten. Die Gesamtheit der hierbei abzuschließenden Verträge lässt die Eigentumsverhältnisse
unberührt, ermöglicht es jedoch dem US-Investor unter Inanspruchnahme
von (mittlerweile veränderten) US-amerikanischen Steuervorschriften als sog.
wirtschaftlicher Eigentümer des Leasinggegenstandes Steuerersparnisse in
Form des sog. Netto-Barwertvorteils erzielen. An diesem Vorteil lässt der In-
vestor wiederum die Gemeinde teilhaben, wodurch diese Einnahmen in
mehrfacher Millionenhöhe erzielen kann (zu den Einzelheiten vgl. *Böhm/
Stepputat*, DÖV 2009, 984; *Luksch*, U.S.-Cross-Border-Leasing-Transaktio-
nen deutscher Kommunen, 2009; *Rahm*, NvwZ 2010, 288). Nach Einschätzung des VG Gera handelt es sich hierbei um ein kreditähnliches Rechtsge-
schäft, das der Genehmigung durch die Aufsichtsbehörde bedarf (DÖV
2004, 931). Das OVG NRW hat entschieden, dass die Einnahmen aus
Cross-Border-Leasinggeschäften in den allgemeinen Gemeindehaushalt eingestellt werden dürfen und mithin nicht gebührenmindernd (d. h. beispielsweise im Verhältnis zu den Abwasserkunden) berücksichtigt werden müssten
(NWVBl. 2007, 110).

9   **a) Abgaben.** Die Erhebung von Abgaben (kraft Öffentlichen
Rechts beanspruchte Geldleistungen) in Gestalt von Steuern, Beiträgen und Gebühren beurteilt sich nach dem jeweiligen **Kommunalabgabengesetz** des Landes. Hinsichtlich der Einzelheiten ist auf die darauf bezogenen Kommentierungen zu verweisen. Teilweise gibt es
handbuchartige Darstellungen auf der Ebene des Landesrechts. Die
verfassungsrechtlich begründete Gemeinsamkeit der Erhebung aller
drei Arten von Abgaben besteht im Erfordernis einer satzungsrecht-
lichen Grundlage, d. h. Abgaben dürfen nicht schon auf Grund der
allgemeinen Satzungsklausel in der Gemeindeordnung und erst recht
nicht unmittelbar aus Art. 28 II GG erhoben werden, sondern nur
auf der Grundlage einer kommunalabgabengesetzlichen Ermächtigung (vgl. bereits § 15 Rdnr. 36 ff.).

10   Die Abgabenerhebung im Einzelfall erfolgt dann durch Verwaltungsakt auf der Grundlage der betreffenden **Gemeindesatzung.**
Rechtsschutz kann (teilweise; vgl. § 15 Rdnr. 41 ff.) im Wege der verwaltungsgerichtlichen Normenkontrolle gegen die Satzung, jedenfalls
aber im Wege der Anfechtungsklage gegen den Abgabenbescheid erlangt werden. Gemäß § 80 II 1 Nr. 1 VwGO entfällt allerdings die

aufschiebende Wirkung von Widerspruch bzw. Anfechtungsklage gegenüber Abgabenbescheiden.

Steuereinnahmen können die Gemeinden in Gestalt von örtlichen 11
Verbrauch- und Aufwandsteuern i. S. v. Art. 106 VI, 105 II a GG erzielen. Die Kommunalabgabengesetze räumen ihnen insoweit das Steuerfindungsrecht ein, unter der Voraussetzung, dass diese Steuern nicht „bundesgesetzlich geregelten Steuern gleichartig" sind. Außerhalb dieses Bereichs besteht kein Steuerfindungsrecht.

Wichtige Beispiele für diesen Steuertyp, mit dem teilweise auch Lenkungszwecke verfolgt werden, bilden die Vergnügungsteuer (vgl. BVerfG, NVwZ 1997, 573; BVerwG, NVwZ 2005, 1316, u. dazu *Wolff*, NVwZ 2005, 1241; zur Vereinbarkeit mit europäischen Grundlagen vgl. ThürOVG, DÖV 2004, 254), die Hundesteuer (vgl. BVerwGE 110, 265; OVG NRW, NWVBl. 2011, 154, und zur diesbezüglichen Behandlung von Kampfhunden, BVerwG, NVwZ 2000, 929; BVerwG, NVwZ 2005, 1325; HessVGH, NVwZ-RR 2004, 213), die Getränkesteuer (vgl. zu ihr zuletzt EuGH, KommJur. 2005, 141 mit Anm. *Fuchs*, und zuvor schon EuGH, EuZW 2000, 316), die Spielapparate- (BVerwG, NVwZ 2006, 461, und nun NVwZ 2011, 310) bzw. „Sexsteuer" (VG Köln, NWVBl. 2007, 491), sowie die Zweitwohnungsteuer, die bislang auch für die am Studienort des Kindes erworbene Wohnung der am Heimatort bereits Immobilien besitzenden Eltern erhoben werden kann (zur Verfassungsmäßigkeit grundsätzlich BVerfGE 65, 325, und zuletzt BVerwG, NVwZ 2005, 589, und sodann BVerwG, NVwZ 2009, 1437, zur Europarechtskonformität *Wollenschläger*, NVwZ 2008, 506). Nach BVerfG, NWVBl. 2005, 3556, ist freilich Art. 6 I GG zu beachten. Hingegen soll die Erhebung einer kommunalen Verpackungsteuer (mit teilweise ökologischer Zielsetzung) nicht mehr von den kompetenziellen Grundlagen gedeckt sein, weil die Abfallvermeidung abschließend im Bundes-Abfallrecht geregelt sei (BVerfGE 98, 106; kritisch hierzu bereits § 6 Rdnr. 18).

Hinsichtlich einer zweiten Gruppe von Steuern liegt zwar nur die 12
Ertragshoheit, und nicht auch das Steuerfindungsrecht bei den Gemeinden. Sie haben aber die Möglichkeit, durch die Festsetzung von sog. Hebesätzen in begrenztem Umfang die Steuerlast ihrer Einwohner in Bezug auf ihren Finanzbedarf zu bestimmen. Dies gilt für die Realsteuern (Grund- und Gewerbesteuer) auf der Grundlage des Art. 106 VI 1 u. 2 GG (vgl. zu Verfassungsfragen jüngst BVerfG, NVwZ 2005, 679; BVerfG, DVBl. 2010, 509). Ein letzter Teil des gemeindlichen Steueraufkommens wird schließlich durch den Gemeindeanteil an der Einkommensteuer gemäß Art. 106 V GG sowie durch die Beteiligung am Aufkommen der Umsatzsteuer gemäß Art. 106 V a GG gebildet. In beiden Fällen besteht keinerlei Mitbestimmungskompetenz.

13   **Beiträge** sind Geldleistungen, die dem Ersatz des Aufwandes für die Herstellung und Erweiterung öffentlicher Einrichtungen im oben (§ 16 Rdnr. 5 ff.) beschriebenen Sinne dienen. Das wichtigste Beispiel für einen Beitrag ist der Erschließungsbeitrag nach §§ 127 ff. BauGB. Von den Beiträgen zu unterscheiden sind die **Gebühren,** bei denen die Gegenleistung noch konkreter festgelegt ist. Sie besteht nämlich entweder im Recht zur Benutzung der (u. a. unter Einsatz der Beiträge) errichteten und betriebenen öffentlichen Einrichtung (Benutzungsgebühr) bzw. in der Erbringung konkreter Verwaltungsleistungen (z. B. Genehmigungserteilung; Verwaltungsgebühr). Während die Verwaltungsgebühren bereits von der Bundes- bzw. Landesebene her bekannt sind und weitgehend den gleichen Grundsätzen wie dort folgen, spielen die Benutzungsgebühren auf der kommunalen Ebene eine hervorgehobene und spezifische Rolle.

Die Benutzungsgebühren knüpfen im Unterschied zu den Beiträgen an die tatsächliche Inanspruchnahme einer öffentlichen Einrichtung, nicht lediglich an die bloße Möglichkeit hierzu an. Daher muss beispielsweise auch ein Grundstückseigentümer, der die anfallenden Abfälle vollständig kompostiert, sich an der Errichtung der gemeindlichen Abfallentsorgungsanlage per Beitrag beteiligen, während er von der Zahlung der späteren Benutzungsgebühr befreit sein kann.

14   Für die Höhe der Benutzungsgebühren (und damit die Rechtmäßigkeit ihrer Erhebung) gelten das Kostendeckungsprinzip (das Gesamtaufkommen soll die voraussichtlichen Kosten decken, aber nicht übersteigen), und das Äquivalenzprinzip (vgl. BVerwG, NVwZ 2006, 936, zur Gebührenbedarfsberechnung), wonach die Gebühr dem tatsächlichen Wert der in Anspruch genommenen Leistung annähernd entsprechen muss. Wichtigster grundrechtlicher Maßstab ist der allgemeine Gleichheitssatz des **Art. 3 I GG,** wohingegen Art. 14 GG nicht gegen die Erhebung von Abgaben schützt, da keine konkreten Vermögenspositionen, sondern lediglich das Vermögen als solches betroffen ist.

15   Die soziale Staffelung der Gebühren ist unter bestimmten Voraussetzungen statthaft (BVerfGE 97, 332 [344]; BVerwGE 108, 188). Das BVerwG hält auch die Differenzierung zwischen Einheimischen und Ortsfremden bei sowieso nicht kostendeckend betriebenen Einrichtungen als statthafte Subventionierung der Einwohner für möglich (BVerwGE 104, 60; und hierzu *Behr,* LKV 2005, 105, sowie bereits § 16 Rdnr. 19 ff.). Im Falle des Vorliegens grenzüberschreitender Sachverhalte gerät dies allerdings mit der (passiven) Dienstleistungsfreiheit des AEU-Vertrages in Konflikt, weil es sich um eine mittelbare

Diskriminierung handelt (EuGH, EuZW 2003, 186). Wird eine öffentliche Einrichtung nach funktionaler Privatisierung durch einen Privaten betrieben, welcher seinen Aufwand wiederum der Gemeinde in Rechnung stellt (vgl. § 17 Rdnr. 87 ff.), erhebt sich die Frage nach der legitimen Höhe dieses Fremdkostenanteils (näher hierzu *Wiesemann*, NVwZ 2005, 391).

Davon zu unterscheiden sind die Fälle, in denen die Gemeinde **16** (ohne Einschaltung eines Privaten) das Benutzungsverhältnis (d. h. auf der sog. zweiten Stufe; vgl. bereits § 17 Rdnr. 71 ff.) in Ausübung ihrer Regimewahlfreiheit dem Privatrecht zuordnet. Sie kann dann keine Benutzungsgebühren mehr erheben, sondern muss die Einrichtung über privatrechtliche Entgelte (auf der Grundlage beispielsweise der mietvertraglichen Vorschriften des BGB) finanzieren. In diesem Fall sind die Kommunalabgabengesetze und die in ihnen festgelegten Grundsätze nicht unmittelbar anwendbar. Die Rechtsprechung fordert aber seit langem, dass der Staat auch bei der Erhebung privatrechtlicher Entgelte „die grundlegenden Prinzipien öffentlicher Finanzgebarung" (BGH, NJW 1985, 197 [200]; BerlVerfGH, DVBl. 2000, 51 [55]) zu beachten habe. Eine zentrale Rolle in diesem Zusammenhang spielt § 315 III BGB.

b) Finanzzuweisungen. Finanzzuweisungen beruhen jenseits spe- **17** zieller Investitionsprogramme (vgl. etwa Art. 104 a IV GG) oder besonderer Titel (vgl. z. B. Art. 106 VIII GG) auf dem Finanzausgleichsgesetz des jeweiligen Landes und den finanzverfassungsrechtlichen Bestimmungen der jeweiligen Landesverfassung (in Anknüpfung an die Aussagen zur Selbstverwaltungsgarantie; vgl. § 7 Rdnr. 9 ff.; zur kommunalen Finanzierungsbeteiligung an den Lasten der Deutschen Einheit vgl. VerfGH NRW, DVBl. 2008, 241). Art. 106 VII 1 GG verpflichtet die Länder dazu, von ihrem Gesamtanteil an den sog. Gemeinschaftsteuern (Einkommen-, Körperschaft- und Umsatzsteuer; zusammen ca. 70 % des Steueraufkommens) einen bestimmten Anteil den Gemeinden weiterzugeben. Darüber hinaus obliegt es der Landesgesetzgebung zu bestimmen, ob und inwieweit das Aufkommen der Landessteuern den Gemeinden zufließt (Art. 106 VII 2 GG). Der daraus gespeiste Topf wird in Gestalt von allgemeinen Finanzzuweisungen, über deren Verwendung die Gemeinde entscheiden kann, und in Gestalt von zweckgebundenen Finanzzuweisungen (z. B. im ÖPNV-Bereich), teilweise mit konkreten Vorgaben (Diktat des goldenen Zügels) an die Gemeinden verteilt.

2. Vermögen

18   Infolge ihrer Teilnahme am allgemeinen Rechtsverkehr einschließlich des Erhalts von Subventionen erwerben die Gemeinden nach den
dort geltenden Regeln Eigentums- und Vermögensgegenstände
(Grundstücke, bewegliche Sachen, Anteile an Kapitalgesellschaften
etc.). Die Gemeindeordnungen enthalten verschiedene Bestimmungen über die Voraussetzungen, unter denen solche Gegenstände er-
worben werden dürfen (vgl. z. B. § 91 I GO BW; § 90 I GO NRW).
Auch deren Veräußerung ist Gemeinden nicht ohne weiteres gestattet, wie sie überhaupt zur pfleglichen und wirtschaftlichen Verwaltung ihrer Vermögensgegenstände verpflichtet sind. Die Anwendung
der diesbezüglichen Vorschriften bereitet in Anbetracht neuartiger
Finanzierungsinstrumente mit kreditähnlichem Charakter (z. B.
PPP; vgl. § 17 Rdnr. 69 f.) oftmals Schwierigkeiten. Die Einleitung eines Insolvenzverfahrens über das Vermögen einer Gemeinde ist gesetzlich ausgeschlossen (vgl. z. B. Art. 77 III BayGO; § 128 II GO
NRW; grundlegend *Hornfischer*, Die Insolvenzfähigkeit von Kommunen, 2010; *Naguschewski*, Kommunale Insolvenz, 2011).

Literatur: *Weiß*, Erwerb, Veräußerung und Verwendung von Vermögensgegenständen durch die Gemeinden, 1991; *Quaas*, Kommunales Abgabenrecht, 1997; *Engelsing*, Zahlungsunfähigkeit von Kommunen und anderen juristischen Personen des öffentlichen Rechts, 1999; *Nierhaus/Gerhardt*, Zur
Ausfallhaftung des Staates für zahlungsunfähige Kommunen, 1999; *Waldhoff*,
Satzungsautonomie und Abgabenerhebung – zu den Anforderungen des Ge-
setzesvorbehalts und Eingriffe durch kommunale Abgaben, in: Kirchhof u. a.
(Hrsg.), FS Vogel, 2000, 495; *Kirchhof*, Grundriß des Steuer- und Abgabenrechts, 2. Aufl. 2001; *Franz*, Gewinnerzielung durch kommunale Daseinsvorsorge, 2005, 253 ff., 667 ff.; *Faber*, Insolvenzfähigkeit für Kommunen?, DVBl.
2005, 933; *Birk/Kunig/Sailer* (Hrsg.), Zwischen Abgabenrecht und Verfassungsrecht, FS Driehaus, 2005; *Reinhardt*, Neue kommunale Finanzierungs-
modelle und Zukunftsgerechtigkeit, 2006; Über den aktuellen Stand des kommunalen Abgabenrechts informiert die „Kommunale Steuerzeitschrift"
(KStZ); *Schwarting*, Kommunale Steuern – Grundlagen, Verfahren, Entwicklungstendenzen, 2. Aufl. 2007; *Siegel*, Einführung in das Kommunalabgaben-
recht, JuS 2008, 1071; *Aulbert*, Staatliche Zuwendungen an Kommunen, 2010;
Hey, Kommunale Finanzautonomie und politische Verantwortung, in: Sachs/
Siekmann (Hrsg.), FS Stern 80. Geburtstag, 2012, 25.

Falllösungen: *Lecheler/Determann*, Jura 1997, 257; *Burgi/Willems*,
NWVBl. 2000, 359; *Kettner*, JuS 2008, 150; *Krumm/Schäfers*, NWVBl. 2011,
32.

III. Haushaltswesen

Der rechtliche Rahmen, innerhalb dessen die Gemeinden ihre Ein- 19
nahmen- und Ausgabenhoheit ausüben, wird durch das Haushaltsrecht gebildet. Die einschlägigen Rechtsgrundlagen finden sich in
der jeweiligen Gemeindeordnung,[2] wobei die Einzelheiten auf Ver-
ordnungsebene (Gemeindehaushaltsverordnung) geregelt sind. Struktur und Grundsätze des gemeindlichen Haushaltsrechts sind an dem
für Bund und Länder gleichermaßen geltenden Haushaltsgrundsätze-
gesetz (HGrG) des Bundes orientiert. Aufgabe des Haushaltsrechts
ist es, eine wirkungsvolle Planung, Verwaltung, Verwendung und
Kontrolle der öffentlichen Finanzen zu ermöglichen. In allen Ländern gibt es Spezialliteratur zum jeweiligen Haushaltsrecht.

Die rechtliche Grundlage der Haushaltswirtschaft in der jeweiligen 20
Gemeinde bildet die für jedes Kalenderjahr zu verabschiedende
Haushaltssatzung, eine gemeindliche Pflichtsatzung (vgl. hierzu
§ 15 Rdnr. 19). Wichtigster Bestandteil der Haushaltssatzung ist der
durch sie festgestellte sog. Haushaltsplan, welcher den Gesamtbetrag
der auszugleichenden Einnahmen und Ausgaben sowie den Höchst-
betrag an Kassenkrediten enthält. Jeder Haushaltsplan ist untergliedert in den Verwaltungs- und den Vermögenshaushalt. Während der
Vermögenshaushalt alle Einnahmen und Ausgaben enthält, die den
Bestand des Gemeindevermögens berühren, dokumentiert der Ver-
waltungshaushalt alle übrigen Einnahmen und Ausgaben. Zusätzlich
ist der Haushaltsplan in Teilpläne, Gruppen und Abschnitte gegliedert.

Nach den jeweiligen haushaltsrechtlichen Vorschriften ist die ge- 21
meindliche Haushaltswirtschaft an einer Reihe von Grundsätzen
(u. a. Jährlichkeit, Vollständigkeit und Gesamtdeckung) zu orientieren. Diese landesgesetzlichen Vorgaben stellen gerechtfertigte Eingriffe in den Randbereich der durch Art. 28 II GG geschützten Finanzhoheit (vgl. § 6 Rdnr. 33) dar. Materiell am wichtigsten ist der
Grundsatz der Wirtschaftlichkeit (vgl. z. B. § 92 II HessGO; § 75 I 2

---

2 §§ 77 ff. GO BW; Art. 61 ff. BayGO; §§ 63 ff. BbgKVerf; §§ 92 ff. HessGO; §§ 43 ff. KV
MV; §§ 110 ff. NdsKomVG; §§ 75 ff. GO NRW; §§ 78 ff. GO Rh.-Pf.; §§ 82 ff. KSVG;
§§ 72 ff. SächsGO; §§ 90 ff. GO LSA; §§ 75 ff. GO SH; §§ 52a ff. ThürKO. Aktuelle
Änderungen in mehreren Ländern betrafen die Umstellung auf die sog. Doppik (vgl.
Rdnr. 20), teilweise bewirkt durch separate Einführungsgesetze (so etwa in Mecklen-
burg-Vorpommern und in Thüringen).

GO NRW). Er verpflichtet sowohl dazu, bestimmte Ziele mit geringstmöglichem finanziellen Einsatz zu erreichen (Minimalprinzip), als auch dazu, mit einem bestimmten Finanzeinsatz einen größtmöglichen Erfolg zu erzielen (Maximalprinzip). Das Wirtschaftlichkeitsprinzip gibt somit eine Richtung vor, kann aber auf Grund seines Charakters als Zweck-Mittel-Relation (ähnlich wie das Verhältnismäßigkeitsprinzip) kein exakt definiertes (und kontrollierbares) Ergebnis angeben. Teilweise ist das Wirtschaftlichkeitsprinzip um eine „Privatisierungsprüfpflicht" (z. B. § 121 VII HessGO; § 73 I 1Nr. 2 ThürKO; vgl. hierzu *Sanden,* DV 38 [2005], 367) ergänzt worden. In bestimmten, durch besondere Umstände gekennzeichneten Sonderfällen kann ein Finanzierungsvertrag (z. B. ein Immobilien-Leasingvertrag) als sittenwidrig zu qualifizieren sein (BGH, KommJur 2006, 423) bzw. kommt ein Amtshaftungsanspruch gegen die den Vertrag genehmigende Aufsichtsbehörde (genauer: gegen das Land) in Betracht (vgl. § 9 Rdnr. 29).

22   Mit der Abwicklung der Geldgeschäfte ist in jeder Gemeinde als unselbständiger Teil der Gemeindeverwaltung auf der Grundlage der jeweiligen Gemeindekassenverordnung die **Gemeindekasse** befasst. Infolge der zu I skizzierten Finanznot der Gemeinden befinden sich immer mehr Gemeinden in einem Prozess der sog. Haushaltssicherung, was bedeutet, dass sie über mehrere Jahre hinweg ihr Haushaltskonzept eng mit der Rechtsaufsichtsbehörde abstimmen müssen. Nach OVG NRW (NWVBl. 2007, 347; vgl. ferner OVG NRW, DVBl. 2009, 1181) sollen sie dann sogar verpflichtet sein, Finanzierungslücken in Kindertageseinrichtungen vorrangig durch höhere Elternbeiträge (statt durch Steuern oder Kredite) abzudecken.

23   Der Haushalt und das Haushaltsrecht sind wichtige Steuerungsinstrumente auf kommunaler Ebene. Sie sind daher seit längerem Gegenstand der in § 10 Rdnr. 9 ff. beschriebenen Maßnahmen der Verwaltungsmodernisierung; in einigen Ländern beziehen sich die dort genannten Experimentierklauseln namentlich auch auf die haushaltsrechtlichen Vorschriften (vgl. zum Überblick über die Aktivitäten in den Ländern und in der Praxis die zahlreichen Beiträge in dem vor I zitierten Handbuch „Recht der kommunalen Haushaltswirtschaft"). Im Mittelpunkt steht die (teilweise) Ablösung der sog. Kameralistik durch die Doppik. Während die Kameralistik eine reine Soll-Ist-Rechnung darstellt, ist die doppelte Buchführung (Doppik) dadurch gekennzeichnet, dass die Erfolge der wirtschaftenden Gemeinde zweifach, zum einen in der Gegenüberstellung von Vermögen und Kapital und zum anderen in einer Gewinn- und Verlustrechnung dargestellt werden. Wenn es gelingt, dieses aus der Privatwirtschaft stammende System unter den teilweise anderen verfassungs-

rechtlichen Vorgaben der öffentlichen Haushaltswirtschaft sinnvoll weiter zu entwickeln (vgl. zu den Einzelheiten *Pünder*, Der Landkreis 2005, 18), dann können Effektivität, Effizienz und Transparenz verbessert werden, ohne dass die demokratische Kontrolle durch den Rat und die Gemeindebürger Schaden nimmt (umfassend untersucht bei *Pünder*, Haushaltsrecht im Umbruch, 2003). Neuerdings wird versucht, Sparvorschläge aus der Bürgerschaft zu mobilisieren, indem über ein moderiertes Verfahren ein sog. Bürgerhaushalt (ohne unmittelbare rechtliche Relevanz) erarbeitet wird; *N. Hellermann*, DVBl. 2011, 1195; *Lange*, Plebiszitäre Budgetverantwortung, 2011.

Nach Ablauf des Jahres findet eine **Rechnungslegung** statt, wobei **24** der Rat die politisch-rechtliche Verantwortung (bei gleichzeitiger Entlastung des Bürgermeisters) übernimmt. Die Jahresrechnung unterliegt sodann der sog. Rechnungsprüfung. Diese findet zum einen auf örtlicher Ebene (d. h. gemeindeintern, in der Regel durch ein Rechnungsprüfungsamt; weiterführend OVG NRW, NWVBl. 2006, 293: Verwaltungstätigkeit i. S. d. Informationsfreiheitsrechts) statt und zum anderen überörtlich, entweder durch ein bei der Rechtsaufsichtsbehörde angesiedeltes Amt oder durch eine selbständige Prüfungseinrichtung, wie etwa die jüngst in Nordrhein-Westfalen eingerichtete Gemeindeprüfanstalt.

Literatur: *Heun*, Staatshaushalt und Staatsleitung. Das Haushaltsrecht im parlamentarischen Regierungssystem des Grundgesetzes, 1999; *Oebbecke* u. a. (Hrsg.), Die nordrhein-westfälische Gemeindeprüfung in der Diskussion, 2001; *Diemert*, Das Haushaltssicherungskonzept, 2005; *Lüder*, Notwendige rechtliche Rahmenbedingungen für ein reformiertes staatliches Rechnungs- und Haushaltswesen, DÖV 2006, 641; *Fiebig*, Kommunale Rechnungsprüfung. Grundlagen, Aufgaben, Organisation, 4. Aufl. 2007; *Erting*, Bankaufsichtsrechtliche Grenzen kommunaler Darlehnsgeschäfte, NVwZ 2009, 1339; *Oebbecke*, Rechtliche Vorgaben für den Haushaltsausgleich und ihre Durchsetzung, Gemeindehaushalt 2009, 241;. *Schwarting*, Der kommunale Haushalt, 4. Aufl. 2010; *ders.*, Haushaltskonsolidierung in Kommunen, 3. Aufl. 2011; *Gröpl* (Hrsg.), BHO/LHO, 2011. Ferner ist auf die Spezialzeitschriften „Gemeindehaushalt" und „Zeitschrift für Kommunalfinanzen (ZKF)" sowie auf das vor I vorgestellte Werk hinzuweisen.

5. Teil. Weitere kommunale Träger

Nachdem in den Teilen 2–4 ausschließlich der Rechtsrahmen für die Gemeinden dargestellt wurde, sollen abschließend die anderen kommunalen Träger vorgestellt werden. Wählt man hierbei den Ausgangspunkt bei der einzelnen Gemeinde, dann sind zuerst die verschiedenen Formen der kommunalen Zusammenarbeit (in mehreren Ländern „kommunale Gemeinschaftsarbeit" genannt) zu beleuchten (in § 19). Die „kommunale Zusammenarbeit" in dem Sinne, in dem sie im jeweiligen Landesgesetz geregelt ist, bezeichnet die koordinierte Erledigung einzelner, näher bestimmter Verwaltungsaufgaben durch die beteiligten kommunalen Träger. Die Zusammenarbeit kann in die Gründung einer weiteren Institution münden (Zweckverband) oder sich darin erschöpfen, dass eine Gemeinde die Aufgaben für eine oder mehrere andere Gemeinden übernimmt. Nicht mehr hierher, sondern bereits in den Abschnitt über die „Kreise und andere Gemeindeverbände" (§ 20) gehören die Formen des Zusammenwirkens in einer Institution, der entweder ein umfassender Aufgabenkreis zugewiesen ist (sog. Gesamtgemeinden) oder die von vornherein auf der regionalen Ebene, also jenseits von Gemeinde- und Kreisebene, angesiedelt ist.

§ 19. Kommunale Zusammenarbeit

1   Grundlage der kommunalen Zusammenarbeit in diesem Sinne ist das jeweilige Landesgesetz (Überblick bei II). Dieses bietet verschiedene Typen der öffentlich-rechtlichen Zusammenarbeit an (mit Typenzwang), regelt den Kreis der überhaupt für die Zusammenarbeit offenstehenden Aufgaben und statuiert schließlich die Grundprinzipien der Organisation.

I. Strukturen und Rechtsfragen

2   Das Recht einer jeden Gemeinde bzw. eines jeden Kreises, mit anderen kommunalen Trägern zusammenzuarbeiten, ist Teil der von

Art. 28 II GG geschützten Eigenverantwortlichkeitsgarantie in Gestalt der sog. **Kooperationshoheit** (vgl. § 6 Rdnr. 33). Erfolgt die Zusammenarbeit nicht freiwillig, sondern auf Grund gesetzlicher Anordnung durch das Land, dann handelt es sich um einen Eingriff in die Eigenverantwortlichkeitsgarantie; die Gesetze über die kommunale Zusammenarbeit statuieren daher enge Voraussetzungen für Pflichtverbände bzw. Pflichtvereinbarungen. Die freiwillige wie die zwangsweise kommunale Zusammenarbeit erfolgt im Interesse einer verbesserten Aufgabenerledigung bei sonst fehlender oder geminderter Leistungsfähigkeit der einzelnen Partner. Sie dürfte (und sollte!) in den kommenden Jahren nicht zuletzt angesichts der wachsenden Haushaltsprobleme zunehmen. Vermehrt dürfte dies auch mit finanziellen Anreizen und/oder mit bestimmten Erleichterungen bei der Pflicht zur Beachtung von Landesgesetzen verknüpft werden. Dagegen abzuwägen ist (ähnlich wie bei Gebietsreformen; vgl. § 6 Rdnr. 24) die Gefahr des Verlust an Boden- bzw. Bürgerhaftung. Das bürgerschaftliche Engagement und der kommunalpolitische Gestaltungswille nehmen erfahrungsgemäß auf dem Weg zwischen dem eigenen Rathaus und den als abstrakter empfundenen Gremien der kommunalen Zusammenarbeit ab.

Mit den öffentlich-rechtlich geregelten Formen der kommunalen Zusam- 3
menarbeit verbindet sich eine Verschiebung der Zuständigkeit für die Aufgabenerfüllung, zumindest für die Aufgabenerledigung (bei der sog. mandatierenden öffentlich-rechtlichen Vereinbarung; vgl. sogleich). Obgleich es sich hierbei de facto um Alternativen zur Einschaltung Privater in die Aufgabenerfüllung bzw. -erledigung handelt (vgl. dazu § 17 Rdnr. 68 ff.), hat man es sonach de iure doch mit reinen Vorgängen der Verwaltungsorganisation zu tun. Auf diese ist das im GWB umgesetzte EU-Sekundärvergaberecht (vgl. zu diesem § 17 Rdnr. 15 ff.), welches die Beschaffung von Dienstleistungen auf dem Bietermarkt der privatwirtschaftlichen Unternehmen strukturiert, nicht anwendbar (ausführlich hierzu *Burgi*, NZBau 2005, 610, und zuletzt ZG 2006, 189, gegen OLG Düsseldorf, NZBau 2004, 308 (vgl. nunmehr aber OLG Düsseldorf, NZBau 2006, 662); OLG Frankfurt a. M., NZBau 2004, 692). Der EuGH hatte sich in dieser Frage lange Zeit nicht festgelegt, namentlich nicht durch die Entscheidung zur anders gelagerten Rechtslage bei Kooperationsvereinbarungen in Spanien (NZBau 2005, 232; vgl. zur Thematik auch *Ziekow/Siegel*, VerwArch. 96 (2005), 119; *Kohout*, Kartellvergaberecht und interkommunale Zusammenarbeit, 2008). Mit seinem Urteil vom 9.6.2009 in Sachen „Stadtreinigung Hamburg" (bzw. „Rugenburger Damm"; EuZW 2009, 529 mit Würdigung *Pielow*, in: Henneke [Hrsg.], Kommunalrelevanz des Vergaberechts, 2009, 34), hat er sodann anerkannt, dass es eine ungeschriebene Ausnahme von der Anwendbarkeit des Vergaberechts zugunsten der

„interkommunalen Zusammenarbeit" gibt, jedenfalls wenn bestimmte Voraussetzungen erfüllt sind, was bei öffentlich-rechtlichen Vereinbarungen nach
dem jeweiligen LandesG in der Regel der Fall sein dürfte. Über die Einzelheiten besteht vielfach Uneinigkeit, wie der Vorlagebeschluss des OLG Düsseldorf v. 6.7.2011 (betreffend eine öffentlich-rechtliche Vereinbarung im Bereich
der Gebäudereinigung) an den EuGH zeigt (Vergaberecht 2012, 31).

4   Abgesehen von den lediglich mit Beratungskompetenz ausgestatteten sog. Arbeitsgemeinschaften sind im Bereich der öffentlich-rechtlichen Formen der kommunalen Zusammenarbeit der Zweckverband
und die öffentlich-rechtliche Vereinbarung zu unterscheiden. **Zweckverbände** entstehen infolge eines koordinationsrechtlichen (§ 54 S. 1
VwVfG) öffentlich-rechtlichen Vertrages zwischen mehreren Gemeinden und/oder Kreisen, teilweise auch unter Beteiligung privater
Unternehmen (zu den sich dann stellenden demokratischen Problemen vgl. *Stork*, DVBl. 2011, 69). Die zur Finanzierung von den Mitgliedern erhobene „Umlage" kann unter bestimmten Voraussetzungen eine Beihilfe i. S. v. Art. 107 AEU-Vertrag sein (BVerwG, EuZW
2011, 269). Aus der Gründungsvereinbarung wird nach Zustimmung
der zuständigen Organe aller Beteiligten und nach Genehmigung der
Aufsichtsbehörde die Satzung des Zweckverbandes. Dieser ist seiner-
seits eine Körperschaft des öffentlichen Rechts mit eigenen Organen
(Verbandsversammlung und Verbandsvorsteher). Als Körperschaft
kann der Zweckverband Verwaltungsakte und Satzungen erlassen,
und zwar anstelle der anderenfalls zuständigen Mitgliedskommunen.
In den Gewährleistungsbereich des Art. 28 II GG ist der Zweckverband nicht einbezogen (so jüngst wieder BVerwG, NvwZ 2012, 506).
Zu Rechtsstreitigkeiten kann es insbesondere dann kommen, wenn
eine einzelne Gemeinde einen Zweckverband verlassen möchte oder
von vornherein nicht Aufgaben an einen Pflicht-Zweckverband abge-
ben will. Als Paradebeispiel für einen Zweckverband kann der Zusammenschluss aller Gemeinden entlang eines Flusslaufes zur Erledigung der Abwasserbeseitigung in einem einheitlichen Klärsystem
durch den „Abwasserzweckverband Oberes Flusstal" gelten. Künftig
dürfte es vermehrt Zweckverbände zwecks koordinierter Klima-
schutzmaßnahmen geben (dazu *Dinglreiter*, BayVBl. 2012, 169).

5   Anstelle eines Zweckverbandes können die beteiligten Kommunen, mit
oder ohne Hinzunahme privatwirtschaftlicher Unternehmen, auch eine der
Organisationsformen des Privatrechts (GmbH, AG) nach den in § 17
Rdnr. 68 ff. dargestellten Grundsätzen wählen. Soll allerdings in den Handlungsformen des öffentlichen Rechts (Verwaltungsakt, Verwaltungsvertrag

oder gar Satzung) gehandelt werden, kommt lediglich die öffentlich-rechtliche
Form des Zweckverbands in Betracht.

Keine neue Institution entsteht dagegen im Bereich der **öffentlich-** 6
rechtlichen Vereinbarung. Auch sie kommt durch einen koordinationsrechtlichen öffentlich-rechtlichen Vertrag i. S. v. § 54 S. 1 VwVfG
zustande, allerdings mit dem Inhalt, dass einer der Beteiligten lediglich einzelne Aufgaben der übrigen Beteiligten in seine Zuständigkeit
übernimmt (delegierende Vereinbarung) oder sich verpflichtet, solche
Aufgaben für die übrigen Beteiligten durchzuführen (mandatierende
Vereinbarung). Dies kann eine Aufgabenübertragung auf eine andere
Kommune durch Rechtsverordnung nach § 203 I BauGB (betreffend
die Erschließung von Grundstücken auf dem Gebiet der Nachbargemeinde) u. U. abwenden (BVerwG, DVBl. 2008, 520). Ein wichtiges
Beispiel bildet die Wahrnehmung der Aufgabe der örtlichen Rechnungsprüfung (vgl. § 18 Rdnr. 24) durch das Rechnungsprüfungsamt
des Kreises für mehrere angeschlossene Gemeinden gegen Kostener-
stattung. Im Außenverhältnis zu den Bürgern tritt ein Beteiligter für
die übrigen Beteiligten auf.

Soll eine öffentlich-rechtliche Vereinbarung (auch) mit Partnern jenseits der 7
Grenze des eigenen Bundeslandes geschlossen werden, dann muss hierzu erst
der Weg durch einen Staatsvertrag der beteiligten Länder frei gemacht werden.
Ohne Mitwirkung des Mutterlandes oder sogar des Bundes (vgl. Art. 24 I a, 32
III GG) ist erst recht keine Zusammenarbeit mit Gemeinden im benachbarten
Ausland möglich. Um dem seit Jahren wachsenden Bedürfnis nach einem
Ausbau der grenznachbarschaftlichen Zusammenarbeit Rechnung tragen zu
können, werden auf den betroffenen Ebenen zahlreiche Anstrengungen unternommen (vgl. hierzu *Lott*, Neue Formen der grenzüberschreitenden Zusam-
menarbeit, 1999; *Niedobitek*, Das Recht der grenzüberschreitenden Verträge,
2001, sowie § 6 Rdnr. 16; *Pfeil*, Mehrfachzweckverbände und Eurodistrikte,
NVwZ 2006, 787 [789 f.]).

Literatur: *Oebbecke*, Zweckverbandsbildung und Selbstverwaltungsgarantie, 1982; *ders.*, Gemeindeverbandsrecht Nordrhein-Westfalen, 1984; *Schmidt-
Jortzig*, Kooperationshoheit der Gemeinden und Gemeindeverbände bei Erfüllung ihrer Aufgaben, in: v. Mutius (Hrsg.), FG v. Unruh, 1983, 525; *Oppen-
länder/Dolde*, Auswirkungen veränderter Verhältnisse auf den Zweckverband
als Freiverband, DVBl. 1995, 637; *Ehlers*, Interkommunale Zusammenarbeit
in Gesellschaftsform, DVBl. 1997, 137; *Britz*, Die Mitwirkung Privater an
der Wahrnehmung öffentlicher Aufgaben durch Einrichtungen des öffentlichen Rechts, VerwArch. 91 (2000), 418; *Dittmann*, Kommunalverbandsrecht,
in: Achterberg/Püttner/Würtenberger, Besonderes Verwaltungsrecht, II, § 18;
Schroeder, Wozu noch Zweckverbände?, DV 34 (2001), 205; *Schmidt*, Kom-

munale Kooperation. Der Zweckverband als Nuklens des öffentlich-rechtlichen Gesellschaftsrechts, 2005; *Hendler*, Interkommunale Zusammenarbeit
im Bau- und Planungsrecht, in: Henneke (Hrsg.), Kommunale Verwaltungsstrukturen der Zukunft, 2006, 45; *Suerbaum*, Verfassungsrechtliche Grundlagen kommunaler Kooperation, in: Oebbecke u. a. (Hrsg.), Zwischen kommunaler Kooperation und Verwaltungsvereinfachung, 2006, 49; *Oebbecke*,
Kommunale Gemeinschaftsarbeit, in: HdbKWP, Band 1, 2007, 843; *Paulick*,
Ausgewählte Haftungsfragen im Recht des Zweckverbands, DÖV 2009, 110;
Müller, Zweckverbandsumlage als Beihilfe i. S. d. Art. 87 I EG, NVwZ 2009,
1536; *Schmidt*, Die Finanzierung der Zweckverbände, KommJur 2010, 401;
Ziche/Wehnert, Die Haftung von Verwaltungsratsmitgliedern eines Zweckverbands, VBlBW 2011, 310; *Brüning*, Rechtliche Grundlagen der interkommunalen Zusammenarbeit, VBlBW 2011, 46; *Schneider* (Hrsg.), Handbuch Interkommunale Zusammenarbeit, 2. Aufl. 2012 (i. E.).

II. Überblick

8   In **Baden-Württemberg** sieht das Gesetz über kommunale Zusammenarbeit (GkZ BW) zwei mögliche Kooperationsformen vor. Die §§ 2ff. GkZ
BW regeln diesbezüglich die institutionalisierte Form der Zusammenarbeit in
einem Zweckverband, während die §§ 25ff. GkZ BW mit der öffentlich-rechtlichen Vereinbarung eine Zusammenarbeit ermöglichen, bei der keine neue
Rechtspersönlichkeit entsteht. Das Gesetz über die kommunale Zusammenarbeit des Landes **Bayern** (BayGkZ) stellt für die kommunale Zusammenarbeit
vier unterschiedliche Formen zur Verfügung. Als nicht institutionalisierte
Kooperationsformen sieht es die kommunale Arbeitsgemeinschaft (Art. 4ff.
BayGkZ) sowie die Zweckvereinbarung (Art. 7ff. BayGkZ) vor. Das Entstehen einer neuen Rechtspersönlichkeit ist hingegen Voraussetzung für den
Zweckverband (Art. 17ff. BayGkZ) und das Gemeinsame Kommunalunternehmen (Art. 49f. BayGkZ; vgl. hierzu *Kronawitter*, KommJuR 2008, 401).
Das Gesetz über kommunale Gemeinschaftsarbeit im Land **Brandenburg**
(BbgGkG) kennt als nicht institutionalisierte Zusammenarbeitsformen die
kommunale Arbeitsgemeinschaft (§§ 2f. BbgGkG) und die öffentlich-rechtli-
che Vereinbarung (§§ 23ff. BbgGkG). Als institutionalisierte Form steht der
Zweckverband (§§ 4ff. BbgGkG) zur Verfügung.
Hessen sieht im Gesetz über kommunale Gemeinschaftsarbeit (HessGkG)
als Kooperationsformen ohne eigene Rechtspersönlichkeit die kommunale
Arbeitsgemeinschaft (§§ 3f. HessGkG) und die öffentlich-rechtliche Vereinba-
rung (§§ 24ff. HessGkG) vor. Als eine institutionalisierte Zusammenarbeit besteht die Möglichkeit der Errichtung eines Zweckverbandes (§§ 5ff.
HessGkG). In **Mecklenburg-Vorpommern** ist die Kommunale Zusammenar-
beit in der KV MV geregelt. Diese sieht als Zusammenarbeitsform mit eigener
Rechtspersönlichkeit den Zweckverband (§§ 150ff. KV MV) vor, ohne die
Schaffung einer neuen Rechtspersönlichkeit kommt hingegen die Zusammen-

arbeit in Form der öffentlich-rechtlichen Vereinbarung (§§ 165 f. KV MV) oder der Verwaltungsgemeinschaft (§ 167 KV MV) aus. Das Gesetz über die kommunale Zusammenarbeit in **Niedersachsen** (NdsGkZ) stellt für die Kooperation in institutionalisierter Form das Institut der Gemeinsamen kommunalen Anstalt (§§ 3 f. NdsGkZ) sowie des Zweckverbandes (§§ 7 ff. NdsGkZ) zur Verfügung, die Zusammenarbeit in nicht institutionalisierter Form kann durch Zweckvereinbarung (§§ 5 f. NdsGkZ) erfolgen.

Nordrhein-Westfalen sieht im Gesetz über kommunale Gemeinschaftsarbeit (GkG NRW) für die institutionalisierte Zusammenarbeit den Zweckverband (§§ 4 ff. GkG NRW) und seit 2007 (zu weiteren Änderungen *Faber*, NWVBl. 2008, 54) das gemeinsame Kommunalunternehmen in der Form der Anstalt des öffentlichen Rechts (§§ 27 f. GkG NRW) vor. Zusammenarbeitsformen ohne Schaffung einer neuen Rechtspersönlichkeit sind die kommunale Arbeitsgemeinschaft (§§ 2 f. GkG NRW) sowie die öffentlich-rechtliche Vereinbarung (§§ 23 ff. GkG NRW). In **Rheinland-Pfalz** bietet das Zweckverbandsgesetz (ZwVG Rh.-Pf.) als institutionalisierte Zusammenarbeitsform den Zweckverband (§§ 2 ff. ZwVG Rh.-Pf.) und seit 2006 die gemeinsame kommunale Anstalt (§ 14a f. ZwVG Rh.-Pf.) an. Unter Verzicht auf die Schaffung einer eigenen Rechtspersönlichkeit kann auf die Zweckvereinbarung (§§ 12 f. ZwVG Rh.-Pf.) und die kommunale Arbeitsgemeinschaft (§ 14 ZwVG Rh.-Pf.) zurückgegriffen werden. Im Gesetz über die kommunale Gemeinschaftsarbeit des **Saarlandes** (SaarlKGA) ist als Kooperationsform mit eigener Rechtspersönlichkeit der Zweckverband (§§ 2 ff. SaarlKGA) vorgesehen. Die Möglichkeit nicht institutionalisierter Zusammenarbeit besteht in Form der öffentlich-rechtlichen Vereinbarung (§§ 17 ff. SaarlKGA) und der kommunalen Arbeitsgemeinschaft (§ 21 SaarlKGA).

Das **Sächsische** Gesetz über kommunale Zusammenarbeit (SächsKomZG) stellt als Kooperationsform mit eigener Rechtspersönlichkeit den Verwaltungsverband (§§ 3 ff. SächsGkZ) sowie den Zweckverband (§§ 44 ff. SächsGkZ) zur Verfügung. Daneben existieren für eine nicht institutionalisierte Zusammenarbeit die Verwaltungsgemeinschaft (§§ 36 ff. SächsGkZ) und die Zweckvereinbarung (§§ 71 ff. SächsGkZ). Das Gesetz über die kommunale Gemeinschaftsarbeit des Landes **Sachsen-Anhalt** (GkG LSA) kennt den Zweckverband (§§ 6 ff. KgK LSA) als institutionalisierte Zusammenarbeitsform sowie die Zweckvereinbarung (§§ 3 ff. GkG LSA) und die Arbeitsgemeinschaft (§ 2 Abs. 2 KgKLSA) als Kooperationsformen ohne eigene Rechtspersönlichkeit.

In **Schleswig-Holstein** eröffnet das Gesetz über kommunale Zusammenarbeit (GkZ SH) die Möglichkeit der institutionalisierten Zusammenarbeit in Form eines Zweckverbandes (§§ 2 ff. GkZ SH) oder eines Gemeinsamen Kommunalunternehmens nach § 19 b ff. GkZ SH. Die öffentlich-rechtliche Vereinbarung (§§ 18 f. GkZ SH) und die Verwaltungsgemeinschaft (§ 19 a GkZ SH) stellen demgegenüber Kooperationsformen ohne eigene Rechtspersönlichkeit dar. Das **Thüringer** Gesetz über die kommunale Gemeinschaftsarbeit (ThürGkG) schließlich bestimmt den Zweckverband (§§ 16 ff.) als Zusammenarbeitsform mit eigener Rechtspersönlichkeit, während die kommunale

Arbeitsgemeinschaft (§§ 4 ff.) und die Zweckvereinbarung (§§ 7 ff.) nicht institutionalisierte Kooperationsformen darstellen.

§ 20. Kreise und andere Gemeindeverbände

I. Spektrum

1   Die wichtigste Gemeindeverbandskategorie ist ohne Zweifel der Landkreis, dem daher der letzte Abschnitt dieses Buches gewidmet ist (II). Daneben gibt es in verschiedenen Bundesländern die Struktur der Gesamtgemeinde und, vereinzelt, höhere Kommunalverbände. Ebenfalls institutionalisiert, aber in der Sache eher der interkommunalen Zusammenarbeit (vgl. soeben § 19) zuzurechnen, sind neben den Zweckverbänden diejenigen Verwaltungseinheiten, die zur besseren Bewältigung von **Stadt-Umland-Problemen** bzw. in großen Ballungsräumen gegründet worden sind. Sie sind typischerweise zuständig für Aufgaben der Verkehrs- und Raumplanung, der Wirtschaftsförderung und der Landschaftsgestaltung, wobei sich mehr oder weniger intensiv und häufig Konflikte mit den angeschlossenen Gemeinden und Kreisen ergeben können. Die verfassungsrechtliche Qualität eines Gemeindeverbandes i. S. v. Art. 28 II GG dürfte ihnen regelmäßig fehlen, ebenso wie den auf dem Gebiet der Raumordnung und Landesplanung tätigen Verbänden.

2   Als zahlenmäßig wichtige Beispiele seien (von Süd nach Nord) genannt der Verband Region Stuttgart (vgl. *Groß*, VBlBW 1994, 429), der mit dem G. v. 21.11.2007 (ABl. 2007, 2393) entstandene „Regionalverband Saarbrücken" (vgl. §§ 194 ff. KSVG; krit. *Priebs/Schwarz*, DÖV 2008, 45), der „Regionalverband Frankfurt/RheinMain", der Regionalverband (früher: Kommunalverband) Ruhr (RVRG; vgl. zuletzt G.v.16.3.2010 [GVBl. 2010, 212]), die durch G. v. 26.2.2008 (GVBl. 2008, 162) entstandene „Städteregion Aachen" (als Rechtsnachfolgerin des Kreises Aachen mit der Rechtsstellung eines Kreises (entsprechend) und bestehend aus der Stadt Aachen und den früheren kreisangehörigen Gemeinden) und die Region Hannover (vgl. *Priebs,* DÖV 2002, 144) sowie der „Zweckverband Großraum Braunschweig"; Gesamtüberblick bei *Kasper*, DÖV 2006, 589; *Schliesky,* in: HdbKWP, Band 1, 2007, 873; rechtsvergleichend mit den USA: *Glock*, Kommunale Kooperation in der Region, 2010.

1. Gesamtgemeinden

Das Konzept der „Gesamtgemeinde" (*Hans-Julius Wolff*) ermög- 3
licht es, kleinere Gemeinden im ländlichen Raum zu erhalten und
doch die erfolgreiche Erledigung komplexerer Aufgaben sicherzustellen. Diese Aufgaben werden durch den Landesgesetzgeber der Gesamtgemeinde zugewiesen, überdies können ihr durch die angeschlossenen Gemeinden weitere Aufgaben zur Erledigung
übertragen werden. Während somit der qualitative Schwerpunkt der
Aufgabenerledigung bei der Gesamtgemeinde liegt, sind es de iure
nach wie vor die angeschlossenen Gemeinden, denen das Selbstverwaltungsrecht des Art. 28 II GG zusteht. Allerdings stellt die
zwangsweise Zuordnung einer Gemeinde zu einer Gesamtgemeinde
einen Eingriff in die Eigenverantwortlichkeitsgarantie des Art. 28 II
GG dar, weil die Befugnis zur inhaltlichen Bestimmung über die betroffenen Aufgaben verloren geht bzw. verringert wird.

Zu den formellen (Anhörung) und materiellen Voraussetzungen, unter de- 4
nen dies mit den Anforderungen des Kernbereichs- und des Randbereichs-
schutzes vereinbar ist (vgl. allg. § 6 Rdnr. 36 ff., 39 ff.) hatte sich aus Anlass
der Neuordnung des ländlichen Raumes in Sachsen-Anhalt das BVerfG zu befassen (NVwZ 2003, 850). Das Konzept der Gesamtgemeinde ist insbesondere
in den ländlich geprägten neuen Bundesländern (vgl. hierzu *Nierhaus* [Hrsg.],
Kommunalstrukturen in den Neuen Bundesländern nach 10 Jahren deutscher
Einheit, 2000), aber auch in Rheinland-Pfalz (zu dortigen Reformbestrebungen *Wallerath*, DÖV 2011, 289) und in Schleswig-Holstein (wo der VerfGH
des Landes am 26.2.2010 [NVwZ 2010, 834, u. hierzu *Ernst*, NVwZ 2010,
816; *Engelbrecht/Schwabenbauer,*DÖV 2010, 916]) die zunehmende Übernahme von Aufgaben durch die Ämter als schleichendes Hineinwachsen in
den Status eines „Gemeindeverbandes" qualifiziert hatte, wofür es den Ämtern an der notwendigen Legitimation durch unmittelbare Volkswahl fehle.

Im Einzelnen gibt es die folgenden Erscheinungsformen von Gesamtge- 5
meinden nach Maßgabe der jeweiligen Gemeindeordnung bzw. des jeweiligen
Gesetzes über die kommunale Zusammenarbeit: In **Baden-Württemberg** den
Gemeindeverwaltungsverband, in **Bayern** die Verwaltungsgemeinschaft, in
Brandenburg das Amt, in **Hessen** den Gemeindeverwaltungsverband, in
Mecklenburg-Vorpommern das Amt, in **Niedersachsen** die Samtgemeinde,
in **Rheinland-Pfalz** die Verbandsgemeinde, in **Sachsen** den Verwaltungsverband, in **Sachsen-Anhalt** die Verwaltungsgemeinschaft (auslaufend) und
(künftig) die Verbandsgemeinde, in **Schleswig-Holstein** das (gegenwärtig von
Reformbestrebungen erfasste Amt und in **Thüringen** die Verwaltungsgemeinschaft.

2. Höhere Kommunalverbände

6   Die höheren Kommunalverbände bilden dort, wo sie in historischer Tradition gewachsen sind, die organisatorische Form der politischen **Idee der Region.** Es handelt sich um Einheiten jenseits der Kreisgrenzen, die im europäischen Rahmen durchaus eine neue Zukunft als Träger bestimmter Verwaltungsaufgaben und Identitätsstifter für die dort lebenden Menschen besitzen können. Typische Aufgabenfelder liegen in den Bereichen überörtliche Sozialhilfe, regionale Kultur und Heimatpflege. Ihre Existenz beruht jeweils auf einer spezialgesetzlichen Grundlage. Die beiden dem Umfang nach wichtigsten höheren Kommunalverbände sind die Bezirke in Bayern (nicht zu verwechseln mit den Regierungsbezirken, welche die mittlere Ebene der unmittelbaren Landesverwaltung bilden; vgl. § 2 Rdnr. 4) und die Landschaftsverbände Rheinland bzw. Westfalen-Lippe.

7   Vgl. zu den Bezirken in Bayern *Merk,* BayVBl. 1999, 545; *Simnacher,* BayVBl. 2000, 357; *Berg,* in: Anderbrügge/Oebbecke (Hrsg.), Staatlichkeit und Selbstverwaltung in der Mittelinstanz, 2010, 17. Die Landschaftsverbände Rheinland und Westfalen-Lippe setzen sich als mitgliedschaftlich verfasste Gebietskörperschaften aus den Kreisen und kreisfreien Städten ihres Gebiets zusammen. Der VerfGH NRW hat festgestellt, dass Landschaftsverbände Gemeindeverbände i. S. d. Art. 78 Verf. NRW sind (NWVBl. 2001, 340; krit. *Ehlers,* DVBl. 2001, 160; *Görisch,* NWVBl. 2002, 481; zu den Zukunftsperspektiven vgl. *Burgi,* NWVBl. 2004, 131; *Erichsen,* in: Butzer u. a. [Hrsg.], FS Schnapp, 2008, 613). Den im Jahr 2000 verfügten Entzug der Aufgaben im Bereich der Straßenbauverwaltung mussten sie allerdings hinnehmen, weil der VerfGH diese Aufgaben als „nicht-kommunale" und daher nicht verfassungsrechtlich gestützte Aufgaben qualifiziert hat. Die Landschaftsverbände besitzen in Gestalt der Landschaftsversammlung, des Direktors des Landschaftsverbandes und des Landschaftsausschusses drei vollwertige Organe. Die Mitglieder der Landschaftsversammlung werden nicht direkt gewählt, sondern durch die Vertretungen der Mitgliedskörperschaften, was noch den Anforderungen des Gebots demokratischer Legitimation entspricht (BVerwG, NVwZ 2009, 644). Der Aufgabenkreis der Landschaftsverbände wird abschließend bestimmt durch die Landschaftsverbandsordnung i. d. F. d. B. v. 14.7.1994 (GVBl. 1994, 657), zuletzt geändert durch G. v. 24.3.2009 (GVBl. 2009, 254), eine Allzuständigkeit im Sinne des freien Zugriffs auf regionale Aufgaben steht ihnen (anders als den Gemeinden; vgl. § 6 Rdnr. 27) nicht zu.

Literatur: *Dittmann,* Kommunalverbandsrecht, in: Achterberg/Püttner/ Würtenberger, Besonderes Verwaltungsrecht II, § 18 (S. 105); *Mecking,* Die Regionalebene in Deutschland, 1995; *Kahl,* Das Innenverhältnis von Verwaltungsgemeinschaft und Mitgliedsgemeinde, BayVBl. 1997, 298; Beiträge von *Steinacher, Frohner, Trute* und *Fehringer* zu „Modelle(n) regionaler Aufga-

benerfüllung", in: Henneke (Hrsg.), Optimale Aufgabenerfüllung im Kreisgebiet?, 1998, 97 ff.; *Bovenschulte,* Gemeindeverbände als Organisationsformen
kommunaler Selbstverwaltung, 2000; *Henneke,* Verfassungsrechtlicher Schutz
der Gemeindeverbände vor gesetzlichem Aufgabenentzug im dualistischen
und monistischen Aufgabenmodell, ZG 2002, 72; *Burgi/Ruhland,* Regionale
Selbstverwaltung durch die Landschaftsverbände in Nordrhein-Westfalen im
Spiegel von Rechtsprechung und Rechtsliteratur, 2003; *Rautenberg,* Ein Vergleich der vier großen Regionalverbände Deutschlands, DVBl. 2003, 768;
Stüer, Region und Regionalisierung, LKV 2004, 6; *Pielow,* Neue Verwaltungsstrukturen durch Regionalisierung?, in: Henneke (Hrsg.), Künftige Funktionen und Aufgaben der Kreise im sozialen Bundesstaat, 2004, 137; *Dietlein/
Thiel,* Die Stärken stärken. Zwischenbemerkungen zur Debatte um die Ver-
bandsgemeindestruktur in Rheinland-Pfalz, Gemeinde und Stadt 2005, 294;
Hörster, Höhere Kommunalverbände, in: HdbKWP, Band 1, 2007, 901; *Seg-
gemann,* Die Region, 2009; *Tepe,* Verfassungsrechtliche Vorgaben für Zu-
ständigkeitsverlagerungen zwischen Gemeindeverbandsebenen, 2009; *Priebs,*
Entwicklung, Stand und Perspektiven stadtregionaler Planungen und Verwal-
tungsinstitutionen in Deutschland, DÖV 2010, 523; *Wallerath,* Aufgabe und
Struktur. Zur Rekonstruktion der gemeindlichen Ebene, in: Mehde (Hrsg.),
FS Bull, 2011, 879.

II. Die Kreise

Der rechtliche Rahmen auf der Ebene der Kreise kann weitgehend **8**
in Anknüpfung an die Darstellung in den §§ 5–18 dieses Lehrbuches
bestimmt werden. Rechtgrundlage ist die jeweils einschlägige Kreisordnung (vgl. die Zusammenstellung in § 1 Rdnr. 17), innerhalb derer
eine rasche Orientierung anhand der Inhaltsübersicht möglich sein
sollte. Vielfach verweisen die Vorschriften der jeweiligen Kreisordnung auf Vorschriften der jeweiligen Gemeindeordnung. Hilfreich
ist die 2007 in 2. Aufl. erschienene Textsammlung mit systematisier-
ender Einführung von *Henneke,* Kreisrecht in den Ländern der Bundesrepublik Deutschland.

1. Bestand

Die Kreise sind in allen Ländern Gebietskörperschaften mit dem **9**
Recht der Selbstverwaltung. Sie sind als **Körperschaften** des Öffentlichen Rechts Bestandteil der sog. mittelbaren Staatsverwaltung, über
deren Standort und Perspektive immer wieder einmal Streit entsteht
(anregend: die Überlegungen des Historikers *Paul Nolte,* Der Landkreis 2007, 114). Ihre Mitglieder sind die einzelnen Gemeindeein-

wohner, nicht etwa die einzelnen dem Kreis angehörenden Gemeinden. Im eigentlichen Sinne sind sie demnach gar keine Gemeindeverbände. Im verfassungsrechtlichen Sinne, der durch Art. 28 II GG
festgelegt wird, welcher in Satz 2 „auch den Gemeindeverbänden"
das Recht der Selbstverwaltung zuerkennt, sind sie freilich die unum-
strittenste und wichtigste Erscheinungsform eines in diese Teilge-
währleistung (als „Gemeindeverband") einbezogenen kommunalen
Trägers.

10   Das Gebiet des Kreises wird durch die Grenzen der ihm angehörenden kreisangehörigen Gemeinden bestimmt. Nicht Teil des Kreisgebiets sind die der Gemeindekategorie der **kreisfreien Gemeinde**
(bzw. Stadt; vgl. § 5 Rdnr. 3) angehörenden Gemeinden, d. h. deren
Einwohner sind nicht sogleich Kreiseinwohner. Mit anderen Worten:
Wer in einer kreisfreien Stadt (regelmäßig in einer der ganz großen
Städte) wohnt, hat mit den Institutionen Landkreis und Landrat
nichts zu tun.

11   In jedem Bundesland gibt es eine ganze Reihe von Kreisen, sowohl im ländlichen Raum als auch im Umlandbereich der kreisfreien Städte. In neuerer Zeit
gibt es teilweise Tendenzen, über die Zusammenlegung mehrerer kleinerer
Kreise nachzudenken; d. h. erstmals seit den 1970er Jahren bzw. seit dem
Neubeginn nach der Wiedervereinigung wieder an **Gebietsreformen** größeren
Stils heranzugehen, dieses Mal mit dem Schwerpunkt auf der Kreisebene und
zumeist als Bestandteil umfangreicherer, auch funktional konzipierter Verwal-
tungsreformen (vgl. § 2 Rdnr. 14 f.). Dahingehende Pläne gibt es in Schleswig-
Holstein (auf zunächst freiwilliger Basis), bereits seit Vollzug meldet Sachsen (Gesetz zur Neugliederung des Gebiets der Landkreise v. 29.1.2008, GVBl. 102;
akzeptiert durch SächsVerfGH, NVwZ 2009, 39). In Sachsen-Anhalt (Gesetz
zur Kreisgebietsneuregelung v. 11.11.2005 (GVBl. 692) ist die Neuregelung
des Kreisgebiets bereits erfolgt, während in Mecklenburg-Vorpommern zunächst die ursprünglich geplante Schaffung von nur noch fünf „Regionalkrei-
sen" (gegenüber vormals 12 Landkreisen und 6 kreisfreien Städten mit Urteil
v. 26.7.2007 durch das LVerfG MV (DVBl. 2007, 1102) für verfassungswidrig
erklärt worden ist (vgl. dazu die teilweise übermäßig kontroversen Beiträge
von *Hubert Meyer*, NVwZ 2007, 1024; *Hans Meyer*, NVwZ 2008, 24; *Stüer*,
DVBl. 2007, 1267, sowie den Sammelband *Büchner/Franzke/Nierhaus*
[Hrsg.], Verfassungsrechtliche Anforderungen an Kreisgebietsreformen,
2008). Maßstab des LVerfG MV-Urteil war die Garantie der kommunalen
Selbstverwaltung in Art. 72 Verf MV. Dabei stellte das Gericht verschiedene
grundsätzliche Überlegungen zur kommunalen Selbstverwaltung (nicht nur)
auf der Kreisebene an und dies gipfelt in der Feststellung, dass es neben „ra-
tioneller Aufgabenerfüllung von Verfassungs wegen" auch auf ein bürger-
schaftlich-demokratisches Element ankomme. Dies wurde unmittelbar auf
die Raumgröße bezogen, indem sich die Flächengröße danach bemesse, ob es

den Bürgern „typisch möglich ist, nachhaltig und zumutbar ehrenamtliche Tätigkeit im Kreistag und seinen Ausschüssen zu entfalten". Innerhalb der Überprüfung der gesetzgeberischen Abwägung in materieller Hinsicht wurde dem geplanten Vorhaben zum Verhängnis, dass es von vornherein auf die „Einräumigkeit und Einheit der Verwaltung" fixiert gewesen sei, während in formeller Hinsicht der Vorwurf ausschlaggebend war, dass als Grundlage für eine Entscheidung der Abgeordneten des Landtags keine Alternativmodelle vorgelegt worden waren. Von diesem Urteil geht gegenüber anderen Ländern das Signal aus, sowohl in formeller als auch in materieller Hinsicht eine Verwaltungsreform derartigen Ausmaßes nicht rein technokratisch, gleichsam raumplanerisch anzugehen. Mittlerweile hat der Gesetzgeber einen neuen Anlauf unternommen, wobei nun sechs Kreise plus zwei kreisfreie Städte vorgesehen sind. Zur Vorbereitung des Reformgesetzes sind große Anstrengungen bei der Ermittlung der tatsächlichen Grundlagen und bei der Beurteilung der Systemgerechtigkeit unternommen worden, die der LVerfGH schließlich positiv gewürdigt hat (U. v. 18.8.2011, NordÖR 2011, 537 u. 549; eingehend hierzu *Mehde*, ZSE 2011, 501).

2. Verfassungsgarantien und Aufgaben

a) Verfassungsgarantien. In Art. 28 GG kommen die Kreise **12** gleich an mehreren Stellen vor. Gem. Art. 28 I 2 GG muss das Volk auch in den Kreisen eine gewählte Vertretung haben, wobei gem. Abs. 1 Satz 3 auch EU-Ausländer über das aktive und passive Wahlrecht verfügen. Am Wichtigsten ist **Art. 28 II 2 GG,** der die den Gemeinden in Satz 1 dieser Vorschrift zugesprochne Garantie der kommunalen Selbstverwaltung auf die Gemeindeverbände erstreckt: „Auch die Gemeindeverbände haben im Rahmen ihres gesetzlichen Aufgabenbereiches nach Maßgabe der Gesetze das Recht der Selbstverwaltung". Hinsichtlich der Gewährleistungsgehalte und -gegenstände ergeben sich dabei im Vergleich mit der Situation bei den Gemeinden (vgl. zu ihr dazu § 6 Rdnr. 13 ff.) zwei wichtige Unterschiede:

– Hinsichtlich der **Rechtssubjektsgarantie,** die auf den Schutz der Institution (der Gemeinde, des Kreises) gerichtet ist, steht zunächst fest, dass der Gesetzgeber zwar grundsätzlich zur Auflösung bzw. zu Gebietsänderungen zu Lasten einzelner Kreise befugt ist, dass aber der jeweils betroffene Kreis die Einhaltung der diesbezüglichen formellen und materiellen Anforderungen verlangen kann. Fraglich ist allerdings, ob die Verfassung auch Schutz gegenüber einer vollständigen Beseitigung der Institution „Kreis" als solche bieten kann, nachdem das Grundgesetz in Art. 28 II 2 GG eben

nicht von „Kreisen", sondern (allgemeiner) von „Gemeindeverbänden" spricht. Aus der Zusammenschau mit Art. 28 I 2 GG, in
dem die Kreise ausdrücklich erwähnt sind, ergibt sich freilich, dass
die durch Art. 28 II 2 GG garantierte Ebene der „Gemeindeverbände" überhaupt nur einen am Typus des Kreises orientierten
Verband meint.

– Hinsichtlich der **Rechtsinstitutionsgarantie,** die einerseits auf den
Aufgabenbestand und andererseits auf die Eigenverantwortlichkeit
bei Erfüllung der Aufgaben gerichtet ist, muss wie folgt differenziert werden: Die Eigenverantwortlichkeitsgarantie, die namentlich
in den verschiedenen sog. Hoheitsrechten wie Finanzhoheit, Organisationshoheit etc. konkretisiert wird, steht ohne Weiteres auch
den Kreisen zu. Der Schutz des Aufgabenbestandes gegenüber
staatlichen Maßnahmen ist hingegen schwächer ausgeprägt, und
zwar deshalb, weil das Grundgesetz den Kreisen nicht die Übernahme „aller Angelegenheiten der örtlichen Gemeinschaft" garantiert, sondern von einem „gesetzlichen Aufgabenbereich" spricht.
Dies bedeutet, dass der Gewährleistungsbereich von vornherein
aus der Hand des Gesetzgebers stammt und dass insbesondere
das Prinzip der Allzuständigkeit (vgl. § 6 Rdnr. 27) den Kreisen
nicht zugute kommt.

BVerfGE 79, 127 (150); BVerfGE 83, 336 (383). Freilich ist es dem Gesetzgeber auch hier nicht völlig freigestellt, den Kreisen bestimmte Aufgaben zuzuordnen oder nicht. Er muss stets sicherstellen, dass ihnen ein Mindestbe-
stand an kreiskommunalen Aufgaben zugeordnet ist. Dennoch bedeutet diese
– vom BVerfG in der Hartz IV-Entscheidung (NVwZ 2008, 183 Rdnr. 116 ff.;
krit. *Schoch,* DVBl. 2008, 937 (939 f.); vgl. ferner § 6 Rdnr. 33 u. 45) bestätigte
– Rechtsprechungslinie eine Stärkung der Rechtsstellung der Gemeinden, die
dadurch komplettiert wird, dass das BVerfG die Rechtfertigung von Maßnahmen des Aufgabenentzugs zugunsten der Kreise (und zu Lasten der Gemeinden) einem Subsidiaritätsprinzip unterworfen hat (vgl. dazu sogleich).

13   In die in § 7 Rdnr. 9 ff. näher skizzierten Selbstverwaltungsgarantien der **Landesverfassungen** sind die Kreise durchgehend einbezogen. Auch hier bestehen aber Unterschiede hinsichtlich des Gewähr-
leistungsinhalts und des Gewährleistungsumfangs. Im Falle der
Berufung eines Kreises auf jene Vorschriften, insbesondere im Zusammenhang mit einem Verfahren vor dem jeweiligen Landesverfassungsgericht, wird hierauf zu achten sein.

b) Aufgaben, Staatsaufsicht und Rechtsschutz. Im Verhältnis **14** zwischen Kreis und jeweiligem Bundesland vollzieht sich die Aufgabenerledigung in den gleichen Strukturen wie im Verhältnis zwischen Gemeinde und Land, d. h. getrennt danach, ob das dualistische oder das monistische System zugrunde liegt. Demzufolge sind auch auf der Kreisebene zu unterscheiden die freiwilligen Aufgaben und die Pflichtaufgaben ohne Weisung von den Pflichtaufgaben nach Weisung bzw. den Auftragsangelegenheiten (vgl. § 8 Rdnr. 12 ff., 19 ff.). Ebenso wie bei den Gemeinden, jedoch in wesentlich größerem Umfang, kommt es auch zu einer Verzahnung mit der Verwaltungsorganisation des Landes auf der unteren Ebene. Dabei ist wie folgt zu differenzieren:

– **Der Kreis** nimmt staatliche Verwaltungsaufgaben als untere staatliche Verwaltungsbehörde wahr, entweder als Auftragsangelegenheiten (bei dualistischem System) oder als Pflichtaufgaben nach Weisung (bei monistischem System [nach den bei § 8 Rdnr. 16 ff. bzw. Rdnr. 21 ff. dargestellten Grundsätzen]).

– Der **Landrat** (Organleihe) bzw. das Landratsamt (Institutionsleihe) ist als Organ in die Erledigung der staatlichen Verwaltungsaufgaben einbezogen und nimmt diese gleichsam als verlängerter Arm des Landes wahr, wiederum nach den oben in § 8 Rdnr. 10 f. dargestellten allgemeinen Grundsätzen (vgl. z. B. Art. 37 I 2 BayKrO; § 58 I KrO NRW).

– Der Kreis bzw. der Landrat (bzw. das Landratsamt) sind schließlich der **Staatsaufsicht** unterworfen. Für Inhalt und Umfang der staatsaufsichtlichen Befugnisse kann auf die Ausführungen in § 8 Rdnr. 26 ff. verwiesen werden. Die Staatsaufsicht über den Kreis ist zu unterscheiden von der Staatsaufsicht über die Gemeinden, für die teilweise der Kreis bzw. der Landrat zuständig ist (vgl. dazu § 8 Rdnr. 33, 37).

Der Aufgabenkreis der Kreise ist freilich nicht nur gegenüber dem **15** Land, sondern auch **gegenüber den kreisangehörigen Gemeinden** abzugrenzen: Welche Aufgaben darf der Kreis übernehmen und welche Aufgaben müssen den Gemeinden verbleiben? Die Übernahme von bislang auf der Gemeindeebene wahrgenommenen Aufgaben durch den Kreis ist politisch stets heikel, da die gewählten Vertreter im Kreistag sich ja gleichzeitig als Einwohner/Bürger einzelnen Gemeinden innerhalb des Kreises verpflichtet fühlen. Rechtlich ist zu fragen, ob der Kreis die Verbandskompetenz besitzt bzw. ob das

Land durch Gesetz bestimmte Aufgaben den Gemeinden entziehen und den Kreisen zuordnen darf. In einigen Ländern ist zur Klärung der Zuständigkeit zwischen Gemeinden und Kreisen in Gestalt des sog. Kompetenz-Kompetenz-Verfahrens ein spezifischer Entscheidungsmodus vorgesehen (vgl. z. B. § 2 II KrO BW; § 5 III NdsKomVG).

16   Beruft sich die betroffene Gemeinde gegenüber einer Maßnahme des Aufgabenentzugs zugunsten des Kreises auf Art. 28 II GG, so ist die Rechtsinstitutionsgarantie (die Befugnis, die betreffende Aufgabe in Selbstverwaltung wahrzunehmen) betroffen. Der Kreis ist ebenso wie das die Anordnung u. U. treffende Land Bindungsadressat der Selbstverwaltungsgarantie und der Rechtsschutz beurteilt sich sowohl auf der verwaltungs- als auch auf der verfassungsgerichtlichen Ebene nach den in § 9 dargestellten Grundsätzen. Seit der Entscheidung des BVerfG in der Rechtssache „Rastede" steht fest, dass die Gemeinden sich auch im Verhältnis zum Kreis auf das verfassungsrechtliche Aufgabenverteilungsprinzip, wonach die Aufgabenerledigung durch höherstufige Träger subsidiär ist, berufen können. Nach dem bereits zu § 6 Rdnr. 42 dargestellten Regel-Ausnahmeverhältnis darf eine Aufgabe der „örtlichen Gemeinschaft" dem Kreis daher nur aus Gründen des Gemeininteresses und dann zugeordnet werden, wenn anders die ordnungsgemäße Aufgabenerfüllung nicht herzustellen wäre (BVerfGE 79, 137 [150 f.]); Überblick zu den einschlägigen Aussagen in den Landesverfassungen bei *Henneke*, Der Landkreis 2008, 172.

17   Inhaltlich können die demnach legitimerweise von den Kreisen wahrgenommenen Aufgaben in drei Gruppen unterteilt werden:
– **Übergemeindliche Aufgaben,** welche von der Sache her über das Gebiet einer einzelnen Gemeinde hinausgehen und Auswirkungen auf mehrere Gemeinden haben. Beispiele: Bau und Unterhaltung von Kreisstraßen, Förderung des kreisweiten Fremdenverkehrs.
– **Ergänzende Aufgaben,** mit denen der Kreis für einzelne oder sogar für alle Gemeinden im Falle von deren geringerer Leistungsfähigkeit gleichsam in die Bresche springt. Beispiele hierfür bilden die Unterhaltung von Krankenhäusern, größeren Volkshochschulen oder Jugendeinrichtungen.
– **Ausgleichsaufgaben** sind schließlich dadurch charakterisiert, dass eine Aufgabenerledigung auf Gemeindeebene lediglich technisch, logistisch oder auch beratend/durchführend unterstützt wird. Solche Aufgaben finden sich vor allem im planerischen Bereich oder auch bei der Rechtsberatung der Gemeinden (explizit BGH, DVBl. 2000, 1204).

3. Binnenorganisation

Hinsichtlich der verschiedenen Systeme der Kommunalverfassung,   18
der Begriffe von Einwohnern und Bürgern, den Kommunalwahlen
und der plebiszitären Elemente auf der Kreisebene kann ebenso wie
betreffend die Möglichkeit der Durchführung von Kommunalverfassungsstreitverfahren auf die Ausführungen im jeweiligen Abschnitt
über die Situation auf Gemeindeebene verwiesen werden; die Besonderheiten der Kreisebene werden bei *Henneke*, DÖV 2007, 87, veranschaulicht. Organe des Kreises sind der Kreistag und der Kreisausschuss sowie der Landrat.

a) Kreistag und Kreisausschuss. Der Kreistag ist in allen Ländern   19
die gewählte Vertretung der Einwohner aller kreisangehörigen Gemeinden. Die Abgrenzung seiner Kompetenzen gegenüber dem Verwaltungsvorstand (dem Landrat) ist in den Kreisordnungen festgelegt. Im Unterschied zur Situation auf der Gemeindeebene gibt es in
den meisten Ländern überdies den sog. Kreisausschuss. Er stellt einen
Ausschnitt aus dem Kreistag dar und soll die Effektivität der Entscheidungsfindung angesichts der Größe und Schwerfälligkeit jenes
Gremiums in bestimmten Angelegenheiten verbessern.

b) Landrat. Der Landrat ist nach Abschaffung der Doppelspitze in   20
allen Bundesländern das alleinige monokratische Organ an der Ver-
waltungsspitze des Kreises. Er wird (mit Ausnahme von Baden-
Württemberg und seit kurzem wieder in Schleswig-Holstein) in allen
Bundesländern (seit 2010 auch in Brandenburg) unmittelbar von den
Kreiseinwohnern direkt gewählt (dazu *Henneke/Ritgen*, DÖV 2010,
665). Dies ist angesichts des hohen Anteils der staatlichen Aufgaben
und der mit einer Direktwahl bewirkten stärkeren Politisierung der
Amtsführung nicht zwingend. Hinsichtlich der Struktur und der
Kompetenzverteilung sowie der Vertretungsbefugnisse nach außen
kann auf die Darstellung zum Bürgermeister in § 13 verwiesen werden.

4. Formen und Instrumente des Handelns

Ebenso wie die Gemeinden können auch die Kreise Satzungen er-   21
lassen, öffentliche Einrichtungen betreiben und sich wirtschaftlich
betätigen. Zu all diesen Bereichen gibt es Vorschriften in den Kreisordnungen, zum großen Teil wird auf die Vorschriften der jeweiligen
Gemeindeordnung Bezug genommen. Auch die Struktur der Kreisfi-

nanzen folgt in weiten Bereichen den bereits bei den Gemeinden dargestellten Strukturen (§ 18), auch auf dieser Ebene besteht eine eklatante Finanzkrise. Ein kreisspezifisches Finanzierungsinstrument von großer ökonomischer und politischer Bedeutung ist die **Kreisumlage**. Sie wird von den Kreisen bei den kreisangehörigen Gemeinden erhoben, was einen grundsätzlich verfassungsgemäßen Eingriff in die Eigenverantwortlichkeitsgarantie der Gemeinden nach Art. 28 II GG darstellt (BVerwGE 101, 99). Die Berechnung der Kreisumlage ist auf die sog. gemeindlichen Steuerkraftzahlen der Grundsteuer, der Gewerbesteuer und des Gemeindeanteils an der Einkommensteuer sowie auf die den Gemeinden zufließenden Schlüsselzuweisungen gestützt. Über die legitime Höhe der Kreisumlage besteht zwischen Gemeinden und Kreisen vielfach Streit.

22   Umstritten ist, ob die Kreisumlage auch für Ergänzungs- und insbesondere Ausgleichsabgaben verwendet werden darf. Dies würde im Ergebnis bedeuten, dass ein finanzieller Transfer von der leistungsfähigeren Gemeinde A (über den Kreis) hin zur weniger leistungsfähigen (oder weniger wirtschaftlich geführten) Gemeinde B stattfinden würde. Das BVerwG (E 101, 99) hält die Verwendung der Kreisumlage auch für jene Aufgaben für grundsätzlich statthaft, während der BayVGH auf der Grundlage des dortigen Landesrechts entschieden hat, dass kreisangehörige Gemeinden den Kreisumlagebescheid mit der Begründung anfechten können, im Kreishaushalt seien Ausgaben in beachtlichem Umfang zur Gewährung von Zuschüssen des Kreises an Gemeinden zur Erfüllung gemeindlicher Aufgaben vorgesehen (BayVBl. 1993, 1112). Zum Recht der Kreisumlage vgl. ferner *Schink*, DVBl. 2003, 417; *Schneider*, NWVBl. 2003, 121; *Thormann*, DVBl. 2009, 1346, sowie die Rechtsprechungsanalysen von *Oebbecke*, DV 42 (2009), 247; *Tysper*, KommJur 2009, 408.

Literatur: *Blümel*, Das verfassungsrechtliche Verhältnis der kreisangehörigen Gemeinden zu den Kreisen, VerwArch. 75 (1984), 197; *Henneke*, Aufgabenzuständigkeit im kreisangehörigen Raum, 1992; *ders./Maurer/Schoch*, Die Kreise im Bundesstaat, 1994; *Schmidt-Aßmann*, Perspektiven der Selbstverwaltung der Landkreise, DVBl. 1996, 533; *Schoch* (Hrsg.), Selbstverwaltung der Landkreise in Deutschland, 1996; *Stern*, Die Kreise in NRW, NWVBl. 1997, 361; *Henneke* (Hrsg.), Optimale Aufgabenerfüllung im Kreisgebiet?, 1998; *Lusche*, Die Selbstverwaltungsaufgaben der Landkreise, 1998; *Lange*, Probleme der (isolierten) Regionalkreisbildung, in: Henneke (Hrsg.), Optimierte Aufgabenerledigung im Kreisgebiet?, 1998, 157; *Wimmer*, Ausgleichs- und Ergänzungsaufgaben der Kreise, NVwZ 1998, 28; *Meyer* (Hrsg.), Gemeinden und Kreise in der Region, 2004; *Rothe*, Kreisgebietsreform und ihre verfassungsrechtlichen Grenzen, 2004; *Henneke* (Hrsg.), Künftige Funktionen und Aufgaben der Kreise im sozialen Bundesstaat, 2004; *Zerr*, Bürgermeister im Kreistag. Empirische Untersuchung, 2005; *Henneke*, Kreisrecht in den Ländern der Bundesrepublik Deutschland, 2. Aufl. 2007, *Dietlein/Lotz*, Ergänzungs- und Ausgleichsaufgaben in NRW – ein Dogma ohne Grundlage, in: *Ennuschat* u. a., GS Tettinger, 2007, 215; *Henneke*, Der Landrat – Mittler zwischen Staatsverwaltung und kommunaler Selbstverwaltung, in: Schliesky (Hrsg.), Selbstverwaltung im Staat der Informationsgesellschaft, 2010, 13.

Sachverzeichnis

Die fett gedruckten Zahlen markieren den jeweiligen Paragraphen,
die Standardzahlen verweisen auf die jeweilige Randnummer im Text.